Serie de Teoría Jurídica y Filosofía del Derecho N.º 91

Homenaje a Genaro R. Carrió

Homenaje a Genaro R. Carrió / compilador Santiago Roldán ; Ricardo Guibourg [y otros]. – Bogotá : Universidad Externado de Colombia. 2017.
698 páginas ; 16,6 cm. (Teoría Jurídica y Filosofía del Derecho ; 91)

Incluye referencias bibliográficas (páginas 691-693)

ISBN: 9789587728538

1. Carrió Sustaita, Genaro Rubén, 1922-1997 -- Homenajes póstumos 2. Carrió Sustaita, Genaro Rubén, 1922-1997 -- Pensamiento jurídico 3. Filosofía del derecho – Argentina 4. Teoría del derecho – Argentina 5. Lenguaje jurídico -- Argentina I. Roldán, Santiago, compilador II. Universidad Externado de Colombia III. Título IV. Serie.

340.1092 SCDD 21

Catalogación en la fuente -- Universidad Externado de Colombia. Biblioteca. EAP.

Diciembre de 2017

Santiago Roldán
Compilador

Homenaje a Genaro R. Carrió

Universidad Externado de Colombia

Serie orientada por Carlos Bernal Pulido

ISBN 978-958-772-853-8

Calle 12 n.° 1-17 Este, Bogotá
Teléfono (57-1) 342 0288
publicaciones@uexternado.edu.co
www.uexternado.edu.co

Primera edición diciembre de 2017

Ilustración de cubierta: *Genaro R. Carrió*, foto familiar
Diseño de cubierta: Departamento de Publicaciones
Composición: Marco Robayo

CONTENIDO

PRESENTACIÓN

En 2015 se cumplieron 50 años de la primera edición del conocido libro de Genaro R. Carrió *Notas sobre Derecho y Lenguaje*. Esta obra, que llegó a tener cuatro ediciones (1965, 1979, 1986 y 1990) y numerosas reimpresiones (1967, 1969, 1971, 1972, 1975, 1976, 1994, 1998, 2006, 2011), reúne la mayoría de sus contribuciones a la filosofía del derecho y constituye ya un clásico en la materia.

Genaro R. Carrió (16/2/1922 - 17/10/1997) fue abogado, profesor y filósofo del derecho argentino. Se recibió en la Universidad Nacional de Plata y recibió el título de Doctor en Derecho y Ciencias Sociales por la Universidad de Buenos Aires (1959). Realizó estudios en Southern Methodist University Law –Dallas, Texas–, en la cual obtuvo un Master of Law in Comparative Laws (1955), y en la Universidad de Oxford, con el profesor Herbert L. A. Hart, con quien inició amistad. Recibió las becas Guggenheim (1968) y del Institute of International Education (EE.UU., 1954). Fue miembro de la Comisión Interamericana de Derecho Humanos de la OEA entre 1972 y 1976 y presidente de la Corte Suprema de Justicia de la Nación Argentina entre 1983 y 1985, tras la última vuelta a la democracia. Así mismo, fue miembro del

Consejo Nacional para Consolidación de la Democracia hasta el año 1989 y miembro fundador de la Sociedad Argentina de Análisis Filosófico (SADAF), y recibió distintas distinciones. Fue profesor de la Universidad de Buenos Aires y de la Southern Methodist University de Dallas, y profesor invitado en la Indiana University y en la Lousiana State University. Tradujo gran cantidad de textos y difundió por primera vez en los países de habla castellana las ideas de pensadores como Hart, Alf Ross, Hohfeld, J.L. Austin y Hare. En la larga lista de sus traducciones se destacan *El concepto de Derecho*, de Herbert L. A. Hart, y *Sobre el Derecho y la Justicia*, de Alf Ross.

Durante el mes de noviembre de 2015 se celebraron en la Facultad de Derecho de la Universidad de Buenos Aires, Argentina, unas jornadas en homenaje a Genaro R. Carrió y a sus *Notas sobre Derecho y Lenguaje*. El libro que aquí presento incluye textos de la mayoría de los ponentes y suma las contribuciones de otros juristas que fueron invitados especialmente. El primer apartado está compuesto por recuerdos de profesores que compartieron las aulas con Carrió y un ensayo en su honor. El resto del libro corresponde a textos que analizan críticamente la obra de Genaro R. Carrió o temas por él analizados y que están distribuidos según los capítulos de *Notas sobre Derecho y Lenguaje* (4ª. edición) a los que estén vinculados.

Genaro R. Carrió ejerció una profunda influencia en la filosofía del derecho en Argentina. Fue, a su vez, alumno de juristas de la talla de Carlos Cossio, Ambrosio Gioja y Herbert L.A. Hart. Este libro, entonces, busca continuar esa línea en las nuevas generaciones de juristas y procurar que el brillo que tuvieron sus aportes continúe vigente. Pretende ser un modesto homenaje para quien tanto hizo, en su rol de jurista, traductor y divulgador, para el enriquecimiento de la filosofía del derecho en el ámbito hispanohablante. Y se trata, acaso, de la mejor clase de homenaje que un pensador puede tener: el debate serio de sus ideas.

Quiero agradecer a las autoridades del Departamento de Filosofía del Derecho de la Facultad de Derecho de la Universidad de Buenos Aires, al Secretario de Investigaciones de esa facultad, Marcelo Alegre, y a Alejandro y Francisco Carrió, por el apoyo brindado para la realización de las jornadas homenaje; también a Carlos Bernal Pulido y las autoridades de la editorial de la Universidad Externado de Colombia por haber aceptado el proyecto para su publicación. Por último, deseo agradecer muy especialmente a Gustavo Beade por el constante apoyo, impulso y consejo que me brindó en cada paso de la organización de aquellas jornadas y en la edición de este libro, que aquí dejo en manos del lector.

Santiago Roldán
Buenos Aires, 2016

PRIMERA PARTE

NOTAS SOBRE GENARO R. CARRIÓ

CAPÍTULO 1
NOTAS SOBRE GENARO R. CARRIÓ

Ricardo A. Guibourg

Mucho puede decirse de la obra del maestro Carrió, ejemplar, entre otras cosas, por su claridad condimentada con sentido del humor; pero la parte central de estas jornadas de homenaje están destinadas precisamente a comentarla. Este espacio en particular sirve para evocar su personalidad en el recuerdo de quienes tuvimos la fortuna de conocerlo personalmente.

A principios de la década de 1960, ya ayudante alumno en la cátedra de Gioja y luego abogado recién recibido, empecé a frecuentar reuniones, clases y seminarios que tenían a su frente a figuras como Gioja, Vernengo, Alchourrón o Bulygin. A menudo entendía poco de lo que allí se decía, pero esperaba que, por una suerte de ósmosis intelectual, a fuerza de ver y de oír, los conceptos fueran tomando forma y formando redes en mi conciencia.

En esa etapa aleatoriamente formativa empecé a asistir a los seminarios dictados por Genaro Carrió. Recuerdo especialmente uno sobre Alf Ross, cuyo libro *On Law and Justice* el propio Carrió estaba traduciendo. Como pocos de los asistentes tenían el texto en inglés, Carrió se encargó de facilitarlo a quien se lo pidiera. En las reuniones se leía, se comentaba, se discutía y cada uno iba elaborando sus ideas a propósito de las propuestas de Ross y bajo la generosa batuta del maestro. Ese método quedó grabado en mi experiencia como un ejemplo para el futuro.

Aquella paz intelectual, tan productiva, no duró mucho tiempo: en 1966 la noche de los bastones largos interrumpió la autonomía universitaria y todos debimos plantearnos qué hacer. Carrió era partidario de renunciar, para no convalidar esa situación. Gioja, aleccionado por una experiencia anterior, sostuvo que no había que dejar campo libre al adversario y propuso permanecer en la Facultad, pero agregando al programa de estudios reflexiones explícitas acerca de la democracia representativa por partidos políticos, que la dictadura militar de entonces pretendía sustituir por una suerte de aristocracia corporativa vigilada por el brazo armado. Yo, apenas un principiante, sentía como Carrió, pero acaté la decisión de Gioja, que más tarde llegué a entender mejor en aquellas circunstancias. Carrió, en cambio, hizo saber que no tenía estómago para quedarse; y su razonamiento gástrico fue ampliamente entendido por todos, no sin un atisbo de admiración.

Genaro Carrió, que pedía ser llamado por su nombre, sin "doctoreo", refugió y continuó su tarea docente e investigativa en la Sociedad Argentina de Análisis Filosófico, a la que más tarde donó el edificio que ahora es su sede y en aquella época –y por muchos años– se había convertido en la contracara de la educación autoritaria. En ese ámbito seguimos viéndonos y compartiendo nuestras ideas tanto los de estómago pragmáticamente fuerte como los de debilidad gástrica fundada en los principios. Durante esa época en la que el pensamiento estaba a la defensiva, Carrió aprovechó para pasar un año en Oxford, en compañía de su amigo Herbert Hart.

Nuestro país vivió por entonces casi dos décadas de vaivenes muy duros para la vida intelectual, pero en 1983 la represión del pensamiento estalló y, en medio del resplandor, se hizo realidad un sueño: Genaro Carrió presidente de la Corte Suprema, dispuesto a continuar su docencia mediante el ejercicio de la magistratura más alta. Fue un momento de gloria para nuestro Poder Judicial pero, lamentablemente, la salud del maestro estaba declinando y finalmente lo obligó a retirarse.

A partir de ese momento, Carrió pareció sumergirse en una lenta agonía, de la que emergió en un nuevo destello. El maestro había permanecido todo ese tiempo fuera de la Universidad, pese a una oferta de regreso que, formulada entre 1973 y 1974, rechazó. Pero en 1987 fue designado profesor honorario de esta Facultad en un acto memorable. Carlos Nino se encargó de destacar las virtudes del homenajeado y, a continuación, el propio Carrió pronunció un discurso de agradecimiento en el que recordó especialmente a los que llamó sus grandes maestros: Cossio, Gioja y Hart. El Carrió que nos hablaba era el mismo Carrió que habíamos admirado un cuarto de siglo antes: claro, luminoso, sincero y generoso. Aquella tarde en el Aula Magna fue una experiencia que nuestros corazones no olvidarán.

Genaro Carrió nos ha dejado sus enseñanzas, pero también su ejemplo. El del abogado señero, el del juez recto, el del maestro incisivo y el del hombre sencillo y benévolo de quien hasta principiantes como yo llegaron a sentirse verdaderos amigos.

CAPÍTULO 2

GENARO R. CARRIÓ: UN JURISTA EXCEPCIONAL, UN JUEZ POCO COMÚN Y UN AMIGO INOLVIDABLE

Eugenio Bulygin

Conocí a Tito Carrió en la segunda mitad de la década de 1950, en plena época de la transformación de la Universidad de Buenos Aires, que tras largo letargo impuesto por razones políticas, se estaba renovando en forma acelerada. Yo era todavía un estudiante un tanto atrasado, merced a los avatares provocados por la Segunda Guerra Mundial. Cambios de países –Rusia, Austria, Argentina–, idiomas –ruso, alemán, castellano– y otras peripecias como atrasos escolares impidieron durante muchos años mi ingreso en la universidad, que siempre fue mi meta y cuya persecución nunca abandoné, gracias al estímulo de mis padres, y muy especialmente de mi madre. Cuando, por fin, terminé el bachillerato, dudé mucho al elegir la carrera. Me interesaban la literatura, las matemáticas, la filosofía y la historia y no era fácil la elección. Al final me decidí a estudiar derecho, por varias razones, entre las cuales estaban el conflicto entre la estrechez económica en que se encontraba mi familia y mis intereses intelectuales. Me pareció que la carrera de abogado permitiría combinar el ejercicio de la profesión con otros estudios y, aunque ejercí durante muy poco tiempo la profesión de abogado, nunca me arrepentí de esta elección.

Si bien el estudio del derecho no me entusiasmaba demasiado, pronto encontré una vía que me permitió asomarme al mundo de la filosofía: la filosofía del derecho. Un día entré por accidente en un aula, donde encontré a un profesor que exponía la filosofía de Husserl delante de un grupo de estudiantes. Lo que llamó mi atención era que en lugar de citas y frases solemnes, el profesor trataba de aclarar en qué consistían noesis y noema. Estos términos me eran conocidos porque ya había intentado leer a Husserl, sin entender nada y ahora, por primera vez, me pareció que vislumbraba qué era lo que se ocultaba debajo de esa terminología oscura y difícil.

El profesor era Ambrosio Gioja, a la sazón titular de la cátedra de filosofía del derecho, que ocupaba ese cargo desde hace muy poco tiempo. Este encuentro casual fue decisivo para mi vida: Desde ese momento comenzó mi estudio de Filosofía del Derecho con gran dedicación y entusiasmo. Me convertí en un asiduo asistente a las reuniones del Instituto de Filosofía del Derecho y a las clases de Gioja. Y muy pronto fui nombrado, junto a otros estudiantes, ayudante alumno de la cátedra de Gioja. Me acuerdo bien cómo un día Gioja me dijo: la semana que viene Vd., Bulygin, va a exponer sobre persona jurídica. Y a mi respuesta "yo no sé nada de este tema", Gioja contestó: "La mejor manera de aprender es exponer sobre un tema, aunque no se lo conozca".

Entre los numerosos ayudantes de la cátedra de Gioja conocí a Carlos Alchourrón, que era mi contemporáneo y a quien debo mis conocimientos de lógica y de filosofía analítica. Alchourrón fue durante muchos años mi gran amigo, con el que escribimos conjuntamente muchos artículos y unos cuantos libros.

El tercero que despeñó un papel muy importante en mi vida fue Genaro Carrió. Lo conocí un poco más tarde, cuando volvió de Estados Unidos y se integró al Instituto de Filosofía y, como venía ya con mucho prestigio académico, fue casi en seguida nombrado profesor titular de Introducción al Derecho. Los tres tenían un temperamento muy diferente: Gioja un entusiasta casi avasallante; Carrió, tranquilo e irónico, y Carlos, bastante más joven, un estudioso obsesivo.

Tuve intensos contactos con Carrió durante toda mi carrera. Colaboré con él en su cátedra de Introducción al Derecho y en el departamento de publicaciones. Fue él quien prologó mi primera publicación *Naturaleza jurídica de la letra de cambio,* que yo presenté como una monografía en el Instituto de Derecho Comercial y que no era más que una aplicación del magnífico artículo de Alf Ross "Tû-tû" a un pseudo problema del derecho comercial. Mi trabajo produjo cierto revuelo y Carrió me defendió de los ataques de los comercialistas, quienes al comienzo estaban indignados, pero luego cambiaron de opinión ante los argumentos dados por Carrió. Tan es así que el profesor Ignacio Winizki, director del Instituto de

Derecho Comercial, promovió luego una interesante discusión de mi trabajo, al que dedicó un número especial de la *Revista del Derecho Comercial*.

Carrió integró junto a Gioja y Remo Entelman el tribunal que juzgó mi tesis doctoral. Uno de los integrantes del tribunal –no me acuerdo quién– me hizo una pregunta sobre las categorías kantianas y, como yo justo acababa de leer *Crítica de la Razón Pura*, pude recitar a Kant con bastante fidelidad. Mi tesis fue aprobada con "sobresaliente" y recomendada al premio "Facultad".

Me hice muy amigo de Genaro –que muy pronto se convirtió en Tito–, sobre todo gracias a una convivencia bastante estrecha durante el año académico 1968-1969 en Oxford. Vivíamos en la misma casa –Queen Elizabeth House–, con frecuencia concurríamos a las mismas clases y seminarios, y teníamos muchos gustos comunes: no solo la filosofía, sino también la literatura y el teatro. Como yo tenía un pequeño Volkswagen, comprado en Alemania, íbamos con bastante frecuencia a Stratford-on-Avon para ver obras de Shakespeare y tomar un *guinness*, una cerveza irlandesa, bastante amarga, pero muy rica.

Para Tito era esta la segunda estadía en Oxford. Había estado allí hacía un par de años y trabó muchas amistades importantes, sobre todo con Peter Strawson, un filósofo de primera línea, quien ya había visitado Argentina por una invitación de Gioja y quien nos acogió generosamente en Oxford. Entre otras cosas, nos propuso para miembros de la Philosophical Society, una asociación de profesores que se reunía periódicamente para escuchar un trabajo, leído por un invitado y luego discutido por los asistentes. Este fue el método que adoptamos luego en SADAF, que sigue practicándose hasta hoy. El otro personaje muy influyente en Oxford, del cual Carrió también se hizo muy amigo, fue H. L. A. Hart, cuyo libro *The Concept of Law,* una de las publicaciones más importantes en Filosofía Jurídica del siglo XX, fue traducido al castellano por Carrió. A su recomendación se debió que Hart aceptara ser mi supervisor, hecho muy importante, pues me permitió discutir con uno de los líderes del positivismo jurídico muchos temas y, en especial, algunos aspectos del libro que estábamos escribiendo con Alchourrón, y que luego fue publicado con el título de *Normative Systems*.

El trabajo de Carrió como traductor fue muy notable, tanto por su cantidad como, sobre todo, por su extraordinaria calidad. Además de Hart, tradujo también a Alf Ross, a Hohfeld y a algunos otros clásicos de la filosofía del derecho.

Pese a haber dedicado mucho tiempo a las traducciones, la producción filosófica original de Carrió fue igualmente importante: libros como *Notas sobre Derecho y Lenguaje,* que introdujo a toda una generación de filósofos del Derecho de América Latina –no solo argentinos, sino también mexicanos, chilenos y paraguayos–, así como también españoles e italianos, a la problemática del lenguaje en el derecho. Su polémica con Sebastián Soler –*Algunas palabras sobre las palabras de la ley*–, como también su intervención en la discusión entre Hart y Dworkin –*Legal Principles and Legal Positivism*–, fueron muy importantes. Además de Filosofía del Derecho se dedicó también a los aspectos tanto teóricos como prácticos del derecho. Sus escritos sobre problemas jurídicos fueron muy influyentes, como por ejemplo, su *Recurso de amparo y técnica judicial*, o su monumental obra sobre el recurso por sentencia arbitraria, que sigue siendo hasta hoy el texto fundamental para todo abogado litigante.

Por una fortuita, pero muy feliz circunstancia, coincidimos en Oxford con otros dos importantes filósofos argentinos: Eduardo Rabossi y Thomas Moro Simpson. Allí surgió la idea de organizar una asociación filosófica en la Argentina, al estilo de la Philosophical Society de Oxford. Idea que a la vuelta a Buenos Aires se concretó, merced sobre todo a la energía y tesón de Rabossi. Tal fue el origen de SADAF –Sociedad Argentina de Análisis Filosófico–, que desempeñó un papel muy destacado para el desarrollo de la filosofía en la Argentina, sobre todo durante los oscuros años de la dictadura militar (1977-1983) y que sigue desempeñándolo hasta hoy. Cabe mencionar aquí la silenciosa, yo diría casi secreta, contribución de Carrió a la Filosofía: la donación a SADAF de su sede actual, en la que desde hace muchos años se desarrollan sus actividades.

No menos importante fue la actividad de Carrió como abogado y juez. En calidad de abogado intervino en numerosos casos con fuerte color político, defendiendo durante la dictadura militar a personas perseguidas por sus ideas políticas. El caso más conocido es su defensa del periodista Jacobo Timerman, creador y director de las revistas *Primera Plana* y *Confirmado* y del diario *La Opinión*, que se destacaba por su posición independiente y crítica de los abusos del gobierno militar. Durante la dictadura, Timerman fue secuestrado, torturado y mantenido en cárceles clandestinas. Teniendo en cuenta que los militares proclamaban su adhesión a la Constitución, pese a violarla con frecuencia, Carrió recurrió a la disposición constitucional que autoriza a toda persona arrestada por razones políticas a optar por el exilio y emprendió una tarea de hormiga para refutar las distintas acusaciones contra Timerman y mostrar su inconsistencia. Cuando la Corte Suprema, integrada por jueces civiles, aceptó sus planteos, Carrió pidió la autorización para que Timerman pudiera abandonar el país. Los jueces de la Corte, a pesar de haber sido nombrados por la Junta Militar y de su ideología conservadora, no pudieron dejar de aceptar el planteo de Carrió y ordenaron al gobierno a dejar salir del país a su defendido y la Junta Militar aceptó a regañadientes este planteo. Esto llevó a un muy serio conflicto político, pues provocó un levantamiento militar del general Menéndez, comandante del Tercer Cuerpo del ejército con sede en Córdoba y uno de los más notorios represores –hoy condenado en varios juicios a cadena perpetua–. Por suerte la cuestión no pasó a mayores y Timerman fue liberado.

Cuando después de la derrota en la Guerra de Las Malvinas el gobierno militar tuvo que llamar a las elecciones y Raúl Alfonsín asumió la presidencia, Carrió fue nombrado miembro de la nueva Corte

Suprema y en seguida elegido Presidente de la Corte por sus colegas. Su principal contribución a la consolidación de la democracia fue la sentencia dictada en el juicio a los integrantes de las juntas militares. Este juicio histórico requería un gran coraje cívico, pues no era tarea sencilla juzgar a exmiembros de las juntas, cuando el ejército estaba todavía con sus armas.

En estos años la salud de Carrió estaba ya en franca declinación. Me acuerdo cómo un día le aconsejé renunciar a la Corte y me contestó: "voy a redactar primero la sentencia en el juicio de las juntas". Y así hizo, y luego renunció. Pero sus fuerzas ya estaban agotadas y poco después vino el final.

Genaro Carrió fue abogado, jurista, profesor, juez y ciudadano realmente excepcional. Y lo que tal vez sea lo más importante: fue un amigo inolvidable.

CAPÍTULO 3
¿CASTIGAR LA MAGIA NEGRA VUDÚ SOLO PORQUE MATA?: EN RECUERDO DE GENARO CARRIÓ

*Jaime Malamud Goti**

1. CUANDO LA REALIDAD ESTÁ BASADA EN CREENCIAS

No hace mucho, Martín Farrell recordó una charla que mantuvo con el Provost[1] de Oxford. El acreditado académico le confió que muy pocos estudiantes del Departamento de Filosofía se gradúan con un cúmulo de conocimientos. Lo que también es verdad –agregó el Provost– es que nadie puede incurrir en falacias y salir indemne. La preparación de los estudiantes les permitiría advertirlas aun cuando estuviesen ingeniosamente disfrazadas. No soy un amante de la erudición, al menos de su exhibición. Esta me resulta por lo general tediosa, digna de desconfianza o ambas cosas. Es por eso que la anécdota me resultó grata;

* A Laura B. y Mariana R. porque, con cariño, me enseñaron mucho sobre la práctica de la brujería.

1 En las universidades británicas, el Provost es la máxima autoridad académica.

también me recordó a Genaro Carrió, un hombre por quien profesé una combinación de profundo afecto y admiración. Carrió pasó un tiempo como *fellow*[2] en Oxford en los años de 1960 y pensé que debió contribuir a la inflexibilidad lógica a la que se refirió Martín Farrell.

Carrió fue un hombre dotado de un peculiar talento; razonaba con precisión, era imaginativo y escribía con una sobria elegancia. Gozaba de un agudo sentido del humor que lograba armonizar con su incesante y sólido pesimismo. Por sobre todo, a Carrió muy raramente, y cualquiera fuese su origen, se le escapaban falacias. Escribo estas líneas en recuerdo de Genaro Carrió; más que nada, en homenaje a su agudo humor. Estoy seguro de que hubiese encontrado más de una falacia en lo que sigue en este artículo y no me refiero a las creencias y prácticas de los cultores del vudú sino a lo que yo escribo sobre ellos.

Por lo general, pensamos que hay una "realidad", un estado de cosas que precede a otro en el sentido de que, dada la existencia del primero, acontecimientos complementarios provocan el advenimiento del segundo. En síntesis, la causalidad "guía" de alguna manera nuestra noción de la realidad y lo hace de "atrás hacia adelante". A esta observación se suma la idea más común de que la "realidad" material es independiente de la mental y más "real" que la última. Esta

2 Genaro Carrió pasó un año académico en Oxford, patrocinado por la Fundación Guggenheim con sede en Nueva York.

observación se origina en que nuestros sentidos nos ofrecen una mayor y más precisa información que la que brindan los procesos mentales. Podemos observar lo que ocurre en el mundo externo en contraste con lo que sucede con relación a nuestras propias mentes. Estamos, por consiguiente, en condiciones de percibirlos, medirlos y evaluarlos y, por eso, de regirnos por ellos para desarrollar nuestras convicciones como un punto de partida más confiable para adoptar una creencia o elegir determinado curso de acción. Puedo formarme una idea mucho más clara del mundo por observar la caída de un árbol que por escuchar lo que alguien de mi entera confianza me explica sobre sus temores y su rabia. El mundo físico es así más apto que el mental para permitirnos decidir y controlar nuestros actos. Pero en ambos casos, es la causalidad, tal y como la entendemos con algo de ingenuidad, la que rige nuestra "realidad" física y mental.

Sabemos también que, por lo general, entendemos los procesos mentales de la misma manera que el comportamiento de las cosas que están fuera de nuestra mente. En ambos ámbitos, hechos y cosas surgen, se desplazan y transforman de acuerdo con nuestras nociones de causalidad. Se trata así de procesos que, en el tiempo, se producen de "atrás para adelante"[3]. Cuando un chico se detiene frente a mí con la nariz

---

3 Véase Riedl, Rupert (1984), "The Consequences of Causal Thinking", Berg Lunk, Ursula (Trad.), en Watzlawick, Paul (Ed.), *The Invented Reality*, pp. 69-94.

ensangrentada, resultaría llamativo que hurgase en el futuro y le preguntase por las intenciones y finalidades propias y las de quien lo golpeó. Lo habitual es que, antes que nada, lo interrogue sobre lo que le ocurrió a su nariz. Vale decir que intentaré averiguar qué hechos condujeron al visible daño nasal que observo. La misma idea se aplica a la rajadura del florero que veo sobre la mesa del comedor y a la fisura en el piso de la bañadera. Pero esta percepción de un mundo físico, "real" e independiente" del mental, conduce a dar por sentado que los hechos causales, como los percibimos familiarmente, rigen el proceso de conocer los hechos del pasado para entender su evolución, obviamente "hacia adelante," y establecer, de esta manera, lo que ahora ocurre.

Pero los límites entre los procesos físicos y los mentales son tan porosos que a veces resulta poco menos que imposible distinguir entre ambos. Tomemos el ejemplo de la construcción de la llamada "realidad social"[4], la cual, del mismo modo que las profecías autocumplidas, funciona de tal manera que el universo externo a la mente se confunde con el interno. Me refiero a la manera en que lo que consideramos nuestra realidad física se apoya en nuestras creencias. La existencia de una frontera entre Francia y España depende de la creencia colectiva de que, en efecto, esa frontera existe y se extiende a lo largo de

4 Véase, entre otros, SEARLE, JOHN (1995), *The Construction of Social Reality*, Nueva York: Free Press, pp. 64 y ss.

una franja cercana a las cumbres de los Pirineos. De la misma manera, la realidad de tu investidura de juez depende de ciertos rituales. Pero la condición propia de tu título es contingente, también, de que la gente crea que existe semejante cosa como jueces y que esa calidad los habilita para resolver conflictos o imponer castigos. Ni tú ni yo ni nadie podría ser juez ni la frontera entre Francia y España recorrería los Pirineos si cesaran las creencias en que estos hechos se sustentan.

Estas relaciones entre material y mental se extienden a la "fabricación" de billetes como los que utilizo para pagar cuentas y a una infinidad de objetos más. De otra manera, los primeros serían nada más que pedazos de papel si no coincidiésemos en creer en su valor. A modo de viñeta, recuerdo que en los años de 1960 en la sede de la Reserva Federal, en Nueva York, se exhibía un billete de cien mil dólares. No puedo imaginar qué uso podría dársele que tentase a un potencial ladrón, pero estaban custodiados a toda hora por guardias armados. Hay muchos hechos "externos" respecto de los cuales las cosas ocurren de esta manera: que haya ganadores y perdedores en un deporte depende de que creamos que una determinada acción altera el puntaje que adjudicamos a cada equipo. Lo mismo se aplica a que mi tío sea médico y que el uso que le damos a esta hoja filosa haga de ella un cuchillo en lugar de un cortapapeles. Pero aquí me interesan especialmente las *profecías autocumplidas,* dentro de las que incluyo a la magia negra entre creyentes del vudú y el problema con su castigo. Conozco la práctica del vudú en Haití y Luisiana solo superficialmente y sé bastante menos aún acerca de los ritos que varían en diferentes lugares del Caribe. Sin embargo, pienso que, a los fines que persigo, no cambiarían demasiado si conociese mejor el tema. A todos nos resulta familiar que haya brujos que practican ritos incomprensibles con muñecas, retratos y gallos cubiertos de sangre. No nos sorprende, por otra parte, que haya quienes danzan al ritmo de tambores en torno de estos objetos ni que atraviesen el papel de las fotos con agujas, y que este hecho frecuentemente transforme a la persona retratada en una víctima fatal. Si esta última "sabe" que es candidata a enfermarse y morir es habitual que un *hougan*[5], brujo o sacerdote del vudú, ejercite sus poderes para que se cumpla el presagio. Las profecías suelen ser exitosas si la víctima así lo anticipa.

Hoy no hay combustible en toda la ciudad. Atribuyo este hecho a que ayer un locutor de radio anunció que, al día siguiente, el suministro de nafta menguaría sensiblemente. Tanto el pronóstico como la provisión de gasolina, antes y después, son hechos propios de la "realidad" del mundo físico, pero no lo es, en cambio,

---

5 También "*oungan*". Véase HURSTON, ZORA NEALE (1990), *Tell My Horse: Voodoo and Life in Haiti and Jamaica*, Nueva York: Harper and Collins, en particular el cap. 3, pp. 179 y ss, primera edición de 1938, Nueva York: Harper, especialmente el cap. 3, pp. 139 y ss. Véase, también, HURBON, LAËNNEC (1998), *Los Misterios del vudú*, Barcelona-Buenos Aires: Biblioteca de Bolsillo Claves, en especial las pp. 118 y ss.

el acontecimiento que la modificó para el infortunio de los automovilistas. En lo que se refiere al mundo mental, es frecuente que entendamos los procesos de un modo diferente y este puede hacer más inteligible su aprehensión "desde adelante hacia atrás". El temor a que un evento ocurra como que la nafta escasee convirtió la predicción en una profecía acertada, aunque fuera consecuencia de que el anuncio se originase en confundir a Buenos Aires con Budapest. Este proceso es fácilmente explicable de "adelante hacia atrás" en lugar de "de atrás hacia adelante" como nos tienen acostumbrados las explicaciones causales. Lo que dio origen a la situación fastidiosa fueron las creencias pesimistas de los habitantes y la comprensible ansiedad que las acompañó. Las suposiciones o creencias colectivas anticiparon la escasez para terminar por provocarla. El modo en que funcionan muchas cosas resulta explicable a través de las hoy familiares *profecías autocumplidas*. Basta con que sospeche que no les resulto agradable a mis colegas del Departamento de Filosofía para que actúe con poca espontaneidad, con extremada cautela y distancia. De esta manera, mi conducta llevará probablemente a que mis Pares me juzguen como una compañía indeseable[6]. Hay mucho más que decir sobre las realidades provocadas

6 Existen culturas, como la Trobriand, cuyos integrantes piensan que ciertas creencias provocan actitudes que conducen al estado de cosas deseado. Véase Bateson, Gregory (1972), *Steps in the Ecology of Mind*, Chicago, pp. 72 y ss. Bateson llama a esta conducta "semipavloviana".

por conductas acordes con hechos mentales anticipatorios, individuales y colectivos. La magia negra se nutre de estos procesos.

El vudú es reconocido de un modo menos que rudimentario en el mundo occidental. Las referencias a él están, por lo general, relacionadas con prácticas macabras realizadas para destruir o dañar. Abundan referencias a imágenes y a leyendas de aves ensangrentadas, agujas, muñecos desarticulados y tumbas negras. Allí, brujos practican también ritos que provocan la muerte de un individuo para satisfacer el deseo de revancha de quien acude a ellos. Aquí me limito a ensayar una miscelánea introducción al vudú que ilustra el propósito de este ensayo que consiste en mostrar la paradoja que surge de cualquier intento de castigar a quienes matan o provocan enfermedades a través de recursos que ofrece el medio en el que el vudú y su magia negra han cobrado vigencia.

Describir esta religión requiere de un considerable esfuerzo, especialmente por las variaciones que revelan sus cultores en diferentes lugares. Hay algunas modalidades ignoradas aún hoy porque su práctica quedó confinada a parajes remotos, pero se sabe bastante sobre la religión en general, y lamentablemente, de lo que se sabe, mucho no es sabido por mí[7]. Pródigo en ritos y supersticiones, el vudú, en sus diferentes versiones, apareció en el siglo XVIII a consecuencia

---

7 HURSTON, ZORA NEALE (1990), *Tell My Horse: Voodoo and Life in Haiti and Jamaica*, Nueva York: Harper and Collins.

de la importación masiva de esclavos a América Central y al Caribe proveniente de Benín, Ghana, y otros lugares de la costa atlántica subsahariana. La religión fue inicialmente el refugio al que acudió un gran número de estos esclavos con el propósito de preservar su identidad africana frente al esfuerzo por evangelizarlos. Perseguido de diferentes maneras por el gobierno, grupos de vigilantes y colonos, el vudú sobrevive hoy en resquicios de ciudades y poblados y en la espesa selva bajo la forma de sectas secretas. A ellos solo acceden los aspirantes después de jurar solemnemente resistirse a informar a sus perseguidores sobre las actividades de su comunidad religiosa; más aún, cuando se trata de un intento de obtener información acerca de sus compañeros, aunque sea bajo tortura[8]. El vudú, según antropólogos dedicados a sus prácticas, es un conjunto de creencias y ritos consagrados, principalmente, al "culto a la Creación y a la vida". La ceremonia iniciática de sus miembros consiste en una danza contorcida de un *mambo,* una sacerdotisa que en esa oportunidad luce vestimentas suntuosas y una surtida y pomposa variedad de alhajas. Culmina cuando la *mambo* levanta el velo que la cubre y, con ambas manos, lo arroja atrás de su cabeza. Acto seguido, la mujer se ofrece a responder ritualmente a preguntas –también ritualistas– acerca del objeto y sentido de la misma religión vudú. En el acto, la *mambo* se desnuda y exhibe sus genitales.

---

8 Hurbon, *op. cit.*

El significado de esta ceremonia, explican los cultores, yace en poner de relieve que el culto del vudú encarna la "última e 'infinita verdad'"[9]. Si la idea de una "última verdad" resulta extraña, no puedo siquiera imaginar que significado puede tener una "verdad infinita".

Para lograr una noción más clara de las características del vudú es conveniente enfatizar que sus prácticas son secretas. Son ejecutadas a escondidas en el seno de comunidades que sufren un clima de intenso y permanente miedo. La religión vudú es pródiga en imágenes de demonios maléficos que amedrentan a la población a través de una variedad de objetos como calaveras y animales muertos iluminados con velas. El susto suele ser tan constante para los creyentes que familiares de un muerto suelen organizarse para vigilar la tumba noche y día para aventar la amenaza de que el cadáver sea escamoteado por manos maléficas anónimas. El mayor temor radica en estos casos en que el muerto sea transformado en un *zombie*. En este caso, una deidad maligna se apodera de su espíritu mientras que el cuerpo abandona la tumba y actúa como un cuerpo vivo pero despojado de un alma. Según relatos corrientes el *zombie* es con frecuencia transformado en esclavo. Se trata, en otras palabras, de personas que carecen de toda voluntad

9 Véase HURSTON, ZORA NEALE (1990), *Tell My Horse: Voodoo and Life in Haiti and Jamaica*, Nueva York: Harper and Collins (primera edición de 1938, Nueva York: Harper), pp. 113 y ss.

y son utilizadas por grupos que rinden culto al demonio. En Haití, la Secta Roja (*Secte Rouge*) es una de estas sectas demoníacas y anuncia su presencia con tambores cuyo batir rítmico es audible a millas de distancia. Atemorizados, los nativos de Haití disuaden a los inexpertos de dejarse arrastrar por su curiosidad para acudir al lugar donde se propala el batir acompasado[10].

Es importante enfatizar que un insistente susto rodea los lugares en los que impera el culto vudú. Yo infiero que este miedo multiplica la variedad de creencias sobre los aspectos malignos de su religión. El terror aísla porque fragmenta las creencias de los miembros de una comunidad sobre las actividades ocultas. Estas prácticas inescrutables incluyen el recurso de la magia negra. El macabro sacrificio de animales y la sangre que fluye alrededor del cuerpo induce a los individuos a interpretar la escena de un modo similar. Esta diversidad de interpretaciones disloca la posibilidad de compartir sus creencias sobre lo que está oculto detrás de estos hechos[11]. Esto explica que europeos que residen en Haití y Jamaica se vean predispuestos a adoptar sus propias versiones de las prácticas y credos del vudú de los locales. De esta

10 Véase Hurston, *op. cit.*, pp. 199-201.

11 Véase Malamud Goti, Jaime (1996), *Game Without End: State Terror and Politics of Justice*, Oklahoma, cap. 3. En este libro intento llamarla atención sobre la fragmentación de las creencias de residentes aterrorizados porque los intentos de organizar una sociedad tiranizada pueden verse devastados por este hecho.

manera, conocí a quienes identifican sus sueños con profecías que se ven cumplidas habitualmente. Un enfermero escandinavo, conocido como el "doctor Roser", sostuvo con convicción que un péndulo fabricado con un anillo de oro le permite predecir el sexo de los no natos[12]. El carácter de otro residente de origen europeo experimentó alteraciones radicales. En una visión –comentó–, Dios le envió dos ángeles que le obsequiaron hilo y agujas para fabricar muñecas cuando se encontraba en estado "de posesión". Este último es aquel en que las supersticiones se acumulan en su mente. Las muñecas predicen su futuro que se cumple regularmente, al menos como este individuo imagina este futuro. La transformación de estos europeos por la cultura del vudú llega mucho más allá que meras creencias aisladas.

Como lo he señalado, la cultura del vudú nació y creció en escondites por el temor a las persecuciones del gobierno, grupos paramilitares y un número de terratenientes que, con frecuencia, eran también adeptos al culto vudú. Pero las relaciones entre el gobierno y la religión vudú fueron cambiantes. Por lo general, el culto fue objeto de persecuciones. Este proceso condujo a que el secreto de sus prácticas y la identidad africana de sus *hougans* fuera arraigándose aún más. La clandestinidad y las actividades ocultas fueron asentándose junto a la consiguiente expansión del miedo entre la población y los encargados de

---

12 HURSTON, *op. cit.*, p. 256.

perseguir a los practicantes del vudú. En Haití, el credo y su práctica fueron desmembrándose entre sectas cuyos credos los distanciaban cada vez más. Faustin Soulouque, un presidente haitiano electo en 1937, adoptó el vudú ardientemente. En 1939 Soulouque se hizo ungir emperador para imponer un régimen de terror durante el cual el emperador liquidó a cuanto mulato pudo para rodearse solo de individuos considerados negros. Soulouque saqueó al Estado, cesó en el pago de las deudas del país y fue considerado en sus tiempos el peor gobierno del Caribe del siglo XX. Luego de su caída, diez años después, Soulouque huyó a la República Dominicana. Al poco tiempo, el gobierno de Haití firmó un acuerdo con el Vaticano mediante el cual Haití adoptaba oficialmente el culto católico. Este compromiso religioso no obtuvo ningún cambio en las prácticas y supersticiones de Haití.

Durante algunos intervalos, el muy débil Estado haitiano buscó acercarse a los *hougans*, los sacerdotes del vudú, para incrementar el poder intimidatorio de quien estuviera a la cabeza de país. Entre los cultores del vudú hubo quienes delataban a sus camaradas a los *Tonton Macoutes* para contribuir con su brujería a sostener al régimen tiránico de Papa Doc Duvalier. Esto contribuyó al terror del que se valió el dictador[13].

Por un lado, el vudú ofrece la salvación de sus adherentes y, en la vida cotidiana, brinda curas para una variedad de enfermedades. Por el otro, provee

13 Hurbon, *op. cit.*, p. 119.

de instrumentos para causar el mal y matar. Existen variadas maneras en que los sacerdotes vudú pueden terminar con la vida de alguien. Una es el veneno y la otra la magia negra. Un modo consiste en valerse de tierra extraída del fondo de las tumbas para ser vertida en la comida de la víctima que a menudo moría al poco tiempo. Como otras similares, esta práctica es explicable a través de revelaciones mundanas. Experimentos han enseñado que estas partículas de tierra absorben sustancias altamente tóxicas que emanan de los cadáveres enterrados un tiempo atrás[14]. Algo parecido ocurre con los bigotes de los leopardos con los que se fabricaban agujas cuyas heridas con frecuencia resultan mortales[15].

Existen también los *loups-garous*, una suerte de brujos habitados por espíritus malignos[16]. Alguien puede llegar a ser un *loup garou* por herencia familiar o a través de la incorporación de un espíritu malvado hasta por descuido. Los actos de brujería de estos personajes son dirigidos contra personas determinadas. Estas últimas llegan a morir en el instante en que se encuentran con el mensaje de que la magia lo persigue o comienzan con un rápido deterioro que culmina en pocos días con la muerte[17]. Cuando

---

14 HURSTON, *op. cit.*, p. 238.

15 Tal parece que los bigotes de leopardo pueden resultar portadores de un veneno mortal para los humanos. Véase HURSTON, *op. cit.*, p. 239.

16 Véase HURBON, *op. cit.*, p. 61.

17 *Ibid.*

visité Haití en un par de oportunidades con motivo del juzgamiento de los *attachés*[18], secuaces de Jean Claude Duvalier, mantuve varias conversaciones con una variedad de vendedores que encontré en las calles y empleados del Estado, y con algunos vendedores de Port aux Prince. La conversación nos llevó al vudú y prefirieron mencionar solo los aspectos espirituales, curativos y benéficos del vudú. En esas oportunidades, la curiosidad me tentó a indagar si las víctimas de los *loupes-garous* se enteraban siempre de que habían sido blanco de actos de magia negra. Mi francés no es particularmente fluido y el dialecto haitiano puede resultarle difícil aún a los franceses. A pesar de esta dificultad, me convencí de que, en realidad, la persona sentenciada se enteraba siempre de que un *garou* celebró un ritual dirigido a provocar su muerte. Por tratarse de comunidades relativamente pequeñas, la realización de rituales, especialmente aquellos realizados por miembros de la *Secte Rouge,* los *loups-garous y los houngans* circulan rápido de puerta en puerta cuando así lo quieren los propios brujos. De esta manera, la persona a quien el mal es dirigido se entera inevitablemente de que lo espera la muerte. La noticia de que morirá es necesaria para que la muerte se produzca.

---

18 Los *attachés* de Jean Claude Duvalier son considerados los herederos del *Tonton Macoute* de Papa Doc Duvalier, padre del primero.

2. El castigo de la magia negra

El vudú fue incorporado a un código penal promulgado en Haití en 1935. El castigo previsto era de unos pocos años de prisión porque no estaba dirigido a la provocación de muertes o enfermedades, al uso de venenos ni al robo de cadáveres. Exigencias de la Iglesia Católica obligaron a que el castigo recayese sobre cualquier práctica considerada "supersticiosa". En ese mismo período, el gobierno acudió a la colaboración de los militares, algunos de los cuales emprendieron, real o supuestamente, la persecución junto a sacerdotes católicos. De un modo análogo al de Papa Doc Duvalier, los *hougans* se acercaron a funcionarios con poder y estos aceptaron el apoyo por el poder mágico que encarnaban y en el que una cantidad de funcionarios creía con fervor. Pero la persecución del vudú, infiero, fue religiosa y política y terminó en un fracaso. Precisamente, fue el aspecto religioso de la campaña persecutoria el que impidió discernir las prácticas generales del vudú y los actos que provocan la muerte de la víctima.

La "muerte vudú" (*voodoo death*) generalmente ocurre cuando la víctima se encuentra con señales de que está siendo perseguida. Típicamente, esto ocurre cuando la víctima se encuentra con una escena terrorífica, con el agregado de que, quienes la montaron, le hacen saber que está destinada a ella[19]. Esta puede consistir

---

19 Descripciones de este hecho aparecen publicadas en

en calaveras, animales muertos y velas encendidas. Para un no creyente la escena inspira una dosis de horror. Para el creyente, el miedo que experimenta resulta sobrecogedor al punto que muchos mueren en el acto a causa de un infarto cardíaco o cerebral. El resto padece un agudo debilitamiento y termina por morir casi inevitablemente. Basta saber que alguien con poderes, un *houngan*, ha realizado el ritual para adivinar que alguien desea su muerte hasta ese punto en que el creyente advierta que fuerzas demoníacas se han ensañado con él. Es natural que el mismo mensaje les llegue a quienes rodean al sentenciado. Estos se alejan de su lado de modo que la soledad acrecienta su terror.

De esta manera, la muerte por vudú guarda las características que he caracterizado como profecías autocumplidas a consecuencia de las cuales la creencia domina la realidad interna y externa al individuo contra quien se ha dirigido el ritual. Pero lo cierto resulta ser que el rito destinado a dar muerte a alguien asusta; si está acompañado por las creencias de la víctima, el vudú mata; o no. Walter Cannon demuestra esta última posibilidad cuando describe el caso de un hombre que cree que su compañero le ha apuntado

---

Wilkipedia bajo el título "Death by Voodoo" ("Muerte por Vudú") (consultado el 4 y 5 de mayo de 2016). Véase, también, Walter Cannon en http://www.ncbi.nlm.nih.gov/pmc/articles/PMC1447278/er. La información aparece bajo el título en inglés, aunque seguramente debe contar con una versión castellana equivalente.

con un hueso y, por creerse objeto de una peculiar agresión, contrae el llamado *Bone Pointing Syndrome*[20]. De acuerdo con las creencias reinantes en Haití y Jamaica, el hecho de que alguien nos apunte con un hueso trae consigo la muerte. La salud del hombre comienza a deteriorarse con rapidez hasta que el supuesto agresor, que era su amigo, le explica que realmente nunca le apuntó con el hueso y que solo lo manipulaba en diferentes posiciones para su examen. De esta manera, solo pudo parecerle a la supuesta víctima que le apuntaban. El enfermo comenzó a mejorar y volvió a la normalidad en poco más de una hora. A la inversa, una mujer maorí disfrutó de unas frutas que encontró en los árboles cerca del camino que transitaba. Cuando descubrió que el claro en el que había comido era un *tapu* –o lugar sagrado– la mujer murió en menos de veinticuatro horas[21].

A pesar de haber reparado especialmente en el vudú en Haití, creo estar ahora en condiciones de concluir que determinadas prácticas derivadas de esta religión matan. Que la muerte de las víctimas depende esencialmente de sus creencias y especialmente de que han sido condenadas a muerte. Que resulta difícil pensar en eliminar estas convicciones a través de sistemas educativos o sustitutos como lo son la hipnosis y el uso de placebos. Esto implica que lo

---

20 El "síndrome proveniente de que alguien nos apunte con un hueso". No puedo imaginar una traducción más breve.

21 Véase CANNON, *op. cit.*

único que podría funcionar para evitar la proliferación de las muertes por vudú sería castigar severamente al vudú o solo su magia negra. Después de todo, se trata de una manera particular de matar a una persona, una actividad prohibida en todo el mundo. Es razonable, parece, acudir a una ley que castigue la provocación de la muerte o la enfermedad de otro a través de las prácticas propias del vudú. Pero he aquí la cuestión: que el gobierno se ocupe específicamente de estos casos significa que existe la preocupación –y el reconocimiento oficial– de que el vudú mata, mata de veras. ¿Qué más que esto puede convencernos de que nuestras creencias son verdaderas? La prohibición penal del vudú a secas o de la "magia negra que se vale de medios que el vudú les brinda" confirma que teníamos razón. De esta manera, la acción legislativa entorpece cualquier proceso educativo destinado a disipar las convicciones que conducen a la muerte de cientos de personas por año. Esta es la paradoja; ciertas formas de lucha contra la magia negra fortalecen la magia negra. Es por esta razón que los *houngans* y los fieles del vudú deberían rendirle homenaje a la Iglesia Católica. Sus métodos de expandir su credo, que incluyen diferentes modos de coerción y la manipulación a través del temor al infierno y la culpa, revista entre los principales aliados de la magia vudú –y de tantas otras.

Admito que mi intención original fue escribir algo más breve para convencer a mis colegas acerca del acierto de la idea que defiendo y según la cual no deben prohibirse las prácticas mortales de brujería.

Esto, si el propósito es que haya menos prácticas criminales sin hacer más sólidas las bases en que se asientan. Encontré que muchos autores se han ocupado del vudú y mis citas son fieles a la literatura que logré encontrar. Bueno, en realidad, son bastante fieles. Hubiese deseado escuchar una improbable opinión elogiosa de Genaro Carrió. Sí pude en cambio esperar una lista de las falacias e inconsistencias en que incurrí seguramente. Debí haberle prestado una mayor atención a Martín Farrell.

SEGUNDA PARTE
LENGUAJE, INTERPRETACIÓN Y DESACUERDOS EN EL TERRENO DEL DERECHO

CAPÍTULO 4
CARRIÓ Y LOS DESACUERDOS ENTRE LOS JURISTAS

Lorena Ramírez Ludeña[1]

Si no tenemos en claro cuál es el fondo o la raíz de las discrepancias, vale decir, por qué se discute, será estéril todo esfuerzo de argumentación racional y las disidencias persistirán, quizá agravadas. Obtener claridad acerca de esto no es, por cierto, condición suficiente para eliminar el desacuerdo, pero sí condición necesaria. (Carrió, 1965: 25).

1. Introducción

Es bien sabido que *Notas sobre Derecho y Lenguaje*[2] vio la luz por primera vez en 1965 con el propósito de ser un trabajo de divulgación, fruto de unos cursos que el profesor Carrió impartió en 1963. Tras diversas reimpresiones, revisiones y ediciones, ha terminado convirtiéndose en mucho más que eso: es un libro

---

1 Agradezco a Diego M. Papayannis sus comentarios a una versión previa de este trabajo.

2 Carrió (1965). A lo largo de este trabajo me referiré a esta obra de Carrió limitándome a señalar, entre paréntesis, las páginas en que pueden encontrarse las diferentes ideas.

que ha contribuido durante generaciones a la formación de alumnos y profesores, y se ha constituido en el punto de partida ineludible en el análisis de numerosos temas relacionados con el lenguaje del derecho. Pero esta obra destaca no solo por lo anterior, sino también por su anticipación en el abordaje de problemas que, años después, centrarían la agenda *iusfilosófica*. Es el caso del capítulo que analizo en este trabajo, relativo a los desacuerdos, que ya estaba presente en su totalidad en 1965 y que, como veremos, aporta elementos relevantes para el debate que, años después, han mantenido Hart, Dworkin y sus respectivos partidarios.

La disputa entre Hart y Dworkin ha transcurrido durante un largo período de tiempo, con la intervención de numerosos autores, que a menudo han desacordado incluso sobre el propio objeto de controversia. El debate filosófico ha sido cambiante y múltiple. Sin embargo, no cabe duda de que el problema relativo a cómo abordar los desacuerdos en el derecho ha ocupado un lugar central en la discusión entre positivistas y dworkinianos en los últimos años[3]. Es decir,

---

3 HART (1994) y DWORKIN (1977, 1986, 2006 y 2011). Sobre el debate Hart-Dworkin véase, además, SHAPIRO (2007). Acerca de la cuestión de los desacuerdos, véase LUQUE-RATTI (2012). Como apunto en RAMÍREZ LUDEÑA (2012: 127), en ocasiones se ha señalado que el problema de los desacuerdos no tiene la incidencia que Dworkin y sus seguidores pretendían. Otras veces se ha considerado que este problema, a diferencia de las primeras críticas dworkinianas, sí supone un importante

mucho tiempo después de que Carrió se refiriera al problema de los desacuerdos entre los juristas. Por ello, lo que señala puede ser visto como una anticipación en la identificación de los problemas relevantes, pero también, como veremos, como un temprano intento de ofrecer una solución al mismo.

La crítica de los desacuerdos puede ser entendida de diversos modos[4]. Así, podría señalarse que el positivismo de corte hartiano constituye una teoría equivocada acerca del derecho, dado que enfatiza la existencia de acuerdo, siendo en cambio el desacuerdo el rasgo más extendido y destacable. Pero también podría enfatizarse que, más allá de si se dan muchos desacuerdos, y de si estos son o no centrales, el problema fundamental es que los positivistas no pueden dar cuenta de determinados rasgos prominentes de la práctica. Los sujetos parecen desacordar acerca del

---

desafío para el positivismo. Creo que se trata de una crítica de gran trascendencia a la que debe ofrecerse una respuesta; no obstante, creo que el desafío planteado por Dworkin no ha cambiado en lo sustancial, aunque lo hayan hecho las explicaciones que ha dado de por qué el positivismo no puede ofrecer una caracterización adecuada de los casos difíciles en los que los juristas desacuerdan. Así, en un primer momento, Dworkin destacó la imposibilidad del positivismo para dar cabida a los principios y al papel que estos desempeñan en los casos difíciles. Posteriormente, su crítica se concentró en el carácter convencional del modelo positivista, que no permite ofrecer una reconstrucción adecuada de la práctica jurídica en tanto práctica argumentativa.

4 Sobre este punto, véase Ramírez Ludeña (2016).

derecho, pero el desacuerdo pondría de manifiesto la falta de acuerdo y, en consecuencia, que no hay derecho en el marco positivista. ¿Qué sentido tiene que discutan del modo en que lo hacen, incluso aunque sea en pocas ocasiones? El positivismo debería entonces entender que esos desacuerdos son, o bien sobre casos relativos a la zona de penumbra de las convenciones, o bien sobre cómo debe ser el derecho, lo que no parece reconstruir adecuadamente muchos de los desacuerdos que tienen lugar. Un tercer modo de plantear el problema consiste en señalar que, si –como parece asumir el positivismo– lo que determina que dos sujetos hablen acerca de lo mismo es su uso de criterios compartidos, los desacuerdos son completamente ininteligibles en el esquema positivista porque cada uno de los individuos estaría vinculando los términos con criterios distintos y, en última instancia, hablando de cosas distintas. El punto aquí no es que los sujetos creen que hay una solución jurídica cuando no la hay, o que discuten sobre cómo debería resolverse un caso que no tiene una respuesta jurídica unívoca, sino que los desacuerdos que mantienen carecen de todo sentido al no haber un núcleo común que habilite a los sujetos a discutir. Este parece ser el modo en que Dworkin plantea claramente su crítica en sus últimos escritos, a partir de 2006, distinguiendo tres tipos de conceptos y atribuyendo al positivismo la asunción de que los conceptos del derecho son criteriológicos.

Tras presentar y analizar su posición sobre el lenguaje en general y sobre el lenguaje jurídico en particular, en este trabajo me referiré a cómo el profesor Carrió entiende, en conexión con las tres posibilidades anteriores, el problema que constituyen los desacuerdos, y me plantearé en qué medida lo que señala puede permitirnos ofrecer una respuesta a los planteamientos de Dworkin.

2. La posición de Genaro Carrió

Carrió se centra en los desacuerdos entre los juristas en la tercera parte del primer capítulo de su obra (91-128). Tal y como expone, aborda estas discrepancias en la medida en que están relacionadas con problemas del lenguaje. Por ello, en el capítulo relativo a los desacuerdos, Carrió hace referencia a las dos partes anteriores, presentando su visión acerca del lenguaje en general, y del lenguaje del derecho en particular.

Carrió sostiene que el lenguaje ordinario, que es el lenguaje en que fundamentalmente se expresa el derecho, es *convencional*. En este sentido, empleamos términos generales para hablar de grupos de objetos –su extensión– dado que tienen ciertas propiedades en común, que constituyen su intensión. Entonces, el criterio para el uso correcto de la palabra es la presencia en un determinado objeto de las propiedades en cuestión (28). Y

> […] definir una palabra es hacer explícitas las reglas de uso de la misma, esto es, decir para qué sirve y señalar cuáles son las oportunidades, circunstancias o fenómenos en presencia de los cuales es 'correcto'

–según esas reglas de uso– valerse de la expresión definida (92).

Pero la cuestión dista de ser sencilla. Mostrando una marcada influencia del pensamiento de Hart[5], Carrió señala que el lenguaje en general, y el del derecho en particular, adolecen de ciertos problemas, a los que me referiré brevemente a continuación. Así, no todas las palabras son usadas en todos los contextos y situaciones para connotar las mismas propiedades, sino que en ocasiones se dan problemas de ambigüedad (28 y ss.). Constituyen también casos de ambigüedad aquellos supuestos en que existe un significado originario y extensiones metafóricas o figurativas (29). Además, según Carrió, serían casos de ambigüedad aquellos en que las palabras se aplican a una multitud de objetos que no presentan propiedades comunes y en los que, a pesar de ello, tenemos la impresión de que el uso de la misma palabra no es un mero accidente (30).

Por otro lado, hay veces en que las dudas no vienen dadas por no saber en qué sentido se han usado los términos, sino que nos hallamos ante un caso cuyas características individuales hemos examinado y a pesar de nuestros empeños no sabemos si se trata de un ejemplo de aplicación del término general. Son los conocidos problemas de vaguedad relativos al

5 Fundamentalmente, HART (1994: cap. 7). Como es sabido, la obra de Carrió pone de manifiesto una gran influencia del pensamiento de Hart, con quien mantuvo contacto y a quien tradujo a lengua castellana.

significado de los términos de clase. En estas situaciones, "no sé bien dónde termina el campo de aplicación de la palabra 'X' y este caso parece hallarse en las proximidades de esos desdibujados linderos, cuya ubicación no puedo precisar" (31). Ello ocurre cada vez que una palabra tiene como criterio relevante de aplicación la presencia de una característica que en los hechos se da en la forma de un continuo, como ocurre con el término "calvo". Otras veces las dudas se originan en que

> [...] los casos típicos están constituidos por un conjunto de características o propiedades que allí aparecen estructuradas o combinadas de una forma especial, y no resulta claro si el criterio implícito en el uso del término considera a todas ellas, o sólo a algunas, condición necesaria y suficiente para su 'correcta' aplicación. El problema irrumpe con la aparición de los casos marginales o atípicos, en los que faltan algunas propiedades, por lo común concomitantes, o está presente una adicional, de carácter insólito (32).

Pero, además, todas las palabras son potencialmente vagas, es decir, tienen textura abierta (35). Ello supone que, aunque actualmente no tengamos dudas, pueden aparecer casos que nos planteen problemas acerca de si se incluyen o no en la connotación o intensión de un cierto término[6]. Dado que la normativa pervive

6 En relación con la textura abierta, generalmente se sostiene que solo podemos descartar propiedades sobre las que hemos

en el tiempo, regulando múltiples supuestos, es habitual que surjan problemas de este tipo. Pero esto no tiene que ser visto *meramente* como un defecto, puesto que también permite que el derecho vaya adaptándose a los cambios sociales sin necesidad de modificaciones constantes. Y, siguiendo a Hart, dado nuestro desconocimiento de los hechos y dada la indeterminación de nuestros propósitos, es bueno que las cuestiones no se zanjen por adelantado, antes de que tengan lugar las situaciones. Precisamente, la textura abierta del lenguaje nos permite dar una solución a los casos problemáticos de un modo más adecuado que si decidiéramos darles una respuesta de antemano (35 y 36)[7].

---

reflexionado y que hemos considerado irrelevantes, y así lo hace CARRIÓ (35). No obstante, cabría controvertir si realmente esas propiedades pueden ser descartadas. Por ejemplo, podemos haber reflexionado acerca de la irrelevancia del color a efectos de llamar "gato" a un animal determinado. Pero, ¿qué ocurre si aparece un gato con los mismos colores que un perro de la raza dálmata y que empieza a comportarse como un perro? En definitiva, dado que propiedades que parecían irrelevantes pueden combinarse con otras y generarnos dudas, me parece cuestionable asumir que hay propiedades que han quedado descartadas como irrelevantes.

7 Sobre la textura abierta en el derecho sigue siendo central la lectura del capítulo 7 de HART (1994). Como HART señala expresamente, "[c]uando el caso no contemplado se presenta, confrontamos las cuestiones en juego y podemos entonces resolver el problema eligiendo entre los intereses en conflicto de la manera más satisfactoria" (HART, 1994: 161).

Así entendido, el lenguaje natural, en que se expresa el derecho, tiene irremediablemente un rasgo fundamental: es impreciso. Y ello comporta que el intérprete tenga que tomar genuinas *decisiones*, eligiendo una de las diversas interpretaciones posibles. Esto supone, según Carrió, que los jueces no tienen que conocer meramente las normas, sino

> [...] poseer, además, una adecuada información de hecho sobre ciertos aspectos básicos de la vida de la comunidad a que pertenecen, un conocimiento serio de las consecuencias probables de sus decisiones y una inteligencia alerta para clarificar cuestiones valorativas y dar buenas razones en apoyo de las pautas no específicamente jurídicas en que, muchas veces, tienen que buscar fundamento (60).

El reconocimiento de los problemas anteriores nos puede resultar actualmente poco novedoso, pero conviene tener presente que sí suponía un importante avance en la literatura *iusfilosófica* –especialmente en castellano– en el momento en que apareció la obra. Y, lo que es más importante, este modo de plantear y enfrentar la problemática del lenguaje del derecho se ha constituido en estándar hasta nuestros días.

Por otro lado, y precisamente por el carácter convencional del lenguaje, Carrió sostiene que no tiene sentido hablar de definiciones reales (93). No hay algo así como un significado intrínseco o verdadero, sino que todo depende de los usos de los términos por parte de los individuos. Esta cuestión tiene, como se verá a continuación, una gran incidencia en su análisis de los desacuerdos entre los juristas.

Carrió distingue varios tipos de desacuerdo (95 y ss.), lo que ya es en sí mismo algo novedoso. Por un lado, hace referencia a seudodisputas originadas en equívocos verbales. En este sentido,

> [...] para que cualquier discusión sobre las características de los fenómenos designados por ella sea una genuina discrepancia –y no el fruto de un simple equívoco verbal– tiene que mediar *acuerdo previo* sobre el significado que, en la disputa, damos a las palabras claves (96).

En segundo lugar, Carrió considera los seudo-desacuerdos de hecho en torno a proposiciones analíticas. En estos casos, los individuos afirman enunciados que no pueden ser refutados alegando hechos en contrario, ya que no se trata de afirmaciones de hecho sino que tienen un carácter tautológico (97). Pero si esto se advierte, las disputas sí pueden tener sentido, dado que es posible argumentar sobre las *desventajas* de una definición que hace depender la aplicación de una palabra de un determinado criterio en cierto modo subjetivo; o siempre cabe sostener que tal limitación del uso de

> [por ejemplo] 'orden jurídico' divide artificialmente un campo que, por razones de *conveniencia teorética*, es *preferible* mantener unido, porque las características estructurales son lo suficientemente análogas y los

> puntos de analogía lo suficientemente importantes como para que la ciencia se *beneficie* con un tratamiento unitario de problemas similares. Son muchas las razones de este tipo o de tipo semejante que cabe dar, pero todas ellas tienen carácter valorativo –teorético o práctico– y ninguna de ellas fuerza concluyente (98).

En tercer lugar, tenemos las disputas sobre clasificaciones. En muchas ocasiones los juristas creen que las clasificaciones que emplean "constituyen la verdadera forma de agrupar las reglas y los fenómenos, en lugar de ver en ellas simples instrumentos para una mejor comprensión de estos. Los fenómenos –se cree– deben acomodarse a las clasificaciones y no a la inversa" (99). Según Carrió, no tiene sentido discutir y defender determinadas clasificaciones

> [...] como si se tratara de dos modos excluyentes de reproducir con palabras ciertos parcelamientos y subdivisiones que están en la 'naturaleza de las cosas' [...] Siempre hay múltiples maneras de agrupar o clasificar un campo de relaciones o de fenómenos; el criterio para decidirse por una de ellas no está dado sino por consideraciones de conveniencia científica, didáctica o práctica (99).

Además, es frecuente encontrarnos con controversias sobre la "naturaleza jurídica" de una institución. De acuerdo con Carrió, en ocasiones buscamos algo que no existe, "una *clave* que nos brinde el acceso a todos los hechos relevantes acerca del objeto X en una fórmula breve. En otros términos, pedimos que se nos destaque un hecho acerca del objeto X en una fórmula breve" (100). Al hacerlo, aspiramos a hallar un criterio último de justificación que valga tanto para los casos típicos como para los que no lo son, pero, señala Carrió, no hay tal cosa[8].

Por último, Carrió hace referencia a controversias generadas por un desacuerdo valorativo encubierto. En estos casos, se emplean definiciones persuasivas como una especie de trampa verbal que se tiende al oyente o al lector (104). Se dirige una determinada carga emotiva en una determinada dirección, para colocar bajo una luz favorable o desfavorable ciertos objetos o actividades. "Estos juicios de valor encubiertos no sólo se ocultan tras la apariencia de definiciones. También suelen cubrirse con el ropaje de descripciones, en cuyo caso generan disputas que parecen disputas sobre hechos" (105). Estos desacuerdos se vinculan con la cuestión de la fuerza de las expresiones, que Carrió analiza en las primeras páginas de *Notas sobre Derecho y Lenguaje* (17-26).

---

8 Según CARRIÓ, lo que ayuda a explicar el fenómeno es: a) el deseo de tener una guía para resolver casos cuya solución no puede extraerse de las normas del sistema; b) la asunción de que el sistema es completo y de que no es adecuado fundar una decisión en las consecuencias de adoptar tal o cual solución; c) el deseo de hallar un punto de partida inconmovible para la ulterior tarea de clasificación y sistematización; d) el deseo de emparentar instituciones recientes con otras de linaje ilustre (102).

3. Un análisis crítico de la posición de Carrió

Como puede apreciarse de lo dicho en el apartado anterior, Carrió sostiene una concepción convencionalista acerca del lenguaje en general, y también sobre el lenguaje del derecho. Sin embargo, no se limita a señalar que los términos refieren a los objetos que satisfacen las propiedades que consideramos relevantes, sino que sostiene una concepción moderada, reconociendo ciertos límites del lenguaje ordinario. En este sentido, hemos visto que admite que en el derecho hay problemas de ambigüedad, vaguedad y textura abierta. Al mismo tiempo, Carrió contrapone su concepción a aproximaciones esencialistas que oscurecen el hecho de que el lenguaje es convencional y dan lugar a desacuerdos sin sentido.

En los próximos apartados trataré de mostrar que ambos elementos –los problemas que asocia con el lenguaje ordinario y su oposición al esencialismo– pueden ser cuestionados. Por un lado, sostendré que su posición puede y debe complementarse con otros elementos y no limitarse al lenguaje ordinario. Por otro lado, criticaré el modo en que diferencia entre vaguedad y ambigüedad. Finalmente, presentaré una concepción semántica más compleja y plausible que la criticada por Carrió, que es compatible con el esencialismo y que nos permite reconstruir adecuadamente cómo operan algunos términos del derecho y así dar sentido a ciertos desacuerdos.

En conexión con lo anterior, en la última parte del trabajo complementaré lo que Carrió sostiene sobre los distintos tipos de desacuerdos, mostrando que estos se producen en distintos niveles y que no puede ofrecerse una respuesta unitaria a lo que ocurre en todos ellos. Como ya he señalado, que los desacuerdos constituyan el foco de su atención es en sí mismo algo novedoso y loable. Veremos, además, que su posición puede ser entendida como una primera defensa, en el marco del positivismo, de que estos se producen puesto que los individuos son ingenuos o están en error. No obstante, veremos que existen otros tipos de desacuerdos, y que Carrió tiene una visión demasiado simplificada de algunos de los desacuerdos a los que sí hace referencia.

3.1. *La relevancia del lenguaje ordinario y la diferencia entre vaguedad y ambigüedad*

Carrió señala que el lenguaje del derecho es un lenguaje no formal (49 y ss.). En este sentido, si bien es cierto que en ocasiones se introducen términos particulares del mundo jurídico, o se redefinen términos del hablar cotidiano, ello no evita los problemas de ambigüedad, vaguedad y textura abierta, entre otras cosas porque las propias definiciones se sirven del lenguaje natural.

En todo caso, señalar que el derecho se expresa por medio del lenguaje natural, y que se trasladan por ello al ámbito jurídico problemas similares a los que tienen lugar en nuestro uso cotidiano de los términos generales, parece del todo insuficiente. Así, conviene tener presente –entre otras consideraciones– que:

1. En el lenguaje jurídico no existe una relación contextual clara que nos ayude a precisar el significado de los términos, lo que sí ocurre generalmente en el habla cotidiana, en que hay relaciones previas entre los individuos, un contexto específico en que se produce la comunicación, y gestos y otros elementos que sirven de guía. En contraste, las palabras de la normativa perviven en el tiempo, siendo de aplicación en situaciones muy diversas, y durante un largo período de tiempo. Ello plantea interrogantes no sencillos de resolver: ¿en qué medida estamos en un contexto comunicativo similar al de la comunicación ordinaria? ¿Cuál sería el contexto relevante?

2. A diferencia del habla cotidiana, en que lo fundamental es entender qué se nos está diciendo y no tanto si algo es o no –por ejemplo, una fruta–, en el ámbito del derecho que un determinado objeto sea o no considerado una fruta puede ser del todo trascendente, porque de ello se pueden derivar importantes consecuencias jurídicas relativas, siguiendo con el ejemplo, al pago de impuestos[9].

3. En muchas ocasiones es difícil precisar qué establece el lenguaje ordinario. Así, como mostraré más adelante, a veces conviven diversos usos, aunque fuertemente vinculados entre sí. En otras ocasiones

---

9 Esto es así, en general, lo que no me compromete al asumir que en ocasiones en el uso ordinario que algo sea llamado de un determinado modo sí tiene mucha trascendencia, o que en el derecho se admite a veces un uso laxo de los términos.

tenemos dudas acerca de si se ha generado un uso ordinario distinto del uso científico, o si se trata meramente de un uso desviado. Y a veces contamos con diversos usos expertos y las dudas se plantean con respecto a cuál es el determinante a efectos jurídicos.

4. Enfatizar la relevancia del lenguaje ordinario –y sus problemas– supone obviar que en el ámbito jurídico existen múltiples instrumentos que incrementan las posibilidades interpretativas entre las que puede optar el juez[10]. Estas diversas posibilidades plantean además otras problemáticas. Por poner solo un ejemplo: ¿cómo deben entenderse las apelaciones a la intención del legislador? ¿Las intenciones de quiénes importa –de todos los que intervinieron en la elaboración de la normativa–? ¿Son relevantes sus intenciones más abstractas, o las más concretas que apunten a casos específicos? ¿Tiene sentido apelar a intenciones cuando hablamos de grupos de

---

10 En cuanto a los distintos instrumentos interpretativos, CARRIÓ se refiere brevemente a ellos cuando hace referencia a los casos claros. Allí señala que la actividad del intérprete sí puede consistir en *descubrir* el significado, que puede ser el que quiso darle la autoridad que sancionó la norma o el que le acuerde el uso lingüístico preponderante (57). Pero, además de que es del todo controvertido decir que entonces el intérprete solo descubre, lo central para mi argumento es que, al hablar de casos difíciles, apunta exclusivamente a los problemas relacionados con el lenguaje natural. Sobre los problemas de equivocidad que vienen dados por la existencia de múltiples instrumentos interpretativos, véase GUASTINI (2012).

individuos, que además terminan aprobando un texto que es fruto de múltiples negociaciones?

En definitiva, pese a que la forma en que Carrió abordó el problema era innovadora y que con el tiempo ha pasado a ser ampliamente compartida, no son pocos los problemas que cabe enfrentar si nos limitamos a considerar como relevante el lenguaje ordinario y los problemas de ambigüedad, vaguedad y textura abierta. Pero, además, incluso si nos ceñimos a lo estrictamente señalado por Carrió, puede observarse que el modo en que plantea la distinción entre ambigüedad y vaguedad es también problemático.

Ya hemos visto que Carrió sostiene una visión que puede considerarse estándar acerca de la ambigüedad y la vaguedad. En este sentido, los teóricos del derecho suelen diferenciar entre la vaguedad y la ambigüedad de los términos generales de un modo relativamente sencillo, para luego centrarse en los problemas que consideran más extendidos y relevantes en el ámbito jurídico: los problemas de vaguedad (real, y de textura abierta o vaguedad potencial).

¿De qué modo trazan la distinción? Lo hacen sirviéndose de nociones como la connotación y la denotación o la intensión y la extensión. Por ejemplo, hemos visto que, de acuerdo con Carrió (1990: 28 y ss.), los términos generales tienen un significado denotativo o extensión, el conjunto de objetos a los que se aplica la palabra, y un significado connotativo o intensión, las propiedades por las que aplicamos a esos objetos la misma palabra. En este esquema, los problemas de ambigüedad –fuera y dentro del derecho– se producen fundamentalmente porque las palabras no se usan en todos los contextos lingüísticos y situaciones humanas para connotar las mismas propiedades. En cambio, en los casos de vaguedad la cuestión no es que un término tenga varias connotaciones sino que, dada una connotación, hay casos que nos plantean dudas porque no tenemos claro dónde termina el campo de aplicación de la palabra[11].

---

11 Por su parte, NINO (1980: 251 y ss.) señala que cuando se habla del significado de las palabras se alude tanto a la denotación (o extensión), que es la clase de cosas o hechos nombrada por la palabra, como a su designación (o connotación o intensión), que es el conjunto de propiedades que deben reunir las cosas para formar parte de la clase denotada por el término. Los problemas de ambigüedad en el derecho se producen cuando las oraciones tienen más de un significado, ya sea porque alguna de las palabras que integra la oración tiene más de un significado (connotación o intensión), o porque la oración tiene una equivocidad sintáctica. En cambio, señala NINO, la proposición expresada por una oración puede ser vaga por la imprecisión del significado de algunas de las palabras que forman parte de la oración, lo que comporta que haya casos que nos suscitan dudas. Más recientemente, pero de un modo muy similar a CARRIÓ y NINO, plantean la cuestión ATIENZA (2001: 55 y 56) y MORESO y VILAJOSANA (2003: 152 y ss.). Ambos apelan a los conceptos (que usan como sinónimos de la intensión, la connotación e incluso el significado) para trazar la distinción entre ambigüedad y vaguedad. Es importante advertir que los distintos autores no se pronuncian claramente sobre qué tipo de duda es relevante para que nos hallemos ante un problema de ambigüedad o de vaguedad: ¿debe la duda estar extendida?, ¿entre quiénes?, ¿qué mayoría es entonces relevante?, ¿es necesario y suficiente con que las partes inmersas en un procedimiento controviertan lo expresado por la normativa?,

Como he señalado con anterioridad, suele entenderse que los problemas de ambigüedad son –cuantitativa y cualitativamente– poco relevantes, al ser infrecuentes y fáciles de resolver, por lo que los autores se centran en el análisis de las situaciones de vaguedad actual y de textura abierta. En los escasos casos de ambigüedad, el contexto y la situación normalmente nos servirán para determinar qué significado es relevante y, cuando se producen, las dificultades prácticas pueden superarse tomando la precaución de precisar, en los casos de posible duda, el sentido con que hemos usado la palabra.

A pesar del empeño de los distintos autores y, en lo que aquí interesa, de Carrió, intentaré mostrar que las consideraciones anteriores no permiten delimitar claramente los problemas de ambigüedad de los de vaguedad. Un ejemplo que deja constancia de la falta de claridad de la distinción viene dado por lo que ocurre en el caso del término "juego", en el cual precisar una propiedad o conjunto de propiedades compartidas por los distintos objetos a los que aplicamos el término suscita grandes dificultades. Según Carrió (29 y 30), por ejemplo, se trata de un caso de ambigüedad en que hay usos vinculados, mientras que para Nino (1980: 265) es un caso de vaguedad

---

¿basta con que un juez plantee dudas de un modo razonable? En todo caso, Carrió sí advierte que la propia delimitación entre casos fáciles y difíciles adolece de un problema de vaguedad (56).

combinatoria que, conforme con lo señalado por el autor, son casos en que algunas propiedades relevantes para el uso de una palabra están ausentes, pero se usa el término dada la presencia de otras propiedades que también nos parecen importantes[12].

Si nos aproximamos a las distintas posibilidades a efectos de trazar la distinción, la cuestión se vuelve extremadamente problemática. En este sentido, el elemento determinante a efectos de trazarla no parece ser que una –la ambigüedad– tenga que ver con enunciados y la otra –la vaguedad– con palabras o predicados. Ni que la primera tenga que ver con el significado y la segunda con los casos –individuales o genéricos–. Ni, en la línea de lo que señala Carrió, tampoco que en un caso haya diversos significados, en el sentido de más de una connotación o intensión, en juego, y en el otro uno solo. Precisamente, parecería que los casos que nos suscitan dudas pueden ser reconstruidos como supuestos en que no sabemos si el significado relevante es el significado 1, el

12 De hecho, puede sostenerse que, precisamente, el caso del término "juego" muestra cuan problemático es asumir la relevancia de elementos como la connotación y la denotación, o la intensión y la extensión. Es decir, no tiene que llevarnos a concluir que hay casos más complejos en que hay varias connotaciones o intensiones conectadas, o en que, dada una connotación o intensión, hay supuestos problemáticos que nos plantean dudas, sino que justamente pone de manifiesto que, si atendemos a nuestro uso del término, no tiene sentido asumir que hay una única connotación o intensión compartida por los diferentes objetos.

significado 2, etcétera. Con lo anterior no quiero sostener que todo caso de ambigüedad sea un problema de vaguedad. O que, intuitivamente, no pueda distinguirse un fenómeno del otro. Lo que pretendo señalar es simplemente que, tal y como autores de referencia como Carrió trazan la distinción, cualquier caso de vaguedad puede ser reconducido a un problema de ambigüedad.

En el próximo apartado sostendré que hay un modo más prometedor de distinguir entre ambigüedad y vaguedad, que además no nos compromete con asumir la relevancia de elementos como la intensión o connotación –que a su vez determinan la extensión o denotación de los términos–. Y ello me permitirá, al mismo tiempo, ofrecer una imagen más plausible del esencialismo que el presentado por Carrió.

3.2. *Esencias y nuevas teorías de la referencia*

Carrió parece asumir una visión tradicional acerca del vínculo entre nuestros términos y los objetos a los que referimos. Conforme con esta concepción, asociamos los términos con ciertas descripciones –su sentido, connotación o intensión–, que determinan a qué referimos –la referencia, denotación o extensión–. En el caso de los términos de clase, decidimos agrupar los objetos, que se asemejan pero también se diferencian entre sí en muchísimos aspectos, de un determinado modo, tomando en cuenta ciertas propiedades y descartando otras. Entonces, los términos refieren a aquellos objetos que satisfacen las propiedades que hemos considerado relevantes[13].

La concepción tradicional resulta intuitiva con carácter general puesto que proporciona una sencilla explicación de la conexión que existe entre nuestros términos y los objetos a los que nos referimos, y además puede dar cuenta de cómo aprendemos y enseñamos a usar los términos: mediante descripciones. Por ello, no es extraño que se la considere plausible entre los teóricos del derecho. No obstante, la concepción anterior, en sus múltiples versiones[14], ha sido objeto de numerosas objeciones.

---

13 Se considera que FREGE (1998a y 1998b) y RUSSELL (1905 y 1910-1911) son los dos autores más representativos de la concepción tradicional. No obstante, esta es una cuestión que puede controvertirse si tenemos en cuenta sus escritos, particularmente si tomamos en consideración los términos de clase a los que me estoy refiriendo. En todo caso, aquí no me interesa exponer la posición de determinados autores, sino adoptar como punto de partida la concepción a la que se oponen las nuevas teorías de la referencia, que analizaré a continuación.

14 Frente a posiciones que se centran en los sujetos individualmente considerados, hay versiones del descriptivismo que asumen una concepción socializada y se centran en cúmulos de descripciones que se asocian con los términos a nivel de toda la comunidad. En este sentido, SEARLE (1958) sostiene que el referente es el objeto que satisface un número suficiente –aunque impreciso– de información descriptiva conectada socialmente con el nombre. Pese a que no entran a analizar en detalle en la naturaleza de las descripciones relevantes, los diversos teóricos del derecho a los que me he referido en este trabajo, y Carrió en particular, parecen asumir una posición cercana a la de Searle.

En lo que sigue, me centraré en las críticas planteadas por los partidarios de las nuevas teorías de la referencia. Aunque enfatizan diferentes aspectos, puede sostenerse que los partidarios de las nuevas teorías de la referencia comparten una tesis negativa: los sujetos no necesitan, a efectos de referir, asociar los términos con un conjunto de descripciones[15]. Así, los individuos, pero también la comunidad en su conjunto, cuentan a menudo con descripciones pobres y / o equivocadas y, no obstante, son capaces de referir. Esto no parece demasiado controvertido si pensamos en lo que ocurre en el caso de nombres propios como "Aristóteles", en que referimos a Aristóteles aunque contemos con descripciones que no nos permiten seleccionar a un único individuo, o que nos conducirían a seleccionar a un individuo diferente. En este sentido, es difícil negar que asociamos determinadas descripciones, connotaciones positivas y negativas, y otros elementos con los términos, pero el punto destacado por las nuevas teorías de la referencia es que estos no explican cómo y a qué referimos.

Ahora bien, si no es a partir de descripciones, ¿cómo explican los partidarios de las nuevas teorías de la referencia que seamos capaces de referir a objetos frecuentemente distantes en el tiempo y en el espacio?

---

15 Tomaré como autores principales a efectos de reconstruir los aspectos básicos de las nuevas teorías de la referencia a Donnellan (1970), Putnam (1975) y Kripke (1980). Donnellan y Kripke se centraron fundamentalmente en los nombres propios, mientras que Putnam en los términos de clase natural.

De acuerdo con ellos, esto se explica por el hecho de que en un primer momento se produce un acto de ostensión en el que se establece que vamos a llamar con un determinado nombre a un determinado objeto. A partir de entonces, los sujetos aprenden a usar los términos porque forman parte de una cadena de comunicación, tomando prestado el término de otros sujetos, y estos de otros, hasta llegar a determinados sujetos que estuvieron presentes en el acto de ostensión inicial. Las descripciones también pueden desempeñar un importante rol en la fijación inicial de la referencia, pero resultan inoperativas en los usos subsiguientes del término en el sentido de que no son necesarias ni suficientes para referir al objeto. De acuerdo con las nuevas teorías de la referencia, los sujetos refieren por su posición objetiva en la cadena de comunicación, y aquello que determina la referencia de un cierto término puede no serle transparente al hablante[16].

La caracterización anterior debe ser sofisticada en alguna medida para dar cuenta de lo que ocurre en el caso de los términos generales. De acuerdo con estas teorías, un término general puede ser también introducido por medio de una descripción cuyo rol es simplemente establecer el dominio de aplicación. No obstante, normalmente la conexión entre el término y los objetos se introduce por ostensión. Siguiendo a Putnam (1975), imaginemos que el término "agua" fue introducido señalando determinados ejemplares de

16 Sobre las cadenas de comunicación, véase ALMOG (1984).

la sustancia en un lago. Aquellos ejemplares iniciales cuentan como instancias paradigmáticas y a partir de entonces otros ejemplares son clasificados por su similitud con los casos paradigmáticos[17].

Según los partidarios de las nuevas teorías de la referencia, qué hace que un determinado ejemplar sea agua, y qué determina la correcta aplicación del término "agua", puede no ser accesible a los sujetos. De hecho, tener la estructura molecular H_2O es lo que determina que algo sea o no agua, y por tanto el dominio de aplicación del término "agua", pero el descubrimiento de la naturaleza o esencia del agua ocurrió tiempo después de que se usara el término. Ya antes los individuos eran capaces de referir y eran considerados competentes pese a no contar con esa información.

Con frecuencia, se asume que la concepción que se acaba de exponer se compromete con el esencialismo, al postular la existencia de naturalezas subyacentes compartidas, que no son inmediatamente accesibles u observables, y que pueden ser descubiertas solo a partir de la investigación científica. Sin embargo, el compromiso con el esencialismo no es constitutivo de esta posición. Ciertos ejemplares son tratados como paradigmas, y otras instancias se clasifican

17 En cualquier caso, y pese a estas sofisticaciones, conviene advertir que la tajante contraposición tradicional –también en el ámbito del derecho– entre nombres propios y términos de clase es problemática y debe ser, al menos, matizada.

como miembros de la misma clase en virtud de su similitud con los paradigmas. Pero la similitud puede ser superficial o centrarse en la función. Entonces, el modelo no impone que el criterio determinante tenga que ser la esencia. Qué criterio de similitud es en última instancia relevante depende de complejos factores que no son semánticos. Lo novedoso del modelo es que deja abierta la puerta a que ese criterio esté relacionado con las esencias, que son externas a las mentes de los hablantes y pueden trascender a toda la comunidad[18].

Aunque no me detendré en estas cuestiones, a menudo, especialmente durante la primera mitad del siglo XX, los filósofos analíticos han asumido que la única necesidad admisible es la conceptual. Así, se ha entendido –y Carrió no parece ser una excepción– que una proposición es contingente si su verdad o falsedad depende de cómo es el mundo, y necesaria si depende de nuestros conceptos y la relación entre ellos. Las proposiciones contingentes pueden conocerse *a posteriori*, y las necesarias *a priori*. La propuesta de los partidarios de las nuevas teorías de la referencia se enfrenta radicalmente a la posición clásica. De hecho, Kripke y sus seguidores han rechazado la vinculación entre lo necesario y lo *a priori* y han sostenido que hay verdades necesarias *a posteriori* y verdades contingentes *a priori*.

---

18 Enfatizando este punto, véase MARTÍ y RAMÍREZ LUDEÑA (2016).

El modo de entender la necesidad por parte de algunos filósofos analíticos ha tenido además un fuerte impacto por lo que respecta a la forma de reflexionar acerca de otros mundos posibles y las esencias. Desde su punto de vista, la necesidad, ligada a nuestras decisiones conceptuales arbitrarias, determina la reflexión acerca de otras situaciones posibles. De esta manera, si hemos optado por que "agua" signifique sustancia incolora, inodora e insípida que quita la sed, no existe mundo posible en que el agua no sea precisamente esa sustancia, puesto que en eso consiste ser agua. Y ello determina también la cuestión de las esencias –en aquellos casos en que admiten el discurso acerca de ellas–: es esencial al agua ser una sustancia incolora, inodora e insípida que quita la sed, precisamente por nuestra decisión lingüística. El resto de características, no integradas en nuestra definición, son accesorias. En cambio, asumir que no requerimos de descripciones que determinan la referencia de nuestras palabras permite la recuperación del debate esencialista. Así, puesto que la cuestión de las descripciones relevantes no queda fijada de antemano, sino que depende de la indagación empírica y de la teorización, tiene sentido plantearnos qué podría haber ocurrido en otras situaciones, lo que da cabida a la reflexión sobre las propiedades esenciales tomando en cuenta lo que habría acontecido en otros mundos posibles.

Ello explica entonces la revitalización del debate acerca del esencialismo, al evitar el prejuicio derivado de la asunción del modelo tradicional. No obstante, por sí misma, la concepción semántica de los partidarios de las nuevas teorías de la referencia no puede fundamentar una cuestión metafísica como es la de si existen o no las esencias. Lo que sí sostienen es que la práctica tiene asunciones esencialistas y que tiene sentido que así sea porque nuestro lenguaje no pone trabas para ello.

En todo caso, es importante advertir que al clasificar el mundo natural tendemos a asumir una imagen esencialista del mismo, esperando que nuestras clasificaciones y nuestro uso de los términos se ajusten a la naturaleza de las cosas, y confiamos en la ciencia para descubrir los elementos últimos de la realidad que son responsables del comportamiento superficial de los objetos, de las apariencias externas y de las interacciones causales. Así, dadas nuestras experiencias, nos parece razonable confiar en que las clasificaciones científicas dan cuenta de las distinciones relevantes del mundo, y entendemos que ello nos ayuda a predecir y explicar mejor que las clasificaciones que se basan en aspectos superficiales.

En lo que aquí interesa, nótese que esta explicación en términos de cadenas de comunicación, aunque presentada frente al descriptivismo, también podría ser empleada por quien defiende la relevancia de las descripciones. Lo que determinaría inicialmente la referencia y se transmitiría en cada eslabón de la cadena sería entonces una descripción o conjunto de descripciones individualizadoras. Por lo tanto, en sí misma, la noción de cadenas de comunicación es tanto compatible con concepciones que enfatizan que las descripciones son determinantes, como con posiciones que las rechazan.

Además del rechazo del compromiso con el esencialismo por parte de las nuevas teorías de la referencia –lo que supone que la similitud relevante puede no depender de las esencias– hay que tener en cuenta que esta posición es compatible con que puedan surgir diferentes cadenas de comunicación con relación al mismo término, o que, por el uso que hagan de los términos los hablantes, una cadena de comunicación que estaba anclada en determinados objetos varíe, cambiando así también la referencia. Ello, obviamente, puede suponer que haya determinados períodos de tiempo en los cuales la referencia esté indeterminada, pero, más que ir en contra de la caracterización aquí ofrecida, este hecho parece constatar que la reconstrucción aquí esbozada es plausible[19].

Para mostrar lo anterior, pensemos en diferentes grupos de casos. Con respecto al término "muerte", los hablantes entienden generalmente que hay una naturaleza subyacente que ha sido progresivamente descubierta por los expertos[20]. En este ámbito, aunque en ocasiones se haga un uso laxo del término, cuando no hay cosas relevantes en juego, esos usos son entendidos por los propios hablantes como desviados. Se asume que el término refiere a un determinado fenómeno, más allá de las descripciones que asociemos

---

19 Martí y Ramírez Ludeña (2016).

20 Para un análisis de este caso en el derecho, véase Moore (1985).

con él, constituyendo los descubrimientos científicos una mejor comprensión de la muerte. Por lo tanto, puede apreciarse la existencia de una única cadena de comunicación en que la naturaleza del fenómeno, opaca en buena medida para los hablantes, es relevante. En contraste con el caso anterior, con respecto al término "vacío", dos cadenas de comunicación están consolidadas, una relacionada con los expertos en física y otra que viene dada por el uso ordinario de los términos. Ninguna de las dos es vista como desviada y, en función de elementos contextuales y de distintas consideraciones no semánticas, una u otra será relevante. Al constituir usos tan diferenciados, será difícil que se den casos de indeterminación, en el sentido de usos concretos que planteen dudas respecto de qué cadena de comunicación entra en juego. Algo en un sentido similar ocurre en el caso del término "tomate", en que existe un uso experto, que relaciona los tomates con la fruta, pero además un uso ordinario y comercial, que los incluye entre los vegetales. No obstante, a diferencia de lo que ocurre con "vacío", en determinados casos concretos pueden surgir dudas con respecto a qué cadena de comunicación es relevante, como ocurrió en *Nix v. Hedden* (149 US.304, de 1893), en que se cuestionaba si los tomates estaban sujetos al pago de los impuestos de las frutas. En ese caso, los comerciantes de tomates –Nix y otros– reclamaban que se les devolvieran los impuestos que habían pagado a Hedden, argumentando que los tomates no eran vegetales sujetos al impuesto, sino fruta que estaba exenta. El tribunal decidió a favor de Hedden, pero no porque ignorara la verdadera naturaleza de los tomates: la cuestión no radicaba en si los tomates eran frutas o vegetales, sino en cuál era el uso relevante a efectos de la normativa[21].

Una problemática distinta plantean casos como el de Madagascar, en que inicialmente se empleaba el término para una parte del continente pero finalmente, por un error generalizado, el término quedó anclado en la isla a la que hoy nos referimos mediante "Madagascar"[22]. Ello conllevó un lapso de tiempo en el que la referencia no estaba claramente determinada. La cuestión que plantean supuestos como este es la difícil delimitación de cuándo tiene lugar una nueva cadena de comunicación y cuándo desaparece una que estaba previamente consolidada. Es lo que creo que ocurrió en el caso resuelto por los tribunales alemanes con respecto a si los hongos estaban incluidos o no en la normativa que hacía referencia a las plantas alucinógenas, en que no está claro si la mejor caracterización de lo que ocurre es que la inclusión como plantas constituye un uso diferente o un uso desviado del término[23]. El hecho de que se planteen

21 Para un análisis de este caso, véase Moreso (2010).

22 Con respecto a lo que ocurrió con Madagascar y los problemas que puede suponer para las nuevas teorías de la referencia, véase Evans (1973).

23 Este caso fue discutido por la jurisprudencia y la doctrina alemana, y concluyó con sentencia del BGH (25.10.2006), que establece que los hongos se hallan incluidos en la normativa

dudas con respecto a si el caso de los hongos está o no regulado muestra que es controvertido si el lenguaje jurídico se sirve del lenguaje ordinario –que, en este caso, remite al uso experto– o si cabe entender que se ha dado lugar a una nueva cadena de comunicación, característicamente jurídica.

Un caso que nos permite apreciar la capacidad de rendimiento de la noción de cadenas de comunicación, tal y como aquí ha sido presentada, es el del aceite de ballenas. En trabajos recientes, Mark Sainsbury (2014) y Ian Philips (2014) hacen referencia a un caso de 1818, en que un inspector de aceite proveniente de los peces, James Maurice, exigía a Samuel Judd, un comerciante de aceite, el pago de las tasas de inspección de barriles con aceite de ballena. Judd entendía que no correspondía el pago puesto que la normativa hacía referencia al aceite de pez, y no de ballena. Tras escuchar a expertos y comerciantes, el jurado dio la razón a Maurice, obligando a Judd a pagar. En el momento en que se plantea el caso, parece que existían diversos usos –diversas cadenas de comunicación– consolidados en la comunidad. Por un lado, según el uso comercial las ballenas eran mamíferos diferentes en muchos sentidos de los peces, por lo que ambas categorías eran diferenciadas. Por otro lado, de acuerdo con el uso ordinario las ballenas eran criaturas del mar y, en tanto tales, eran consideradas

---

que hace referencia a las plantas. Analizando este supuesto, véase MONTIEL y RAMÍREZ LUDEÑA (2010).

peces. Y no había un uso científico consolidado que excluyera las ballenas de entre los peces. Este caso parece entonces ser similar al caso *Nix v. Hedden*, tal y como apunta Philips, en el sentido de que cuando se plantea la problemática existen dos cadenas consolidadas y las dudas son precisamente a qué cadena apunta la normativa al hablar de "pez". Precisamente porque el uso es relevante puede reconocerse que durante un lapso de tiempo ambas cadenas existían en la comunidad. Pero, a diferencia de los tomates, en que actualmente sigue habiendo un uso ordinario diferenciado del técnico, que los incluye entre los vegetales, en el caso de las ballenas su inclusión entre los peces ha pasado a considerarse un uso desviado. Así, al consolidarse una determinada taxonomía científica, y tener un fuerte impacto en el uso ordinario de los términos –precisamente por el peso que conferimos a los expertos y a sus descubrimientos, como he apuntado con anterioridad–, la cadena de comunicación que incluía las ballenas entre los peces ha terminado desapareciendo, y hoy se entiende que tal inclusión constituye un uso desviado.

En definitiva, todos estos grupos de casos no van en detrimento de la reconstrucción ofrecida de la relación entre las palabras y los objetos en términos de cadenas de comunicación, sino que precisamente nos permite ofrecer una caracterización plausible de lo que ocurre en cada uno de ellos. Y, contra lo que podría asumirse, en todos los casos anteriores no cabe concluir que el uso de los términos por parte de la comunidad es irrelevante –lo que convertiría a estas concepciones en buena medida en implausibles– sino que, como he tratado de exponer, es determinante. Entonces, pese a que las nuevas teorías de la referencia son compatibles con que el criterio de similitud sea externo a los sujetos, hay que atender a cómo la comunidad emplea los términos, por lo que puede reconocerse su incidencia sin tener que asumir al mismo tiempo que el modo en que usamos los términos no importa. Es precisamente por cómo usamos los términos que las similitudes importan, y que en determinados casos esa similitud consista en la naturaleza de los objetos o las sustancias depende centralmente del uso que de los términos hace la comunidad.

¿Qué impacto tiene lo anterior en el análisis de la ambigüedad y la vaguedad? En la ambigüedad, el problema estriba en determinar qué cadena de comunicación es relevante. Así, pueden existir diversas cadenas de comunicación y plantearse dudas acerca de cuál es la apropiada, por ejemplo a efectos jurídicos. Ya hemos visto que en ocasiones puede resultar clara qué cadena importa, pero que a veces la cuestión es mucho más problemática. Además, las dudas, también relacionadas con la ambigüedad de los términos, pueden radicar en si existe o no –o en si ha desaparecido o no– una determinada cadena de comunicación, lo que puede ser difícil de precisar. En cambio, en los casos de vaguedad las dudas que nos plantean los supuestos tienen que ver con la delimitación de una determinada cadena de comunicación. Esto es, acerca de si determinados objetos o grupos de objetos guardan la similitud relevante con los objetos que dieron origen a la cadena en cuestión.

El planteamiento de la distinción del modo anterior tiene evidentes ventajas. La noción de cadenas de comunicación no requiere el rechazo de las descripciones, que pueden permitirnos ofrecer una buena caracterización de lo que ocurre en determinados casos. Tampoco supone comprometerse con el esencialismo, sino solo admitir que el recurso a las cadenas de comunicación es compatible con él. En definitiva, resulta, por decirlo de algún modo, "neutral" frente a las diversas concepciones sobre el vínculo entre los términos y los objetos, sin que sea necesario apelar a nociones como la de connotación o intensión. Además, el reconocimiento de que pueden surgir diversas cadenas de comunicación con relación al mismo término nos permite presentar una imagen sencilla acerca de los distintos grupos de problemas que pueden surgir.

Entonces, a diferencia de lo que suele señalarse, en atención a lo anteriormente analizado, la ambigüedad no parece ser un fenómeno residual en el ámbito jurídico. Como los ejemplos expuestos ponen de manifiesto, la ambigüedad tiene cierta incidencia no solo desde el punto de vista cuantitativo sino también cualitativo en casos analizados y discutidos por los tribunales, la dogmática y los teóricos del derecho. Ahora bien, creo que esto no se explica a menudo por consideraciones estrictamente jurídicas, como la existencia de diversos instrumentos interpretativos o de construcciones dogmáticas. Si la entendemos conforme con lo aquí expuesto, como derivada fundamentalmente de la existencia de diversas cadenas de comunicación en nuestro uso de los términos, esta constituye un fenómeno general, que se origina por cómo opera nuestro lenguaje. Es decir, no es un problema característicamente jurídico. Se traslada al derecho por emplear los sistemas jurídicos palabras y expresiones que son usadas de distintos modos, y entonces plantearse dudas acerca de cuál es el uso relevante a efectos jurídicos. A menudo ello se produce por nuestro desconocimiento de los hechos y por la indeterminación de propósitos. En este sentido, resulta difícil predecir qué supuestos problemáticos van a producirse y cuál va a ser el modo más adecuado de resolverlos. En definitiva, y aunque puede ser diferenciada de ella, en importantes aspectos la ambigüedad se asemeja a la vaguedad, porque se trata de un problema derivado del cómo opera el lenguaje con carácter general, que se traslada al derecho y se ve acentuado en este ámbito, y que con frecuencia no es de sencilla resolución.

3.3. Los desacuerdos en el derecho

3.3.1. Los desacuerdos y las nuevas teorías de la referencia

El análisis expuesto en el apartado anterior es particularmente importante para dar cuenta de los desacuerdos que se producen en el ámbito jurídico. En algunos casos, cuando solo una determinada cadena de comunicación es relevante, puede admitirse que se produzcan desacuerdos entre los expertos y cambios con el transcurso del tiempo, por ejemplo con respecto a términos como "muerte". Ello es así precisamente porque en la caracterización aquí ofrecida las descripciones que asociamos con los términos no son siempre determinantes a efectos de referir. Los distintos individuos refieren al mismo fenómeno, y pueden desacordar con sentido acerca de él. En tales grupos de casos, tanto los usos anteriores, que la ciencia ha mostrado que eran erróneos, como usos laxos en determinados contextos, son vistos como usos incorrectos. Si, en cambio, las descripciones fueran determinantes a efectos de referir, estas tendrían como referencia distintos objetos y los sujetos no estarían discutiendo acerca de lo mismo. En otros grupos de casos, en que hay diferentes cadenas de comunicación, puede predicarse error de un determinado uso si está claro qué cadena es relevante, lo que depende de consideraciones no semánticas como el contexto en que se profiere la expresión. Finalmente, pueden darse supuestos en que se planteen dudas sobre el surgimiento o desaparición de una determinada cadena de comunicación o en que, admitiendo que hay más de una, se dude sobre qué cadena de comunicación es relevante, y se tenga una disputa sobre ello. En estos supuestos, la disputa versará sobre cómo debe usarse un término en un ámbito determinado, disputa que puede ubicarse en el ámbito metasemántico y que no puede resolverse con base en consideraciones meramente semánticas[24]. En todo caso, la disputa es sustantiva, y tiene sentido mantenerla porque su resolución tiene consecuencias importantes.

Veamos la cuestión de los errores y los desacuerdos a partir de uno de los casos anteriormente expuestos. En el momento en que se planteó la disputa sobre el aceite de ballenas, esta podía verse como una disputa del último tipo al que me he referido, sobre qué cadena era relevante a efectos jurídicos –no acerca de la naturaleza de las ballenas, que todos admitían que eran mamíferos y a su vez criaturas del mar–. Y, si bien en el ámbito no jurídico suele recurrirse a elementos contextuales –información previa, gestos, etcétera– para determinar qué cadena es determinante, en el derecho es mucho más fácil que se produzcan casos de indeterminación de este tipo porque no contamos con esos elementos, y las disputas no son fáciles de zanjar. Además, al no tratarse de una conversación, se cuestiona si, incluso contando con más información –por ejemplo sobre las intenciones del legislador–, esta debe tener una incidencia a la hora de determinar qué establece el derecho de un sistema jurídico particular. Para algunos, la respuesta jurídica es entonces dependiente de consideraciones normativas como la previsibilidad y la igualdad. Para

---

24 En un sentido similar, PLUNKETT y SUNDELL (por ejemplo, en 2013a) han enfatizado que muchas disputas en el ámbito jurídico son en realidad disputas metasemánticas acerca de cómo debe usarse un determinado término. Me centraré en este modo de entender los desacuerdos en el próximo apartado.

otros, precisamente porque no hay un acuerdo en la comunidad sobre qué cadena es relevante, el derecho está indeterminado en este punto, y el juez debe hacer uso de su discreción para solucionar el caso.

De este modo y, conforme a la caracterización anterior, la conocida disputa en teoría del derecho entre Hart y Dworkin puede entenderse como una disputa sobre qué tipo de consideraciones son relevantes –si normativas o convencionales– a efectos de determinar qué cadena de comunicación importa. En esta medida, su disputa no tiene que ver con –ni se ve afectada por– si Hart asume que las descripciones son relevantes, o con si puede o no defenderse la existencia de conceptos interpretativos. Más allá de cuestiones semánticas, el aspecto central es qué consideraciones importan para decidir entre diversas cadenas de comunicación cuando se plantean dudas, y si la cuestión puede estar jurídicamente indeterminada[25].

Sainsbury (2014) señala que actualmente entendemos que el tribunal se equivocó en su decisión en el caso de las ballenas. Pues bien, según lo que acabo de exponer, este no sería el caso. Si la problemática se planteó en un momento en que estaban asentadas dos cadenas de comunicación, es difícil afirmar que, cuando el juez decidió en un sentido diferente de la que se ha terminado consolidando –fruto de los avances en el ámbito científico–, claramente se equivocaba. Algo diferente es cómo juzgamos hoy

25 Véase Hart (1994), Dworkin (1986) y Shapiro (2007).

usos actuales desviados de la única cadena de comunicación que se ha terminado imponiendo: como usos equivocados. Es decir, si el único uso relevante es el científico, que ha terminado teniendo un fuerte impacto en el uso ordinario haciendo desaparecer otros usos, los desacuerdos internos a este ámbito tienen sentido como intentos en conflicto de captar la naturaleza del fenómeno. Y, si una determinada teoría científica se consolida, las otras pasan a ser vistas como equivocadas. Pero esto nada dice de la posibilidad de atribuir error a usos que tenían lugar en un momento en que existían diversas cadenas de comunicación y el uso ordinario no era visto como desviado en relación con el científico. Tener en cuenta el momento espacio-temporal en que se produce la disputa resulta por tanto fundamental[26].

3.3.2. La propuesta de Plunkett y Sundell

Por la relevancia que tiene en la reconstrucción de los desacuerdos por parte de Carrió, voy a abordar con mayor detenimiento la propuesta de Plunkett y Sundell, que sostienen que los sujetos pueden desacordar con sentido pese a no acordar en el significado que dan a los términos.

---

26 Sobre las cuestiones expuestas en este apartado, especialmente las relativas a la diferenciación entre vaguedad y ambigüedad, véase RAMÍREZ LUDEÑA (2015).

En su descripción de los distintos tipos de conceptos, Dworkin parece asumir que los sujetos que desacuerdan con sentido tienen que compartir el concepto que están usando. Y también parece hacerlo Carrió, como hemos visto al presentar los distintos tipos de desacuerdos a los que se refiere. Entonces, en el caso del positivismo los desacuerdos no serían genuinos porque los individuos estarían empleando los términos con significados distintos –puesto que usarían diferentes criterios–, por lo que no expresarían proposiciones lógicamente inconsistentes y referirían a cosas distintas.

En contraste con lo anterior, Plunkett y Sundell sostienen que hay que distinguir el carácter genuino de un desacuerdo de la cuestión de si la disputa es *canónica*, es decir, de si en el intercambio los hablantes expresan proposiciones lógicamente inconsistentes (Plunkett & Sundell, 2013a: 247 y ss.; y 2013b: 6 y ss.). El ejemplo que emplean es similar al siguiente[27]. Imaginemos una disputa en que dos sujetos, Diego y Willy. Diego afirma "Hay tres provincias en Catalunya" (1), y Willy reacciona afirmando "No, hay cuatro provincias en Catalunya" (2). De acuerdo con una visión extendida entre lingüistas y filósofos del lenguaje, (1) expresa literalmente la proposición de que hay *al menos* tres provincias en Catalunya, mientras que (2) expresa literalmente la proposición de que hay *al*

27 Utilicé los mismos ejemplos que expongo en este apartado en Ramírez Ludeña (2016).

menos cuatro. Obviamente, ambas proposiciones son consistentes y, de hecho, ambas son verdaderas. Que hay exactamente tres provincias es algo comunicado por Diego, pero es parte de la pragmática de su uso en ese contexto, y no del contenido semántico de la afirmación del hablante. Lo mismo ocurre en el caso de Willy, que sostendría, aunque a nivel pragmático, que hay exactamente cuatro provincias. Pese a que lo literalmente expresado por ambos es consistente, Diego y Willy parecen estar inmersos en una disputa sustantiva, lo que se manifiesta en aspectos como, por ejemplo, cómo reaccionan cada uno de ellos frente a las afirmaciones del otro, o en si tiene sentido o no discutir sobre el tema, y no en cambio en el modo en que se exterioriza el desacuerdo (Plunkett & Sundell, 2013a: 259).

Entonces, parece importante distinguir entre las disputas canónicas, que reflejan desacuerdos sobre la verdad o corrección del contenido semántico expresado literalmente, en las que el hecho de que los hablantes usen las palabras con el mismo significado y se contradigan es crucial para que el desacuerdo sea genuino, de desacuerdos que tienen que ver con información que es comunicada pragmáticamente. Pero, a efectos de desvirtuar la crítica central de Dworkin, es necesario encontrar ejemplos en que la disputa sea genuina y no canónica *en virtud* de una diferencia en el significado de las palabras. Al fin y al cabo, hemos visto que Diego y Willy empleaban las mismas palabras con los mismos significados. En este punto, Plunkett y Sundell hacen referencia a desacuerdos en que los sujetos sostienen que un determinado concepto *debe* ser usado en un determinado contexto, por lo que desacuerdan genuinamente sin compartir el concepto. Veamos con detalle su argumentación a este respecto.

Según Plunkett y Sundell, puede ofrecerse una respuesta positivista al desafío de los desacuerdos de Dworkin atendiendo a un mecanismo particular en que se puede expresar un desacuerdo: haciendo un uso *metalingüístico* de los términos. Ello supone que el hablante emplea el término para comunicar algo acerca del uso correcto del mismo (Plunkett & Sundell, 2013a: 159 y ss.; y 2013b: 13 y ss.). En este sentido, si bien generalmente usamos las palabras para hablar acerca del mundo, en ocasiones tomar como dados ciertos hechos del mundo nos permite hablar acerca de las palabras y de su uso. Imaginemos que Josep Maria, siempre en busca de nuevas experiencias, se incorpora al departamento de derecho de la Universidad Pompeu Fabra. Es nuevo allí, pero conoce bastante bien a quienes lo integran. Josep Maria pregunta a Alberto: "¿Lorena ha escrito un libro?". Él y su interlocutor saben que Lorena ha publicado una colección de artículos. Cuando Alberto, con la amabilidad que lo caracteriza, responde afirmativamente, no proporciona información acerca del mundo, sino información sobre cómo se usa el término en esa comunidad. Pero esa información tiene gran incidencia porque ayuda a Josep Maria a entender qué se considera un libro a efectos de prosperar en ese departamento, lo que puede tener importantes repercusiones prácticas. Conforme a Plunkett y Sundell, el intercambio entre Josep Maria y Alberto pone de manifiesto un uso metalingüístico del término "libro".

Sigamos con el ejemplo para mostrar los diferentes estadios de la argumentación de Plunkett y Sundell, y ver así cómo puede conducirnos a dar respuesta a la crítica *dworkiniana*. Imaginemos que otro individuo, Sebastián, atento siempre a los detalles, escucha la conversación anterior entre Josep Maria y Alberto y piensa que Alberto se equivoca porque no son esos los criterios del departamento para considerar que algo es un libro. Si Sebastián respondiera a las palabras de Alberto señalando "No, Lorena no ha escrito un libro", Alberto y Sebastián tendrían una *disputa metalingüística*, en que los sujetos estarían haciendo un uso metalingüístico para expresar un desacuerdo sobre el significado.

Imaginemos ahora un tercer escenario en que Sebastián y Alberto fueran los encargados por el departamento de establecer la política de contratación de profesorado y, a tales efectos, quisieran precisar qué cuenta como un libro. Su disputa constituiría lo que Plunkett y Sundell denominan una "negociación metalingüística", en que los sujetos negocian cuál debería ser el significado de "libro" en un determinado ámbito o a ciertos efectos (Plunkett & Sundell, 2013a: 161; 2013b: 15; y 2014: 61 y ss.). En este tipo de supuestos nos hallamos ante una disputa en que los dos hablantes hacen un uso metalingüístico de una expresión para defender distintos significados de esa expresión. Las negociaciones metalingüísticas pretenden establecer un significado previamente indeterminado, al menos para los propósitos de la conversación. En todo caso, es importante advertir que en tales supuestos no estamos ante una mera cuestión verbal intrascendente, porque ya hemos visto que el modo en que usamos las palabras es relevante para los sujetos a efectos de desenvolverse en su entorno. El punto central, enfatizado por Plunkett y Sundell, es que los individuos emplean los términos con significados diversos, usando ambos proposiciones verdaderas que no son lógicamente contradictorias; no obstante, la disputa es genuina –y no meramente verbal– porque los individuos proponen –a nivel pragmático– que se adopte un determinado significado en un contexto dado[28].

Plunkett y Sundell señalan que los individuos pueden no advertir, e incluso abiertamente rechazar, que están teniendo ese tipo de disputa porque, además de que para ellos no tiene por qué resultar clara la distinción entre semántica y pragmática, no tienen tampoco que diferenciar claramente –ni acostumbran a hacerlo– las disputas sustantivas de las relacionadas con el significado de los términos (Plunkett & Sundell, 2013a: 271 y ss.; 2013b: 20, n. 54,

---

28 Acerca de los elementos que determinan que nos hallemos ante una negociación metalingüística, véase Plunkett (2015: 1-24), en el que el autor extiende su propuesta metalingüística a las disputas filosóficas.

y 23 y ss.; y, especialmente, 2014: 65 y ss.). Los autores añaden que, en general, pero particularmente en el ámbito jurídico, las disputas sobre el significado de los términos no suelen ser bien vistas, por lo que no es extraño que estos desacuerdos se presenten del modo en que lo hacen, como versando sobre las concretas exigencias de los sistemas jurídicos, en lugar de acerca de cómo deberían entenderse los términos. En el caso del ámbito jurídico, el problema no es solo que no se vean con buenos ojos aquellas disputas relativas al significado, sino que, además, en nuestra tradición suele ser visto como especialmente problemático que las disputas entre los jueces versen sobre cómo debe ser el derecho, y no sobre cómo de hecho es. Todo ello explicaría por qué muchos de los desacuerdos se presentan del modo en que lo hacen, y por qué con frecuencia los sujetos no tienen del todo clara la naturaleza de su disputa o tratan de ocultarla (Plunkett & Sundel, 2013b: 24; y 2014: 65 y ss.).

Por otro lado, Plunkett y Sundell enfatizan que, frente a la solución de Dworkin, la suya es una reconstrucción preferible en la medida en que se trata de una solución plausible y que no es particular del ámbito jurídico. En esta medida, resulta en general intuitivo considerar que los individuos, cuando discuten, no mantienen una disputa sin sentido, sino que negocian sobre cómo debe usarse un término determinado para ciertos propósitos. El desacuerdo puede ser entonces entendido como un desacuerdo genuino que merece la pena mantener, dado que no es una disputa *meramente* verbal, sino sustantiva (Plunkett & Sundell, 2014:

64 y ss.). Y es importante señalar que, a diferencia de los planteamientos *dworkinianos*, ello se logra sin la necesidad de crear una categoría nueva de conceptos como la de los conceptos interpretativos, que Plunkett y Sundell consideran que no están muy desarrollados en sus detalles. La solución metalingüística de Plunkett y Sundell se sirve de elementos preexistentes y con cierta aceptación entre los filósofos. Además, los autores añaden que pueden dar cabida a concepciones diversas sobre los conceptos en el marco de su solución metalingüística, lo que hace que su teoría sea también teóricamente preferible a la de Dworkin (Plunkett & Sundell, 2013a: 273 y ss.). Finalmente, Plunkett y Sundell destacan que su teoría es más defendible que la de Dworkin en la medida en que no supone comprometerse con una concepción no positivista acerca del derecho. Como apuntan los autores, que haya condiciones morales entre las condiciones de aplicación de un concepto dependerá del caso, dado que hay que distinguir entre los hechos que mejor justifican el uso de un concepto sobre otro en un contexto –que ellos defienden como relevantes– de los hechos que justifican de un mejor modo el conjunto de las prácticas –lo que sería defendido por Dworkin (Plunkett & Sundell, 2013a: 278-279).

3.3.3. Carrió y los desacuerdos jurídicos

En la literatura reciente han proliferado distinciones entre tipos de desacuerdos y de respuestas que podrían ofrecerse a Dworkin. Por ejemplo, por lo que respecta a los tipos, pueden diferenciarse los desacuerdos entre los teóricos acerca de las condiciones de existencia de los sistemas jurídicos de los desacuerdos interpretativos entre los jueces. Si bien los primeros no parecen suponer un problema para el positivismo de corte hartiano, menos claro es el impacto de los segundos. Con respecto a las respuestas, algunos han destacado una concepción convencionalista sofisticada para dar cuenta de los desacuerdos en un marco positivista. Otros han respondido a Dworkin desvinculando el positivismo del convencionalismo[29].

Muchos años antes, ya hemos visto que Carrió hizo referencia a cinco tipos de desacuerdos que conviene tener presentes para que pueda avanzarse en las discusiones. Imaginemos una disputa sobre la democracia. De acuerdo con Carrió, si dos sujetos tienen un desacuerdo acerca de si un determinado sistema constituye una democracia, dicho desacuerdo carece de sentido si los sujetos no acuerdan en el significado, pues se refieren a cosas distintas. Además, el desacuerdo no avanzaría si, pese a que en apariencia tienen una discusión de hecho, se refugian en sus respectivas definiciones para rechazar los casos que les proponen como contraejemplos. Por otro lado, por su carga emotiva puede ocurrir con términos como "democracia" que en el fondo haya un desacuerdo valorativo que parece ser de hecho o acerca del

29 Sobre todas estas cuestiones, véase RAMÍREZ LUDEÑA (2012).

significado. Y no es infrecuente que surjan disputas acerca de la verdadera naturaleza de la democracia o que se propongan clasificaciones de los distintos regímenes que son presentadas como constituyendo un fiel reflejo de la realidad. Destacar lo anterior supone anticipar la problemática que años después centrará el debate, al referirse a desacuerdos sobre el contenido de los términos del derecho entre los juristas, que también quedan abarcados por la crítica de Dworkin[30]. Como apunté, Dworkin critica el positivismo por destacar que los sujetos acuerdan acerca del derecho, cuando en realidad hay desacuerdos –más o menos conscientes, más o menos explícitos–. Y que los positivistas no pueden dar cuenta de cómo discuten y cómo se ven a sí mismos los participantes de la práctica jurídica. Finalmente, enfatiza también que para el positivismo los desacuerdos carecerían de sentido porque, al no acordar en el significado, no estarían en realidad hablando y discutiendo sobre lo mismo. Pues bien, Carrió no rechaza en lo fundamental dichas consideraciones. Admite que frecuentemente se producen tales desacuerdos, y que en apariencia son acerca de lo que el derecho establece. Y tampoco se opone a que debe haber acuerdo en el significado para que el desacuerdo tenga sentido. Pero rechaza

---

30 Así, Dworkin entiende que los juristas están incluidos entre los sujetos relevantes a efectos de considerar que la práctica jurídica es una práctica interpretativa. Ello es así dado que, entre otras consideraciones, en los casos que se plantean ante los tribunales se hace referencia a esas disputas.

que en realidad se trate de desacuerdos acerca de lo que el derecho establece y ofrece una explicación de por qué se producen compatible con el positivismo de corte hartiano. Así, ya hemos visto que, conforme a lo señalado por Carrió, el lenguaje del derecho es convencional y tiene los problemas de los lenguajes naturales. Pese a ello, con frecuencia los juristas asumen que los términos tienen un significado propio, y discuten bajo la asunción de que están ofreciendo la mejor caracterización de los términos implicados. En esta medida, los juristas en ocasiones están en error dado que creen tener una disputa distinta de la que en realidad tienen. En otros casos, son hipócritas, al querer imponer la respuesta que les parece más conveniente sin reconocer que están creando nuevo derecho. De este modo, Carrió reconoce que hay desacuerdos en el derecho, pero estos no tienen la naturaleza que en apariencia diríamos que tienen. Es decir, no versan sobre lo que el derecho establece, sino sobre cómo debería ser el derecho en casos controvertidos. Entonces, para Carrió, los individuos deben ser conscientes de los desacuerdos que están teniendo, y así poder avanzar en las disputas dando la mejor respuesta pese a la ausencia de derecho que resuelve el caso. Lo anterior no se aleja de una de las principales respuestas al problema de los desacuerdos, articulada muchos años después por Brian Leiter[31].

---

31 LEITER (2007). Es importante advertir que no puede excluirse

De acuerdo con lo expuesto en el apartado 3.3.2., los casos anteriores pueden ser adecuadamente articulados tomando en consideración la propuesta de Plunkett y Sundell. Esto es, en muchas ocasiones la reconstrucción más plausible de lo que ocurre nos conduce a señalar que los sujetos discuten acerca del mejor modo de entender los términos, pese a no acordar en el significado que les atribuyen. Esto permite hacer inteligibles ciertos desacuerdos en casos en que no acuerdan previamente sobre el significado y los juristas tratan de defender el que consideran el mejor modo de entender los términos con base en distintas consideraciones. Ser conscientes de que los desacuerdos son de este tipo permite situar la controversia en el nivel adecuado –acerca de qué consideraciones deben prevalecer, que no se limitan a lo que el derecho establece– y poder avanzar en la mejor respuesta a la controversia.

Por otro lado, considero que lo anterior puede ser complementado para ofrecer una respuesta acabada a Dworkin en el marco de un esquema positivista. En esta medida, hay desacuerdos, como los relativos a la naturaleza de las instituciones o sobre qué clasificación es más adecuada, que pueden ser mejor entendidos si tomamos en consideración las aportaciones de los partidarios de las nuevas teorías de la referencia. Contra lo señalado por Carrió, no hay que establecer

---

que los individuos estén en error y sean hipócritas al mismo tiempo.

una separación tajante entre las discusiones acerca de los hechos y las relativas al significado. En esta medida, es posible que discutamos sobre los objetos sin la necesidad de acordar sobre el significado que atribuimos a los términos, que depende, en última instancia, de la naturaleza de la institución en cuestión. Y, como he tratado de poner de manifiesto en los apartados anteriores, en algunos casos sí podemos descubrir que nuestras clasificaciones no constituían un fiel reflejo de la realidad, y que por tanto nos equivocábamos. Pero todo ello depende de cómo se desarrollen contingentemente nuestras prácticas lingüísticas –es decir, depende de nuestros usos–, por lo que es compatible con la relevancia de los hechos sociales característica del positivismo de corte hartiano. En todo caso, lo anterior no resta ningún mérito a las aportaciones de Genaro Carrió, sino que supone simplemente complementar su posición haciendo uso de instrumentos filosóficos más sofisticados que los que estaban a su disposición cuando presentó sus ideas, para así ofrecer una respuesta satisfactoria al problema de los desacuerdos jurídicos.

REFERENCIAS

ALMOG, J. (1984), "Semantic anthropology", *Midwest studies in philosophy*, 9: 479-489.

CARRIÓ, G. (1965), *Notas sobre Derecho y Lenguaje*, citado por la 4ª ed., de 1990, Buenos Aires: Lexis Nexis, Abeledo-Perrot.

DONNELLAN, K. (1970), "Proper names and identifying descriptions", *Synthese*, 21: 335-358.

DWORKIN, R. (1977), *Taking rights seriously*, Cambridge: Harvard University Press, citado de la traducción de Guastavino, M. (1984), *Los derechos en serio*, Barcelona: Ariel Derecho.

DWORKIN, R. (1986), *Law's Empire*, Oxford: Hart Publishing.

DWORKIN, R. (2006), *Justice in Robes*, Cambridge: Harvard University Press, citado de la traducción castellana de Iglesias, M. & Ortiz de Urbina, Í. (2007), *La justicia con toga*, Barcelona: Marcial Pons.

DWORKIN, R. (2011), *Justice for Hedgehogs*, Cambridge: Harvard University Press.

EVANS, G. (1973), "The Causal Theory of Names", *Proceedings of the Aristotelian Society*, 47: 187-208.

FREGE, G. (1998a), "El pensamiento", en *Ensayos de semántica y filosofía de la lógica*, Madrid: Tecnos, Trad. de Valdés Villanueva de FREGE, G. (1918) "Der Gedanke. Eine logische Untersuchung", en *Beiträge zur Philosophie des deutschen Idealismus*, núm. I: 58-77.

FREGE, G. (1998b), "Sobre el sentido y la referencia", en *Ensayos de semántica y filosofía de la lógica*, Madrid: Tecnos, Trad. de Valdés Villanueva de FREGE, G. (1892), "Über Sinn und Bedeutung", en *Zeitschrift für Philosophie und philosophische Kritik*, C: 25-50.

GUASTINI, R. (2012), "El escepticismo ante las reglas replanteado", *Discusiones*, XI: 27-57.

HART, H. L. A. (1994), *El concepto de derecho.*, 2ª ed., Buenos Aires: Abeledo-Perrot.

KRIPKE, S. (1980), *Naming and necessity*, Cambridge: Harvard University Press.

LEITER, B. (2007), "Explaining Theoretical Disagreements", *The Chicago Law School Review*, 76(3): 1215-1250.

LUQUE SÁNCHEZ, P. & RATTI, G. (Eds.) (2012), Acordes y desacuerdos. Cómo y por qué los juristas discrepan, Madrid: Marcial Pons.

MARTÍ, G. & RAMÍREZ LUDEÑA, L. (en prensa), "Legal Disagreements and Theories of Reference", en CAPONE, A. & POGGI, F. (eds.), *Pragmatics and Law*, Holanda: Springer.

MONTIEL, J. & RAMÍREZ LUDEÑA, L. (2010), "De camareros estudiantes de biología a jueces biólogos. A propósito de las sentencia del BGH sobre los hongos alucinógenos y la deferencia a los expertos en el ámbito penal", *Indret* 1/2010, recuperado de http://www.indret.com/pdf/691.pdf

MOORE, M. (1985), "A Natural Law Theory of Interpretation", *Southern California Law Review*, 58: 277-398.

MORESO, J.J. (2010), "Tomates, hongos y significado jurídico", en MORESO, J.J., PRIETO SANCHÍS, L. & FERRER

Beltrán, J. (2010), *Los desacuerdos en el derecho* (pp. 15-47), Madrid: Fundación coloquio jurídico europeo.

Moreso, J.J. & Vilajosana, J.M. (2004), *Introducción a la teoría del derecho*, Madrid-Barcelona: Marcial Pons.

Nino, C.S. (1980), *Introducción al análisis del derecho*, 2ª ed., Buenos Aires: Astrea.

Philips, I. (2014), "Cetacean Semantics: A Reply to Sainsbury", *Analysis*, 74(3): 379-382.

Plunket, D. (2015), "Which Concepts Should We Use? Metalinguistic Negotiations and The Methodology of Philosophy", *Inquiry: An Interdisciplinary Journal of Philosophy*: 1-47.

Plunkett, D. & Sundell, T. (2013a), "Dworkin's Interpretivism and the Pragmatics of Legal Disputes", *Legal Theory*, 19: 242-281.

Plunkett, D. & Sundell, T. (2013b), "Disagreement and the Semantics of Normative and Evaluative Terms", *Philosophers Imprint*, (13): 1-37.

Putnam, H. (1975), *Mind, Language and Reality*, Philosophical Papers. Vol. 2., Cambridge: Cambridge University Press.

Ramírez Ludeña, L. (2012), "Los desacuerdos en el derecho", *Doxa*, (35): 135-155.

Ramírez Ludeña, L. (2015), "Vaguedad, ambigüedad y

cadenas de comunicación", *Revista de teoría del derecho de la Universidad de Palermo*, en prensa.

RAMÍREZ LUDEÑA, L. (2016), "¿Desacuerdo sin acuerdo? Una crítica a la propuesta metalingüística de Plunkett y Sundell", *Isonomía*: 39-62.

RUSSELL, B. (1905), "On denoting", *Mind*, (14): 479-493.

RUSSELL, B. (1910-1911), "Knowledge by acquaintance and knowledge by description", *Proceedings of the Aristotelian Society*, (11): 108-128.

SAINSBURY, M. (2014), "Fishy Business", *Analysis*, 74(1): 3-5.

SEARLE, J. (1958), "Proper names", *Mind*, (67): 166-173.

SHAPIRO, S. (2007), "The Hart-Dworkin Debate: A short guide for the perplexed", en RIPSTEIN, A. (Ed.), *Ronald Dworkin* (pp. 22-55), Nueva York: Cambridge University Press.

CAPÍTULO 5

NOTAS SOBRE DERECHO Y LENGUAJE. UN CLÁSICO

Rolando Chirico

Es un enorme honor y una gran responsabilidad hablar sobre Genaro Carrió, un excepcional jurista y un insoslayable pensador de la filosofía del derecho de quien tuve el privilegio de aprender a lo largo de su prolongada carrera académica.

Me toca referirme a *Notas sobre Derecho y Lenguaje*, un libro iniciático para quienes se dispongan a abordar los problemas del lenguaje y el pensamiento jurídico.

El libro, en advertencia preliminar de su prefacio, se autocalifica como una obra de divulgación. Como vemos, el autor tiene la modestia de los grandes talentos ya que el trabajo va mucho más allá de la divulgación, pues tiene ideas originales y una pluma amena que enriquece los ejemplos con un humor personalísimo. Por otra parte, no olvidemos que la divulgación ha sido en muchos casos meritoriamente iluminadora respecto de pensadores cuya complejidad los tornaba de difícil entendimiento.

Carrió advierte que se referirá a ciertas características del lenguaje que perturban a los hombres del derecho; y que analizará expresiones como "conceptos jurídicos", y así también los múltiples enunciados que se refieren a las normas, es decir, que dirá algunas palabras sobre las palabras de la ley.

No equivoca el camino, ya que desde el principio de los tiempos el lenguaje conllevó misterios poderosos: los exegetas vivieron interpretando las palabras bíblicas asumiendo que el mismo mundo se inició con las palabras "hágase la luz".

Desde que comenzaron a hablar los hombres atribuyeron poderes mágicos al lenguaje, incluso asumían que Dios no podía crear más cosas que aquellas a las que podía ponerse nombre, con lo que la creación tenía el límite de las combinaciones posibles de los signos del alfabeto. Es fácil descubrir detrás de esta postura las tesis del idealismo platónico en que la palabra forma parte de la esencia de la cosa. Este pensamiento se transmitió por generaciones, tanto así que nuestras abuelas tenían temor de mencionar la palabra "cáncer" porque al formar parte esta de la esencia de la cosa, al mencionarla, podía presentarse la enfermedad. Tanto Hermógenes y Guillermo de Ockham, en su momento, enfrentaron esta postura y sentaron las bases del análisis del lenguaje a partir de un origen contractualista, ideas que Carrió divulgó y aplicó específicamente en la actividad iusfilosófica con claridad paradigmática.

En el libro, Carrió distingue entre la "fuerza de una oración" y su significado: "¿Qué quiso decir?". Por ejemplo, puedo claramente entender que se me está dando una orden y al mismo tiempo no entender el contenido de la misma.

Analiza luego los usos del lenguaje y comienza por el uso descriptivo que es el que suministra información sobre el mundo, aclarando que es de este uso del único que se puede predicar verdad o falsedad. Estas predicaciones serán siempre enunciados de metalenguaje referidas a enunciados descriptivos del lenguaje objeto o de primer nivel. Completa la clasificación mencionando los usos directivo, expresivo y operativo, así llamados porque operan un cambio en la realidad tal como sucede con enunciados como "prometo pagar" o "los declaro marido y mujer"; sin embargo, advierte que la forma gramatical no siempre es una guía correcta, porque no siempre es explícito "[...] el complejo sistema de reglas implícito en el uso de las palabras [...]". Y ejemplifica: si le digo a mi empleado: "ahora llevará usted esta carta", se puede instalar la duda sobre si lo que dije es una profecía o una orden. No soslaya Carrió el análisis de ciertas trampas del lenguaje como lo es usar palabras con carga emotiva, y ejemplifica "las aves negras pretenden ganar aún más", frase que enfatiza la carga negativa de la expresión "aves negras" que se podría formular con términos neutros diciendo "los abogados solicitaron actualización de sus aranceles".

Analizando la técnica del uso del lenguaje emotivo, Carrió se refiere al problema de las llamadas "Definiciones persuasivas", en las que se aprovecha la carga emotiva del término y se cambia el significado descriptivo. Esta técnica ha sido utilizada por todas las grandes dictaduras y totalitarismos de la historia en el uso de la palabra democracia, la que fue redefinida por el hitlerismo diciendo que la verdadera democracia es el gobierno del líder que sabe lo que le conviene al pueblo, también redefinida por la Dictadura Soviética, que dice que la palabra democracia es la dictadura del proletariado.

Refiriéndose a las palabras de clase, Carrió menciona a Irineo Funes –sin duda un homenaje a Borges–, como el único caso por él conocido de una persona que disponía de una palabra para cada cosa, señalando que este lenguaje no tiene ventajas sino inconvenientes aun si fuera posible. Bastaría considerar que para vender una cosecha habría que ponerle un nombre a cada grano y a cada objeto un nombre distinto según el momento del día en que se lo percibe. Tales despropósitos son obviamente superados por las palabras de clase de nuestro lenguaje natural –no obstante los problemas que su carácter implica y que Carrió analizara de forma esclarecedora–. Aclara Carrió que las palabras de clase connotan y denotan. Connotan las características que deben estar presentes en una cosa para que a esta se la pueda representar con la palabra, es decir, para que integren el denotado de la palabra (la denotación es la clase de cosas que la palabra representa); por consiguiente, la suma de las características definitorias que la palabra designa es igual al significado de la misma y por consiguiente enunciarla constituye la actividad de definir, es decir, discernir la "regla de uso" que consiste en descubrir cómo usa una palabra cada comunidad parlante. Obviamente, si no hay designación no hay palabra, mientras que hay palabras que si bien designan carecen de connotación, tales como dinosaurio, hada, minotauro, etcétera.

Pero como anticipó el autor, las palabras de clase padecen de dos defectos inevitables, "la ambigüedad" y la "vaguedad".

Al referirse a estos problemas –anticipando el concepto de vaguedad combinatoria–, para ejemplificarlos cita a Wittgenstein y el caso de la palabra "juego", preguntando qué tienen en común el ajedrez, la ruleta, el *rugby*, la lotería, el boxeo, y enfatiza que surgen obvias similitudes y diferencias subrayando que solo le da coherencia a estos casos un cierto "aire de familia" que, como se verá, fue y será fuente de grandes polémicas en el ámbito de la interpretación de la ley.

Carrió resta importancia a los casos de ambigüedad porque estos se diluyen generalmente en el ámbito del contexto. Resulta obvio que se refiere a la vaguedad por homonimia y a la metafórica, resultando curioso que no haya hecho una especial mención de la ambigüedad sintáctica.

Refiriéndose a la vaguedad, Carrió deslumbra con el análisis de la vaguedad por el continuo y cita sus tan particulares ejemplos, preguntando si ¿se debe considerar como vehículo un ascensor?, ¿cuándo se comienza a ser calvo?, ¿cuándo se es hirsuto?, ¿cuándo alto, bajo, retacón?, ¿cuándo hombre de edad madura, joven, adulto?, ¿cuándo la velocidad es excesiva?, ¿cuándo se es rico, pobre? Y distingue un foco de intensidad luminosa –ejemplos paradigmáticos– y uno de penumbra en el que dudamos llamar rico o no a un hombre, cuánto debe perder para dejar de ser rico, y resulta obvio que no existe respuesta para saber en qué momento se produce el cambio –obviamente tenía en mente la paradoja sorites–. Y concluye que esta es una característica del lenguaje natural necesaria al mismo, y cita a Waismann, quien denominó "textura abierta" a este problema de la vaguedad potencial.

La textura abierta implica la posible aparición de características no conocidas que nos harán dudar en la aplicación del término, y el solo hecho de que esto sea posible revela una vez más que las palabras generales no están perfectamente definidas. Trae el famoso ejemplo del gato que pregunta "¿se dejará usted de amolar?", con la consiguiente perplejidad que nos hará preguntarnos si llamaremos gato a este animal; y termina esta primera parte del trabajo mencionando que estos problemas son los que los juristas analizan bajo el rótulo de "interpretación".

Seguidamente Carrió distingue entre lenguaje jurídico y lenguaje natural, apuntando que si bien el lenguaje técnico limita o reduce los problemas del lenguaje natural, igualmente deja zonas de penumbra, zonas de duda en la aplicación del término, señalando el débil e impreciso límite, por ejemplo, entre culpa y dolo; quizás ni el mismo Carrió imagino las interminables polémicas que se suscitan respecto del concepto de "dolo eventual", hoy ineludible materia en los accidentes de tránsito.

Consecuente con su pensamiento, Carrió critica la concepción del Dr. Soler de comparar los términos jurídicos con los geométricos, argumentando que ambos están constituidos por un número de elementos limitados. Carrió niega que las figuras jurídicas tengan "purísimos perfiles indeformables" y cita como ejemplo "la compraventa", refiriendo que el precio es sin duda un elemento, pero se pregunta: ¿en qué momento el precio se vuelve vil y la compraventa se trasforma en donación oculta? –como se advierte, en materia mensurable siempre se presenta la paradoja sorites.

Para Carrió la complejidad de los hechos desborda las clasificaciones tradicionales y cita contratos atípicos como "edición", "filiación", etcétera, concluyendo que la inadvertencia de estas zonas de penumbra lleva a una peligrosa geometría jurídica, nacida muchas veces del noble anhelo de concretar el valor de "seguridad".

Carrió descree de las tesis del formalismo jurídico respecto de la inexistencia de lagunas y de la existencia de un derecho completo que soluciona con claridad todos los casos, minimizando consecuentemente la actuación de los jueces.

En rigor de verdad, Soler contribuyó a destacar el valor de la actividad dogmática y sus afirmaciones reflejan lo que llamamos "el caso genérico", mientras que las críticas de Carrió se refieren a la aplicación del caso genérico al caso individual. Soler no distingue los problemas conceptuales de los empíricos y semánticos, mientras que Carrió pone el acento en estos últimos, negando la existencia de lo que Soler llama "el umbral", es decir, la aplicación del principio del tercero excluido por el que una operación es compraventa o no lo es; y opone a "el umbral" la imagen de "la penumbra". Como bien afirman Carlos Alchourrón y Eugenio Bulygin en *Introducción a la metodología de las ciencias sociales*, el problema se debió a la falta de distinción entre el plano empírico y el plano conceptual; esto es, Soler habla de "lagunas normativas" y Carrió de "lagunas de reconocimiento".

Como sea, la polémica referida significó un enorme esclarecimiento y un importante llamado de atención respecto de la actividad de los jueces frente a los "casos difíciles", en los que para resolver tendrán que tener claras las consecuencias de sus decisiones, ya que dichos casos no pueden resolverse adecuadamente sin consideraciones extrasistemáticas.

En fin, lamento la limitación de espacio, que me ha hecho simplificar excesivamente este comentario, pero pese a ello espero haber dado algunas de las razones por las que *Notas sobre Derecho y Lenguaje* es hoy un clásico, es decir, un contemporáneo de todos los tiempos.

TERCERA PARTE
ALGUNAS PALABRAS SOBRE LAS PALABRAS DE LA LEY

CAPÍTULO 6
ALGUNAS NOTAS SOBRE LAS PALABRAS DE LOS JUECES

Marcela V. Rodríguez

Entre los muchos y variados aportes de Genaro Carrió se destaca su contribución a clarificar algunos problemas de lo que "los teóricos del derecho tratan bajo el confuso rótulo de interpretación"[1]. En este sentido, es memorable la discusión que desarrolló con Sebastián Soler a lo largo de los años y de distintas obras[2].

1 CARRIÓ, GENARO R. (1990). *Notas sobre Derecho y Lenguaje*, 4ª ed., Ciudad de Buenos Aires: Abeledo Perrot, p. 131.

2 En particular, me concentraré en las posiciones expuestas por SOLER, SEBASTIÁN en *Fe en el Derecho y otros ensayos* (1956), Ciudad de Buenos Aires: Tipográfica Editora Argentina; *La interpretación de la ley* (1962), Barcelona: Ariel; y *Las palabras de la ley* (1969), México: Fondo de Cultura Económica. Ante la críticas de CARRIÓ, finalmente Soler respondió con el artículo "El juez y el súbdito", originalmente publicado en *La Ley*, tomo 142, p. 1094, y reeditado en la *Revista de Derecho Penal y Criminología*, año IV, núm. 4, mayo de 2014, editorial La Ley, Eugenio Raúl Zaffaroni (Dir.). Por su parte, CARRIÓ, GENARO R., *Notas sobre Derecho y Lenguaje*, publicadas originalmente en 1965 y posteriormente reeditadas con respuestas a Soler, entre

Este debate[3] anima a profundizar las críticas a este "confuso rótulo" y a analizar las acciones y los discursos de los jueces y las juezas desde la teoría legal feminista[4].

---

ellas la 4ª ed., corregida y aumentada, 1990, Ciudad de Buenos Aires: Abeledo-Perrot.

3 Disiento con ALCHOURRÓN y BULYGIN quienes creen que "el desacuerdo entre Soler y Carrió no es más que aparente" y que "se origina en la falta de distinción entre casos genéricos e individuales", y el tratamiento que ambos hacen de las "lagunas". Consideran que "Al no hacerse la distinción, el término 'caso' contagia su ambigüedad a la expresión 'laguna', con el resultado de que Soler habla acerca de las lagunas normativas, mientras que CARRIÓ discurre sobre las lagunas de reconocimiento". Véase ALCHOURRÓN, CARLOS E. y BULYGIN, EUGENIO (1975), *Introducción a la metodología de las ciencias jurídicas y sociales*, 1ª reimp. 1987, Ciudad de Buenos Aires: Astrea, pp. 66 y ss. En mi opinión, el desacuerdo da lugar a críticas más profundas respecto de lo que efectivamente hacen los jueces cuando "interpretan el derecho" aplicable a un caso, como explicaré a continuación.

4 La teoría legal feminista o los análisis feministas no son monolíticos. Razones de brevedad me impiden explicar sus diferencias aquí. Sin embargo, utilizo esta terminología por considerarla apropiada en este contexto. Para mayor desarrollo sobre las críticas feministas al derecho, véase MACKINNON, CATHARINE A. (1989), *Toward a Feminist Theory of the State*, Londres: Harvard University Press; SCALES, ANN (1986), "The Emergence of Feminist Jurisprudence: An Essay", *Yale Law Journal*, New Haven, (95): 1373-1403; SCALES, ANN (2006), *Legal Feminism: Activism, Lawyering, and Legal Theory*, Nueva York: NYU Press; CHAMALLAS, MARTHA E. (2012), *Introduction to Feminist Legal Theory*, 3ª ed., Aspen: Treatise; MOTTA, CRISTINA & RODRÍGUEZ, MARCELA (2000), *Mujer y justicia: El caso argentino*, Ciudad de Buenos Aires: Banco Mundial; RODRÍGUEZ, MARCELA (Dir.) (2007), *Reformas*

Soler considera que los conceptos jurídicos tienen "finitud lógica", esto es, un número fijo y determinado de notas definitorias dadas por "los legisladores". Así, tendrían semejanza profunda con los conceptos matemáticos y las definiciones geométricas[5]. Afirma que las lagunas normativas no existen y que los ordenamientos jurídicos son completos, que brindan soluciones a todos los casos posibles.

Por su parte, Carrió advierte que, dado que el derecho es una técnica de control social, cuyas reglas se usan para orientar, dirigir y juzgar acciones humanas concretas, debe formularse en lenguaje natural. Aclara que el lenguaje del derecho, el de las normas jurídicas, el "lenguaje natural", a diferencia de los "lenguajes formalizados" –lógica simbólica y geometría pura–, tiene determinadas notas características: a) expresiones ambiguas: una misma palabra puede tener diferentes significados según los diferentes contextos en que sea insertada, o puede tener diferentes matices; b) palabras vagas: hay una zona de penumbra que circunda el área de significado de la palabra; c) textura abierta: casos anómalos que ponen en crisis los criterios de

---

judiciales, acceso a la justicia y género, 1ª ed., Ciudad de Buenos Aires: Editores del Puerto, entre otras.

5 Véase Soler, Sebastián (1956), *Fe en el Derecho y otros ensayos*, Buenos Aires: Tipográfica Editora Argentina, p. 168. "El contenido del concepto jurídico es exactamente el que el legislador le ha acordado, y en esto la semejanza entre esta clase de conceptos y los conceptos matemáticos es profunda".

aplicación de la palabras, por lo que su inclusión o exclusión se basa en otro tipo de consideraciones[6].

Todo ello influye en la situación del juez o de quien deba determinar si un caso dado se encuentra comprendido por las palabras de una regla o un conjunto de reglas. Concluye que las reglas del sistema no solucionan todos los casos concretos. Conforme a Carrió, los jueces, para resolver los casos ubicados en la zona de penumbra, tienen que adoptar decisiones y fundarlas en otros criterios de justificación. Por eso, deben "tener una conciencia sensible a los valores morales, económicos y políticos –en sentido amplio– que están en juego, así como una adecuada información de hecho relacionada con esos problemas valorativos"[7].

Soler responde a las críticas diciendo que sus afirmaciones aluden a que las normas del derecho hay que leerlas como "hombres corrientes (sic) en cuanto miembros de una polis"[8] y no como lo haría

---

6 CARRIÓ, GENARO R. (1990), *Notas sobre Derecho y Lenguaje*, pp. 136-139.

7 CARRIÓ, GENARO R. (1990), *Ibid.*, p. 140.

8 De acuerdo con los distintos momentos y obras en las que discurre la discusión, SOLER alude tanto a la tarea de los jueces al interpretar la ley como a quienes llama hombres corrientes de la polis, súbditos, ciudadanos. CARRIÓ señala que la situación de un ciudadano que debe adoptar una decisión concreta de acuerdo con las normas del sistema se asemeja mucho a la de un juez. Finalmente, SOLER, en su artículo "El juez y el súbdito" (*Revista de Derecho Penal y Criminología*, año IV, núm. 4, mayo 2014, p. 195) reconoce: "Para mí, aquella [la interpretación] no

un juez[9]. Si bien admite que el lenguaje común es ambiguo y vago, presume que la sola inserción de una palabra en el contexto de una norma, la convierte en una expresión técnica[10]. Siguiendo la descripción de Carrió, para Soler las palabras no nombran una

---

es de diferente naturaleza de otra interpretación posible, la del súbdito o la del jurista, por el sólo hecho de que el juez, además, tenga el poder de hacer valer la suya". A los fines de la crítica feminista sobre este punto, sería imposible escindir a un juez o jueza de la persona que detenta ese cargo y que está atravesada por el género, la raza, la edad, la religión, orientación sexual, identidad de género, posición económica, social y cultural, entre otros factores propios de la interseccionalidad.

9 En cuanto a la pregunta de Carrió respecto a si Soler en *La interpretación de la ley* explica lo que hacen los jueces de carne y hueso o recomienda lo que deben hacer para ser buenos jueces, en el artículo mencionado, Soler responde que "La dogmática no se ocupa de hechos, de lo que hace alguien, sea quien sea un ciudadano, un juez o un ministro. Se ocupa de lo que deben hacer según las leyes". Esta visión del derecho como algo abstracto será criticada al exponer la perspectiva de la teoría legal feminista. Pero, además, el propio Soler en *La interpretación de la ley*, particularmente en el cap. viii, "La imposibilidad de eliminar el proceso de interpretación", admite que los jueces deben escoger no solo dentro del margen establecido de penas, sino también elegir entre diversas posibilidades conceptuales.

10 Para Soler, los procesos por los cuales una palabra se transforma en una expresión técnica son los siguientes: operatividad, definición, cuantificación, tipificación, constitución. *Cfr*. Soler, Sebastián (1969), *Las palabras de la ley*, México: Fondo de Cultura Económica. Carrió critica que el derecho pueda eliminar todas las áreas de indeterminación mediante estos procedimientos. *Cfr*. Carrió, Genaro R. (1990), *Notas sobre Derecho y Lenguaje*, pp. 160-166.

realidad fluida sino una figura o estructura precisa y cerrada. El derecho acota clases de actos. Los objetos del conocimiento jurídico son, desde ese enfoque, fijos, precisos y exactos. El conocimiento dogmático no responde a la ley derivada de la infinitud de lo real sino que contempla su objeto desde adentro y lo ve como algo quieto, invariable, intemporal. Para Soler interesa conocer siempre un esquema rígido, completo y seguro de sí mismo.

Frente a las características que le asigna Soler a los objetos de conocimiento jurídico, Carrió expone que, entonces, "el ciudadano común cuya mirada da fijeza y rigidez absolutas al contenido de las reglas [...] ese arquetipo o paradigma de sujeto cognoscente del derecho es [...] un personaje mítico. Una suerte de Superman jurídico, sembrador infatigable de precisiones y claridades"[11].

Carrió demuestra que el derecho dista de funcionar como un silogismo, del mismo modo que los jueces no operan mediante meras deducciones lógicas. Define, además, al derecho como una técnica de control social.

La teoría legal feminista profundiza este enfoque y expone que cuando los jueces y las juezas "dicen" el derecho, hacen más que aplicar mecánicamente normas, así como que los problemas de interpretación se extienden más allá de los que genera el uso del lenguaje natural. Tal como lo he señalado en

11 CARRIÓ, GENARO R. (1990), *Notas sobre Derecho y Lenguaje*, p. 158.

reiteradas oportunidades[12], desde distintas perspectivas, el derecho ha sido identificado y reconocido como uno de los pilares discursivos en los que se cimenta la organización del poder, el control social y el sistema de legitimidades en las sociedades modernas. La intervención legal históricamente ha instituido y perpetuado la estructura de dominación y subordinación entre los géneros. El derecho regula los conflictos intergenéricos e intragenéricos, aun cuando esto no sea fácilmente perceptible y pretenda ocultarse tras una aparente objetividad y neutralidad de las normas y de las prácticas, así como tras el concepto de igualdad formal en la administración de justicia. Ha encubierto el carácter de construcción parcial impuesta en beneficio de un sistema social genérico asentado en procesos sistemáticos de dominación, subordinación y jerarquías entre los géneros, entre

12 Rodríguez, Marcela V.: "Tomando los derechos humanos de las mujeres en serio" (1997), en Abregú, Martín & Courtis, Christian (Comp.), *La aplicación de los tratados sobre derechos humanos por los tribunales locales* (pp. 580 y ss.), Buenos Aires: Ed. del Puerto/cels; *Reformas judiciales, acceso a la justicia y género* (Dir.) (2007), Ciudad de Buenos Aires: Editores del Puerto. p. 2; *Homicidios conyugales y de otras parejas. La decisión judicial y el sexismo* (Chejter, Silvia, co-autora) (2014), Ciudad de Buenos Aires: Editores del Puerto. Como he indicado, este no es un aporte original, sino que sigue las críticas que distintas feministas han dirigido al derecho desde finales de la década de 1960 en adelante y, en particular, toma en cuenta la obra de Catharine A. MacKinnon, entre otras autoras.

otros factores de discriminación que se intersectan con el género.

Como mencionara, ello opera ocluido bajo un velo de neutralidad, objetividad e imparcialidad y mediante la adopción del punto de vista del varón –perteneciente al grupo dominante de la sociedad[13]– como paradigma del sujeto de derecho y de su perspectiva como el estándar objetivo. El sistema jurídico, al adoptar este punto de vista, especialmente a través del diseño del ordenamiento legal y de la interpretación de las normas, refuerza el orden social y la distribución del poder imperantes.

En este sentido, Catharine A. MacKinnon ha sostenido:

> Una jurisprudencia es una teoría de la relación entre la vida y el derecho. En la vida, 'mujer' y 'varón' se experimentan ampliamente como características del 'ser', no como construcciones de la percepción, intervenciones culturales ni identidades forzadas. El género, en otras palabras, es vivido como ontología, no como epistemología. El derecho participa activamente en esta transformación de perspectiva en 'ser' [...] En sociedades de supremacía masculina, el punto de vista masculino domina a la sociedad civil bajo la

---

13 En nuestras sociedades occidentales, en particular el grupo de varones blancos, heterosexuales, clase media o alta, sin discapacidades. Rechazo que la pertenencia a este grupo sea definida biológicamente, por el contrario es una construcción social que configura una visión genérica del mundo.

> forma del estándar objetivo –ese punto de vista que, dado que domina en el mundo, no parece funcionar como un punto de vista en absoluto–. Bajo su égida, los varones dominan a las mujeres, los niños y las niñas, las tres cuartas partes de la población mundial. Las reglas de las familias y de los clanes y las costumbres sexuales garantizan la propiedad reproductiva y el acceso y el control sexual a los varones como grupo. Las jerarquías entre los varones se ordenan con base en la raza y la clase, estratificando también a las mujeres. El Estado incorpora estos hechos del poder social 'en' y 'como' derecho. Ocurren dos cosas: el derecho se torna legítimo y la dominación social se torna invisible. El legalismo liberal es así un medio para hacer que la dominación masculina sea tanto invisible y legítima al adoptar el punto de vista masculino en el derecho al mismo tiempo que impone esa visión a la sociedad[14].

Agrega Catharine A. MacKinnon:

> En la medida en que tiene éxito ontológicamente, la dominación masculina no parece epistemológica: el control sobre el 'ser' produce el control sobre la conciencia [...] El derecho [...] convierte el ángulo de visión y la construcción del significado social en la institución dominante. En el estado liberal, el estado

---

14 MacKinnon, Catharine A. (1989), *Toward a Feminist Theory of the State*, Londres: Harvard University Press, p. 237. La traducción es propia.

> de derecho –neutral, abstracto, elevado, omnipresente– institucionaliza el poder de los varones sobre las mujeres e institucionaliza el poder en su forma masculina[15].

Este ángulo de visión masculino del derecho se puede advertir en dos dimensiones entrelazadas, que Soler pretendía diferenciar como dos fenómenos absolutamente separados: lo que llamaba las normas jurídicas "en abstracto" y la tarea de los jueces y juezas al aplicar el derecho. Desde un enfoque feminista, esta escisión tergiversa la realidad del sistema jurídico y las realidades de las vidas de las mujeres. La desigualdad sexual está sustantivamente forjada e impuesta a través de las normas tal como estas son interpretadas por los jueces y vividas por las mujeres. Suponer que es posible analizar las normas jurídicas "en abstracto" es desconocer el carácter político del derecho y su impacto diferencial en varones y mujeres, así como en grupos subordinados por distintas jerarquías sociales.

El sesgo androcéntrico de las normas todavía persiste –sin perjuicio de algunas reformas y avances–. En algunos casos, las normas directamente muestran en forma explícita patrones de discriminación de género. En otros, las normas aparentan ser neutrales en cuanto

---

15 MACKINNON, CATHARINE A. (1989), *Toward a Feminist Theory of the State*, Londres: Harvard University Press, p. 238. La traducción es propia.

a su impacto sobre varones y mujeres, pese a que provocan efectos discriminatorios para las mujeres. Así mismo, los procedimientos están intrínsecamente vinculados a los resultados que producen en el funcionamiento del sistema jurídico y no es posible realizar una verdadera disociación entre los llamados derecho de fondo y de forma. La propia aplicación de las normas por parte de los jueces evidencia que subsisten discriminación, estereotipos y estigmatización contra las mujeres, encarnada en las prácticas y los discursos jurídicos. La presunción de que el derecho y los jueces operan con objetividad, neutralidad e imparcialidad pretende tender un velo de opacidad a estas realidades. La estructura del derecho a su vez estructura sus resultados. Las críticas desde la teoría legal feminista pretenden levantar este velo y revelar las experiencias de las vidas de las mujeres.

El análisis de los distintos discursos jurídicos circulantes en las decisiones judiciales permite penetrar en la ideología que los genera, los implanta y los legitima, y confrontar este punto de vista masculino. El lenguaje que utilizan los jueces y juezas también juega un rol significativo como instrumento de imposición de este enfoque y de la discriminación contra las mujeres –ya sea en forma ostensible o velada–. Los problemas del lenguaje sexista no se limitan a la exclusión de las mujeres; el lenguaje influye de una forma directa en la construcción de subjetividades, en la conformación de los imaginarios sociales, de las percepciones, las actitudes y los comportamientos. En particular, transmite imágenes estereotipadas, denigrantes e infravaloradas de las mujeres así como afirma la superioridad del género masculino. El lenguaje cumple un papel fundamental en la construcción de estructuras, jerarquías y realidades sociales, y su naturalización[16]. El carácter sexista del lenguaje refuerza la subordinación de las mujeres[17].

---

16 En este sentido, la Corte Interamericana de Derechos Humanos ha sostenido "401. En similar forma, el Tribunal considera que el estereotipo de género se refiere a una pre-concepción de atributos o características poseídas o papeles que son o deberían ser ejecutados por hombres y mujeres respectivamente. Teniendo en cuenta las manifestaciones efectuadas por el Estado [...], es posible asociar la subordinación de la mujer a prácticas basadas en estereotipos de género socialmente dominantes y socialmente persistentes, condiciones que se agravan cuando los estereotipos se reflejan, implícita o explícitamente, en políticas y prácticas, particularmente en el razonamiento y el lenguaje de las autoridades de policía judicial, como ocurrió en el presente caso. La creación y uso de estereotipos se convierte en una de las causas y consecuencias de la violencia de género en contra de la mujer". Caso González y otras ("Campo Algodonero") *vs.* México. Excepción Preliminar, Fondo, Reparaciones y Costas. Sentencia de 16 de noviembre de 2009.

17 Al respecto, en el 2009 en España, el Consejo General del Poder Judicial dictó la circular sobre "Normas mínimas para evitar la discriminación de la mujer en el lenguaje administrativo" que destacaba: "La importancia que tiene el lenguaje en la formación de la identidad social de las personas y en sus actitudes, motiva la necesidad de erradicar el sexismo lingüístico del lenguaje administrativo, tanto en las relaciones internas como en las relaciones con la ciudadanía. Los usos sexistas del lenguaje hacen invisibles a las mujeres e impiden ver lo que se esconde detrás de las palabras. Puesto que deseamos que se instaure

El carácter discriminatorio de las decisiones judiciales se evidencia en distintos momentos del proceso judicial y adopta distintos ropajes[18]. Por un lado, la

---

una política de igualdad, nuestro lenguaje debe ser igualitario [...]".

18 A fin de ilustrar sobre este punto, me basaré en una investigación realizada sobre el total de las sentencias relevadas de homicidios conyugales y de otras parejas –consumados o en grado de tentativa– cometidas por varones contra mujeres y mujeres contra varones en el período 1992-2010 en tres jurisdicciones: Ciudad de Buenos Aires (los 30 Tribunales Orales en lo Criminal), Neuquén (las dos Cámaras en lo Criminal, conforme a la organización judicial vigente al momento de la investigación) y San Isidro (tres Salas de la Cámara de Apelación en lo Criminal y Correccional y dos de los siete Tribunales Orales Penales). Los resultados de esta investigación y su respectivo análisis se encuentran en la publicación RODRÍGUEZ, MARCELA V. & CHEJTER, SILVIA (2014), *Homicidios conyugales y de otras parejas: La decisión judicial y el sexismo*, Ciudad de Buenos Aires: Editores del Puerto. Esta investigación no tiene pretensiones de exhaustividad ni conclusiones estadísticamente validadas. Sin embargo, las sentencias no son anecdóticas, casos aislados ni episódicos, y es una muestra significativa de la respuesta dada por el sistema de administración de justicia en los casos de homicidios. Son una expresión social de las experiencias de las mujeres y varones como colectivos en el contexto de dominación y subordinación. El análisis privilegia algunas dimensiones y excluye otras lecturas alternativas. Principalmente atiende a la existencia de diferencias en el tratamiento judicial de los homicidios perpetrados por varones y de los cometidos por mujeres, así como a la justificación de las decisiones. No se trata de un análisis de las cuestiones formales –la absolución o la condena y el monto de las penas– sino de cómo se describen los hechos y las circunstancias del contexto y cómo los encuadran en una u otra de las figuras típicas que el derecho admite, así como

actividad de los jueces es crucial en la etapa de la construcción, determinación y fijación de los hechos –los que los tribunales constituyen como relevantes para el caso en cuestión o aquellos que omiten–: allí se establece la trascendencia o intrascendencia de algunos hechos y de la información que se considera fundamental para la decisión judicial. Los hechos no están dados por la naturaleza sino que son construidos por los jueces y esta construcción es sustancial para la resolución del caso. Pocas veces las sentencias se basan directamente en lo sucedido y no suelen ahondar tampoco, en profundidad, en la realidad de los hechos. Los prejuicios y sesgos discriminatorios que se presentan en el modo de construcción de los hechos –la definición de determinados hechos como relevantes– desafían la idea de que es posible hacer una aguda distinción entre "contexto de descubrimiento" y "contexto de justificación".

Soler reconoce que "la conformación del hecho" es un proceso de selección de hechos dado por la ley misma. Afirma que los hechos no surgen "tal como se dan en la realidad", sino que se trata de "un hecho calificado, construido, tomando y desechando elementos del material bruto que la realidad nos va presentando". Sin embargo, considera que "el

---

las argumentaciones sobre las que se construye la resolución de los casos, determinada en gran medida por lo anterior. Para más detalle sobre la muestra y la metodología de investigación, véase la parte II, pp. 25 y ss.

punto de vista del jurista no es arbitrario sino deliberadamente selectivo. Es una calificación de datos que depende totalmente de calificaciones preexistentes", calificaciones que están impuestas por la ley, pues "el proceso de selección está impuesto por la ley misma y generalmente de una manera bastante esquemática", y en el cual Soler descarta que el juez cuente con criterios personales provenientes de su experiencia personal[19].

Está afirmación de que los hechos son construidos a partir del "material en bruto" y según una selección "impuesta por la ley misma", no se corresponde con lo que sucede en las prácticas judiciales. El comportamiento discriminatorio de los jueces en esta etapa puede manifestarse en la negación de determinados hechos o la sobrevaloración de algunos que no tienen relación directa con el caso. Por ejemplo, la lectura de un número significativo de sentencias de homicidios conyugales y de parejas –cometidos tanto por varones como por mujeres– demuestra que estos homicidios constituyen el resultado final de una historia de violencia perpetrada por los hombres. Este historial de violencia previa está explícitamente mencionado en algunas sentencias y en otras aparece de modo encubierto, o solo hay una mención tangencial o sus efectos fueron ignorados[20]. En algunos casos se

---

19 Soler, Sebastián (1962), *La interpretación de la ley*, *op. cit.*, pp. 152 y ss.

20 Así, las sentencias minimizaron situaciones de violencia

consideró que existían "agresiones recíprocas" o "violencia recíproca", desconociendo la especificidad de la violencia de género y asumiendo que se trata de hechos de igual perjuicio en términos de género, así como de idénticos bienes jurídicos en juego.

Empero, al analizar las modalidades de violencia, los fallos evidencian que la violencia cometida contra las mujeres eran golpizas graves, deformación del rostro, fracturas craneanas y de miembros superiores e inferiores y violencia sexual. En cambio, las sentencias al hablar de la violencia sufrida por los varones mencionan "agresiones verbales", "expresiones humillantes" o "denigrantes"[21]. Lo cierto es

---

contra la mujeres y las calificaron con términos tales como "una relación tormentosa lindante con lo enfermizo"; "una relación matrimonial muy crítica" en la cual "nada sucedió aquella noche a lo que venía sucediendo hacía 38 años" esto es, que el marido la golpeaba regularmente y esa noche la asesinó; "el contexto patológico de la relación entre la víctima y la acusada", un contexto "patológico determinado por una relación sadomasoquista"; "desavenencias conyugales"; "reyertas", "profunda afectación del vínculo conyugal", entre solo algunas de las formas de minimizar la importancia de la violencia perpetrada contra las mujeres. Véase RODRÍGUEZ, MARCELA V. & CHEJTER, SILVIA (2014), *Homicidios conyugales y de otras parejas: La decisión judicial y el sexismo*. Ciudad de Buenos Aires: Editores del Puerto, pp. 9 y ss.

21 Cabe aclarar que en gran parte de las situaciones que los jueces consideraron denigrantes para los varones se incluye aquellas en las cuales la víctima sometía al homicida "a malos tratos y humillaciones" pues "se negaba a tener sexo", lo que "afectaba su virilidad". La infidelidad o la mera creencia de la infidelidad de la esposa también se consideró un hecho

que la violencia contra las mujeres estuvo presente en sus historias de vida, ya fueran ellas las asesinadas o fueran las imputadas por el homicidio de sus parejas. Sin embargo, en casi la totalidad de los casos no se consideró que este historial fuera un hecho relevante para el caso[22].

constitutivo de ofensa o agresión y que "desde ya un hombre con una personalidad introvertida, existiendo una infidelidad de su cónyuge, el rechazo a mantener relaciones sexuales, y la manifestación de asco, ello resultaría sumamente humillante, le llamaría la atención si un hombre ante dichas injurias no reaccionara". Véase Rodríguez, Marcela V. & Chejter, Silvia (2014), *Homicidios conyugales y de otras parejas: La decisión judicial y el sexismo*, Ciudad de Buenos Aires: Editores del Puerto, pp. 15 y ss.; p. 53.

22 En este orden de ideas, el "Informe sobre acceso a la justicia para mujeres víctimas de violencia en las Américas" de la Comisión Interamericana de Derechos Humanos expresa: "147. Además de las deficiencias en materia de investigación, la cidh observa con preocupación la ineficacia de los sistemas de justicia para juzgar y sancionar los casos de violencia contra las mujeres. La Comisión ha constatado que ciertos patrones socioculturales discriminatorios influyen en las actuaciones de los funcionarios en todos los niveles de la rama judicial, lo que se traduce en un número aún ínfimo de juicios orales y sentencias condenatorias que no corresponden al número elevado de denuncias y a la prevalencia del problema. La cidh ha podido verificar que la violencia y la discriminación contra las mujeres todavía son hechos aceptados en las sociedades americanas, lo cual se ve reflejado en la respuesta de los funcionarios de la administración de la justicia hacia las mujeres víctimas de violencia y en el tratamiento de los casos. Existe asimismo una tendencia a considerar los casos de violencia contra las mujeres como conflictos domésticos, privados y no prioritarios que deben ser

En la mayoría de los homicidios conyugales perpetrados por varones, los jueces estimaron que fueron cometidos bajo circunstancias extraordinarias de atenuación –pese a que la violencia lejos de ser una circunstancia extraordinaria era una actitud habitual para el homicida–. Por otra parte, el desconocimiento de este historial o la descalificación de su importancia, implicó negar la concurrencia de la causal de justificación de la legítima defensa en casos en los que los homicidios eran cometidos por mujeres.

Los jueces tienen el poder de definir qué es lo que cuenta como hechos del caso, lo que conlleva también un poderoso rol en moldear las consecuencias del proceso. El enfoque y la forma en la que los hechos son encuadrados intensifica aquello que se quiere resaltar y a lo que tácitamente se atribuye relevancia para el resultado del caso[23].

Como lo ha sostenido Catharine A. Mackinnon, la impresión de que los hechos no se sientan suficientemente reales, que algo parezca perdido en ellos o que estén luchando por abrirse paso en las decisiones judiciales ha generado cuestionamientos en relación

---

resueltos sin la intervención del Estado". CIDH (2007), "Informe sobre acceso a la justicia para mujeres víctimas de violencia en las Américas", párr. 147, OEA/Ser.L/V/II.Doc. 68, 20 de enero de 2007.

23 Al respecto, véase MACKINNON, CATHARINE A. (2005), *Women lives, Men laws. Law Stories as Reality and Politics*, Cambridge, Massachussets y Londres: The Belknap Press of Harvard University Press, p. 58.

con el derecho y su forma de abrazar y apropiarse de la realidad[24].

La existencia de patrones discriminatorios también se observa en cómo los tribunales aprecian y valoran la prueba. Claro ejemplo es la valoración de los testimonios de las mujeres víctimas de las agresiones, o de las mujeres imputadas –falta de credibilidad, desvalorización, minimización, fabulación–[25]. Sucede lo mismo cuando hay testimonios recibidos a favor de la posición de las mujeres, tanto en su carácter de víctimas como de imputadas[26]. Este comportamiento

---

24 Véase MacKinnon, Catharine A. (1998), "Law's Story as Reality and Politics", en Gewirtz, Paul & Brooks, Peter (Eds.), *Narrative and Rethoric in the Law*, Yale: Yale University Press.

25 La falta de credibilidad y el consiguiente sometimiento a victimización secundaria suele ser más habitual cuando las mujeres denuncian delitos contra la integridad sexual, en los cuales la abrumadora mayoría de las víctimas son mujeres, niñas, niños, trans o personas feminizadas. En estos casos, las pericias psiquiátricas o psicológicas incluyen preguntas relativas a si la mujer es fabuladora o "mendaz". Esto no ocurre en la mayoría del resto de los delitos que afectan otros bienes jurídicos y en los cuales las víctimas pueden ser tanto mujeres como varones, como acontece con los delitos contra la propiedad, entre otros.

26 La Corte Interamericana de Derechos Humanos expuso: "272. Al respecto, la perita Rebeca Cook afirmó ante la Corte que '[l]a caracterización de la mujer sospechosa de actividad criminal como una [']chica mala['] permite negarles su madurez y humanidad y así eximir de responsabilidad [a] las personas responsables de su custodia', señalando que entre las características que suelen atribuirse a las mujeres sospechosas de haber cometido delitos se incluyen 'ser asertivas, manipuladoras, carecer de credibilidad y tendencia a desafiar a la autoridad'.

discriminatorio resalta más aún si se confronta con el tratamiento que reciben las declaraciones de los imputados o víctimas varones, además de quienes atestiguan a su favor, que algunos tribunales suponen creíbles sin profundizar siquiera en su ponderación y análisis. Por ejemplo, dudan de la credibilidad de los testimonios de familiares de mujeres y estiman que son parciales simplemente por la existencia de ese vínculo; pero no consideran que esté presente igual parcialidad cuando quienes atestiguan son familiares de los varones.

El "Informe sobre acceso a la justicia para mujeres víctimas de violencia en las Américas" de la Comisión Interamericana de Derechos Humanos sostiene que

---

Añade la perita que '[l]os jueces que comparten estereotipos de género similares acerca de las mujeres consideradas sospechosas consecuentemente puede[n] provocar que la decisión de su inocencia o culpabilidad no se fundamente en evidencia apropiada, o incluso se les puede imponer castigos más severos que a las mujeres sospechosas que se someten a la autoridad masculina'. En vista de lo anterior, la Corte reconoce y rechaza el estereotipo de género por el cual se considera a las mujeres sospechosas de haber cometido un delito como intrínsecamente no confiables o manipuladoras, especialmente en el marco de procesos judiciales. Al respecto, la Corte ha aseverado que valoraciones de esta naturaleza muestran 'un criterio discrecional y discriminatorio con base en la situación procesal de las mujeres [...]'". Caso Espinoza Gonzáles *vs*. Perú. Excepciones Preliminares, Fondo, Reparaciones y Costas. Sentencia de 20 de noviembre de 2014.

> 155. La influencia de patrones socioculturales discriminatorios puede dar como resultado una descalificación de la credibilidad de la víctima durante el proceso penal en casos de violencia y una asunción tácita de responsabilidad de ella por los hechos, ya sea por su forma de vestir, por su ocupación laboral, conducta sexual, relación o parentesco con el agresor, lo cual se traduce en inacción por parte de los fiscales, policías y jueces ante denuncias de hechos violentos. Esta influencia también puede afectar en forma negativa la investigación de los casos y la valoración de la prueba subsiguiente, que puede verse marcada por nociones estereotipadas sobre cuál debe ser el comportamiento de las mujeres en sus relaciones interpersonales[27].

Por su parte, la Corte Interamericana de Derechos Humanos se expide sobre esta cuestión en reiteradas ocasiones. En particular, afirmó

> 278. En este sentido, la Corte considera pertinente resaltar que una garantía para el acceso a la justicia de las mujeres víctimas de violencia sexual debe ser la previsión de reglas para la valoración de la prueba que evite afirmaciones, insinuaciones y alusiones estereotipadas. Al respecto, la Corte observa que, en el Acuerdo Plenario n.º 1-2011/CJ-116 de 6 de diciembre de 2011 de la Corte Suprema de Justicia, en donde

---

27 CIDH (2007), "Informe sobre acceso a la justicia para mujeres víctimas de violencia en las Américas", párr. 155, OEA/Ser.L/V/II.Doc. 68, 20 de enero de 2007.

> se 'establec[ieron] como doctrina legal' los criterios para la apreciación de la prueba de delitos sexuales en el Perú a partir de dicha fecha 31, se afirma que 'algunos sectores de la comunidad asumen que esta apreciación probatoria está gobernada por estereotipos de género en los Policías, Fiscales y Jueces' y se reconoce la necesidad de 'que se lleve a cabo una adecuada apreciación y selección de la prueba a fin de neutralizar la posibilidad de que se produzca algún defecto que lesione la dignidad humana y sea fuente de impunidad'. Así, la Corte considera que en el presente caso la ausencia de normas que regularan, en el año 2004, la especial valoración de la prueba requerida en casos de violencia sexual favoreció el uso de estereotipos de género en la valoración de la Sala Penal Permanente de los indicios de que Gladys Espinoza había sido víctima de tortura y violencia sexual[28].

La selección de la norma o normas jurídicas que se aplican a los hechos del caso, junto con la construcción y determinación de esos propios hechos, suele ser uno de los nudos más problemáticos en las prácticas judiciales y evidencia cuestiones cruciales en el tratamiento discriminatorio de las respuestas del servicio de administración de justicia en las decisiones analizadas en la investigación de referencia y otras

---

28 Corte Interamericana de Derechos Humanos. Caso Espinoza Gonzáles *vs*. Perú. Excepciones Preliminares, Fondo, Reparaciones y Costas. Sentencia de 20 de noviembre de 2014.

sentencias judiciales. A modo ilustrativo, podemos mencionar cómo en casos de agresores varones imputados por homicidio en grado de tentativa se ha optado por seleccionar aquellas normas que permitan reconducir los hechos a fin de que puedan ser juzgados como tipos atenuados o privilegiados. Así, se ha considerado que en esos casos correspondía aplicar las normas relativas al delito de lesiones, lo que importa una reducción sustancial de la respuesta penal y la consiguiente desprotección de los bienes jurídicos de las mujeres[29].

A los efectos de aplicarle la pena del homicidio simple, en un número significativo de casos de homicidios cometidos por varones, los tribunales han recurrido a aplicar circunstancias extraordinarias de atenuación[30] con base en argumentos que no tenían justificación alguna, tales como "las características enfermizas de la relación". Así, por ejemplo, los

---

29 En una sentencia, por ejemplo, el tipo penal de tentativa de homicidio fue reconducido al de lesiones cuando los antecedentes de la violencia eran claros. Constaba no solo la intervención judicial en ocasiones anteriores sino incluso la aplicación de medidas cautelares como la exclusión del hogar. Rodríguez, Marcela V. & Chejter, Silvia (2014). *Homicidios conyugales y de otras parejas: La decisión judicial y el sexismo*, Ciudad de Buenos Aires: Editores del Puerto, p. 15.

30 Nos referimos a la selección del último párrafo del Artículo 80 del Código Penal en su redacción anterior a la reforma de la Ley 26.791, cuyo inciso 1) que agravaba, en particular, los homicidios cometidos mediando vínculo conyugal y no los vínculos basados en otro tipo de parejas.

tribunales estiman que no corresponde aplicar el tipo penal de homicidio calificado por el vínculo conyugal porque existe una separación de hecho, independientemente de si el agresor tenía una presencia constante en el hogar o si existía una orden de restricción y no acercamiento al hogar conyugal incumplida, dado que el homicida siguió viviendo por más de un año en la casa. También, se ha utilizado una supuesta y nunca investigada infidelidad para descartar el agravante del vínculo. El argumento de la separación de hecho a los fines de aplicar la pena del homicidio simple y no considerarlo homicidio calificado fue utilizado cuando los homicidas fueron varones y nunca cuando las que cometieron el homicidio fueron mujeres.

Indisolublemente vinculada con la selección de la norma, la interpretación de las leyes, esto es, la determinación del sentido o el alcance de las consecuencias establecidas por las normas en relación con los hechos particulares en tratamiento, es otro momento de especial despliegue de argumentos, lenguaje y respuestas discriminatorias. En la interpretación de las leyes por parte de los jueces se corrobora la crítica de la teoría legal feminista: quienes interpretan y aplican las normas distan de actuar de una forma abstracta, imparcial, objetiva, desde un punto de vista neutral y no genérico como se ha pretendido sostener en reiteradas ocasiones.

La interpretación de las normas refleja la perspectiva masculina, especialmente en el desarrollo de los criterios y argumentación jurídica, en los que se evidencia la existencia de prejuicios y estereotipos de género[31]. Ello deviene en falacias, falta de fundamentación o motivación insuficiente, falta de consideración de un enfoque global del contexto y sus confrontaciones con las constancias de la causa –lo que se traduce en decisiones contradictorias e incoherentes y sin apoyo probatorio–, por mencionar algunos ejemplos.

Para esclarecer esta cuestión, es interesante analizar la legítima defensa como una causal de justificación paradigmática del punto de vista masculino dominante del derecho, tanto en su concepción y formulación, como en su interpretación por la doctrina y la jurisprudencia[32]. Definida, limitada e interpretada desde

31 Como señala Ann Scales, la noción de estereotipos connota una serie de problemas superpuestos tales como incluir características falsas del grupo, sobre simplificación de las características del grupo, desatención a las características individuales, falta de seriedad, invariancia, entre otras. En términos de género, los "estereotipos normativos" están a menudo atados a las diferencias biológicas entre varones y mujeres. Algunos estereotipos han devenido ciertos a partir de una historia de discriminación estructural. Véase Scales, Ann (2006), *Legal Feminism: Activism, Lawyering, and Legal Theory*, Nueva York: NYU Press.

32 Véase Rodríguez, Marcela V. & Chejter, Silvia (2014), *Homicidios conyugales y de otras parejas: La decisión judicial y el sexismo*, Ciudad de Buenos Aires: Editores del Puerto, pp. 18 y ss., 85 y ss., 89 y ss.; Rioseco Ortega, Luz (1999), "Culminación de la violencia doméstica: Mujeres que asesinan a sus parejas. Defensas penales posibles", en Facio, Alda & Fries, Lorena (Eds.), *Género y Derecho* (pp. 710 y ss.), Chile: Lom ediciones/La Morada; Larrauri, Elena (2008), "Violencia doméstica y legítima defensa", en *Mujeres y sistema penal. Violencia doméstica*, Buenos Aires: Euros; Di Corleto, Julieta (2006), "Mujeres que

ese punto de vista, no se corresponde con la realidad social de las experiencias de las mujeres, la violencia de género y la desigualdad sexual. Fue forjada teniendo en cuenta la pelea de un varón contra otro, por lo general desconocidos. Desde ese enfoque se formularon sus requisitos. No fue prevista para cuando las mujeres se defienden. Menos aún fue pensada para las especiales características que enfrentan las mujeres agredidas por sus parejas que matan a sus agresores. Los abusos y agresiones de larga data no suelen ser considerados un elemento crucial y no se contempla el contexto de violencia previa cuando las mujeres repelen ataques o agresiones.

Los requisitos que el Código Penal exige para considerar justificada la legítima defensa, en especial ignoran e invisibilizan estos historiales de violencia y las percepciones de las mujeres agredidas cuando son ellas las que matan. En consecuencia, solo en algunas situaciones –las que replican los criterios aplicables a los varones– las mujeres se pueden amparar en la causal de legítima defensa. En la mayoría de los otros

---

matan. Legítima defensa en el caso de las mujeres golpeadas", *Revista de Derecho Penal y Procesal Penal Lexis Nexis*, Buenos Aires, núm. 5, mayo 2006; FRIGON, SYLVIE (2000), "Mujeres que matan. Tratamiento judicial del homicidio conyugal en Canadá en la década del 90", en *Travesías N° 9* (p. 71.85), Buenos Aires: Ediciones CECYM; SÁNCHEZ, LUCIANA & SALINAS, RAÚL (2012), "Defenderse del femicidio", en *Violencia de género: estrategias de litigio para la defensa de los derechos de las mujeres*, Ciudad de Buenos Aires: Ministerio Público de la Defensa.

casos que no reflejan estas vivencias masculinas, no se les aplica esta justificación.

La exigencia de una agresión actual o inminente no considera cómo el historial de violencia previa prolongado sufrido por la mujer afecta y conforma sus percepciones del peligro, de su inmediatez y de qué acciones son necesarias para protegerse. Los tribunales interpretan que inminente es equivalente a inmediatez, lo que no responde a las vivencias de las mujeres agredidas, a la par que minimizan o niegan la gravedad de las agresiones que sufren las mujeres[33].

33 En uno de los casos investigados, la pareja varón propinó una golpiza a la mujer, incluso cuando ya había caído al piso por los golpes; la mujer intentó encerrarse en el baño y la pareja arrancó la puerta e introdujo su cabeza en el inodoro para ahogarla, en ese momento regresó su hija que había ido a buscar ayuda, junto con una vecina. Transcurridos cinco minutos –cuando la hija y la vecina se fueron– la golpeó nuevamente, la empujó contra una mesa donde se encontraban dos cuchillos de cocina que la mujer tomó y después de intimarlo a que no la golpeara, el agresor se acercó a golpearla y ella clavó los cuchillos en el cuerpo del agresor provocando su muerte. Pese al pedido de absolución de la Fiscal por considerar que actuó en legítima defensa, uno de los jueces sostuvo: "En el caso de examen la única acción humana que puede considerarse como agresión ilegítima actual o inminente, con las características arriba mencionadas, es aquella por la cual R.A.A. se acercó hacia la imputada con la intención de golpearla, acción que precedió en lo inmediato al momento en que la acusada clavó los cuchillos en el tórax de la víctima, según surge de la propia versión que dio la Sra. C.Y.B. Ello es así, dado que tanto los golpes que la víctima inflingiera a la acusada con anterioridad, como así también la acción de introducir la cabeza de C.Y.B en el inodoro, fueron episodios

En cuanto a la necesidad racional del medio empleado para defenderse son frecuentes afirmaciones judiciales tales como "la mujer tenía posibilidades de irse" o de "utilizar otros medios menos lesivos para repeler el ataque", que no contemplan el contexto concreto y las experiencias previas de esas mujeres en particular. Más aún, prevalece el criterio de que las mujeres deben soportar agresiones sin defenderse o intentar irse pese al riesgo sobre sus vidas o integridad física. La jurisprudencia y la doctrina han aplicado el criterio de cómo hubiera actuado "un hombre medio"

---

completamente finalizados para el momento en que se realizó la acción de homicidio por parte de la nombrada, mediando entre uno y otro momento, un lapso considerable en el cual A.A.R. cesó su actitud violenta hacia su esposa. Además, el contexto en el cual se produjo la conducta sometida a juzgamiento, en medio de reproches y de la reacción de la acusada por lo sucedido con anterioridad, arrojando ella objetos al suelo, es del todo distinto al de una golpiza como la que había ocurrido con anterioridad. Por ello, resulta incomprensible la afirmación de la Sra. Fiscal en cuanto a que la agresión en el caso fue de una gran entidad objetivamente comprobable que puso en peligro la vida de C.Y.B., pues es de toda evidencia que la acción de R.A.A en el instante que precedió a su muerte, según la percibió la propia acusada, inminencia de un golpe, no pudo de ninguna manera poner en riesgo la vida de aquella. Es evidente entonces que la única agresión de la víctima inmediatamente previa al comportamiento ya definido como típico del Art. 80, inc. 1, del Código Penal fue la inminencia de un golpe que podía poner relativamente en riesgo la integridad corporal de la acusada". Rodríguez, Marcela V. & Chejter, Silvia (2014). *Homicidios conyugales y de otras parejas: La decisión judicial y el sexismo*, Ciudad de Buenos Aires: Editores del Puerto, pp. 93-94.

a los fines de evaluar el requisito de racionalidad. Esta fórmula no implica una mera metáfora, sino que es un claro ejemplo de cómo se constituye al varón como paradigma del sujeto de derecho[34].

No es el objetivo abundar aquí en el análisis de la causal de la legítima defensa y su formulación y aplicación desde una perspectiva androcéntrica, sino llamar la atención sobre la interpretación desde esta perspectiva frente a situaciones marcadas por la violencia de género. En algunos casos, los jueces hacen explícita la construcción de esta interpretación.

---

34 En el caso anterior, el juez afirmó "Además, también debe remarcarse que si bien es cierto que no se probó la existencia a su alcance en ese momento de otro elemento de menor poder ofensivo que los cuchillos para ejercer su acción defensiva, por ejemplo un palo o similar, y que, posiblemente, una defensa con golpes propios hubiera resultado inefectiva, dada la superioridad física de su esposo, nada impedía a la acusada realizar una acción menos lesiva que la de clavar dos cuchillos punzantes y filosos en el tórax de quien se aproximaba a ella con la intención de golpearla. [...] En el caso, la acusada hubiera podido realizar, sin duda, otras acciones menos lesivas y más benignas para rechazar la agresión inmediata, por ejemplo, utilizar solo un cuchillo como elemento cortante para blandirlo frente a su agresor sin clavarlo o, en última instancia, dirigirlo a otra zona del cuerpo con menor riesgo de causar una herida letal y, sin embargo, optó por utilizar dos cuchillos de características similares, esto es, armas con suficiente capacidad por sí para causar heridas de gran importancia, y clavarlos en una zona donde se encuentran órganos vitales". Rodríguez, Marcela V. y Chejter, Silvia (2014), *Homicidios conyugales y de otras parejas: La decisión judicial y el sexismo*, Ciudad de Buenos Aires: Editores del Puerto, pp. 95-96.

En otros casos, simplemente se rechaza la causal y se condena a la mujer sin que exista este mismo desarrollo.

Catharine A. MacKinnon explica:

> El derecho desde el punto de vista masculino combina coerción con autoridad, controlando a la sociedad donde sus límites son expuestos: en los puntos de resistencia social, conflicto y ruptura [...] El punto de vista de un sistema total emerge como particular solo cuando es confrontado, de una forma tal que no puede ser ignorada por una demanda desde otro punto de vista. Esta es la razón por la que la epistemología debe ser controlada para que la dominación ontológica pueda tener éxito, y la razón por la cual la concientización es subversiva. También es la razón por la cual, cuando el derecho favorece a quienes no tienen poder, como ocasionalmente sucede, se dice que se ha involucrado en algo diferente al derecho –la política u opiniones personales o políticas– a los fines de su deslegitimación. Cuando condiciones aparentemente ontológicas son desafiadas desde un punto de vista colectivo de una realidad disidente, ellas se tornan visibles en tanto epistemológicas[35].

Descubrir las experiencias en común de las mujeres genera un nuevo conocimiento. El método feminista comienza con la primacía de las experiencias reales

35 MACKINNON, CATHARINE A. (1989), *Toward a Feminist Theory of the State*, Londres: Harvard University Press, pp. 239-240. La traducción es propia.

de las mujeres causadas por las jerarquías de género: escuchar y creer los relatos de las mujeres es central para este método.

Tal como reconoce Carrió, "los jueces dictan sentencias que no son una mera deducción de normas generales preexistentes"[36]. Las decisiones judiciales analizadas demuestran que las experiencias de las mujeres están ausentes, sus voces silenciadas o tergiversadas y sus relatos excluidos, así como que las prácticas y las palabras de los jueces y juezas suelen justificar y perpetuar la desigualdad de poder entre los géneros en la sociedad.

---

36 Carrió, Genaro R. (1990), *Notas sobre Derecho y Lenguaje*, 4ª ed., Ciudad de Buenos Aires: Abeledo Perrot, p. 109.

CAPÍTULO 7
POR EL CAMINO EQUIVOCADO. CARRIÓ SOBRE RAZONAMIENTO JUDICIAL INTERPRETATIVO Y CASOS TÍPICOS

*Diego Moreno Cruz**

1. Introducción

Carrió dedica algunos de los escritos de *Notas sobre Derecho y Lenguaje* a una noción precisa de "interpretación jurídica"[1], a saber, el proceso psicológico de atribución de significados a enunciados normativos –*i. e.*, enunciados que una autoridad normativa enuncia (por ejemplo, el legislador) para prohibir, obligar o

---

* Este trabajo se ha visto enriquecido con la discusión que tuvo lugar el 4 de abril de 2017 con los participantes del grupo de Filosofía del Derecho de Córdoba (Argentina), entre ellos, Alejandro Agüero, Federico Arena, Juan Iosa, Pablo Navarro, Santiago Sánchez, Valeria Trotti y Maximiliano Vargas. Agradezco especialmente a Pierluigi Chiassoni y Riccardo Guastini por la lectura y comentarios que hicieron a una versión inicial del escrito que aquí presento.

1 Hago referencia, en especial, a dos de sus escritos, Carrió (1986), "Sobre la interpretación en el derecho" (pp. 49-89) y "Algunas palabras sobre las palabras de la ley" (pp. 133-168).

permitir realizar acciones humanas[2]–. En otras palabras, él se ocupa del razonamiento que concluye con la obtención de un enunciado interpretativo –"el enunciado normativo r significa la regla R"– o, expresado elípticamente, una regla jurídica general –"R" –[3]; es decir, el razonamiento práctico que es necesario para determinar, en un contexto y situación particular, qué es lo que la autoridad normativa ordena (no) hacer con sus enunciados normativos: *i. e.*, el "razonamiento jurídico interpretativo".

Ahora bien, para analizar el razonamiento interpretativo, él asume el punto de vista del "juez en trance de dictar sentencia"[4]. Por tanto, su objeto de análisis es la interpretación jurídica en un sentido más específico que el anteriormente precisado, a saber, el "razonamiento judicial interpretativo": *i. e.*, el proceso psicológico que la juez activa para obtener la regla general a aplicar a un caso concreto, en aras de decidir "una cuestión o una disputa concreta"[5].

En definitiva, en estos escritos, Carrió se ocupa del razonamiento práctico que la juez activa para

---

2 CARRIÓ (1986), p. 49.

3 Aunque Carrió no usa la distinción entre enunciados normativos y reglas jurídicas, yo la usaré en *pro* de exponer claramente mis ideas; y creo que hacerlo no afecta la exposición de las ideas de Carrió.

4 Con el "juez en trance de dictar sentencia", Carrió hace referencia al modo en que Sebastián Soler caracteriza su perspectiva de análisis. Véase CARRIÓ (1986), p. 143.

5 CARRIÓ (1986), pp. 56, 151.

determinar qué es lo que el derecho le ordena o autoriza (no) hacer respecto a cierto caso concreto, en la situación y contexto particular en que ella tiene que dictar sentencia[6].

Al respecto, él aborda el problema metateórico sobre qué teoría del razonamiento judicial interpretativo es plausible, es decir, qué representación es una descripción y explicación razonable acerca de qué es lo que ocurre en la mente de la juez para que ella enuncie que "el caso X (no) es un individuo de la clase de casos disciplinada por la regla R"[7]; qué representación teórica es adecuada para explicar por qué un juez enuncia un enunciado interpretativo "r significa R en las circunstancias C" –de modo que "X no sea subsumible en la regla general" –, y no un enunciado interpretativo alternativo "r significa R1 en las circunstancias C" –de manera que X sí sea subsumible en la regla general.

Para juzgar la plausibilidad de una teoría, Carrió asume el siguiente criterio meta-teórico: una teoría plausible es una representación idónea para captar

---

6 Una versión de un análisis desde esta perspectiva se encuentra en Alf Ross. Para este autor, las normas jurídicas generales dirigen las acciones de toma de decisión de los jueces conforme con las condiciones de aplicación (o de "ejercicio de la fuerza") señaladas en las mismas normas. En este sentido, las normas jurídicas generales son directivas dirigidas directamente a los jueces e indirectamente a quienes están sometidos a sus decisiones judiciales. Al respecto, véase Ross, A. (1959), pp. 33 y ss.

7 Carrió (1986), pp. 152, 157, 137, 167.

que el razonamiento judicial interpretativo ocurre de dos modos diferentes, en cuanto cada uno se orienta a tipos de caso concreto distintos (*i. e.*, condición descriptiva)[8]. Y, además, una teoría idónea para captar estos dos tipos de razonamiento presupone una caracterización del lenguaje jurídico plausible (*i. e.*, condición metodológica)[9].

Con base en este criterio de selección metateórica, y en contra de la tendencia de representar el razonamiento judicial interpretativo por medio de teorías iusrealistas[10], él cree que una representación teórica no-iusrealista de la interpretación jurídica es el medio teórico más adecuado para analizar el razonamiento judicial interpretativo, a saber, la teoría intermedia propuesta por Herbert Hart[11]. Una teoría que capta, a partir de tesis formalistas o antirrealistas, que el razonamiento judicial interpretativo orientado a los casos concretos "típicos"[12] ocurre en una situación de certeza; y, por otro lado, a partir de tesis realistas o anti-formalistas, que el razonamiento judicial interpretativo orientado a los casos "atípicos"[13] ocurre en

8 *Ibid.*, p. 56.

9 *Ibid.*, p. 153.

10 HART (2016), pp. 462- 463; Hart (1961), cap. VII.

11 Carrió reconoce que sus ideas sobre la interpretación jurídica están influenciadas "visiblemente" por el "análisis" de Alf Ross y por las "enseñanzas" de Herbert Hart; CARRIÓ (1986), p. 56, en nota al pie 1.

12 CARRIÓ (1986), p. 56.

13 *Ibid.*, pp. 54-56.

una situación de incertidumbre. Y, para Carrió, esta teoría es idónea por presuponer una caracterización del lenguaje jurídico plausible: un lenguaje que está determinado respecto a los casos típicos, e indeterminado frente a los casos atípicos[14].

En este trabajo cuestionaré que Carrió siga el camino trazado por Hart para analizar el razonamiento judicial interpretativo. Por un lado, mostraré que la representación que esta teoría no-realista hace del razonamiento interpretativo orientado a los casos típicos es implausible, por presuponer que el lenguaje jurídico está determinado respecto a este tipo de casos: en adelante, la "teoría formalista –o antirrealista– moderada de la interpretación jurídica". Por otro lado, sugeriré una teoría que parece ser una mejor opción para analizar el razonamiento judicial interpretativo.

Con este propósito en mente, en el apartado segundo, expondré más detalladamente la teoría intermedia de Hart y las razones que Carrió ofrece para creer que esta teoría es una representación plausible del razonamiento judicial interpretativo (§ 2). En el apartado tercero, con base en el reproche que Sebastián Soler dirige al aparato conceptual de Carrió –*i. e.*, su análisis conceptual implica la propagación de la indeterminación del significado de los enunciados normativos a todo su significado–, argüiré que la teoría formalista moderada es implausible, en razón

14 *Ibid.*, p. 152.

de la caracterización implausible del lenguaje jurídico presupuesta por ella: *i. e.*, el lenguaje jurídico está racionalmente determinado respecto a los casos típicos. Y, con base en este argumento, precisaré la teoría formalista moderada que Carrió podría creer razonablemente que sí es plausible: una teoría que se limita a representar el razonamiento judicial interpretativo desde una perspectiva sincrónica (§ 3). Paso seguido, expondré una alternativa teórica respecto a la teoría intermedia: una teoría realista –o antiformalista– moderada que parece ser plausible, con base en el mismo criterio de selección metateórica usado por Carrió. Una teoría que distingue dos tipos de razonamiento judicial interpretativo: un razonamiento orientado a casos normales que ocurre en situación de normalidad; y un razonamiento orientado a casos sorpresivos que ocurre en situación de anormalidad. Una teoría que, además, presupone que el lenguaje jurídico es parcialmente (in)determinado (§ 4). En el apartado quinto, me serviré de esta teoría realista para mostrar que la teoría formalista moderada sincrónica presupone una tesis que es falsa –*i. e.*, la atribución de significados es independiente prospectiva y retrospectivamente de un acto mental de toma de decisión judicial interpretativa–, en razón de la caracterización del lenguaje jurídico presupuesta por ella: *i. e.*, el lenguaje jurídico está causal y racionalmente determinado (§ 5). Y, en el sexto apartado, concluiré (§ 6).

2. Representación teórica no-realista

La teoría intermedia presupone que el lenguaje jurídico es un lenguaje natural, por lo tanto, la comunicación entre la autoridad normativa y los sujetos a quienes se dirigen sus enunciados normativos puede resultar frustrada, en cuanto que a veces es indeterminado qué es lo que dicha autoridad ordena o autoriza (no) hacer con sus enunciados normativos. Si bien Carrió considera otros factores de indeterminación del lenguaje jurídico, para el propósito de mi trabajo bastará con considerar tan solo unos de ellos, a saber, que las palabras de clase –"predicados fácticos" o "términos clasificatorios generales"[15]– de los enunciados normativos suelen adolecer de una "vaguedad actual" e indefectiblemente de una "vaguedad potencial" o de una "textura abierta"[16].

Se trata de predicados que tienen un "área de significado claro" que denota "casos típicos": casos concretos que exhiben ciertas propiedades claramente connotadas por la misma palabra[17]. De modo que,

---

15 Hart (1961), p. 124.

16 Carrió (1986), pp. 27-36, 49, 51, 68, 136-142, 163. Carrió también tiene en cuenta, por ejemplo, la ambigüedad como factor de indeterminación. Sin embargo, bastará con indicar tan solo la vaguedad para el propósito de mi escrito –*i. e.*, mostrar que la teoría intermedia es una representación implausible del razonamiento judicial interpretativo orientado a los casos típicos, en razón de presuponer que el lenguaje jurídico es determinado.

17 Carrió (1986), p. 137. En igual sentido, véase Hart (1958), p. 607.

respecto a estos casos, los enunciados normativos están provistos de un único significado. Luego, el lenguaje jurídico en relación con los casos típicos está determinado. Sin embargo, los predicados fácticos no tienen "un campo rigurosamente preciso de aplicación"[18]. Su significado tiene una "*zona de penumbra* que circunda el área de significado claro"[19]. Hay "casos atípicos" a los que les hace "falta algunas de las propiedades" exhibidas por los casos típicos, "o está presente una adicional, de carácter insólito". De manera que, el ámbito de aplicación de los predicados fácticos a tales casos es indeterminado: no hay un criterio para determinar si las propiedades predicables respecto a los casos típicos son "todas ellas, o solo algunas, condición necesaria y suficiente" para que la palabra sea aplicada a los casos atípicos[20]. Por lo tanto, el significado de los enunciados normativos respecto a este tipo de casos es indeterminado. De esto se sigue, como lo reconoce Carrió, que la zona de penumbra es indeterminada y, por tanto, que la distinción entre casos típicos y atípicos sea vaga[21].

En definitiva, según Carrió, el lenguaje jurídico es parcialmente (in)determinado: determinado respecto a los casos típicos e indeterminado en relación con los casos atípicos.

---

18 CARRIÓ (1986), p. 54
19 *Ibid.*, p. 137
20 CARRIÓ (1986), p. 32; HART (1958), p. 607.
21 CARRIÓ (1986), pp. 34, 56.

2.1. Razonamiento en situación de (in)certidumbre

De esta caracterización del lenguaje, y de la correspondiente distinción entre casos concretos típicos y atípicos, se sigue una distinción teórica entre dos tipos de razonamiento judicial interpretativo. En relación con los casos típicos, el razonamiento de la juez ocurre en una situación de certeza; frente a los casos atípicos, en cambio, el razonamiento de la juez ocurre en situación de incertidumbre.

El razonamiento interpretativo de las jueces en situación de certeza es un proceso "automático"[22] –es decir, la atribución de significado en la que hay un único significado correcto del enunciado normativo objeto de interpretación ocurre de un modo inmediato– la palabra que denota y connota una clase de casos se (in)aplica inmediatamente al caso concreto; no hay lugar a "vacilaciones", o, dicho de otro modo, "nadie en su sano juicio dudaría" que el caso (no) es un individuo de la clase de casos disciplinada por la única regla posiblemente expresada por el enunciado normativo[23]. De esto se sigue, según Carrió, que hay certeza acerca de que la atribución del único significado posible es el único significado correcto del enunciado normativo. Por lo tanto, frente a estos casos, no hay otros significados posiblemente

---

22 Hart (1961), p. 126.

23 Carrió (1986), p.137. Véase también, en igual sentido, a Hart (1958), p. 607.

atribuibles al enunciado normativo. Por ende, la juez no ejerce discrecionalidad al momento de atribuir el único significado posible[24]; esta atribución no consiste en el contenido proposicional de un acto mental de toma de decisión o adscripción interpretativa, sino en el contenido proposicional de un acto mental de comprensión inmediata –un acto "cognitivo"[25] o de "entendimiento"[26]– del único significado correcto del enunciado normativo. Además, la juez al atribuir el único significado correcto no crea derecho y no actúa bajo su responsabilidad.

El razonamiento judicial interpretativo en situación de incertidumbre no es automático. Respecto a los casos atípicos, la juez tiene a su disposición diferentes opciones interpretativas acerca de si el caso concreto es o no es un individuo de la clase de individuos connotada y denotada por la palabra de clase o predicado fáctico del enunciado normativo. De modo que hay dudas acerca de qué significa cierto enunciado normativo, es decir, hay lugar a "vacilaciones" acerca de qué norma jurídica es expresada por tal enunciado en relación con este tipo de casos. Luego, ella tiene que ejercer discrecionalidad acerca de la extensión o restricción del alcance de la regla, es decir, tiene que decidir "bajo su responsabilidad"

---

24 CARRIÓ (1986), p. 57.

25 HART (1958), p. 627.

26 MARMOR (2005), cap. 2. Para este autor, esta atribución de significado no consiste en una actividad interpretativa sino en un acto de entendimiento.

si el caso concreto está incluido o excluido –o si (no) se subsume– en el predicado fáctico del enunciado normativo[27]. En consecuencia, el contenido de significado de los enunciados normativos respecto a estos casos depende de un acto de toma de decisión interpretativa de la juez[28]: una adscripción de significado que no está "controlada" por el área clara de significado del enunciado normativo, es decir, por la única regla general aplicable a los casos típicos[29]. Por lo tanto, respecto a estos casos, no hay certeza acerca de cuál es el contenido de significado correcto del enunciado normativo objeto de interpretación. Por último, la juez al adscribir un significado posible y descartar otras opciones interpretativas crea derecho[30].

En definitiva, en relación con los casos típicos, la juez advierte un único significado correcto del enunciado normativo; por el contrario, respecto a los casos atípicos, la juez advierte varias opciones interpretativas a disposición de ser elegidas discrecionalmente, y, por lo tanto, para estos casos no hay una única interpretación correcta del enunciado normativo.

---

27 Carrió (1986), pp. 57, 72, 138-139.
28 Hart (1961), pp. 272-276; Hart (1958): pp. 627, 629.
29 Carrió (1986), p. 57; Hart (2016), p. 462.
30 Hart (2016), p. 462.

2.2. *Teorías (im)plausibles*

Esta teoría no-realista se sirve de dos teorías radicales y opuestas para representar el razonamiento interpretativo: una teoría formalista (1) y una teoría realista (2). Dos teorías que tomadas separadamente no son idóneas para captar que el razonamiento interpretativo ocurre de dos maneras diferentes, en razón de la caracterización implausible del lenguaje jurídico presupuesta por cada una de ellas. Sin embargo, dos teorías que tomadas conjuntamente se complementan en la representación exhaustiva y plausible del razonamiento interpretativo de la teoría intermedia (3)[31].

(1) Una teoría formalista radical que presupone que el lenguaje jurídico es un lenguaje formal, no-natural, es decir, un lenguaje totalmente determinado o que es determinable de un modo exhaustivo y definitivo[32]. De manera que, respecto a todo caso concreto, (1*i*) hay una única interpretación correcta de los enunciados normativos, y, por tanto, (1*ii*) la determinación y atribución del significado de los enunciados normativos es independiente de una decisión –judicial– interpretativa.

Al presuponer que el lenguaje jurídico es totalmente determinado, esta teoría desconoce que haya casos –atípicos– para los que no hay una única interpretación correcta; por tanto, esta teoría no representa

31 HART (1977), pp. 123-144.

32 CARRIÓ (1986), pp. 69, 167.

el razonamiento judicial interpretativo en situación de incertidumbre, es decir, el razonamiento de toma de decisión judicial interpretativa[33]. En definitiva, una teoría implausible que expresa un optimismo –exagerado– frente a las reglas, y que representa a la interpretación jurídica como un "noble sueño"[34].

(2) Una teoría realista radical que presupone que el lenguaje jurídico es totalmente indeterminado[35]. De tal manera que en (2*i*) no hay una única interpretación correcta de los enunciados normativos respecto a ningún caso concreto, y, por lo tanto, (2*ii*) la determinación y atribución del significado de los enunciados normativos es dependiente de una decisión judicial interpretativa: las jueces pueden adscribir *cualquier* significado a los enunciados proferidos por la autoridad normativa.

Al presuponer que el lenguaje jurídico es totalmente indeterminado, esta teoría desconoce que haya casos –típicos– para los que hay una única interpretación correcta; por lo tanto, se trata de una representación que no capta el razonamiento judicial interpretativo en situación de certeza, es decir, el razonamiento de comprensión –automática– del significado de las palabras de clase de los enunciados normativos. En definitiva, una teoría que expresa un pesimismo –o escepticismo– exagerado frente a las reglas,

33 *Ibid.*, pp. 66-70.
34 Hart (1977), pp. 123-144.
35 Carrió (1986), pp. 65, 70-72.

y que representa a la interpretación jurídica como una "pesadilla"[36].

(3) Una teoría intermedia que presupone que el lenguaje jurídico es un lenguaje natural, no-formal, por tanto, un lenguaje que es parcialmente (in)determinado –el lenguaje jurídico está determinado respecto a los casos típicos e indeterminado respecto a los casos atípicos–: de tal manera que, por un lado, respecto a los "casos típicos" (3*i*) hay una única interpretación correcta de los enunciados normativos, (3*ii*) la determinación y atribución del significado de los enunciados normativos es independiente de una decisión judicial interpretativa; y, por otro lado, en relación con los "casos atípicos", (3*iii*) no hay una única interpretación correcta, y (3*iv*) la determinación y atribución del significado de los enunciados normativos es dependiente de una decisión judicial interpretativa.

Con base en las condiciones descriptiva y metodológica, Carrió considera que la teoría de la interpretación intermedia es una representación teórica plausible del razonamiento judicial interpretativo. Por lo tanto, una teoría que representa a la interpretación jurídica desde un estado de "vigilia"[37].

Pues bien, una vez expuesta la teoría intermedia de la interpretación jurídica, y las razones que Carrió

---

36 HART (1977), pp. 123-144.

37 HART (1977), pp. 123-144: una teoría que acoge lo que tienen que enseñar las teorías radicales en sus "horas de vigilia".

ofrece para creer que, en comparación con el par de teorías radicales rivales, es la más adecuada para llevar a cabo un análisis del razonamiento judicial interpretativo, mostraré que la representación que la teoría (3) hace de la interpretación jurídica respecto a los casos típicos es implausible: "la teoría formalista moderada o antirrealista de la interpretación jurídica", es decir, la teoría intermedia que asume las tesis formalistas o antirrealistas (3*i*) y (3*ii*). No obstante, ofreceré una versión de esta teoría que supere las razones para considerarla, con base en este argumento, implausible, de tal modo que quede precisada la teoría formalista moderada que, con algún sentido, Carrió puede creer que es un medio teórico adecuado para analizar el razonamiento judicial interpretativo.

3. Indeterminación del significado indeterminado

Para cuestionar que la teoría formalista moderada es una representación plausible del razonamiento judicial interpretativo, me serviré de un argumento que Soler ofrece para sostener que el análisis de la interpretación jurídica desde la perspectiva del "juez en trance de decidir" compromete a Carrió con una teoría iusrealista radical que implica un escepticismo frente a las reglas[38]; y, en consecuencia, un análisis

---

38 La crítica de Soler (expuesta en su libro *Las palabras de la ley*, 1969) es retomada por Carrió en los siguientes términos: "Concebir el derecho pensando en el momento de su interpretación por

que presupone que el lenguaje jurídico es totalmente indeterminado.

Soler argumenta que, si, como lo reconoce Carrió, el lenguaje jurídico es un lenguaje natural y, por lo tanto, que los predicados fácticos de los enunciados normativos suelen presentar vaguedad actual e indefectiblemente vaguedad potencial, de tal manera que hay una zona de penumbra del significado de estos predicados de contorno indeterminado, y, por ende, una distinción entre casos típicos y casos atípicos vaga; entonces, su distinción entre zona clara y de penumbra y entre casos típicos y atípicos es negada[39]. Por lo tanto, el aparato conceptual de análisis de Carrió implica negar que el lenguaje jurídico esté determinado respecto a los casos típicos y, por consiguiente, sumir todo el contenido de significado de los enunciados normativos, y, de todo el derecho, en una indeterminación total de su significado[40]:

---

los jueces y señalar, además, que las normas jurídicas suelen ser ambiguas y/o vagas, y que poseen necesariamente una textura abierta, es adoptar una posición escéptica ante las reglas"; CARRIÓ (1986), p. 147.

39 CARRIÓ (1986), p. 56.

40 Carrió expone la crítica de Soler del modo siguiente: "Distinguir entre casos claros de aplicación de una regla y casos dudosos de aplicación (casos de la zona de penumbra), y sostener, además, que la distinción entre uno y otro tipo de casos no es nítida o tajante, significa negar la distinción inicial y sumir en la penumbra a toda la normatividad. Ello equivale, en definitiva, a la negación del derecho como norma", CARRIÓ (1986), p. 147.

i. e., el argumento de la "propagación absoluta de la indeterminación".

Para refutar este argumento de Soler, Carrió sostiene que la indeterminación de la zona de penumbra del significado de los enunciados normativos no implica la ausencia de un área clara de significado que sea "cognoscible" respecto a los casos típicos: "si hay zona de penumbra es porque hay focos de luz"[41]. En este sentido, Carrió considera que el argumento de Soler es equivalente y poco convincente como el siguiente reproche:

> [...] en una habitación hay un foco de luz que gradualmente va transformándose en penumbra, sin que pueda decirse con precisión dónde concluye la luz y dónde empieza la penumbra. La persona que afirma eso está negando la distinción entre zona de luz y zona de penumbra y está sumiendo en penumbra toda la habitación[42].

Ahora bien, creo que el argumento de Soler tiene más fuerza de convicción que la reconocida por Carrió; y que, en cambio, el uso de esta metáfora para refutar el argumento de la propagación total de la indeterminación del significado de los enunciados normativos es poco convincente.

---

41 Carrió (1986), p. 140.
42 *Ibid.*, pp. 167-168.

Al respecto, sostendré que, si bien el argumento de Soler no acierta acerca de que el análisis de Carrió implique un escepticismo frente a las reglas –en cuanto la teoría a la que Carrió adhiere es claramente la teoría intermedia–, el defecto conceptual que él reprocha al análisis de Carrió conlleva a negar la veracidad de las tesis formalistas moderadas (3*i*) y (3*ii*) que Carrió expresamente acepta.

En este sentido, el argumento de Soler puede ser reformulado del siguiente modo: si, en razón de la "vaguedad actual" y de la "vaguedad potencial o de la textura abierta", la clase de casos connotada por los predicados fácticos de los enunciados normativos es susceptible de ser revisada frente a casos atípicos –ya que es imposible determinar o prever de un modo exhaustivo y definitivo las propiedades (ir)relevantes de los casos denotados por tales predicados–; si, frente a los casos típicos, el significado de los enunciados normativos está abierto a modificaciones o (re)definiciones extensivas o restrictivas por parte de las decisiones interpretativas de la juez, entonces, la indeterminación del contenido del significado de los enunciados normativos se puede propagar al significado determinado de los enunciados normativos respecto a los casos típicos. En consecuencia, es falso que el lenguaje jurídico está determinado respecto a los casos típicos; y, por lo tanto, es falso que (3*i*) haya un único significado correcto de los enunciados normativos respecto a los casos típicos, (3*ii*) que esté determinado independientemente de una decisión judicial interpretativa.

A continuación, mostraré que el argumento de Soler así formulado sí es convincente, y que Carrió no logra refutarlo.

3.1. Propagación gradual de la indeterminación

Ahora bien, el argumento de Carrió para refutar que la tesis formalista (3*i*) es falsa puede ser reformulado del modo siguiente: si hay una zona indeterminada del significado de los enunciados normativos respecto a los casos atípicos (zona de penumbra) es porque hay una zona de significado determinada –un único significado correcto– del mismo enunciado respecto a los casos típicos (zona de luz); que el único significado correcto del enunciado normativo se torne indeterminado (se transforme gradualmente en zona de penumbra) no implica negar la distinción entre la zona de significado determinada e indeterminada, ni, tampoco, sumir al significado entero del enunciado normativo en una indeterminación total (es decir, dejar a toda la habitación en la oscuridad).

De modo que, Carrió admite una propagación gradual de la indeterminación del significado, pero rechaza que esta pueda propagarse al "núcleo" entero del significado del enunciado normativo. En este sentido, su análisis presupone que, si bien hay una zona clara del significado de los enunciados normativos que se torna gradualmente indeterminada, hay una sub-zona clara que se mantiene inmune a la propagación de la indeterminación, y, por lo tanto, una subclase de casos típicos cuya extensión se mantiene inalterada; un foco de luz cuya intensidad puede disminuir gradualmente pero no apagarse, de tal manera que haya una zona de penumbra, es decir, una clase de casos no alumbrada claramente por tal foco de luz[43].

Por consiguiente, Carrió no refuta el argumento de Soler, por el contrario, lo acoge. La zona de indeterminación no puede ser totalmente indeterminada. Para que no haya una propagación absoluta, el análisis conceptual de Carrió requiere, como él parece aceptarlo en su contraargumentación, de un grado invariable (fijo) de determinación del significado de los enunciados normativos en el que la propagación gradual de la indeterminación encuentre un límite. De no ser así, la tesis formalista de que (3*i*) hay un único significado correcto de los enunciados normativos sería falsa, y, por lo tanto, sería negada la distinción entre zona clara de significado y zona de penumbra, y entre los casos concretos respectivos.

En otras palabras, si la tesis (3*i*) es verdadera, ha de ser verdadero que haya un único significado correcto de los predicados fácticos de los enunciados normativos que connote y denote invariablemente una determinada clase de casos típicos, y que no sea susceptible de revisiones ni, por lo tanto, de extensiones

---

43 Carrió también hace referencia a la propagación gradual de la zona de penumbra al ocuparse, en los primeros escritos de su libro, de la indeterminación del lenguaje natural en general, véase CARRIÓ (1986), pp. 33-34.

o restricciones interpretativas. En consecuencia, la verdad de esta tesis está condicionada por el hecho de que la tesis formalista (3*ii*) sea también verdadera, es decir, que haya un significado que está determinado independientemente de una decisión judicial interpretativa. Y la verdad de esta tesis depende a su vez de que sea verdad que el lenguaje jurídico está racionalmente determinado respecto a los casos típicos.

3.1.1. Un único criterio de determinación

Para refutar que la tesis (3*ii*) es falsa, Carrió sostiene que sí hay un único criterio de corrección que determina (3*i*) el único significado correcto de los enunciados normativos y que (3*ii*) es independiente de una decisión judicial interpretativa: hay un único criterio de corrección interpretativa que determina, en cierto grado, la zona clara del significado de los enunciados normativos, y, por lo tanto, el grado de propagación máxima de la indeterminación del significado de tales enunciados.

Según Carrió, cuando una juez enuncia un enunciado interpretativo respecto a los casos típicos, se dice que ella "*descubrió* o *halló* el significado que tal o cual norma tiene", o bien, que ella "aplicó tal o cual regla en su significado objetivo". Y, por significado "objetivo" o "descubierto" –y, por tanto, el único significado correcto– se puede entender una de dos cosas: "(1) el significado que efectivamente quiso poner en la norma la autoridad que la sancionó: o (2) el significado que en contextos y situaciones semejantes le acuerda hoy el uso lingüístico preponderante, ya sea en la comunidad como un todo, ya en algún sector de ella a cuyos usos lingüísticos se atribuye un carácter privilegiado (por ejemplo, los jueces)"[44].

Estos criterios de corrección del único significado de los enunciados normativos respecto a los casos típicos pueden ser reformulados del siguiente modo: (C*i*) el significado que corresponde a la intención objetiva que tuvo la autoridad normativa al formular el enunciado normativo; (C*ii*) el significado que corresponde al uso o hábito lingüístico preponderante en la comunidad como un todo; (C*iii*) el significado que corresponde al uso o hábito lingüístico preponderante en un grupo de jueces de cierta comunidad, al que se le reconoce colectivamente cierto privilegio: *i. e.*, la interpretación judicial consolidada y que deviene saliente entre un conjunto de interpretaciones jurídicas posibles: la interpretación correspondiente a una "convención judicial interpretativa".

Ahora bien, si respecto a los casos típicos hay una única interpretación correcta, esta tiene que ser la misma a la luz de los tres criterios de corrección; si no hay lugar a ejercicio de discrecionalidad por parte de la juez respecto a los casos típicos, entonces estos tres criterios de corrección han de coincidir acerca de cuál es la única interpretación correcta. De manera tal que, en el análisis de Carrió, estos tres criterios connoten un único criterio de corrección sustancial al

---

44 CARRIÓ (1986), p. 57.

que los intérpretes hacen referencia de tres maneras diferentes: por ejemplo, el criterio de las reglas del idioma, es decir, el uso que las palabras de clase tienen en el lenguaje ordinario y técnico de los juristas[45].

En síntesis, Carrió sostiene que hay un criterio de determinación del significado correcto de los enunciados normativos respecto a los casos típicos que es independiente de una toma de decisión judicial interpretativa: un criterio que determina el grado máximo de propagación de la indeterminación del significado de los enunciados normativos. Por tanto, la indeterminación del significado de los enunciados normativos, y de la clase de casos atípicos respectiva, se propaga gradualmente, pero no de un modo total, absoluto, al significado determinado de tales enunciados y a la clase de casos típicos correspondiente. Luego, el lenguaje jurídico está racionalmente determinado respecto a los casos típicos. Por ende, se puede distinguir que hay una zona clara de significado (y una clase de casos típicos) y, por lo tanto, que hay una zona de penumbra (una clase de casos atípicos).

Sin embargo, como se mostrará enseguida, en el análisis de Carrió, tal criterio de determinación de la corrección de la interpretación orientada a los casos típicos no es plausible.

---

45 Diciotti (2013), pp. 109-110. Este autor propone este criterio para defender que los significados de los enunciados normativos respecto a los casos fáciles son expresados *"di per sé"*.

3.2. *Propagación absoluta de la indeterminación*

Carrió reconoce que la decisión judicial interpretativa respecto a los casos atípicos cumple con el "papel principal" de reducir la incertidumbre respecto a lo que los enunciados normativos significan: "una vez consolidadas, esas decisiones aportarán certeza a un área que, hasta entonces, carecía de ella"[46].

De este modo, él acepta que el único significado correcto de los enunciados normativos en relación con los casos típicos puede estar determinado por una "convención judicial interpretativa"; y, además, que esta puede consistir en la reiteración y consolidación de una decisión judicial interpretativa tomada en relación con un caso atípico.

De manera que él acepta que el significado del enunciado normativo que estaba indeterminado respecto a un caso atípico, con la decisión judicial interpretativa consolidada deja de estarlo respecto a casos típicos: los casos con propiedades similares al caso atípico devienen típicos en los razonamientos judiciales interpretativos futuros, es decir, casos para los que hay una única interpretación jurídica correcta con base en un único criterio de corrección interpretativa; precisamente, la decisión interpretativa tomada respecto al caso atípico que deviene la única interpretación correcta con base en una única "convención judicial interpretativa".

---

46 Carrió (1986), p. 58.

Por lo tanto, en el análisis de Carrió, hay casos típicos respecto de los cuales el único significado correcto de los enunciados normativos está determinado por el criterio (C*iii*) e independientemente de los criterios (C*i*) y (C*ii*), puesto que estos criterios no son aplicables a los casos concretos atípicos: casos que recaen en la zona de penumbra que circunda el área clara del único significado correcto que está determinado con base en estos criterios de corrección interpretativa. En consecuencia, el criterio (C*iii*) es heterogéneo respecto a los criterios (C*i*) y (C*ii*). Luego, estos tres criterios no son equivalentes sino sustancialmente diferentes; por ende, no pueden denotar ni connotar un único criterio de corrección interpretativa.

Y, de este modo, Carrió no refuta que la tesis (3*ii*) sea falsa: su análisis implica que la determinación del único significado correcto de un enunciado normativo en relación con los casos típicos, y, por lo tanto, la extensión de la clase de casos típicos claramente connotada y denotada por el único significado correcto del predicado fáctico del enunciado normativo, puede depender de una decisión judicial interpretativa que haya sido tomada en relación con un caso atípico.

Si la tesis formalista moderada (3*ii*) de la independencia entre la determinación del único significado correcto de los enunciados normativos y una decisión judicial interpretativa es falsa, entonces, también es falsa la tesis (3*i*) de que haya un único significado correcto de los enunciados normativos que, frente a una clase de casos típicos, esté determinado por un único criterio de corrección interpretativa que sea independiente de una decisión judicial interpretativa –por ejemplo, por los criterios equivalentes de corrección (C*i*) y (C*ii*)–: el significado determinado con base en los criterios de corrección interpretativa (C*i*) y (C*ii*) puede devenir, con base en el criterio (C*iii*), en el significado incorrecto de cierto enunciado normativo respecto a los casos típicos.

Por ende, la tesis de la propagación gradual pero no absoluta de la indeterminación del significado de los enunciados normativos también es falsa: no hay un criterio de corrección que determine un grado mínimo de determinación de la zona clara de significado de los enunciados, de modo tal que la indeterminación de los significados de los enunciados normativos en relación con casos atípicos encuentre en tal significado determinado el máximo grado de propagación posible. Por lo tanto, el contenido de significado correcto de los enunciados normativos en relación con los casos típicos puede devenir totalmente indeterminado.

De manera que Soler parece tener razón: presuponer que el lenguaje jurídico es un lenguaje natural y que los predicados fácticos de los enunciados normativos suelen presentar vaguedad actual e indefectiblemente vaguedad potencial implica negar que el lenguaje jurídico respecto a los casos típicos esté racionalmente determinado. Por consiguiente, la teoría formalista moderada es implausible, en razón de la caracterización del lenguaje jurídico presupuesta por ella.

Sin embargo, como mostraré a continuación, esta teoría precisada desde una perspectiva sincrónica puede escapar a las razones anteriormente esgrimidas para considerarla implausible.

3.3. *La teoría formalista moderada sincrónica*

Desde una perspectiva sincrónica, las tesis formalistas (3*i*) y (3*ii*) son consistentes con que haya un único criterio heterogéneo de corrección interpretativa –es decir, con que haya un criterio (C*iii*)–, y, desde una perspectiva diacrónica, con la tesis de la dependencia (2*ii*) y con la tesis de la propagación total de la indeterminación.

3.3.1. Tesis formalistas o antirrealistas precisadas

La teoría formalista moderada del razonamiento judicial interpretativo acepta, respecto a los casos típicos, las tesis (3*i*) y (3*ii*) precisadas del siguiente modo.

Desde una perspectiva sincrónica, para esta teoría el razonamiento judicial interpretativo orientado a los casos típicos ocurre en situación de certeza: (3*i*) hay una única interpretación judicial correcta: los enunciados normativos tienen, en un momento dado, un único significado objetivamente correcto que está determinado por un único criterio de corrección, por ejemplo, por una "convención judicial interpretativa vigente": es decir, esta teoría capta que las atribuciones de significado a enunciados normativos por parte de las jueces de una comunidad convergen en una única interpretación judicial en un momento o período de tiempo determinado. Además, (3*ii*) la atribución de significados a enunciados normativos en relación con casos típicos es independiente de un acto de toma de decisión judicial interpretativa: la atribución del único significado que es correcto conforme a una "convención judicial interpretativa" depende exclusivamente de un acto cognitivo o de un acto de comprensión automático del enunciado normativo: en un período de tiempo determinado, la interpretación conforme a la única "convención judicial interpretativa" es la única interpretación correcta advertida por la juez y por los demás jueces de su comunidad, de tal manera que no hay otras opciones interpretativas respecto de las cuales se pueda tomar una decisión acerca de cuál significado atribuir a cierto enunciado normativo, ni respecto de las cuales sea posible cuestionar la atribución del único significado correcto; de tal manera que durante ese período de tiempo, en el que hay una única convención judicial interpretativa vigente, la juez no actúa bajo su propia responsabilidad al realizar la única interpretación judicial correcta a la luz de dicha convención.

Por lo tanto, desde esta misma perspectiva, esta teoría acepta la tesis de la "no propagación gradual ni absoluta de la indeterminación": si, en un período de tiempo preciso, los enunciados normativos expresan una única regla general que es comprendida y no elegida por la juez, y que es indudablemente la única regla correctamente aplicable a los casos típicos, entonces tal regla –la zona de luz de la habitación– está determinada durante ese período de tiempo. De tal modo que, la demarcación de la zona clara de significado, y la clase de casos típicos connotada y denotada por ella, no se ve afectada por la indeterminación de la zona de penumbra del significado respecto a los casos atípicos.

Sin embargo, desde una perspectiva diacrónica, esta teoría rechaza que la determinación del único significado correcto pueda ser exhaustiva y definitiva, en razón de la vaguedad potencial de los predicados fácticos de los enunciados normativos. Es decir, esta teoría acepta que el significado que está determinado por un período de tiempo pueda devenir indeterminado en un período de tiempo posterior. Por lo tanto, desde un punto de vista diacrónico, para esta teoría la tesis (3*i*) es falsa. Y, por lo tanto, desde esta misma perspectiva, también es falsa la tesis (3*ii*): esta teoría acepta que la determinación del único significado correcto pueda depender de una decisión judicial interpretativa que deviene común o consolidada. Y, por lo tanto, desde un punto de vista diacrónico, esta teoría acepta la tesis de la "propagación absoluta de la indeterminación": la zona clara del significado de los enunciados normativos en relación con los casos típicos puede resultar indeterminada en razón de la consolidación de una decisión judicial interpretativa tomada respecto a los casos atípicos.

Una vez precisada la teoría formalista moderada que subyace al análisis de Carrió, pasaré a exponer una opción teórica alternativa a la teoría intermedia que, con base en el criterio metateórico de plausibilidad empleado por Carrió, parece ser una representación plausible del razonamiento judicial interpretativo. Y, posteriormente, confrontaré esta teoría con la teoría formalista moderada desde una perspectiva sincrónica.

4. Teoría realista moderada

Se trata de una teoría moderada que, en relación con todo tipo de caso concreto, acepta las tesis realistas de que (2*i*) no hay una única interpretación judicial correcta, y de que (2*ii*) la atribución de todo significado a un enunciado normativo es dependiente de una toma de decisión judicial interpretativa. Sin embargo, a diferencia del realismo radical, esta teoría no presupone que el lenguaje jurídico sea totalmente indeterminado, ni implica un escepticismo radical frente a las reglas.

4.1. *Una teoría plausible*

En contra de la opción de adherir a una teoría realista, Carrió afirma que los iusrealistas –con base en (2*i*) y (2*ii*)–: (1) "llegaron a negar que las normas [...] desempeñaban un papel importante en la práctica del derecho"; y que (2) "[...] confundieron sistemáticamente los problemas psicológicos implicados en la génesis o motivación de las decisiones judiciales y los problemas de un tipo completamente distinto vinculados a la justificación de ellas"[47].

---

47 Carrió (1986), p. 65.

Para refutar estas afirmaciones de Carrió sostendré que –con base en las tesis que Carrió acepta para elegir la teoría adecuada para llevar a cabo su análisis– la teoría realista moderada es una representación teórica del razonamiento judicial interpretativo plausible: una teoría que presupone una caracterización plausible del lenguaje jurídico (*i. e.*, tesis metodológica), y, por lo tanto, que representa que el razonamiento interpretativo ocurre de dos modos diferentes, en relación con uno de dos tipos de casos concretos respectivos (*i. e.*, tesis descriptiva).

De este modo, mostraré que es una teoría que no implica –en contra de lo que Carrió afirma respecto a la versión radical del iusrealismo interpretativo realizada por Hart– (1) un escepticismo frente a las reglas, ni tampoco (2) una confusión de la justificación y explicación del razonamiento judicial interpretativo.

4.1.1. El lenguaje jurídico es parcialmente (in)determinado

La teoría realista moderada presupone que el lenguaje jurídico es un lenguaje natural. Y, en contra de la teoría realista radical, para esta teoría el lenguaje jurídico no está totalmente indeterminado, sino parcialmente (in)determinado[48]. Luego, las jueces no adscriben *cualquier* significado a los enunciados normativos.

---

48 Guastini (2012), pp. 145-149.

4.1.1.1. No presupone un escepticismo frente a las reglas

En contra de la afirmación de Carrió de que las tesis realistas (2*i*) y (2*ii*) presuponen un escepticismo frente a las reglas, la teoría realista moderada reconoce que los enunciados normativos están provistos de un significado *prima facie*, es decir, expresan "*paper rules*"[49]: un significado que salta a la vista de la juez y que corresponde a un acto de comprensión que corresponde, usualmente, aunque no siempre, al significado obtenido con la simple lectura regida por las reglas del idioma en que los enunciados normativos están formulados.

Sin este significado *prima facie* no sería posible siquiera identificar los enunciados objeto de interpretación como enunciados normativos: es decir, enunciados que la autoridad normativa enuncia con la intención de obligar, permitir o prohibir (no) realizar cierta acción[50]. Por lo tanto, esta teoría realista reconoce que la regla *prima facie* juega un rol en el razonamiento interpretativo de las jueces, de tal manera que ellas no atribuyen cualquier significado a los enunciados normativos[51].

En este sentido, para esta teoría –aunque (2*i*) los enunciados normativos no están provistos de un único

---

49 LLEWELLYN (2011), cap. IV.
50 CHIASSONI (1990), pp. 144 y ss.; GUASTINI (1986), pp. 173-180.
51 GUASTINI (2010), p. 139; SCHAUER (2011), pp. 1-28.

significado correcto–, sí están provistos potencialmente de un "marco" de significados diferentes y posiblemente atribuibles a tales enunciados conforme a las reglas del idioma, los métodos interpretativos y las tesis o construcciones dogmáticas del derecho, etcétera[52]. Dicho en otras palabras, se trata de un conjunto de significados que son correctos a la luz de uno u otro "código interpretativo", es decir, de uno u otro "conjunto de directivas interpretativas" para atribuir uno u otro significado a cierto enunciado normativo: literal, intencional, disociativo, analógico, etcétera[53].

Para esta teoría las jueces no crean derecho *ex nihilo*. El contenido del derecho –*i. e.,* el conjunto de normas o reglas jurídicas generales– es el producto de la combinación de dos actividades: la actividad de una autoridad normativa de enunciar enunciados normativos que expresan significados *prima facie,* y la actividad interpretativa –especialmente de las jueces– de adscribir un significado entre un conjunto de significados posiblemente atribuibles a tales enunciados: el significado *prima facie* u otro de los significados posibles[54]. Para esta teoría, las jueces tampoco crean derecho *ex nihilo* cuando eligen una norma jurídica nueva para aplicarla a un caso concreto. Ellas justifican la elección de una norma jurídica nueva con

---

52 Guastini (2012), pp. 157-158.

53 Chiassoni (2007), p. 87-138; véase también Chiassoni (2012), pp. 133-143.

54 Guastini (2010), p. 139.

base en normas jurídicas preexistentes: con base en un significado *prima facie* u otro de los significados posiblemente atribuibles hasta ese momento a cierto enunciado normativo[55].

Ahora bien, tampoco es cierta la confusión que Carrió achaca a las teorías realistas de que las tesis realistas sobreponen el plano explicativo –o contexto de descubrimiento– con el plano justificativo –o contexto de justificación– del razonamiento judicial interpretativo.

Como ya se advirtió anteriormente, la teoría realista moderada reconoce que los enunciados normativos expresan "*paper rules*" –*i. e.*, una regla expresada *prima facie* por los enunciados normativos–. Sin embargo, los realistas rechazan que haya casos concretos respecto de los cuales las *paper rules* sean razones suficientes para justificar una única interpretación jurídica correcta. Por lo tanto, rechazan que la aceptación de las *paper rules* sea un factor causalmente determinante o suficiente para explicar una única atribución de significado posible a un enunciado normativo. En otras palabras, las *paper rules* no son las "*real rules*", es decir, no son las reglas descriptivo-explicativas que relacionan causalmente ciertos factores con una única interpretación judicial[56]: por ejemplo, factores

---

55 Las normas jurídicas nuevas, no-expresas, son la conclusión de un razonamiento en el que por lo menos una norma jurídica expresa preexistente, funge de premisa. Al respecto, véase GUASTINI (2012), p. 143.

56 SCHAUER (2011), pp. 1-28.

"psicológicos" o "sociológicos" como "la personalidad o ideología política del juez", respectivamente[57].

En definitiva, la teoría realista moderada reconoce que las *paper rules* son relevantes en el razonamiento judicial, no obstante que la relación entre ellas y las *real rules* sea una cuestión empírica abierta[58].

Ahora bien, como se explicará enseguida, esta teoría presupone que el lenguaje jurídico es parcialmente determinado, no en razón de que haya un único significado que está determinado frente a cierto tipo de casos, como lo presupone la teoría intermedia, sino por los estímulos que los hechos del caso producen en la mente de la juez, y por las razones que ella tiene, en un contexto y situación particular, para adscribir cierto significado a un enunciado normativo y no otro posible.

4.1.2. Razonamiento en situación de (a)normalidad

Esta teoría capta que hay dos tipos de razonamiento judicial interpretativo y que hay dos tipos de casos concretos a los que se orienta cada uno de estos tipos de razonamiento: un razonamiento intuitivo orientado a casos normales que ocurre en situación de normalidad (sistema 1); y un razonamiento deliberativo

---

57 LEITER (2007), pp. 41-43.
58 SCHAUER (2011), pp. 1-28.

orientado a casos sorpresivos que ocurre en situación de anormalidad (sistema 2)[59].

Con estos razonamientos se forma la intención de primer orden de proferir un acto de habla interpretativo y no otro alternativo —*i. e.*, un acto que hace uso de un enunciado interpretativo "r significa R en las circunstancias C" como traducción autoritativa de cierto enunciado normativo r—, que está condicionada por la intención de segundo orden de usar cierto "código interpretativo" y no otro código diferente para formar una intención de primer orden[60].

El sistema 1 representa el razonamiento rápido, intuitivo, que no requiere esfuerzo, ni atención ni tiempo para activarse y funcionar. Este razonamiento se activa frente a "casos normales"[61]: es decir, casos que no presentan rasgos "anómalos", "insólitos"[62], en comparación con las propiedades que se predican respecto a casos que, en situaciones pasadas, la juez ha subsumido rápidamente en la norma jurídica habitual.

Este razonamiento se asocia con la formación inmediata de la intención de segundo orden de formar

---

59 Kahneman (2011), pp. 24-25; 28 y ss.; 71-74: el sistema 1 funciona con base en la expectativa sobre el futuro que se forma en relación con las creencias adquiridas respecto a situaciones normales pasadas; el sistema 2 se activa cuando un evento se opone a cómo es el mundo según el sistema 1.

60 Al respecto, véase Moreno Cruz (2014), pp. 238-239.

61 Kahneman (2011), p. 71.

62 Carrió (1986), p. 163.

la "intención-en-la-acción"[63] o intención presente de primer orden de proferir inmediatamente un acto de habla interpretativo habitual: es decir, el acto interpretativo con el que se hace uso de un enunciado interpretativo *prima facie* como la traducción autoritativa de un enunciado normativo.

De manera que, en el razonamiento intuitivo, la intención de segundo orden y de primer orden están alimentadas por el hábito de la mente de creer que el futuro será similar al pasado[64]: es decir, por la creencia de que el significado *prima facie* es el significado correcto que está condicionado por la expectativa de que tal significado será considerado correcto por otros jueces, como habitualmente ha sucedido en el pasado[65]. En otras palabras, la intención formada automáticamente de proferir inmediatamente el acto de habla habitual está condicionado por la experiencia individual que la juez ha adquirido en la aplicación de reglas generales a casos concretos en situaciones de normalidad[66].

Sin embargo, como se aclarará más adelante, este razonamiento intuitivo no consiste en "conocer" o en

63 Sobre este tipo de intención, véase SEARLE (2010), p. 33.

64 KAHNEMAN (2011), p. 71.

65 Sobre la influencia de este hábito en proferir actos de habla interpretativos, véase MORENO CRUZ (2014), pp. 240, 242, 248-249.

66 Sobre la adquisición de experiencia en la toma de decisiones en situaciones de normalidad o familiares y la formación de una intuición como reconocimiento de tales situaciones, véase KAHNEMAN (2011), p. 236-244.

exclusivamente "comprender" el significado *prima facie* de los enunciados normativos, sino en decidir confirmarlo automáticamente –al respecto, véase *infra* § 4.2.2.2.

El sistema 2 representa el razonamiento lento, deliberativo, que sí requiere esfuerzo, atención y tiempo para activarse y funcionar; y se activa frente a "casos sorpresivos"[67], es decir, casos que desde la perspectiva de la juez –en razón de su experiencia– son "anómalos", "insólitos": es decir, casos que exhiben atributos adicionales o les hace falta uno o más rasgos en comparación con las propiedades predicables de los casos concretos pasados que la juez ha subsumido rápida o automáticamente en la norma jurídica habitualmente obtenida mediante un razonamiento rápido, intuitivo.

Por lo tanto, en este tipo de razonamiento, la juez tiene razones para dejar de creer que la atribución del significado *prima facie* es el significado correcto, y, por lo mismo, para dejar de tener una expectativa cierta acerca de cuál significado será considerado correcto por parte de otros jueces. De tal modo que, respecto a estos casos, la juez sí tiene razones para actuar de un modo diferente al habitual. Luego, la juez requiere de más tiempo y esfuerzo que el razonamiento intuitivo para pesar las razones a favor y en contra de atribuir

---

67 KAHNEMAN (2011), pp. 28 y ss.; 71-74; véase también BLACKBURN (1973), pp. 155 y ss.

el significado *prima facie* u otro significado posible a un enunciado normativo[68].

En este sentido, este razonamiento se asocia con la formación anticipada de la intención de segundo orden de formar la intención anticipada, "prior"[69] o "plan"[70], de primer orden de proferir un acto interpretativo en el futuro.

En definitiva, esta representación capta que las jueces son seres humanos; por tanto, que ellas tienden a pensar rápido cuando se encuentran en "situaciones y tareas familiares", y que tienden a pensar lentamente cuando las tareas y las situaciones son nuevas y, por lo tanto, problemáticas respecto a situaciones y tareas pasadas[71].

4.2. *Tesis antiformalistas*

La teoría realista moderada sostiene como tesis realistas que (2*i*) no hay una única interpretación judicial correcta, y que (2*ii*) la determinación y atribución del significado de los enunciados normativos es dependiente de una adscripción o toma de decisión judicial interpretativa.

---

68 En un sentido similar expuse esta idea en Moreno Cruz (2014), pp. 248-250.

69 Searle (2010), p. 33.

70 Bratman (1999), p. 14.

71 Richards (2016), p. 254.

4.2.1. No hay una única interpretación judicial correcta

Para la teoría realista moderada el significado *prima facie* no consiste en el único significado objetivamente correcto de un enunciado normativo, en cuanto la juez tiene a su disposición por lo menos otra opción interpretativa diferente.

Para esta teoría, que es dependiente de la personalidad o experiencia individual de la juez –por ejemplo, de su hábito personal de usar cierto método interpretativo para atribuir significados a un enunciado normativo respecto a casos que, en razón de su experiencia individual, son casos normales–, es posible que un mismo caso concreto active un tipo de razonamiento en un juez y otro tipo de razonamiento en otro juez. Dicho en otras palabras, un juez puede creer que un caso es normal –es decir, un caso que la juez considera subsumible rápidamente en una norma jurídica general *prima facie*–, y otro juez puede considerar que el mismo caso es sorpresivo –es decir, un caso respecto del cual la juez se toma tiempo para decidir si (no) se subsume en la norma jurídica general obtenida *prima facie*.

Y, aunque un mismo caso pueda ser considerado normal por parte de dos o más jueces, para esta teoría es posible que el significado *prima facie* que un juez atribuye inmediata o rápidamente a un enunciado normativo sea diferente al significado atribuido *prima facie* al mismo enunciado por parte de otro juez. El contenido proposicional de la intención de segundo orden de un juez ("usar el código o el conjunto de métodos interpretativos C") puede ser diferente al contenido proposicional de la intención de segundo orden de otro juez ("usar C1"). De manera que bien puede suceder que un juez forme la intención de primer orden de proferir un acto de habla interpretativo habitual y otro juez profiera un acto de habla habitual diferente, e incluso contradictorio: por ejemplo, para un juez el significado *prima facie* puede corresponder al uso que la palabra de clase de cierto enunciado normativo tiene en el lenguaje ordinario y técnico de los juristas. Y otro juez puede atribuir al mismo enunciado, y respecto al mismo caso, un significado *prima facie* diferente que corresponda a la intención que el legislador habría tenido si hubiese conocido el caso concreto.

En este sentido, hay tantas interpretaciones (*prima facie*) correctas cuantos son los códigos o conjuntos de métodos interpretativos usados por una comunidad de jueces para atribuir significados a los enunciados normativos en relación con casos concretos.

Por otra parte, si no hay un único significado correcto posiblemente atribuible a un enunciado normativo respecto a ningún tipo de caso concreto, sino más bien un conjunto de significados que son correctos conforme a códigos interpretativos diferentes, entonces (2*ii*) la determinación y atribución del significado de los enunciados normativos es dependiente, tanto en un razonamiento intuitivo como en un razonamiento deliberativo, de una decisión judicial interpretativa.

4.2.2. Atribución de significado dependiente de una decisión interpretativa

La teoría realista moderada acepta que, respecto a todo caso concreto, (2*ii*) la atribución del significado de los enunciados normativos depende de una decisión judicial interpretativa, en una dirección prospectiva y/o retrospectiva.

4.2.2.1 En dirección prospectiva

La relación de dependencia en clave prospectiva alude al hecho de que, en el razonamiento judicial práctico que se activa para atribuir significados a enunciados normativos en relación con casos concretos, la juez advierte opciones interpretativas acerca de qué acto de habla interpretativo proferir en el futuro.

Por un lado, en relación con los casos normales, la teoría realista moderada reconoce que el razonamiento interpretativo intuitivo termina con una intención que no corresponde a un acto mental de decisión, sino a un acto mental de comprensión[72].

En este razonamiento, la juez atribuye inmediatamente el significado *prima facie* sin advertir otras opciones interpretativas. Por tanto, en este razonamiento

---

72 Sobre acciones que son realizadas sin deliberación e independientes de un acto de decisión, sino con la intención simple de hacerlas, véase HAMPSHIRE & HART (1958), p. 12; PETTIT (2010), p. 252; SEARLE (2010), p. 33; y RAZ (1978), p. 134.

no ocurre un acto mental de decisión –es decir, una intención de primer orden formada anticipadamente o un plan– de proferir un acto de habla interpretativo en el futuro, sino una intención presente de proferir de inmediato el acto de habla interpretativo habitualmente proferido por ella en el pasado. De manera que, para la teoría realista moderada, la atribución de significados *prima facie* a enunciados normativos que ocurre mediante un razonamiento intuitivo no depende de una decisión judicial interpretativa en un sentido prospectivo.

Sin embargo, esto no implica negar la tesis (2*ii*) de la dependencia: como se explicará más adelante, que la juez actúe del modo habitual depende retrospectivamente de la decisión de conformarse con atribuir el significado *prima facie*; actuar del modo habitual es decidir no actuar de un modo diferente –al respecto, véase *infra* § 4.2.2.2.

Por otro lado, en relación con los casos sorpresivos, esta teoría reconoce que el razonamiento interpretativo deliberativo termina con una intención que sí corresponde a un acto mental de tomar la decisión de atribuir un significado *prima facie* o un significado diferente al atribuido habitualmente a cierto enunciado normativo[73]. De modo que, en este razonamiento, la juez advierte otras opciones interpretativas. Por lo

---

73 Sobre que el proceso de deliberación implique una toma de decisión, véase HAMPSHIRE & HART (1958), p. 12; PETTIT (2010), p. 252; SEARLE (2010), p. 33; y BRATMAN (1999), p. 14.

tanto, ella reconoce que está tomando una decisión acerca de qué significado atribuir a un enunciado normativo: la juez advierte su intención formada anticipadamente o plan de proferir un acto de habla interpretativo y no otro acto alternativo en el futuro. Por ende, para la teoría realista moderada, en el razonamiento deliberativo, la atribución de significados a enunciados normativos sí depende de una toma de decisión judicial interpretativa en un sentido prospectivo.

Nótese que, sin embargo, el significado *prima facie* atribuido mediante un razonamiento deliberativo sí es dependiente, en un sentido prospectivo, de una decisión judicial interpretativa: una vez consideradas todas las circunstancias del caso y otras opciones interpretativas, la juez decide confirmar la atribución del significado *prima facie* al enunciado normativo, y, por lo tanto, decide tratar al caso como un caso normal y no como un caso sorpresivo: es decir, la juez decide actuar del modo habitual en que ella y / u otros jueces han actuado en el pasado.

Además, si se considera el contexto de interpretación judicial, hay razones para creer que, a pesar de que la atribución de significados *prima facie* ocurra de un modo rápido –un significado que en un primer momento corresponde al contenido proposicional de un acto de comprensión, automático, intuitivo–, la incorporación en la sentencia del significado *prima facie* como premisa normativa de la decisión judicial puede conllevar a la activación del sistema 2: un proceso psicológico lento, reflexivo, que requiere tiempo, esfuerzo y atención para activarse y funcionar[74]. Por lo tanto, bien puede ocurrir que la juez advierta otras opciones interpretativas en la incorporación en la sentencia de la regla general obtenida *prima facie*. Y, por ende, que ella decida confirmar la atribución del significado *prima facie* al enunciado normativo.

De modo que la atribución de significados *prima facie* puede involucrar un razonamiento deliberativo y, por lo tanto, puede depender prospectivamente de una decisión judicial interpretativa.

4.2.2.2. En dirección retrospectiva

La relación de dependencia en clave retrospectiva alude al hecho de que la juez advierte que hay diferentes opciones interpretativas, no necesariamente en el razonamiento de atribución de significados, sino en el razonamiento argumentativo –hipotético o real– que la juez activa para ofrecer razones que justifiquen por qué ella profirió cierto acto interpretativo en el pasado y no otro acto posible.

Para la teoría realista moderada, la atribución de significados *prima facie* a los enunciados normativos mediante cualquiera de los razonamientos interpretativos depende, retrospectivamente, de una decisión judicial interpretativa[75].

---

74 Rodríguez (2002), p. 306.

75 Sobre razones para actuar, ofrecidas en un ejercicio retrospectivo por parte del agente, véase Blackburn (1998), p. 125: "[...] it is often only in retrospect, when a course of action has

Por un lado, respecto a la atribución de significados *prima facie* por medio del razonamiento deliberativo, si la juez advierte prospectivamente que toma una decisión interpretativa, es decir, si en su razonamiento ella advierte que está pesando razones a favor y en contra de proferir uno u otro acto de habla interpretativo, entonces la juez puede ofrecer retrospectivamente tales razones para justificar haber proferido cierto acto interpretativo y no otro acto alternativo: ella puede dar cuenta de haber tomado la decisión de segundo orden de usar cierto código interpretativo –por ejemplo, las reglas del idioma: el uso que los predicados fácticos tienen en el lenguaje ordinario y técnico de los juristas–, para justificar la decisión de haber proferido el acto de habla habitual y no otro acto interpretativo posiblemente justificable con base en una decisión de segundo orden diferente: por ejemplo, con base en la intención que el legislador habría tenido si hubiese conocido el caso concreto.

Por otro lado, respecto a la atribución de significados *prima facie* mediante un razonamiento intuitivo, hay razones para creer que tal atribución es dependiente retrospectivamente de un acto de toma de decisión judicial interpretativa.

Puesto que (2*i*) no hay una única interpretación judicial (*prima facie*) correcta, sino varias interpretaciones

---

settled down, that we can hit upon a story about what was influencing us, according to which our eventual decision made good sense".

correctas, cada una dependiente de diferentes códigos o conjuntos de métodos interpretativos –al respecto véase *supra* § 4.2.1–, es posible advertir, retrospectivamente, diferentes opciones interpretativas respecto a decidir conformarse con actuar del modo habitual.

Que la intención de primer orden de proferir inmediatamente el acto de habla habitual consista en un acto de comprensión, y que tal intención esté basada en una intención de segundo orden de usar inmediatamente el código interpretativo habitual –por ejemplo, el código de las reglas del idioma–, no implica que proferir tal acto no tenga justificación en la intención de segundo orden de usar tal código y no otro código diferente, es decir, no implica que la juez crea que el acto habitual proferido sea el único acto interpretativo posible. Del hecho que la juez no advierta otras opciones interpretativas durante su razonamiento interpretativo y, por lo tanto, que tal atribución sea independiente prospectivamente de un acto de decisión, no se sigue que retrospectivamente esta sea la única opción interpretativa que la juez tenía a su disposición.

En este sentido, el razonamiento judicial interpretativo intuitivo es decisorio: la atribución inmediata del significado *prima facie* depende retrospectivamente de una decisión de la juez de conformarse con actuar del modo habitual, es decir, de la decisión de confirmar la atribución del significado *prima facie* a cierto enunciado normativo y no otro significado posible. Por lo tanto, es posible cuestionar por qué la juez atribuyó a un enunciado normativo el significado *prima facie* comprendido automáticamente o confirmado mediante un razonamiento deliberativo, y por qué no atribuyó otro significado posiblemente atribuible con base en un código interpretativo alternativo al por hábito tenido en cuenta por ella.

A continuación, confrontaré la teoría formalista moderada sincrónica con la teoría realista moderada, y sostendré que la representación sincrónica del razonamiento judicial interpretativo en situación de certeza es implausible por falsos presupuestos de hecho, en razón de la caracterización del lenguaje jurídico presupuesta por ella.

5. Una representación sincrónica implausible

La tesis formalista (3*i*) precisada desde una perspectiva sincrónica no es contraria a la tesis realista (2*i*). Sin perjuicio de la aceptación de esta tesis por parte de la teoría realista moderada –al respecto véase *supra* § 4.2.1–, esta teoría capta, desde una perspectiva sincrónica, que haya una coordinación de expectativas mutuas entre las jueces acerca de una única interpretación jurídica correcta. Dicho en otras palabras, la teoría realista reconoce que, en la interacción judicial interpretativa, haya "convenciones judiciales interpretativas" a la luz de las cuales, en un sentido sincrónico, pero no diacrónico, esté una única interpretación judicial correcta: una interpretación judicial saliente entre otras opciones interpretativas.

No obstante, este par de teorías desacuerdan acerca de cuál es la relación entre la atribución del único significado *prima facie* que es correcto, conforme a una única convención judicial interpretativa, y un acto mental de decisión judicial interpretativa. Al respecto, la teoría formalista moderada acepta la tesis formalista (3*ii*) de la independencia en un sentido prospectivo y retrospectivo. Por el contrario, la teoría realista moderada, como se expuso anteriormente –al respecto véase *supra* § 4.2.2–, acepta la tesis realista (2*ii*) de la dependencia en ambos sentidos.

Por esta razón, como se mostrará a continuación, cada una de estas teorías ofrece explicaciones diferentes acerca de por qué hay interpretaciones judiciales uniformes, es decir, por qué las jueces por un período de tiempo atribuyen un único significado *prima facie* que es correcto a la luz de una única convención judicial interpretativa. De este modo, estas teorías desacuerdan acerca de qué explica que, durante un período de tiempo, la indeterminación del significado no se propague absoluta ni gradualmente al significado entero del enunciado.

En lo que sigue, examinaré la tesis formalista moderada (3*ii*) de la independencia, y mostraré que, confrontada con la tesis realista contraria (2*ii*), la teoría formalista moderada precisada desde una perspectiva sincrónica es implausible, en razón de que también es implausible la caracterización del lenguaje jurídico presupuesta por ella: *i. e.*, el lenguaje jurídico está causal y racionalmente determinado.

5.1. Atribución de significado independiente de una decisión interpretativa

La aceptación de las tesis formalistas (3*i*) y (3*ii*) en un sentido prospectivo y retrospectivo presupone que el lenguaje jurídico, en relación con los casos típicos, está determinado causal y racionalmente: el único significado correcto está determinado causalmente por un acto mental de comprensión y racionalmente por un único criterio sustancial de corrección interpretativa, por ejemplo, por una única "convención judicial interpretativa vigente". De tal manera que el contenido proposicional del acto mental de comprensión corresponde al único significado correcto conforme a tal convención judicial interpretativa.

5.1.1. En un sentido prospectivo

En un sentido prospectivo, la relación de independencia entre el significado *prima facie* y el acto de decisión judicial interpretativa implica negar la posibilidad de que se atribuya el significado *prima facie* –el único significado correcto a la luz de una única "convención judicial interpretativa"– por medio de un razonamiento lento y deliberativo, es decir, por medio del ejercicio de discrecionalidad por parte de la juez para decidir confirmar, o para conformarse con adscribir, la interpretación judicial *prima facie* entre distintas opciones interpretativas.

De modo que, para la teoría formalista moderada, la proposición valorativa acerca de la corrección de la atribución de un significado *prima facie* implica la verdad de la proposición fáctica acerca de cómo ocurre el razonamiento interpretativo con el que se atribuye tal significado: un razonamiento que ocurre automáticamente y que termina con un acto de comprensión que corresponde, con certeza, al único significado correcto del enunciado normativo.

Sin embargo, esto conlleva una implicación que es insostenible por parte de la teoría formalista moderada y que es del todo contraintuitiva: la corrección del significado atribuido *prima facie* a un enunciado normativo está supeditada a que el razonamiento interpretativo ocurra automáticamente y en situación de certeza, y no a que tal significado sea objetivamente correcto –el único significado racionalmente determinado– a la luz de un único criterio sustancial de corrección interpretativa. De modo que, si la juez advierte otras opciones interpretativas en su razonamiento interpretativo, si ella tiene dudas acerca de qué significado atribuir correctamente al enunciado normativo, el significado que ella adscriba al enunciado normativo no *puede* ser el significado *prima facie* correcto del enunciado normativo. No obstante que el significado así adscrito sí corresponda al significado correcto conforme a una única "convención judicial interpretativa".

De manera que, parece más plausible que la atribución de un significado *prima facie* no implica que esta ocurra únicamente por medio de un razonamiento rápido, ni, por lo tanto, que la juez no haya advertido en su razonamiento otras opciones interpretativas;

por ende, tampoco implica que ella crea con certeza que el significado *prima facie* es el único significado posiblemente atribuible al enunciado normativo. Dicho de otro modo, la atribución de significados *prima facie* cuya corrección está justificada racionalmente en una única convención judicial interpretativa vigente *puede* –aunque para Carrió no deba– depender de la decisión judicial interpretativa de confirmar que tal significado es el correcto: una adscripción que está basada en reafirmar la creencia y expectativa acerca de que el significado *prima facie* atribuible conforme a una única "convención judicial interpretativa" es el significado correcto, y, por lo tanto, que tal significado es preferible a los otros significados posiblemente atribuibles al enunciado normativo, y que son correctos con base en otros criterios de corrección diferentes.

Y si es posible atribuir el significado *prima facie* correcto por medio de un razonamiento de toma de decisión judicial interpretativa, que el lenguaje jurídico esté causal y racionalmente determinado respecto a los casos típicos es un presupuesto falso.

Por lo tanto, la tesis formalista de la independencia en sentido prospectivo es falsa, y la tesis realista contraria parece ser verdadera.

5.1.2. En un sentido retrospectivo

La teoría formalista moderada, desde una perspectiva sincrónica, capta el hecho de que haya interpretaciones judiciales uniformes y habituales, es decir, representa que, durante un período de tiempo, las jueces estén de acuerdo acerca de cuál es la interpretación judicial correcta de un enunciado normativo en relación con casos típicos: es decir, capta que haya una única "convención judicial interpretativa". Además, da cuenta de que las jueces no se toman tiempo para realizar interpretaciones que son consideradas habitualmente como correctas, y que ellas no suelen ofrecer ni pedir razones para justificarlas o cuestionarlas.

Sin embargo, con base en la tesis de la independencia en un sentido retrospectivo, la teoría formalista moderada deriva de este hecho de que estas interpretaciones no *pueden* (o ¿no deben?) ser realizadas bajo la propia responsabilidad de la juez. Nadie en su sano juicio *puede* dudar de que la interpretación judicial *prima facie* sea la única interpretación jurídica posible y, en consecuencia, la única correcta: cualquier desacuerdo al respecto sería claramente recusable con base en el único criterio de corrección interpretativa que *puede* haber a disposición de la juez –la convención judicial interpretativa vigente–, y, por lo tanto, nadie *podría* estar en desacuerdo acerca de que esta sea la interpretación correcta sin incurrir en error[76].

Sin embargo, si, como se mostró anteriormente, el lenguaje jurídico no está causal y racionalmente determinado, en cuanto hay atribución de significados

---

76 Esta idea es compartida en un sentido similar por Ferrer (2012), pp. 264-265. Para este autor, si hay una convención judicial interpretativa vigente, los desacuerdos interpretativos son recusables con base en ella.

prima facie que depende prospectivamente de una decisión interpretativa, la juez *puede* (aunque para Carrió no deba) justificar tal decisión interpretativa con base en las razones –su intención de segundo orden de usar un código interpretativo y no otro alternativo– para atribuir el significado *prima facie* y no otro de los significados advertidos prospectivamente por ella en su razonamiento interpretativo. Es decir, la juez puede justificar la atribución del significado *prima facie* con base en la decisión de usar un conjunto de directivas interpretativas apropiadas –es decir, un código interpretativo– para atribuir el significado correcto conforme a una convención judicial interpretativa, sin que ello implique que la juez crea que tal código determina racionalmente la única interpretación correcta posible, sino más bien un código que sirve de razón para justificar la creencia de la juez de que tal interpretación es la mejor opción entre otras posibilidades interpretativas.

Ahora bien, en relación con la atribución inmediata de significados *prima facie* por medio de un razonamiento rápido o intuitivo, si el lenguaje jurídico no está causal y racionalmente determinado, que la juez actúe de un modo habitual, sin advertir otras opciones durante su razonamiento interpretativo se explica porque ella, con base en su experiencia individual, no detecta un rasgo en los hechos del caso que llamen su atención; ella no advierte una situación anormal respecto a lo que ha ocurrido con cierta regularidad en el pasado; la situación y contexto particular en la que se encuentra la juez no estimula la activación del Sistema 2 y, por lo tanto, ella no tiene razones ni motivos para no atribuir el significado *prima facie* con base únicamente en el Sistema 1[77]. Por ende, ella no tiene razones para formar una intención de segundo orden de usar un código interpretativo diferente al habitualmente utilizado ni, por lo tanto, razones para formar una intención de primer orden de proferir un acto de habla interpretativo diferente al acto habitual. En otras palabras, en situaciones de normalidad, la juez no tiene razones ni motivos para revisar la creencia de que la interpretación conforme a la "convención judicial interpretativa" sea la correcta, y, por lo mismo, no tiene razones para dejar de tener la expectativa de que esta interpretación también será creída correcta por parte de otros jueces, como habitualmente ha sucedido en el pasado[78].

---

77 Esta idea es de Kahneman (2011), pp. 71-74; 25, 234-244, hace referencia a este modelo de razonamiento, como un razonamiento en "familiar situations", que está relacionado con la "intuitive expertise" de quienes toman decisiones en tales situaciones. Sobre los jueces como expertos en toma de decisiones judiciales, véase también Richards (2016), pp. 245-260.

78 Al respecto, véase Moreno Cruz (2014), p. 248. En otras palabras, la atribución del significado *prima facie* al enunciado normativo "satisface las necesidades de quien utiliza la norma". La aceptación del significado *prima facie* depende del "contexto de su uso"; "en opinión de quien toma la decisión el sentido *prima facie* de una norma es idóneo para conducir a un resultado aceptable y razonable en la aplicación de la norma a un caso concreto", al respecto, véase Wróblewski (1985), p. 141-142.

Además, que haya atribución de significados *prima facie* en situaciones de normalidad tampoco implica que la juez u otros intérpretes no puedan advertir retrospectivamente otras opciones interpretativas (justificadas en criterios de corrección diferentes), ni que sea imposible cuestionar por qué la juez actuó del modo habitual y no de otro modo alternativo: por ejemplo, por qué consideró que el caso concreto era típico y atribuyó el significado conforme a una convención judicial interpretativa –que, por ejemplo, puede corresponder a la interpretación jurídica que es la única correcta conforme a las reglas del idioma–, y por qué no consideró, en cambio, que el caso era atípico y no atribuyó el significado conforme al principio implícito P y a la intención que el legislador habría tenido si hubiese conocido el caso concreto bajo examen.

En síntesis, proferir el acto interpretativo habitual depende, retrospectivamente, de la decisión de conformarse con atribuir el significado *prima facie* y de no atribuir otro significado posible. Luego, se *puede* creer que la juez actuó bajo su responsabilidad al decidir conformarse con actuar del modo que habitualmente es considerado correcto conforme a una convención judicial interpretativa.

Por lo tanto, la tesis de la independencia en un sentido retrospectivo también es falsa, y la tesis realista contraria parece ser verdadera.

Para terminar, en este apartado he mostrado que el hecho de que el razonamiento interpretativo ocurra a veces de un modo rápido y que concluya en un acto de comprensión no implica que la atribución de significados *prima facie* no pueda depender, en un sentido prospectivo y retrospectivo, de una decisión judicial interpretativa. Por lo tanto, la atribución del significado *prima facie*, que es el único significado correcto conforme a una única convención judicial interpretativa vigente, no implica que la juez crea que sea la única posibilidad interpretativa, ni, por ende, que ella crea que la corrección de esta interpretación sea incuestionable, de tal manera que ella crea que los otros jueces creen que cuando ella la realiza (ir)reflexivamente no actúa bajo su responsabilidad.

Por lo tanto, desde una perspectiva sincrónica, que la indeterminación del significado no se propague absoluta ni gradualmente al significado entero de los enunciados normativos no se explica porque el lenguaje jurídico esté causal y racionalmente determinado, sino porque las jueces, en situaciones de normalidad, deciden conformarse con atribuir el significado *prima facie*, es decir, porque ellas deciden proferir un acto de habla habitual y no otro acto interpretativo posible respecto a casos que para ella, son normales (no sorpresivos), con base en su experiencia individual en la aplicación de reglas generales a casos concretos[79].

79 Richards (2016), p. 250: "[...] every time a judge recognizes in a new case features that make it similar to an old one, the judge will apply intuitively the same solution".

6. Conclusión: entre el noble sueño y la vigilia

En este escrito espero haber mostrado que, en contra de lo que Carrió cree, la representación del razonamiento judicial interpretativo orientado a los casos típicos en situación de certeza es implausible, en razón de que el lenguaje jurídico no está causal ni racionalmente determinado respecto a este tipo de casos. En este sentido, he argüido que las tesis formalistas (3*i*) y (3*ii*) son falsas desde perspectivas y direcciones de análisis diferentes: desde una perspectiva diacrónica y sincrónica, es falso que haya casos concretos respecto de los que la determinación y/o atribución del significado correcto de los enunciados normativos no pueda depender, en dirección prospectiva y/o retrospectiva, de una decisión judicial interpretativa.

De este modo, he mostrado además que el hecho de que las jueces atribuyan significados *prima facie* en situación de normalidad no implica, como lo sostiene la teoría formalista moderada, que su razonamiento judicial interpretativo ocurra necesariamente en situación de certeza.

Por lo tanto, la representación del razonamiento interpretativo de atribución de significados *prima facie* en situación de certeza confunde el contexto de explicación o de descubrimiento (a veces ocurre que las jueces atribuyen significados que corresponden a la comprensión automática de cierto enunciado normativo en situaciones de normalidad) con su contexto justificativo (tal significado es con certeza el único significado posiblemente atribuible al enunciado normativo: el único significado objetivamente correcto e incuestionable a la luz de un único criterio vigente de determinación de la corrección interpretativa). En consecuencia, la teoría intermedia respecto a los casos típicos no se ajusta a qué es el razonamiento judicial interpretativo y por qué ocurre del modo en que lo hace, sino que busca que tal razonamiento se ajuste a sus directivas, con base en una caracterización acerca de cómo *debería ser* el lenguaje jurídico respecto a los casos típicos. En definitiva, una teoría implausible que expresa un optimismo (injustificado) frente a las reglas, y que representa el razonamiento judicial interpretativo orientado a los casos normales como un "noble sueño".

De este modo, espero haber mostrado que Carrió sigue el camino equivocado para analizar el razonamiento judicial interpretativo; y, además, que la teoría realista moderada parece ser una opción teórica más adecuada para representar el razonamiento judicial desde un estado de vigilia. Una representación que capta, entre otras cosas, el hecho de que la interpretación judicial es una práctica social argumentativa, y, por lo tanto, que las jueces pueden ser responsables por los actos de habla interpretativos que ellas realicen frente a casos concretos normales o sorpresivos.

Referencias

Austin, J. L. (1962), *How to Do Things with Words*, Oxford: Clarendon Press.

BLACKBURN, S. (1973), *Reason and Prediction*, Cambridge: Cambridge University Press.

BLACKBURN, S. (1998), *Ruling Passions. A theory of Practical Reasoning*, Oxford: Clarendon Press.

BRATMAN, M. E. (1987), *Intention, Plans, and Practical Reason*, Stanford: CSLI Publications.

CARRIÓ, G. (1986), *Notas sobre derecho y lenguaje, 3ª* ed., Buenos Aires: Abeledo-Perrot S.A..

CHIASSONI, P. (1990), "L'interpretazione della legge: normativismo semiotico, scetticismo, giochi interpretativi", en *Studi in Memoria di Giovanni Tarello* (vol. II, pp. 121-161), *Saggi teorico- giuridici*, Milano: Giuffrè, pp. 121-161.

CHIASSONI, P. (2007), *Tecnica dell'interpretazione giuridica*, Bologna, Il Mulino, citado de la traducción al castellano, *Técnicas de interpretación jurídica. Breviario para juristas* (2011), Madrid-Barcelona-Buenos Aires: Marcial Pons.

CHIASSONI, P., (2008), "On the Wrong Track: Andrei Marmor on Legal Positivism, Interpretation, and Easy Cases", *Ratio Iuris*, 21(2): 248-267, citado en la traducción de MORENO CRUZ, D. (2012), "On the Wrong Track: Andrei Marmor sobre positivismo jurídico, interpretación y casos fáciles", en CHIASSONI, P., *Desencantos para abogados realistas* (pp. 105-143), Bogotá: Universidad Externado de Colombia.

DICIOTTI, E. (1999), *Interpretazione della legge e discorso razionale*, Torino: Giappicchelli Editore.

DICIOTTI, E. (2013), "Norme espresse e norme inespresse. Sulla teoría dell'interpretazione di Riccardo Guastini", *Rivista di filosofoa del diritto*, II(1): 103-124.

FERRER BELTRÁN, J. (2012), "El error judicial y los desacuerdos irrecusables en el derecho", en LUQUE SÁNCHEZ, P. & RATTI, G. B. (eds.), *Acordes y desacuerdos. Cómo y por qué los juristas discrepan* (pp. 259-274), Madrid: Marcial Pons.

GUASTINI, R. (1986), "Produzione di norme a mezzo di norme. Un contributo all'analisi del ragionamento giuridico", en GIANFORMAGGIO, L & LECALDANO, E. (eds.), *Etica e diritto. Le vie della giustificazione razionalek* (pp. 173-203), Roma-Bari: Laterza.

GUASTINI, R. (2010), "Fundamentos de una teoría escéptica de la interpretación", en *Nuevos estudios sobre la interpretación* (pp. 121-143), Bogotá: Universidad Externado de Colombia.

GUASTINI, R. (2012), "Rule-Scepticism Restated", *Oxford Studies in Philosophy of Law*, 1: 138-161.

HAMPSHIRE, S. & HART, H. L. A. (1958), "Decision, Intention and Certainty", *Mind, New Series*, 67(265): 1-12.

HART, H. L. A. (1958), "Positivism and the Separation of Law and Morals", *Harvard Law Review*, 71(4): 593-629.

HART, H. L. A. (1961), *The Concept of Law*, 3ª ed., Oxford: Oxford University Press.

HART, H. L. A. (1977), "American Jurisprudence through

English Eyes: The Nightmare and the Noble Dream", *Georgia Law Review*, 11(5), ahora en *Essays in Jurisprudence and Philosophyk* (1983: 123-144), Oxford: Clarendon Press.

HART, H. L. A. (2016), "The New Challenge to Legal Positivism" [1979], *Oxford Journal Of Legal Studies*, 36(3): 459-475.

KAHNEMAN, D. (2011), *Thinking, Fast and Slow*, London: Penguin Books.

LEITER, B. (2007), *Naturalizing Jurisprudence. Essays on American Legal Realism and Naturalism in Legal Philosophy*, New York: Oxford University Press.

LEWELLYN, K. (2011), *The Theory of Rules*, Chicago-Londres: The University of Chicago Press.

MARMOR, A., (2005), *Interpretation and Legal Theory*, 2ª ed., Oxford: Oxford University Press.

MORENO CRUZ, D. (2014), "Juego de toma de decisión judicial interpretativa correcta", en GUASTINI, R. & COMANDUCCI, P. (eds.), *Analisi e dirittok* (pp. 237-251), Barcelona: Marcial Pons.

PETTIT, P. (2010), "Deliberation and Decision", en O'CONNOR, T. & SANDIS, C. (eds.), *A Companion of The Philosophy of Action* (pp. 252-258), Malden-Oxford: Wiley-Blackwell.

RAZ, J. (1975), "Reasons for Action, Decisions and Norms", en *Mind* (pp. 481-496), Basil Blackwell, ahora en RAZ, J.

(ed.) (1978), *Practical Reasoning* (pp. 128-143), Oxford: Oxford University Press.

Richards, D. (2016), "When Judges Have a Hunch-Intuition and Experience in Judicial Decision-Making", *Archiv für Rechts- und Sozialphilosphie*, 102(2): 245-260.

Rodríguez, J. L. (2002), *Lógica de los sistemas jurídicos*, Madrid: Centro de Estudios Políticos y Constitucionales.

Ross, A. (1959), *On Law and Justice*, Londres: Stevens & Sons, citado por la traducción de Genaro Carrió (1963), *Sobre el derecho y la justicia*, Buenos Aires: Eudeba.

Schauer, F. (1991), *Playing by the Rules. A philosophical Examination of Rule-Based Decision-Making in Law and in Life*, Oxford: Clarendon Law Series, Oxford University Press.

Schauer, F. (2011), "Introduction", en Llewellyn, K. (ed.), *The Theory of Rules* (pp. 1-28), Chicago-Londres: The University of Chicago Press.

Searle, J. R. (2010), *Making the Social World. The Structure of Human Civilization*, Oxford-Nueva York: Oxford University Press.

Soler, S. (2014, mayo), "El juez y el súbdito", *Derecho penal y Criminología*, IV: 191-198.

Wróblewski, J. (1985), "Legal Language and Legal Interpretation", *Law and Philosophy*, 4: 239-255, ahora en Wróblewski, J. (2001), *Sentido y hecho en el derecho* (pp. 131-147), México: Fontamara.

CUARTA PARTE
SOBRE EL CONCEPTO DE DEBER JURÍDICO

CAPÍTULO 8
ALGUNAS REFLEXIONES SOBRE EL CONCEPTO DE DEBER JURÍDICO

Jorge L. Rodríguez
M. Gabriela Scataglini

RESUMEN

El objetivo principal de este trabajo es examinar las ideas expuestas por Genaro Carrió en el capítulo III de *Notas sobre Derecho y Lenguaje*, dedicadas al análisis de la noción de deber jurídico. Hemos puntualizado dos ambigüedades en las ideas expuestas por Carrió: la primera, fácilmente superable, se refiere al criterio de evaluación que Carrió aplica para analizar el concepto de deber jurídico; la segunda, más importante, relativa al blanco contra el cual Carrió dirige sus observaciones críticas, a saber: contra la noción de deber jurídico del "modelo kelseniano" –y, un poco más ampliamente, a las teorías que explican la noción de deber jurídico definiéndola a partir de la noción de sanción–, o contra el intento de la teoría general del derecho de corte positivista de ofrecer una caracterización del deber jurídico como concepto jurídico básico. En el primer caso, compartiendo las objeciones centrales de Carrió, nos limitamos a precisar algunas diferencias menores con su análisis. En el segundo caso, en cambio, intentamos justificar las razones por las que estimamos valioso que la teoría del derecho de orientación positivista preserve como cometido el ofrecer una reconstrucción racional del concepto de deber jurídico con la mira puesta en distinguir el derecho de la moral.

1. INTRODUCCIÓN. LA VISIÓN DE GENARO CARRIÓ

En el Capítulo III de *Notas sobre Derecho y Lenguaje*, titulado "Sobre el concepto de deber jurídico", Carrió presenta, en primer lugar, un resumen de algunas ideas incluidas en un trabajo de Hart –*The Concept of Obligation*– expuesto en un seminario de 1965 que, según señala Carrió, están presupuestas o aludidas en su propia contribución al tema. Resalta que, para Hart, la noción de obligación o deber puede aparecer en tres contextos o discursos: el discurso *del* derecho –códigos, leyes–; el discurso *acerca* de *un* derecho en particular –dogmática–, y el discurso *acerca del* derecho en general –teoría general / filosofía del derecho–. Carrió aclara que sus consideraciones se circunscribirán al tercero de esos niveles y puntualiza en particular que se concentrará en examinar cuáles podrían ser los criterios para decidir si un análisis del concepto de deber jurídico u obligación jurídica –a los que trata indistintamente– es o no adecuado. En su trabajo, Hart criticaba el análisis del concepto de deber jurídico en el modelo de Bentham y, en lo que interesa a Carrió, distinguía dos criterios para juzgar el grado de adecuación de ese análisis:

i) correspondencia con usos habituales;

ii) utilidad de un concepto *introducido* estipulativamente para identificar una situación recurrente de la práctica jurídica, que debía evaluarse en función de los fines teóricos o prácticos del autor.

Hart se preguntaba si tales criterios eran exhaustivos; específicamente, si era posible criticar al modelo de Bentham aun aceptando que lograra los objetivos perseguidos por el autor, con fundamento en que suprimía o ignoraba cosas demasiado importantes. Lo que Carrió se propone hacer en este capítulo es ofrecer una respuesta a *esa* pregunta de Hart, pero teniendo como objetivo el cuestionar la utilidad del concepto de deber jurídico, no ya del modelo de Bentham, sino más en general, el correspondiente a lo que califica como "la teoría jurídica general predominante en nuestro ámbito" o la "teoría general del derecho de orientación positivista".

Para Carrió, la noción general de deber jurídico que se emplea en la teoría general del derecho sería creada por los teóricos. La concordancia con el uso vigente entre los juristas, en cambio, no resultaría una condición de adecuación satisfactoria porque no habría un único uso vigente. De los dos criterios de adecuación propuestos por Hart, Carrió coincide en que ellos no resultarían exhaustivos y considera que los autores en general –Bentham, Kelsen– se inclinan por privilegiar el segundo, estipulando una noción propia. Señala, además, que junto a esos dos criterios habría lugar para un enjuiciamiento más radical, a saber: si se justifica o no seguir hablando de deber jurídico "en términos de tanta generalidad", esto es, si resulta útil desde el punto de vista de alguna finalidad teórica o práctica *importante* seguir usando un concepto de esas características.

Con ese propósito señala que examinará más de cerca el segundo criterio y evaluará cuáles son los objetivos que la "teoría general del derecho más difundida en Europa continental", esto es, la teoría kelseniana, ha tenido en miras al definir "deber jurídico". En ese análisis, Carrió se centra en dos aspectos fundamentales: la caracterización del concepto y su función. En cuanto a la primera, como es bien sabido, para Kelsen existiría un deber jurídico si y solo si existe una norma jurídica que imputa una sanción coactiva a un determinado comportamiento humano. Solo si ese es el caso se puede afirmar que alguien tiene el deber jurídico de realizar el acto contrario. En cuanto a la función del concepto, Carrió sostiene que la teoría pura presentaría los conceptos primitivos de sanción e imputación como nucleares y, en ese marco, el de deber jurídico estaría muy próximo a ese núcleo, por lo que considera que existiría una hipertrofia de su función a costa de la atrofia de otras nociones –derecho subjetivo, persona jurídica–. Carrió resalta que algunos de los conceptos nucleares de la teoría kelseniana son considerados, incluso, condición de posibilidad del derecho mismo, recordando la influencia neokantiana del enfoque de Kelsen.

Sostiene que si bien no toda la teoría general del derecho de Europa continental se nutre del mismo suelo, sus principales exponentes aceptarían dos ideas principales en torno a la noción de deber jurídico:

i) que no se puede definir "deber jurídico" sin la ayuda de la noción de sanción –fuerza socialmente organizada–: solo se tiene el deber jurídico de hacer *p* si hacer no-*p* trae aparejada una sanción, y

ii) que la noción de deber jurídico caracterizada de esa manera es fundamental, ya que el derecho sería esencialmente un sistema coactivo que impone deberes.

Apunta además que la teoría general del derecho que acepta esas dos ideas se constituyó por el impulso de las siguientes pretensiones: a) la repulsa al iusnaturalismo y la vindicación del derecho positivo como *único* derecho; b) la búsqueda de una ciencia jurídica rigurosa y autónoma; c) la pretensión de distinguir entre derecho y moral sobre la base de criterios externos, fácilmente identificables, y d) la idea de que la función primordial, sino exclusiva, del derecho es la de ordenar o prohibir coactivamente ciertos actos.

Carrió enfatiza que las dificultades y paradojas a las que conduciría un concepto de deber jurídico como el kelseniano serían producto de la pretensión de reducir todos los conceptos jurídicos básicos a un pequeño grupo de nociones fundamentales. Citando a Strawson, sostiene que esas dificultades y paradojas pondrían de manifiesto una seria "pérdida de equilibrio conceptual", esto es, "una ceguera selectiva que suprime grandes extensiones del campo de visión intelectual, pero que permite que se destaque una parte del mismo con una claridad muy particular". Y agrega que esa pérdida de equilibrio conceptual se habría ido acentuando y haciendo más patente con la progresiva multiplicación y diversificación de los fines del Estado y los tipos de normas que se emplean para alcanzarlos. Entiende que el concepto de deber jurídico habría sido creado para apuntalar un concepto de derecho que presupone la imagen de un Estado gendarme, de la cual seguiría presa la teoría general del derecho de Europa continental.

Carrió plantea que los conceptos entran en crisis cuando se producen cambios sustanciales en el contexto que encuadraba su creación o adopción, por lo que no sería concebible que el aparato conceptual de la teoría general del derecho permaneciera inalterado, inmune a los cambios, y señala que es natural que un concepto creado para cumplir cierta tarea –perfilar la distinción entre derecho y moral– resulte inadecuado cuando se lo quiere usar para otros fines. Destaca que sería posible preservar la "utilísima distinción entre derecho y moral" sin que ella nos comprometiera a adoptar un concepto de deber jurídico rígidamente definido o a hipertrofiar su función, y afirma que hoy sería demasiado tosco decir que el *único* criterio distintivo entre derecho y moral –entre deber jurídico y deber moral– es el tipo de sanción que en uno y otro dominio se emplea, así como decir que la función primordial del derecho es crear deberes. En ese marco, asimila el modelo de Kelsen al de Bentham, en el sentido de que en ambos la relación entre deber y sanción sería de tipo predictivo –en contraste con la relación normativa que resalta Hart–, y considera que las características comunes que exhiben los dos modelos aparecen también en lo que denomina teoría general del derecho de Europa continental. Finalmente, resume sus conclusiones sosteniendo:

i) que las diversas nociones de deber jurídico elaboradas por la teoría general del derecho comparten notas comunes que permitirían hablar de *la* noción de deber jurídico;

ii) que esa noción sería excesivamente general y tosca, y ya no serviría para los propósitos teóricos y prácticos que en el pasado justificaron su adopción;

iii) que ello se debería a que dicho concepto habría sido elaborado bajo la presión de distinguir derecho y moral sobre la base de criterios externos, que se le habría otorgado un papel deslumbrante a expensas de otras nociones de relevancia y que su caracterización presupondría un tipo de organización social específico: el Estado gendarme, que con técnicas limitadas perseguía finalidades limitadas.

iv) que los cultores de la teoría general del derecho habrían perdido el equilibrio conceptual, quedando incomunicados respecto de la labor de los juristas, que en su quehacer diario deben afrontar un panorama harto complicado.

v) que la teoría general del derecho debería revisar su aparato conceptual y acercarse a la labor de los juristas, sin abandonar su orientación analítica pero usando métodos más refinados.

2. Los criterios de adecuación para un análisis del concepto de deber jurídico

Si bien concordamos en líneas generales con el diagnóstico y las observaciones de Carrió respecto del concepto de deber jurídico, es nuestra intención aquí formular algunas precisiones en cuanto a los alcances de las críticas del autor.

En coincidencia con Hart y con Carrió, consideramos que los dos criterios de adecuación resaltados por Hart para un análisis de los conceptos básicos del derecho en general, y del concepto de deber jurídico en particular, esto es, la correspondencia con los usos ordinarios y la utilidad de una estipulación introducida con ciertos fines teóricos o prácticos, no resultan exhaustivos. Ahora bien, Carrió manifiesta que lo que él pretende hacer es un "enjuiciamiento más radical", que consistiría en preguntarse si resulta fructífero desde el punto de vista de alguna finalidad teórica o práctica *importante* seguir usando un concepto tan general como el de deber jurídico que emplea la teoría del derecho. Aquí hay una cuestión que merece ser aclarada, puesto que el texto se presta a más de una interpretación. Al referirse a este "enjuiciamiento más radical" Carrió parece estar sugiriendo acudir a un criterio distinto para el examen crítico del concepto de deber jurídico. Pero, por otra parte, también habla de tomar en cuenta el segundo criterio de Hart para evaluar el modelo kelseniano. En atención a ello cabría preguntarse si lo que persigue es simplemente "examinar más de cerca" –por emplear palabras textuales del autor– ese segundo criterio de adecuación o si, en cambio, realmente está proponiendo el uso de un criterio de adecuación alternativo y, de ser así, en qué consistiría ese criterio.

De estas dos alternativas nos parece que la mejor interpretación del texto de Carrió es la segunda, esto es, que sí ofrece un criterio de evaluación diferente. Repárese en que el segundo criterio de adecuación de Hart consistía en evaluar la utilidad de un concepto introducido estipulativamente *en función de los fines teóricos o prácticos del propio autor*, esto es, sin controvertir esos fines. En cambio, el criterio "más radical" que aplicaría Carrió, aunque no lo explicita como tal, parece ser el de evaluar críticamente los fines mismos del modelo de Kelsen, en cuanto propone que la teoría general del derecho debería revisarlos. Ahora bien, de adoptarse esta segunda opción, ello debería ir acompañado por una justificación adecuada de cuáles serían los fines que, a juicio de Carrió, la teoría del derecho haría bien en tener en cuenta. En otras palabras, cuáles serían los aspectos que sí resultaría *importante* explicar. Carrió no es muy preciso al respecto: plantea que la teoría del derecho debería poder auxiliar al quehacer cotidiano de los juristas para lidiar con la complejidad de los sistemas jurídicos contemporáneos, tratando de mostrar lo inadecuada que resultaría para eso una teoría del deber jurídico como la kelseniana. Su argumento aquí es el de la "pérdida de equilibrio conceptual" por parte de la teoría que critica. Si ello resulta o no justificación suficiente es algo que podría discutirse, al menos porque parece quedar abierta la pregunta de por qué serían más apropiados esos imprecisos cometidos que Carrió postula que los de Kelsen, e incluso la cuestión de con qué tipo de argumentos sería posible discutir sobre qué es lo que resulta "realmente importante" que la teoría general del derecho explique.

Con todo, coincidimos con Carrió en que dar cuenta de la complejidad de la configuración de los sistemas jurídicos contemporáneos, con la diversificación de sus cometidos, es un fin valioso al que la teoría general del derecho debería aspirar, y que ello no puede hacerse a partir de un repertorio teórico tan elemental como el que ofrece un modelo como el de Kelsen. Sin embargo, nos parece que es posible desde una teoría del derecho de corte positivista sofisticar ese repertorio para dar cuenta de fenómenos más complejos como los que enumera Carrió y que, para eso, resulta imprescindible ofrecer una *reconstrucción racional* del concepto de deber jurídico, al igual que de otros conceptos jurídicos básicos.

La reconstrucción racional de un concepto es un método por medio del cual un concepto inexacto o vago (el *explicandum*) es transformado en un concepto exacto o, por lo menos, más exacto que el primitivo (el *explicatum*). El objetivo que se persigue es que el nuevo concepto pueda ser utilizado en las mismas situaciones en que se usaba el primero, pero con la ventaja de haber disminuido los problemas semánticos que aparejaba. Como lo explicaran Alchourrón y Bulygin (1975: 29-30), el proceso de reconstrucción racional tiene dos etapas. La primera consiste en la elucidación informal del concepto impreciso, que busca explicar con la mayor precisión posible el alcance del término, es decir, explicitar su significado haciendo referencia a la diversidad de usos que posee. La segunda consiste en la introducción del nuevo concepto más preciso que el anterior, que debe aspirar al máximo de fecundidad, posibilitando la formulación de la mayor cantidad de enunciados universales; debe ser similar al anterior, en el sentido de que se lo pueda usar en la mayoría de las situaciones en que se usa aquel y, por último, debe ser lo más simple posible. Bajo esta intelección, la reconstrucción racional de un concepto como el de deber jurídico, si bien tomará como punto de partida el lenguaje de los juristas intentando rescatar aquellos usos que marcan distinciones útiles, no se limitará a reproducir los usos ordinarios ni tampoco constituirá meramente una estipulación relativamente arbitraria. Por eso, constituiría una alternativa genuina a los dos criterios de adecuación señalados por Hart y Carrió como no exhaustivos.

Además, y más específicamente, la reconstrucción racional del concepto de deber jurídico permitiría dar cabida a un cometido de la teoría positivista del derecho que consideramos valioso preservar: posibilitaría explicar, en el marco de un análisis de los conceptos básicos, en qué se diferencian los deberes jurídicos de los deberes morales.

Si nuestra sugerencia es o no compatible con el planteo de Carrió es algo que dependerá de cómo se interprete su trabajo. Sucede que por momentos no queda del todo claro cuál es el verdadero blanco de sus críticas. En el texto, Carrió se refiere alternativamente a la "teoría pura del derecho", al "modelo de Kelsen", pero también a la "teoría general del derecho de Europa continental" y a la "teoría del derecho de orientación positivista". En otras palabras, si bien sus críticas se centran en Kelsen, parecen hacerlo solo para tomar un ejemplo paradigmático de la teoría del derecho de orientación positivista de su época. Es más: si su proyección no pretendiera ser más amplia que la puntualización de deficiencias del modelo kelseniano, no se entendería bien el alcance de sus conclusiones.

No obstante, nos proponemos examinar en lo que sigue dos lecturas alternativas de la crítica de Carrió. De acuerdo con una primera interpretación, que podríamos denominar *débil*, la crítica solo se dirigiría a Kelsen y, un poco más ampliamente, a las teorías que explican la noción de deber jurídico a partir de la noción de sanción. De acuerdo con una segunda lectura, a la que podríamos denominar *fuerte*, debería entenderse que la crítica de Carrió se dirige, en general, al intento de la teoría general del derecho de corte positivista de ofrecer una caracterización del concepto de deber jurídico en el marco de una teoría de los conceptos jurídicos básicos. En el primer caso, compartiendo las objeciones centrales de Carrió, nos limitaremos a precisar algunas diferencias menores con su análisis. En el segundo caso, en cambio, intentaremos justificar las razones por las que estimamos valioso que la teoría del derecho de orientación positivista preserve como cometido el ofrecer una reconstrucción satisfactoria del concepto de deber jurídico con la mira puesta en distinguir el derecho de la moral.

3. La crítica particular al modelo kelseniano

Si se interpretan las observaciones de Carrió como una crítica exclusivamente dirigida al modelo kelseniano, o al menos a quienes caracterizan la noción de deber jurídico a partir del concepto de sanción, Carrió tiene razón en que es necesario abandonar *esa* noción de deber jurídico.

La teoría de los conceptos jurídicos básicos de Kelsen cuenta con virtudes innegables. En primer lugar, su simplicidad, ya que reduce los conceptos jurídicos a una cantidad pequeña en relación con la multiplicidad que los juristas utilizan en la práctica para referirse al derecho. A pesar de esta importante reducción cuantitativa, cualitativamente el sistema conserva mucho de su fecundidad, pues puede ser utilizado para dar cuenta de una gran diversidad de enunciados con los que se pueden describir situaciones para las cuales los juristas se valen de un bagaje conceptual mucho más complejo. En segundo lugar, su sistematicidad, pues los conceptos que la integran están íntimamente relacionados entre sí y pueden interdefinirse. En tercer lugar, se diferencia con claridad de la teoría iusnaturalista tradicional, apartándose de la reducción que ella propone del derecho a la moral. Sin embargo, esas virtudes no obstan a los serios problemas teóricos que se han advertido a su respecto.

En lo que hace puntualmente al concepto de deber jurídico, como es sabido, Kelsen sostiene que afirmar que alguien tiene un deber jurídico de hacer *p* equivale a afirmar que una norma jurídica válida exige que haga *p* y, a su vez –y podría sostenerse que *como tesis independiente*–, que una norma jurídica exige hacer *p* si, y solo si, ella correlaciona como debida una sanción a no-*p*.

Contra esta idea se han dirigido diferentes objeciones, desde la que señala que en los sistemas jurídicos conocidos suelen encontrarse, como cuestión de hecho, deberes sin sanción, hasta la que remarca que, como cuestión lógica, si una conducta es jurídicamente debida cuando una norma establece que en caso de comportamiento contrario debe imponerse una sanción, habrá que reconocer que este deber de sancionar implica la existencia de otra norma que establezca el deber de imponer una sanción en el supuesto de que la primera sanción no haya sido impuesta cuando correspondía hacerlo, y así *ad infinitum*, de lo que se seguiría que en un sistema finito de normas tendría que haber necesariamente algún deber último sin sanción.

Sin embargo, lo que a nuestro criterio desmorona la propuesta kelseniana no son tanto problemas como los comentados, a los que es posible encontrar salidas más o menos elegantes, sino el hecho de que no resulta posible ofrecer una caracterización satisfactoria del concepto de sanción jurídica que no presuponga que ella es una respuesta a la transgresión de un deber. En efecto, no calificamos cierta conducta como debida porque la conducta opuesta lleve aparejado un coste de algún tipo, sino que calificamos la imposición de un coste como sanción precisamente en la medida en que la consideramos como respuesta a la transgresión de un deber (*cf.*, por todos, Bayón, 1996). Este defecto sella la suerte del intento de definir deber jurídico a partir del concepto de sanción.

Por supuesto, a Carrió no se le escapa ese déficit: al respecto señala que en el modelo kelseniano resulta problemático definir sanción sin circularidad, dado que no todo acto de fuerza es una sanción en sentido estricto, y ofrece como ejemplo la reclusión de un enfermo contagioso –que no es una sanción en *ese* sentido–. Sin embargo –y aquí radica lo singular de la crítica de Carrió–, expresamente elige no ocuparse de la cuestión de la circularidad "para no apartarse del camino trazado". Recuérdese que el planteo de Carrió se enmarca en la pregunta de Hart acerca de si es posible criticar un modelo, incluso aceptando que con él se satisfacen los objetivos perseguidos por el autor, sobre la base de que suprime o ignora cosas importantes. A la luz de ello parece posible afirmar que aun en el hipotético caso de que Kelsen lograra, mediante algún tipo de ingeniería conceptual, dar una definición de deber jurídico a partir de la idea de sanción sin preconcebir a esta última como la reacción frente al incumplimiento de un deber, para Carrió el modelo kelseniano seguiría siendo inadecuado. El problema del modelo de Kelsen no sería tanto su circularidad como el que, por su reduccionismo, no lograría explicar de modo satisfactorio la diversidad de normas que conviven en un sistema jurídico, lo que se haría incluso más evidente en las legislaciones modernas. En otras palabras, aunque no se viera afectado por el vicio de circularidad, Carrió igualmente criticaría al modelo de Kelsen por su "pérdida de equilibrio conceptual", porque habría aspectos del derecho y de la práctica jurídica actual que no lograría captar. Por otra parte, esto corroboraría que su criterio de adecuación no es el segundo criterio de Hart, esto es, si el concepto es útil a los fines tenidos en mira por el propio autor.

Para concluir, hay un punto a favor de Kelsen que debería aclararse. Como se dijo, Carrió llega a asimilar a la teoría de Kelsen con la de Bentham en la supuesta defensa de una concepción predictiva de la noción de deber jurídico. Si bien reconoce que, a diferencia del modelo de Bentham, en Kelsen la relación entre deber y sanción sería "en cierto sentido" de tipo normativo, Carrió remarca que las semejanzas entre ambos serían más importantes que las diferencias porque la dimensión normativa de Kelsen no sería equivalente a la que postulara Hart.

Contra estas ideas de Carrió, creemos importante recordar que Kelsen en modo alguno reduce la noción de deber jurídico a la descripción de ciertos hechos. En particular, no la reduce a la predicción de que si no se realiza cierta acción ello probablemente traerá aparejada una sanción. Muy por el contrario, Kelsen es uno de los más conspicuos críticos a la pretensión de reducir la noción de deber jurídico a hechos, ya sea que se los conciba como acciones externas o como actos mentales, al sostener que la relación entre delito y sanción es de *deber ser*, no fáctica ni causal. Si se entiende, siguiendo a Kelsen, que el deber jurídico no es otra cosa que la norma jurídica positiva que ordena la conducta de un individuo al enlazar al comportamiento opuesto una sanción, entonces ese sujeto se encuentra jurídicamente obligado a la conducta así ordenada aun cuando la representación de esa norma jurídica no le suscite ningún impulso a cumplirla, e incluso cuando no cuente con representación alguna de la norma jurídica que lo obliga, y con total independencia de que sea o no probable que la sanción efectivamente se aplique. En otras palabras, el vínculo entre deber jurídico y sanción es para Kelsen sin lugar a dudas normativo, algo en lo que por cierto Kelsen se anticipó en mucho a Hart, y el hecho de que esa conexión normativa no sea equivalente al tipo de normatividad que postulara Hart no constituye un argumento válido para soslayar este importante aporte de la teoría kelseniana, tal como parece seguirse de las palabras de Carrió.

4. La crítica general a la teoría positivista del derecho

Como indicamos, una segunda lectura de las críticas de Carrió consiste en interpretarlas como dirigidas a objetar, en general, el intento de una teoría del derecho de orientación positivista de ofrecer una caracterización del concepto de deber jurídico y, en particular, de hacerlo teniendo en mira la distinción entre derecho y moral.

Esta interpretación fuerte de las observaciones de Carrió nos parece injustificada por varias razones. En primer lugar, tal como adelantamos, aunque Carrió se preocupa en advertir que los dos criterios de adecuación propuestos por Hart –esto es, adecuación al uso y justificación teórica o práctica de una estipulación en función de ciertos fines– no serían exhaustivos, la generalización de su crítica no parece tomar en consideración el valor de la reconstrucción racional de un concepto como el de deber jurídico como alternativa a esos criterios de adecuación. En efecto, si el objetivo que persigue la teoría de los conceptos básicos no es, como hemos sugerido, apegarse estrictamente a los usos vigentes ni tampoco formular estipulaciones arbitrarias con ciertos fines teóricos, sino más bien otorgar mayor exactitud a ciertas nociones y distinciones tomadas de los usos de los juristas, ella resultaría inmune al tipo de objeciones que Carrió dirige centralmente al modelo kelseniano.

En segundo lugar, nos parece equivocado que se cuestione a la teoría positivista del derecho por tratar de caracterizar el concepto de deber jurídico teniendo en mira la distinción entre el derecho y la moral. El desafío que enfrenta el positivista en su intento de explicar qué se entiende por "deber jurídico" no es tanto dar cuenta de qué se entiende por "deber", sino más bien qué tiene de "jurídico" un deber jurídico o, mejor dicho, qué especificidad tienen los deberes jurídicos respecto de otros deberes.

O, todavía mejor, cómo puede ser que el derecho cree deberes. Para una teoría iusnaturalista del derecho, la caracterización del concepto de deber jurídico no ofrece mayores dificultades: se trataría simplemente de una subespecie de deber moral, el deber moral de obedecer las directivas de una autoridad jurídica. Lo interesante para este enfoque, en todo caso, es la discusión normativa de cuándo existiría un deber semejante. Para un positivista, en cambio, constituye un problema teórico genuino el explicar en qué sentido el derecho crea deberes si es que resulta conceptualmente distinguible de la moral y, por lo tanto, sus normas pueden estar en conflicto con lo que moralmente debe hacerse.

Por ello, en contra de lo que parece considerar Carrió, pensamos que analizar el concepto de deber jurídico es una empresa que solo cobra sentido en el marco de una concepción positivista del derecho. Es decir, si se asume que derecho y moral son conceptualmente distinguibles. Como afirma Bayón (1996: 313):

> La idea de un deber específicamente jurídico, derivado meramente de las normas jurídicas positivas e independiente por completo de cualquier deber que resulte de principios y reglas morales, solo toma auténtico cuerpo cuando se asienta la distinción conceptual entre el derecho que es y el derecho que debería ser, esto es, cuando se difunde la mentalidad propia del positivismo jurídico [...] la discusión en torno a la idea de un deber jurídico, por tanto, se plantea solo en sentido estricto cuando se asume la separación

conceptual entre el derecho y la moral, esto es, como discusión dentro del marco genérico de una concepción iuspositivista.

En tercer lugar, el reproche de Carrió de que la caracterización kelseniana del concepto de deber jurídico respondería a la "idea obsesiva" de distinguir entre derecho y moral, en realidad soslaya uno de los problemas fundamentales de la teoría de Kelsen. Ese problema consiste en la presuposición kelseniana de que para distinguir al derecho de la moral es preciso encontrar una característica distintiva de las normas jurídicas –de cada una de ellas, tomadas aisladamente– respecto de las normas morales. El problema crucial del modelo kelseniano es el de buscar el rasgo de "lo jurídico" en las normas.

En este punto, la teoría positivista del derecho contemporánea ha dado un giro trascendental al invertir los términos de la ecuación kelseniana y tomar como punto de partida del análisis la noción de sistema jurídico y no la de norma jurídica. Desde este enfoque, hoy se sostiene que predicar de una norma que es jurídica –o que es jurídico el deber indirectamente contenido en ella– presupone que hay un sistema jurídico al cual ella pertenece. Y afirmar que existe un sistema jurídico equivale a constatar que tienen o han tenido lugar ciertos hechos sociales complejos, que varían en su caracterización según los autores. Dado que el criterio para determinar cuándo un sistema es jurídico sigue siendo empírico, se mantiene incólume la distinción entre el derecho que *es* y el derecho que *debe ser*. Ese es el camino que inauguró Hart y profundizaron autores como Raz y Alchourrón y Bulygin.

Por ello, el problema básico de la caracterización del concepto de deber jurídico, ya sea para Kelsen como, más en general, para la teoría del derecho de corte positivista, no es, como parece interpretar Carrió, que al definir "deber jurídico" se tenga "obsesivamente" en la mira la distinción entre derecho y moral. El problema sería, en cambio, no haber advertido sino hasta recientemente que dicha distinción debía ofrecerse en el nivel de los sistemas jurídicos, y no en el de las normas tomadas individualmente. Una vez que se acepta lo anterior, ofrecer una reconstrucción del concepto de deber jurídico, lejos de perder sentido, permitiría explicar en qué se diferencian los deberes jurídicos de otro tipo de deberes, como los deberes morales, y podría articularse adecuadamente con otros conceptos jurídicos básicos.

Desde tal perspectiva, es posible superar dificultades como las apuntadas en la teoría de Kelsen del siguiente modo: la afirmación "De acuerdo con el sistema jurídico SJ, x tiene el deber jurídico de hacer p" es verdadera si, y solo si, de SJ es posible derivar una norma que obliga a x a hacer *p*. Esta caracterización se corresponde con lo que Bayón (1996: 319) llama *enunciados externos de deber jurídico*. Por supuesto, esos enunciados externos presuponen una noción más básica: *enunciados internos de deber jurídico*, esto es, enunciados de carácter normativo que expresarían la aceptación de una norma jurídica que exige la realización de cierta acción y que se emplean para justificar o criticar acciones, lo cual implica haber adoptado ya el andamiaje teórico hartiano.

En síntesis, la tesis de que una norma jurídica exige hacer *p* si y solo si ella correlaciona como debida una sanción a no-*p* debe ser abandonada, por las razones que someramente expone Carrió y las que hemos examinado antes. Pero ello en modo alguno impide distinguir con claridad entre deber jurídico y deber moral; solo que para hacer tal cosa debe dejarse de lado la pretensión de encontrar alguna característica compartida por todas las normas jurídicas, y advertir que la distinción entre el derecho y la moral debe ofrecerse en el nivel de los sistemas jurídicos, lo cual, por otra parte, permite además dar cuenta del problema de explicar la existencia en los sistemas jurídicos de normas jurídicas que no imponen deberes.

Para concluir, consideramos que Carrió sí acierta al objetar la pretensión de delinear *un* único concepto de deber jurídico, que no permitiría dar cuenta de la complejidad de los elementos que conforman los sistemas jurídicos contemporáneos. Sin embargo, debe señalarse que existen diversas contribuciones posteriores que han advertido la importancia de refinar el aparato teórico de la teoría general del derecho para dar cabida a diferentes tipos de deberes. Solo como ejemplo, vale recordar en este sentido el valioso aporte efectuado por los últimos trabajos de Carlos Alchourrón, al modelar de un modo formalmente riguroso las diferencias y relaciones mutuas entre las nociones de a) deberes categóricos, b) deberes incondicionales inderrotables, c) deberes incondicionales derrotables, d) deberes condicionales inderrotables, y e) deberes condicionales derrotables (Alchourrón, 2010).

5. Conclusiones

Carrió acierta al cuestionar que solo se pueda definir "deber jurídico" a partir de la noción de sanción y que el nexo entre ambos conceptos llegue al punto de que solo pueda decirse que se tiene un deber jurídico de hacer *p* si hacer no-*p* trae aparejada una sanción. Sin embargo, no parece justificada su crítica entendida como una condena generalizada a la utilidad de ofrecer una reconstrucción racional de la noción de deber jurídico como la que persigue la teoría general del derecho de corte positivista, que pone énfasis en distinguir entre deber jurídico y deber moral.

La teoría positivista del derecho ha avanzado bastante en lo que hace a la caracterización del concepto de deber jurídico desde la época del trabajo de Carrió, tanto en la profundización de las críticas y la mejora en el diagnóstico de las dificultades de concepciones como la de Kelsen, como en la superación de esas dificultades. Ello sin necesidad de renunciar a la pretensión de ofrecer una reconstrucción racional del concepto ni de refinar esas propuestas mediante la distinción entre diferentes clases de deberes. Y, lo que es más importante, manteniendo el cometido fundamental que debería perseguir una teoría positivista del derecho al presentar un análisis de la noción de deber jurídico: explicar en qué se diferencian –si es que lo hacen– los deberes jurídicos de los deberes morales.

REFERENCIAS

ALCHOURRÓN, C. & BULYGIN, E. (1975), *Introducción a la metodología de las ciencias jurídicas y sociales,* Buenos Aires: Astrea.

ALCHOURRÓN, C. (2010), *Fundamentos para una teoría general de los deberes,* Barcelona: Marcial Pons.

BAYÓN, J. C. (1996), "Deber Jurídico", en *Enciclopedia Iberoamericana de Filosofía. Volumen Derecho y Justicia* (pp. 313-331), Madrid: Trotta.

CARRIÓ, G. (1965). *Notas sobre Derecho y Lenguaje,* Buenos Aires: Abeledo Perrot.

HART, H. (1963), *El concepto de Derecho,* G. Carrió (Trad.), Buenos Aires: Abeledo Perrot.

KELSEN, H. (1982), *Teoría pura del derecho,* R. Vernengo (Trad.), México: UNAM.

CAPÍTULO 9
OBLIGACIÓN JURÍDICA

Daniel Mendonca

1

Genaro Carrió fue un auténtico hartiano. Carrió estudió, comprendió y difundió la obra de Herbert Hart como pocos. Una de sus monografías más citadas, "Sobre el concepto de deber jurídico"[1], estuvo dedicada, precisamente, al análisis del ensayo de Hart "Il concetto di obbligo"[2], discutido en un largo seminario internacional realizado en septiembre de 1965 en la Villa Serbelloni, un magnífico palacio italiano edificado donde se unen los lagos Como y Lecco. Carrió llegó a decir que esa experiencia académica, en la que

---

1 El ensayo original de CARRIÓ fue publicado en 1966, *Rivista di Filosofia*, 57, bajo el título "Sul concetto di obbligo giuridico"; luego, traducido al español, fue publicado como monografía con el título *Sobre el concepto de deber jurídico* (1966), Buenos Aires: Abeledo-Perrot; con posterioridad, fue incluido en el libro clásico del autor *Notas sobre Derecho y Lenguaje* (1990), Buenos Aires: Abeledo-Perrot.

2 HART, H. L. A. (1966), "Il concetto di obbligo", *Rivista di Filosofia*, 57.

acompañó a Hart, resultó bellamente irreal[3]. En lo que sigue, quisiera retomar la cuestión planteada. Creo que Carrió hubiese disfrutado de un nuevo debate, incluso medio siglo después.

2

El análisis que ofrece Hart en *El concepto de derecho* de la noción de obligación parte de una severa crítica a dos teorías extendidas, la teoría psicológica y la teoría predictiva. A la primera teoría Hart le objeta el conducir a una idea equívoca de la obligación como algo que consiste, esencialmente, en un sentimiento de presión o compulsión experimentado por el sujeto obligado. Esta concepción confunde dos nociones radicalmente distintas: hay una diferencia importante, advierte Hart, entre la afirmación de que alguien se vio obligado a hacer algo y la afirmación de que tenía la obligación de hacerlo, dado que la primera alude a las creencias y motivos que acompañan a la acción y la segunda a la existencia de reglas que dan origen a la imposición. Por otro lado, a la segunda teoría Hart le critica, fundamentalmente, el oscurecer el hecho de que, cuando existen reglas, las desviaciones respecto de ellas no son simples fundamentos para la predicción de que sobrevendrán reacciones hostiles

---

3 CARRIÓ, G. (1990), "Discurso de agradecimiento", en *Genaro Carrió profesor honorario. Dos discursos para la divulgación*, Buenos Aires: Abeledo-Perrot, p. 46.

o de que un tribunal aplicará sanciones a quienes las transgredan, sino que tales desviaciones son también una justificación para dichas reacciones o sanciones. Además, la situación de que un sujeto tenga una obligación en una ocasión particular es absolutamente independiente de cualquier estimación acerca de las posibilidades de que le ocurra el mal con que se le amenaza. Nada hay de contradictorio ni de extraño en afirmar que un sujeto está obligado a hacer algo pero que no existe la menor probabilidad de que lo sancionen si no lo hace[4].

Hart reprocha abiertamente a ambas perspectivas el no haberse hecho cargo de los elementos normativos incorporados al uso convencional de la expresión "obligación jurídica". Por esta razón, Hart ofrece un modelo basado en cierta conexión normativa. En efecto, la concepción de Hart sobre las obligaciones jurídicas gira en torno a la existencia de reglas sociales: "el enunciado de que alguien tiene o está sometido a una obligación, implica sin duda alguna la existencia de una regla"[5]. Estas reglas, explica Hart, presentan tres características distintivas. La primera se relaciona con la presión social que las respalda: "la importancia o seriedad de la presión social que se encuentra tras las reglas –dice Hart– es el factor primordial que determina que ellas sean concebidas

4 Hart, H. L. A. (1977), *El concepto de derecho*, Buenos Aires: Abeledo-Perrot, pp. 102-105.

5 *Ibid.*, p. 107.

como dando origen a obligaciones"[6]. Esta presión social constituye el fundamento de tales obligaciones: "una regla impone obligaciones cuando la exigencia general en favor de la conformidad es insistente, y la presión social ejercida sobre quienes se desvían o amenazan con hacerlo es grande"[7]. La segunda característica está vinculada con la importancia de los valores promovidos por tales reglas: "las reglas sustentadas por esta presión social seria son reputadas importantes porque se las cree necesarias para la preservación de la vida social o de algún aspecto de ella al que se atribuye gran valor"[8]. La tercera peculiaridad de estas reglas, según Hart, está conectada con la posibilidad de conflicto entre lo debido y lo deseado por el sujeto obligado: "la conducta exigida por estas reglas, aunque sea beneficiosa para otros, puede hallarse en conflicto con lo que la persona que tiene el deber desea hacer"[9].

3

Esta concepción ha sido objeto de discusión permanente y cuidadosa entre los teóricos del derecho[10], y aunque dicho enfoque parece ser el que mayor

---

6 *Ibid.*, p. 108.
7 *Ibid.*, p. 107.
8 *Ibid.*, p. 108.
9 *Ibid.*, p. 109.
10 Véase MACCORMICK, N. (1981), *H. L. A. Hart*, Stanford: Stanford University Press, pp. 55-70; De PÁRAMO, J. R. (1984), *H. L. A.*

atención ha recibido por parte de sus seguidores y críticos, conviene señalar que no siempre ha sido defendido de la misma forma y con los mismos alcances por su autor[11].

En mi opinión, la teoría de Hart no consigue dar cuenta con rigor de las obligaciones jurídicas, es decir, de las obligaciones impuestas por autoridades revestidas de competencia para regular las conductas de los miembros de una comunidad. Hart analiza equivocadamente la noción de obligación como si la existencia de los deberes jurídicos –o legales– dependiera de la aceptación por la mayoría de los miembros de un grupo social, manteniéndose por exigencias generales de conformidad y presión sobre quienes se apartan de las guías de conducta o amenazan con hacerlo. A mi entender, Hart equipara las obligaciones emergentes de normas consuetudinarias a las obligaciones emergentes de disposiciones legales y pasa por alto la circunstancia de que, donde existen autoridades legislativas, las obligaciones jurídicas son generadas, modificadas o extinguidas por su actividad. Por esa razón, el mismo Hart lanzó con posterioridad un demoledor ataque contra su propia teoría. Debe

---

Hart y la teoría analítica del derecho, Madrid: Centro de Estudios Constitucionales, pp. 301-323.

11 Véase Hart, H. L. A. (1977), *Obligación jurídica y obligación moral*, México: Instituto de Investigaciones Filosóficas-Universidad Nacional Autónoma de México; Hart, H. L. A. (1977), *El concepto de derecho, op. cit.*; y Hart, H. L. A. (1966), "Il concetto di obbligo", *op. cit.*

considerarse, advirtió Hart, que las disposiciones legales que imponen obligaciones

> [...] pueden no ser aceptadas por los miembros de una sociedad y pueden no ser apoyadas por la presión social general sobre quienes se desvían o amenazan con desviarse. No obstante, son reconocidas por los tribunales como reglas válidas del sistema jurídico, teniéndolas que aplicar en los casos que se presenten ante ellos, ya que satisfacen los criterios de validez provistos por la regla secundaria de reconocimiento aceptada por los tribunales y funcionarios del sistema[12].

Esta aguda autocrítica puede sintetizarse en pocas palabras: no es posible elucidar la noción de obligación jurídica en función de reglas sociales y se hace inevitable considerar en esta tarea las normas promulgadas válidamente por autoridades legislativas. Dicho en otros términos: la identificación de obligaciones jurídicas no puede llevarse a cabo sino recurriendo a normas jurídicas.

De este modo, creo que el motivo del fracaso de la teoría de Hart sobre las obligaciones jurídicas debe buscarse en la inclusión de reglas sociales y elementos fácticos en su construcción. No puede dejar de admitirse, sin embargo, una dosis de adecuación en la concepción hartiana, la cual radica en el intento de

---

12 DE PÁRAMO, J. R. (1988), "Entrevista a H. L. A. Hart", *Doxa*, 5: 343-344.

ofrecer una caracterización del concepto de obligación en términos normativos. El proyecto se frustra, sin embargo, al no llevarlo a cabo en función de normas jurídicas reconocidas como válidas de acuerdo con criterios proporcionados por una regla de identificación. Ninguna de las dificultades planteadas se presenta si admitimos como principio que no existen obligaciones jurídicas que no sean establecidas por normas jurídicas y que para saber cuáles son normas jurídicas debemos contar con criterios de identificación de tales normas.

Resulta significativo el hecho de que Hart adoptara esta posición alternativa en su ensayo "Obligación jurídica y obligación moral":

> [...] la afirmación de que las reglas [que imponen obligaciones] existen –había dicho Hart– significa que ellas pertenecen a una clase de reglas, caracterizadas como reglas válidas de ese sistema particular por criterios especificados en las reglas fundamentales del propio sistema[13].

En lo sucesivo, pienso retomar esta idea abandonada por Hart y desarrollarla a partir de un instrumental analítico distinto.

---

13 Hart, H. L. A. (1977), *Obligación jurídica y obligación moral*, *op. cit.*, p. 12.

4

Ante todo, las normas han de ser claramente distinguidas de las proposiciones normativas, es decir, de las proposiciones que afirman que una acción X es obligatoria –prohibida o permitida– conforme a una cierta norma o un conjunto de normas. Las proposiciones normativas, que pueden ser consideradas en este contexto como proposiciones acerca de conjuntos o sistemas de normas, también contienen términos deónticos como "obligatorio" o "prohibido", pero tales términos tienen un sentido puramente descriptivo. Usaré el símbolo "O" para representar proposiciones normativas y el símbolo "O" para representar normas[14]. Como las proposiciones normativas de este tipo son siempre relativas a un sistema normativo determinado, esto condiciona la aparición de indicadores en las fórmulas como OX con la siguiente forma: OXs. Por sistema normativo entendemos el conjunto de las consecuencias lógicas de un conjunto de normas y, por lo tanto, si C es un conjunto de normas, las consecuencias de C es el sistema S, determinado por C. Consiguientemente, una proposición normativa según la cual una acción X es obligatoria –o prohibida– conforme a un conjunto de normas C será verdadera si, y solo si, hay en C o entre las consecuencias de C

---

14 ALCHOURRÓN, C. & BULYGIN, E. (1991), *Análisis lógico y derecho*, Madrid: Centro de Estudios Constitucionales, pp. 31-32, 87-89, 284, 318.

una norma que prescribe que X debe –o no debe– ser, es decir, una norma que ordena –o prohíbe– hacer X. Por tanto, una acción X es obligatoria en relación al conjunto de normas C cuando la norma que exige X pertenece al sistema determinado por C. De este modo, tenemos la siguiente definición de obligación –indicaré la pertenencia con el signo "$\in$"–:

$$OXs =df\ OX \in S$$

De igual manera, una acción X está prohibida en relación al conjunto de normas C cuando la norma que exige omitir X –obliga a no-X– pertenece al sistema determinado por C. Si introducimos la fórmula VXs para este concepto, tenemos la siguiente definición de prohibición:

$$VXs =df\ O\text{-}X \in S$$

Puede ocurrir, por cierto, que la norma "Obligatorio X" (OX) nunca haya sido expresamente promulgada por autoridad alguna del sistema S y que, sin embargo, la acción X sea obligatoria en S. Supongamos, por ejemplo, que ninguna autoridad haya promulgado –expresamente– la norma "Obligatorio X" (OX), pero que sí haya promulgado la norma "Obligatorio X y obligatorio Y" (OX&OY). Esta es, obviamente, una norma diferente de OX, pero, de acuerdo con nuestro criterio, OX pertenecería al sistema S, puesto que OX es una consecuencia lógica de OX&OY –pues OX&OY implica lógicamente OX–: la obligatoriedad de X es una consecuencia de la obligatoriedad de X y la obligatoriedad de Y, porque OX es una consecuencia lógica de OX&OY. Los lógicos han denominado a obligaciones de este tipo "obligaciones derivadas"[15]. De este modo, ciertas normas derivadas se siguen de manera inmediata de las normas formuladas, mientras que otras se siguen inmediatamente de otras que, a su vez, se siguen inmediatamente de las normas formuladas, y así sucesivamente. De manera que toda norma derivada del sistema se sigue, inmediata o mediatamente, del conjunto de normas formuladas, y toda norma derivada aparece al final de una cadena de pasos deductivos que comienza con el conjunto de normas formuladas. La cadena que une una norma formulada y una norma derivada puede ser corta o larga, pero tiene siempre una longitud finita, de suerte que dicha norma se alcanza invariablemente tras un número limitado de pasos deductivos.

La distinción corriente entre axiomas y teoremas de un sistema axiomático se ve reflejada en un sistema normativo en la distinción entre normas formuladas y normas derivadas. El principio es que si una norma o un conjunto de normas pertenece a un sistema, entonces toda norma que sea su consecuencia lógica también pertenecerá al sistema. Esto supone que en un sistema jurídico ciertas normas pertenecerán a él habiendo sido expresamente promulgadas y otras

---

15 *Ibid.*, p. 129; KALINOWSKI, G. (1993), *Lógica de las normas y lógica deóntica. Posibilidad y relaciones*, México: Fontamara, pp. 80-82.

como consecuencia lógica de aquellas. Las primeras son denominadas "normas formuladas" y las segundas "normas derivadas"[16].

5

Dado que el sistema queda definido a partir de un conjunto de normas, estas permanecen fijas en el modelo: cualquier cambio de la base axiomática del sistema –el conjunto de normas expresamente promulgadas– nos llevaría a otro sistema, distinto del anterior. En este sentido, el concepto de sistema propuesto corresponde a un sistema estático. Pero cuando los juristas hablan de sistemas jurídicos presuponen el fenómeno del cambio mediante la promulgación y la derogación de normas. La posibilidad de tales cambios en el tiempo determina el carácter dinámico del derecho y fuerza a elaborar un concepto de sistema dinámico. Un sistema dinámico no puede ser un conjunto de normas, sino una familia –un conjunto– de conjuntos de normas o, más precisamente, una secuencia temporal de conjuntos de normas. Esto ha llevado a introducir una distinción terminológica entre "sistema jurídico" –como conjunto de normas– y "orden jurídico" –como secuencia de sistemas jurídicos[17].

---

16 Alchourrón, C. & Bulygin, E. (1991), *Análisis lógico y derecho, op. cit.*, p. 396.
17 *Ibid.*, p. 397.

La noción central de este esquema es, pues, la de pertenencia. En este sentido, se han distinguido dos criterios básicos de pertenencia de normas a sistemas: criterio de legalidad y criterio de deducibilidad. De acuerdo con el primero, una norma pertenece al sistema si ha sido dictada por autoridad competente y, de acuerdo con el segundo, una norma pertenece al sistema cuando es consecuencia lógica de normas pertenecientes al sistema[18]. Estos criterios, sin embargo, son manifiestamente insuficientes para dar cuenta de la pertenencia de todas las normas del sistema, pues presupone que el sistema ya tiene normas, cuya pertenencia no se puede establecer con base en ninguno de los dos criterios. Siguiendo a von Wright, puede denominarse "normas soberanas" a tales normas[19]. Esto supone, claro está, que todo orden jurídico debe originarse en un conjunto de normas soberanas. Ese conjunto de normas soberanas constituye la base de un orden jurídico y será denominado "sistema originario" de ese orden.

Con este soporte teórico es posible ofrecer la siguiente regla de identificación[20]: (1) El conjunto de normas soberanas {Ns1, Ns2,...Nsn}, el sistema originario del orden jurídico Oj, es un conjunto de normas

18 CARACCIOLO, R. (1988), *El sistema jurídico. Problemas actuales*, Madrid: Centro de Estudios Constitucionales, p. 57.

19 VON WRIGHT, G. H. (1979), *Norma y acción. Una investigación lógica*, Madrid: Tecnos, p. 204.

20 BULYGIN, E. (1991), "Algunas consideraciones sobre los sistemas jurídicos", *Doxa*, 9: 263-264.

válidas; (2) Si una norma de competencia Nc, válida en el sistema S1(t) de Oj, autoriza a la autoridad A a promulgar la norma N y A promulga N en el tiempo t, entonces N es válida en el sistema S2(t+1) de Oj –correspondiente al momento siguiente a t–; (3) Si una norma de competencia Nc, válida en el sistema S1(t) de Oj, autoriza a la autoridad A a derogar la norma N, que es válida en S1(t), y A deroga N en el tiempo t, entonces N no es válida en el sistema S2(t+1) de Oj –correspondiente al momento siguiente a t–; (4) Las normas válidas en el sistema S1(t) de Oj que no han sido derogadas en el tiempo t son válidas en el sistema S2(t+1) de Oj –correspondiente al momento siguiente a t–; (5) Todas las consecuencias lógicas de las normas válidas del sistema S1(t) de Oj también son válidas en S1(t).

De acuerdo con este esquema definicional, son cuatro los criterios de pertenencia de una norma a un sistema: criterio de extensionalidad para las normas soberanas –cláusula 1–, criterio de legalidad para las normas formuladas –cláusulas 2 y 3–, criterio de deducibilidad para las normas derivadas –cláusula 5– y criterio de estabilidad para las normas formuladas y las normas derivadas –cláusula 4)[21].

---

21 Véase Moreso, J.J. & Navarro, P. (1992), "Algunas observaciones sobre las nociones de orden jurídico y sistema jurídico", en *Análisis filosófico*, vol. xii, núm. 2.

6

Conviene destacar el carácter estrictamente conceptual de la regla de identificación constituida por las cláusulas (1) a (5)[22]. Al igual que la regla de reconocimiento de Hart "especifica alguna característica o características, cuya posesión por una norma determinada, es asumida como indicación afirmativa y concluyente de que se trata de una norma del grupo"[23]. A diferencia de ella, sin embargo, carece de todo contenido normativo –prescriptivo–. Ella no es una norma de conducta, puesto que nada ordena, prohíbe o permite. Tanto Hart como sus seguidores[24], en cambio, asignan a la regla de reconocimiento una función prescriptiva,

---

22 Véase BULYGIN, E. (1976), "Sobre la regla de reconocimiento", en BACQUÉ, J. *et al.*, *Derecho, filosofía y lenguaje*, Buenos Aires: Astrea; BULYGIN, E. (1991), "Algunas consideraciones sobre los sistemas jurídicos", *op. cit.*; y BULYGIN, E. (1991), "Regla de reconocimiento: ¿Norma de obligación o criterio conceptual? Réplica a Juan Ruiz Manero", *Doxa*, 9; CARACCIOLO, R. (1991), "Sistema jurídico y regla de reconocimiento", *Doxa*, 9; *cfr.* RUIZ MANERO, J. (1990), *Jurisdicción y normas. Dos estudios sobre función jurisdiccional y teoría del Derecho*, Madrid: Centro de Estudios Constitucionales; RUIZ MANERO, J. (1991), "Normas independientes, criterios conceptuales y trucos verbales: Respuesta a Eugenio Bulygin", *Doxa*, 9.

23 HART, H. L. A. (1977), *El concepto de derecho*, *op. cit.*, p. 92.

24 MACCORMICK, N. (1978), *Legal Reasoning and Legal Theory*, Oxford: Clarendon Press; RAZ, J. (1986), *El concepto de sistema jurídico*, México: UNAM; HACKER, P. (1977), "Hart's philosophy of law", en HACKER, P. & RAZ, J., *Law, Morality and Society. Essays in honour of H. L. A. Hart*, Oxford: Clarendon Press.

dado que impone a los jueces el deber de aplicar las normas jurídicas identificadas con esa regla. Bulygin ha argumentado suficientemente en contra de esa reconstrucción[25]. Esta discrepancia justifica, según creo, el cambio terminológico que sugiero –regla de reconocimiento, regla de identificación[26].

Está claro que existen diferencias importantes entre normas prescriptivas y normas definitorias –conceptuales o determinativas–. Las primeras regulan conductas, por lo que cabe hablar de obediencia o desobediencia respecto de ellas. Las segundas, en cambio, definen un término o determinan un concepto. Aunque la falta de uso o el mal uso que de ellas se haga pueda generar reacciones críticas, estas son de naturaleza completamente distinta de las que provoca el incumplimiento de las normas prescriptivas. Lo que se critica en esos casos es el desconocimiento de la regla o su modo de empleo.

Por consiguiente, no cabe decir que la regla de identificación sea obedecida cuando es utilizada adecuadamente. Es significativa la advertencia de

---

25 Bulygin, E. (1976) "Sobre la regla de reconocimiento", *op. cit.*; Bulygin, E. (1991) "Algunas consideraciones sobre los sistemas jurídicos", *op. cit.*, y Bulygin, E. (1991) "Regla de reconocimiento: ¿Norma de obligación o criterio conceptual? Réplica a Juan Ruiz Manero", *op. cit.*

26 Esta sugerencia fue anticipada en Mendonca, D. (2000), *Las claves del derecho*, Barcelona: Gedisa, p. 78, y adoptada en Bulygin, E. & Mendonca, D. (2005), *Normas y sistemas normativos*, Madrid: Marcial Pons, pp. 49-58.

Hart en este sentido: "la palabra 'obediencia' tampoco describe bien lo que hacen los jueces cuando aplican la regla de reconocimiento del sistema y reconocen una ley como derecho válido"[27]. Este es, dicho sea de paso, un argumento en contra de la tesis defendida por Hart y sus seguidores en cuanto al carácter prescriptivo de la regla de reconocimiento, puesto que, si dicha regla tiene un componente prescriptivo, cabría hablar de obediencia o desobediencia respecto de ella, cosa que Hart descarta.

27 HART, H. L. A. (1977), *El concepto de derecho, op. cit.*, p. 140.

CAPÍTULO 10

LA CRÍTICA DE CARRIÓ AL CONCEPTO DE DEBER JURÍDICO DEL POSITIVISMO CONTINENTAL Y EL PROGRAMA DE LA FILOSOFÍA DEL LENGUAJE ORDINARIO

Ezequiel Monti

Resumen

En este trabajo me propongo examinar críticamente las dos tesis fundamentales que Carrió defiende en el capítulo III de *Notas sobre Derecho y Lenguaje* acerca del concepto de deber jurídico, a saber, (i) que el análisis del concepto de deber jurídico de Kelsen y, en general, del Positivismo Continental es inadecuado en virtud de ser viciosamente reduccionista; y (ii) que no hay ninguna justificación teórica ni práctica para seguir utilizando el concepto general e indiscriminado de deber jurídico característico de la filosofía del derecho. La contracara de (ii) es un programa positivo que consiste en analizar los distintos y variados conceptos de deber jurídico atendiendo al modo en que *efectivamente* son utilizados por los juristas en la práctica. Argumentaré que las razones que Carrió ofrece en favor de ambas tesis y de su programa positivo son seriamente defectuosas.

1. INTRODUCCIÓN

En este trabajo me propongo examinar críticamente algunas de las tesis que Genaro Carrió defiende en el capítulo III de su célebre *Notas sobre Derecho y Lenguaje* acerca del concepto de deber jurídico[1]. Allí Carrió defiende dos tesis estrechamente relacionadas. La primera es que una cierta familia de análisis del concepto de deber jurídico, cuyo ejemplo paradigmático sería Kelsen, es inadecuado en virtud de ser viciosamente reduccionista y distorsionar la compleja variedad que exhiben los fenómenos jurídicos en la práctica efectiva de los sistemas jurídicos contemporáneos. La segunda tesis, más general y radical, es que no hay ninguna justificación teórica ni práctica para seguir utilizando el concepto general e indiscriminado de deber jurídico característico de la filosofía del derecho. La contracara de esta segunda tesis es

1 CARRIÓ, GENARO (2011), "Sobre el concepto de deber jurídico", en *Notas sobre Derecho y Lenguaje*, 6ª ed., Buenos Aires: Abeledo-Perrot. Allí se reproduce, con una breve introducción, un artículo originalmente publicado en italiano: CARRIÓ, GENARO (1967), "Sul concetto di obligo giuridico", *Rivista di Filosofia*, 57(2): 141-155. Se trata de un número especial en el que se publicaron una serie de artículos de varios autores que participaron de un seminario internacional realizado en Italia a instancias de Norberto Bobbio y H. L. A. Hart.

un programa positivo, motivado por el proyecto de la filosofía del lenguaje ordinario, que consiste en analizar los distintos y variados conceptos de deber jurídico atendiendo al modo en que *efectivamente* son utilizados por los juristas en la práctica.

El argumento de Carrió procede en varias etapas. En primer lugar, siguiendo a Hart, distingue entre diversos contextos de discurso en el que se usan las expresiones "deber jurídico" y "obligación jurídica", aclarando que lo que le concierne en esta oportunidad es su uso en el ámbito de la filosofía o teoría general del derecho. En segundo lugar, examina los criterios de evaluación que deberían utilizarse para determinar la adecuación de un análisis filosófico del concepto de deber jurídico. En tercer lugar, reconstruye el análisis que realiza Kelsen del concepto de deber jurídico, explicitando los fines o funciones teóricas que este le asigna en el marco de la economía conceptual de su *Teoría pura del Derecho*, así como sus limitaciones. En cuarto lugar, destaca dos ideas centrales del análisis de Kelsen que, a su juicio, son características, en general, de toda la Teoría General del Derecho de Europa continental de orientación positivista, esto es, de lo que aquí llamaré "Positivismo Continental". En quinto lugar, identifica cuatro pretensiones fundamentales que subyacen a esas dos ideas y determinan el análisis y función del concepto de deber jurídico en dichas teorías. En sexto lugar, argumenta que el concepto de deber jurídico diseñado para satisfacer las exigencias impuestas por dichas pretensiones conduce a una serie de perplejidades y paradojas que son índice de un desequilibrio conceptual. Finalmente, argumenta que dicho concepto depende de una forma de organización social perimida, a saber, el Estado gendarme. Por lo tanto, concluye, el Positivismo Continental debe ser abandonado. Así, en lugar de intentar diseñar un concepto general de deber jurídico que se adecúe a nuestros preconceptos teóricos, debemos analizar los diversos conceptos de deber jurídico que emplean los juristas en la práctica.

Aquí procederé del siguiente modo. Primero, examinaré la tesis radical de Carrió según la cual debe abandonarse el concepto de deber jurídico general e indiscriminado que generalmente constituye el objeto de análisis de los filósofos del derecho, así como el programa positivo que constituye la contracara de dicha tesis negativa, y la vinculación de ambos con la filosofía del lenguaje ordinario (Sección 2). Segundo, expondré la reconstrucción de Carrió del análisis de Kelsen del concepto de deber jurídico y el modo en que caracteriza a la familia de análisis que le interesa criticar, esto es, el Positivismo Continental (Sección 3). Tercero, analizaré los dos argumentos centrales que Carrió dirige contra el Positivismo Continental, a saber, (i) que conduce a una serie de perplejidades y paradojas que son un índice de un serio desequilibro conceptual (Sección 4); y (ii) que presupone como modelo de sistema jurídico a un Estado gendarme (Sección 5).

2. ¡Iusfilósofos del mundo, descended al ruedo de los juristas! El enjuiciamiento radical al concepto de deber jurídico de la Teoría General del Derecho

Siguiendo un artículo de Hart que constituye el disparador de sus propias reflexiones[2], Carrió distingue tres contextos en los que se utiliza la noción de "deber jurídico" a saber:

(i) Los textos formalmente revestidos de autoridad –códigos, leyes, etcétera–, esto es, el lenguaje *del* derecho

(ii) La exposición dogmática del derecho, sea por juristas en su obra académica o por jueces al fundar sus sentencias. Este es el lenguaje *acerca* del derecho o, en rigor, de un ordenamiento jurídico dado[3].

(iii) Los escritos de los filósofos del derecho que no se ocupan de ningún ordenamiento en particular sino de las características generales de aquel.

Mientras que en el contexto (ii) a veces se distingue entre deber (*duty* en inglés y *obbliggo* en italiano) y obligación (*obligation* y *obbligazione*), siendo esta última expresión utilizada con más naturalidad para indicar

2 Hart, H. L. A. (1966), "Il concetto di obligo", *Rivista di Filosofia*, 57(2): 125-140.

3 Hart y Carrió incluyen aquí, en esta ocasión, tanto los enunciados internos o comprometidos como los externos o no comprometidos. En otras ocasiones, Hart reserva la expresión "enunciados *acerca del derecho*" para estos últimos y se refiere a los primeros como "enunciados *de derecho*". Véase Hart, H. L. A. (1982), *Essays on Bentham*, oup, p. 144.

el correlato de un derecho patrimonial *in personam*, en el contexto (iii) no existe tal distinción y ambas expresiones se utilizan en un sentido general que abarca a todos los campos del derecho indistintamente. Es este uso indiferenciado y general, propio de la Teoría General del Derecho, el que le interesa examinar a Carrió.

En este orden de ideas, sostiene que, tal como muestran las diferencias de uso con respecto a (ii), el concepto de deber jurídico de (iii) es una *elaboración* de los filósofos del derecho que no recoge un uso preexistente entre los juristas. No se trata, pues, de la elucidación o análisis de un concepto empleado por los juristas en su labor de describir el derecho, sino de una *estipulación* que se introduce con ciertos propósitos teóricos o prácticos. Este es un punto crucial a efectos de determinar los estándares apropiados para evaluar los análisis del concepto. En este sentido, nuevamente siguiendo a Hart, Carrió inicialmente distingue dos criterios para juzgar si un análisis del concepto de deber jurídico es o no adecuado, a saber:

(a) *Correspondencia con el uso*: su correspondencia con las ideas que se manifiestan en el uso vigente entre los juristas y otros operadores jurídicos

(b) *Satisfacción de los fines que se propuso el teórico al introducir el concepto*: algunos análisis no tienen el objetivo de explicar el uso vigente, sino que son deliberadamente reformistas o estipulativos; en ese caso, corresponde evaluar en qué medida satisfacen los propósitos teóricos o prácticos que motivaron la reforma o la estipulación.

Hart sostiene en su artículo que estos dos criterios no son, sin embargo, exhaustivos. Luego de argumentar que el análisis de Bentham no es adecuado en términos de (a) y explicar los propósitos teóricos y prácticos que motivaron la propuesta reformista de aquel, sostiene que, independientemente del éxito del análisis benthamita en la satisfacción de dichos propósitos, debe rechazárselo porque suprime o ignora cosas demasiado importantes, a saber, en el caso del análisis de Bentham, lo que Hart llama la "conexión normativa" entre el incumplimiento de las obligaciones y las consecuentes sanciones[4]. Así:

(c) *No distorsión*: los análisis del concepto de deber jurídico deben ser tales que no supriman o ignoren aspectos importantes del fenómeno al que se refieren.

La crítica de Hart a Bentham revela dos cosas. La satisfacción de (a) no es una condición necesaria ni suficiente para que un análisis del concepto de deber jurídico sea adecuado. En cambio, la satisfacción de (c) sí es, por lo menos, una condición necesaria de adecuación y, en consecuencia, (b) no es una condición suficiente.

Pero quizás este modo de plantear las cosas subestime la importancia de (a). La cuestión depende de cómo se conciban las relaciones entre (a) y (c). De hecho, Hart explica que el análisis de Bentham no se corresponde con el uso ordinario precisamente

---

4 Hart, H. L. A. (1966), "Il concetto di obligo". Véase, también, Hart, H. L. A. (1982), *Essays on Bentham*, OUP, pp. 144-145.

porque este incorpora la conexión normativa que aquel suprime o ignora. Esto sugiere la posibilidad de que todos los aspectos importantes del fenómeno se revelen, precisamente, en el *uso corriente* del concepto respectivo –esto, podría argumentarse, vale al menos para todos aquellos conceptos en los que la autocomprensión de los sujetos que lo utilizan es, a su vez, un aspecto crucial o constitutivo del fenómeno al que se refieren–. En ese caso, dado que la satisfacción de (c) es necesaria, la satisfacción de (a) también lo sería, aunque solo derivadamente. Entiendo que, influenciado por la filosofía del lenguaje ordinario, esta es la línea de argumentación que sigue Carrió. En este orden de ideas, propone lo que llama un enjuiciamiento más radical, a saber:

(d) *Enjuiciamiento radical*: no hay ninguna justificación teórica ni práctica para seguir utilizando el concepto general e indiscriminado de deber jurídico propio de la filosofía del derecho.

El enjuiciamiento radical es el resultado, creo, de dos premisas, una explícita y otra implícita. La premisa explícita es que *no existe un uso vigente entre los juristas* del concepto de deber jurídico general e indiscriminado que utiliza la teoría general del derecho. La premisa implícita es que, dada la conexión sugerida entre (a) y (c), solo incrementaremos nuestra comprensión de la variedad de fenómenos a los que se hace referencia indistintamente con ese concepto si atendemos al aparato conceptual que *los propios juristas* utilizan para referirse a ellos. La consecuencia es que, en la medida en que carecen de un correlato en la práctica, los conceptos de deber jurídico elaborados por los filósofos del derecho son teórica y prácticamente inútiles. En efecto, la argumentación de Carrió sugiere que este sería el pecado original en los análisis del concepto de deber jurídico de la tradición de la Teoría General del Derecho de Europa continental de orientación positivista. Los filósofos del derecho deberían ceñirse a la tarea de elucidar y analizar los conceptos que *los juristas* efectivamente utilizan en la *práctica*. La introducción de herramientas conceptuales ajenas a ella solo puede distorsionar y tergiversar la variedad de los fenómenos jurídicos que ocupan a aquellos. Así, al desacoplar los conceptos teóricos centrales de la práctica efectiva de los juristas, los filósofos son conducidos a una serie de perplejidades y paradojas que no son sino el resultado del hecho de que, para usar la metáfora wittgensteniana, "el lenguaje está de vacaciones"[5]. Así, Carrió nos exhorta a

> [...] descender al ruedo donde los juristas [...] lidian con los más bravíos problemas de nuestra sociedad. Se impone una *nueva* tarea de clarificación que [...] nos muestre cómo los juristas [...] han ido introduciendo modificaciones importantes, aunque no suficientemente percibidas, en su aparato conceptual[6].

---

5 Wittgenstein, Ludwig (2009), *Philosophical Investigations*, 4a ed., Blackwell, p. 19.

6 Carrió, G. (2011), "Sobre el concepto de deber jurídico", p. 192.

En esta exhortación resuena la advertencia que realizara Strawson a los filósofos en general en un artículo que Carrió cita en este mismo trabajo:

> El uso efectivo de las expresiones lingüísticas es el único y esencial punto de contacto con la realidad que [el filósofo] desea comprender, esto es, la realidad conceptual; porque ese es el único punto desde el cual el efectivo funcionamiento de los conceptos puede ser observado. Si corta esta conexión vital, todo su ingenio e imaginación no lo salvaran de la aridez o el absurdo[7].

No es mi propósito aquí realizar una evaluación general de la filosofía del lenguaje ordinario que subyace al argumento de Carrió. Sus cultores en el ámbito de la filosofía del derecho, incluidos los propios Hart y Carrió, sin negar su valor para esclarecer ciertas dificultades y confusiones, eventualmente arribaron a la conclusión de que el proyecto de reducir todos los problemas filosóficos a problemas de lenguaje que habrían de resolverse analizando el uso efectivo de los conceptos en la práctica debía ser abandonado[8]. Sí me interesa, en cambio, destacar ciertos problemas y limitaciones del argumento de Carrió que son

---

7 STRAWSON, P. F. (2011), "Analysis, Science, and Metaphysics", en *Philosophical Writings* (pp. 79-90), OUP.

8 Véase: HART, H. L. A. (1983), *Essays in Jurisprudence and Philosophy*, OUP, p. 5-6; NINO, CARLOS (1990), "Entrevista a Genaro R. Carrió", *Doxa*, 7: 347.

relativamente independientes del fracaso del proyecto de la filosofía del lenguaje ordinario. En este sentido, corresponde señalar dos cosas.

En primer lugar, la premisa según la cual no hay un uso vigente entre los juristas del concepto de deber jurídico es simplemente falsa. Ciertamente, como señala Hart, los juristas trazan a veces ciertas distinciones, por ejemplo, entre deber y obligación, que los teóricos del derecho ignoran en sus análisis. Sin embargo, la razón por la que lo hacen es la convicción de que a esas distinciones, relativamente superficiales, subyace un núcleo común que es el que interesa elucidar a los teóricos. Esta es, por cierto, una convicción que también se revela en la práctica de los juristas. Estos utilizan esas diversas expresiones –deber, obligación, etcétera– muchas veces de modo indistinto y, aunque existan determinados contextos en los que algunas expresiones son más naturales, es probable que ello no responda a ninguna diferencia de significado y, en cualquier caso, la existencia de esa diferencia es compatible con un núcleo de significado común. En este sentido, el propio Hart, al criticar el análisis de Bentham por no adecuarse al uso corriente, presupone que existe tal uso. Resulta extraño que Carrió se distancie aquí de Hart sin aducir justificación alguna. Esto es suficiente, creo, para rechazar el enjuiciamiento radical de Carrió.

En segundo lugar, deben señalarse algunas limitaciones del enfoque general que subyace a este enjuiciamiento radical. Por supuesto, la sugerencia de Carrió no es que la filosofía del derecho debería limitarse a un ejercicio lexicográfico ni tampoco a una simple descripción del funcionamiento efectivo de ciertas expresiones lingüísticas. Decir solo esto último sería insuficiente porque, como advierte Strawson, no provee ninguna indicación acerca del *tipo* de descripción que debería proveerse[9]. En este sentido, una descripción del tipo adecuado debe servir para *resolver o disolver* los problemas y las confusiones conceptuales que nos aquejan y que nos llevan a teorizar en primer lugar; además, el filósofo debe proveer una *sistematización* de los diferentes tipos de conceptos y discursos que efectivamente se emplean en la práctica. En este orden de ideas, Carrió se refiere a dos fuentes de problemas y confusiones conceptuales del tipo que el filósofo del derecho debería ayudar a enfrentar.

La primera es la *ceguera selectiva* a la que se refiere Strawson como causa de lo que denomina "desequilibrios conceptuales". Esta condición de ceguera selectiva, observa Strawson, adopta diferentes formas:

> [...] puede ocurrir que momentáneamente nos domine un solo modo de funcionamiento lógico de las expresiones lingüísticas, o una sola manera de emplear el lenguaje, o un solo tipo lógico o categoría de objetos, o una sola especie de explicación, o un solo grupo de ejemplos de aplicación de un concepto cualquiera[10].

---

9 STRAWSON, P. F. (1990), "Analysis, Science, and Metaphysics", p. 90.

10 *Ibid.*, p. 85.

La segunda fuente de perplejidades consiste en la *transformación del contexto* del que dependía el aparato conceptual en cuestión. En este sentido, Gilbert Ryle sostiene que, aunque quienes emplean términos técnicos con reglas de uso más o menos explicitas no suelen ser víctimas de perplejidades en el uso regular de aquellos, ello sí ocurre

> [...] cuando la teoría, ocupación o actividad que el aparato conceptual sirve está sometida a un proceso de desarrollo o cambio sustancial [...] entonces muchos de los términos [...] no pueden cumplir sus nuevas funciones; y quien se vale de ellos duda, por momentos, si no está manejando con mucha ligereza sus significados *reales*, esto es, los que aprendió hace ya tiempo[11].

Son significativas, sin embargo, las fuentes de perplejidades conceptuales que Carrió *omite* en su artículo, porque ellas revelan, a mi juicio, los riesgos de concentrarse exclusivamente en los usos vigentes entre los juristas a los fines de proveer un análisis filosófico de los conceptos jurídicos básicos. En este sentido, luego de referirse a los problemas conceptuales a los que puede dar lugar la transformación del contexto, Ryle identifica una segunda situación en la que un usuario de términos técnicos pueden sentirse perplejo en su empleo, a saber,

---

11 Ryle, Gilbert (1964), *Dilemmas*, cup, p. 127.

> [...] aquella en la que se le requiere que discuta cuestiones inter-teóricas, esto es, cuestiones cuyas respuestas no son contribuciones a su propio cuerpo teórico sino, en cambio, contribuciones a la comprensión del quid o punto esencial de su teoría por parte de quienes son ajenos a ella, sean ciudadanos críticos en general o ellos mismos patrocinadores de otras teorías especiales[12].

Esta es la situación, por ejemplo, del "abogado que debate con el ciudadano común, el psicólogo o el político reformista"[13]. En estos casos, el problema crucial es que "la habilidad para utilizar la jerga privada de una teoría no necesariamente implica la habilidad para representar dicha jerga en articulaciones públicas que sean neutrales entre teorías"[14]. En este mismo orden de ideas, Strawson sugiere que el modelo de análisis filosófico debe ser el de proveer "un sistema de conceptos tal que cada uno de ellos solo podría ser comprendido, desde el punto de vista filosófico, entendiendo sus conexiones con los demás, su lugar en el sistema –o quizás, mejor aún, un conjunto de sistemas interconectados de ese tipo".[15]

---

12 *Ibid.*, p. 128.
13 *Idem.*
14 *Ibid.*, p. 129.
15 STRAWSON, P. F. (1992), *Analysis and Metaphysics*, OUP, p. 19. Este modo de análisis es lo que Strawson llama allí "análisis conectado" (por oposición a los análisis reduccionistas) y en otros trabajos denomina "metafísica descriptiva". Véase: STRAWSON, P. F. (1992), *Analysis and Metaphysics*, OUP, p. 88.

Si *esta* es la fuente de nuestras perplejidades conceptuales y *este* el tipo de comprensión al que aspiramos, entonces el programa de Carrió de "descender al ruedo de los juristas" es evidentemente insuficiente. No importa cuán diestros seamos en nuestro dominio del aparato conceptual de los juristas, este no será suficiente si lo que queremos es comprender cómo ese aparato conceptual se relaciona con otros sistemas conceptuales y cómo la práctica en la que aquellos utilizan dicho aparato conceptual se relaciona con otras instituciones de nuestro universo social. Debemos, en este sentido, comprender el lugar que ocupan el derecho, en general, y los deberes jurídicos, en particular, en el contexto más amplio de nuestra vida social y sus relaciones con otras prácticas e instituciones sociales. Ello exige adoptar lo que Joseph Raz denomina un enfoque institucional que requiere "despegarse de la perspectiva del abogado, no para ignorarla, sino para examinar a los abogados y tribunales en su ubicación en la perspectiva más amplia de la organización social y de las instituciones políticas en general"[16]. Por supuesto, el análisis deberá servir para iluminar el uso efectivo que los juristas realizan del concepto de deber jurídico. Pero, fundamentalmente, será necesario un examen de aquello que hace del derecho una institución social distintiva y del rol de las obligaciones en dicha institución. Esta es, de

---

16 Raz, Joseph (1995), *Ethics in the Public Domain*, OUP, p. 204.

hecho, la metodología que sugiere el propio Kelsen en relación con concepto de derecho:

> Cualquier intento de definir un concepto debe adoptar como punto de partida el uso común de la palabra que denota al concepto en cuestión. Al definir el concepto de derecho, debemos empezar por examinar las siguientes cuestiones. ¿Tienen los fenómenos sociales generalmente llamados 'derecho' alguna característica en común que los distinga de otros fenómenos sociales similares? Y, en su caso, ¿es esta característica de una importancia tal que pueda servir como el fundamento de un concepto que sirva al conocimiento de la vida social?[17]

En resumen, el enjuiciamiento radical de Carrió debe rechazarse porque está fundado en la premisa falsa de que no existe un uso vigente entre los juristas del concepto de deber jurídico. Además, existen buenas razones para rechazar el programa positivo de Carrió según el cual, a efectos de elucidar el concepto de deber jurídico, debemos centrarnos exclusivamente en la práctica efectiva de los juristas. Es necesario, adicionalmente, comprender el carácter distintivo del derecho como institución social y sus relaciones con otras instituciones y prácticas sociales similares. Ello requiere abstraerse de la práctica de los juristas y considerarla en un contexto más amplio. A pesar

---

17 KELSEN, HANS (1949), *General Theory of Law and State*, HUP, p. 4.

de esto, creo que la crítica de Carrió a Kelsen y, en general, al Positivismo Continental, puede ser provechosamente leída en esta clave institucional. De hecho, creo que el argumento fundamental de Carrió consiste en atacar la idea de que el rasgo distintivo del derecho como institución social es su carácter coercitivo (véase Sección 4). En las secciones que siguen analizaré las críticas de Carrió a Kelsen y el Positivismo Continental. Procederé del siguiente modo. En la Sección 3 expondré la reconstrucción que realiza Carrió del análisis del concepto de deber jurídico de Kelsen y su caracterización del Positivismo Continental. En la Sección 4 analizaré críticamente el primer argumento de Carrió según el cual las tesis distintivas del Positivismo Continental conducen a una serie de paradojas y perplejidades que son un índice de un severo desequilibrio conceptual. Por último, en la Sección 5, analizaré críticamente el segundo argumento de Carrió según el cual el Positivismo Continental presupone como modelo de sistema jurídico al Estado gendarme.

3. El Modelo de Kelsen y el Positivismo Continental

Carrió reconstruye el análisis de Kelsen del concepto de deber jurídico considerando dos cosas, a saber, la *manera* en que lo caracteriza y la *función* teórica que le asigna.

En cuanto a lo primero, como es sabido, Kelsen sostiene que una persona tiene el deber jurídico de ϕar si y solo si existe una norma jurídica que imputa una sanción, esto es, un acto de fuerza administrado por los órganos de la comunidad, a la conducta contraria, esto es, a $\neg\phi$. A su vez, una norma jurídica imputa una sanción a una conducta si y solo si establece que, en caso de que ocurra dicha conducta, una sanción "debe" aplicarse como reacción a ella. Es necesario aclarar, sin embargo, que este "debe" no significa una *obligación* de aplicar la sanción –en cuyo caso, el análisis conduciría a una regresión al infinito–[18] sino que está utilizado en un sentido amplio que comprende la posibilidad de que "la realización del acto coercitivo sea el contenido de una obligación jurídica, un permiso positivo, o una autorización"[19].

En cuanto a lo segundo, Carrió observa que el concepto de deber jurídico pertenece al núcleo del aparato conceptual kelseniano. Las dos nociones básicas o primitivas de la teoría de Kelsen son imputación y sanción. En función de esas dos se definen los conceptos de acto ilícito, deber jurídico y responsabilidad. Conjuntamente, estos cinco conceptos constituyen el núcleo conceptual de la teoría de Kelsen y "componen el lente a través del cual se nos invita a ver los fenómenos jurídicos"[20]. A este respecto, Carrió realiza dos observaciones. En primer lugar, sostiene

18 *Ibid.*, 28. Más adelante, en la Sección 4, examino este problema más detenidamente.

19 Kelsen, Hans (1967), *Pure Theory of Law*, Max Knight (Trad.), 2ª ed., Berkeley y Los Ángeles: University of California Press, p. 118.

20 CARRIÓ, G. (2011), "Sobre el concepto de deber jurídico", p. 181.

que este conjunto de conceptos nucleares responden a una determinada concepción del derecho según la cual el derecho es una específica técnica de control social cuyo rasgo distintivo sería el de ser un orden coercitivo. Se trata, así, de una técnica de motivación indirecta por medio de la cual se intenta provocar ciertos "comportamientos deseados (el cumplimiento de los deberes jurídicos) mediante la amenaza de un acto de fuerza (la sanción) para el supuesto de comportamientos contrarios (la comisión de actos ilícitos)". Es esta visión del derecho la que subyace a la tesis de Kelsen según la cual toda norma jurídica consiste en la imputación de una sanción así como a su caracterización del concepto de deber jurídico. En este orden de ideas, Kelsen afirma que

> [...] si se concibe al derecho como un orden coercitivo, una conducta dada solo puede ser considerada como objetivamente prescripta por el derecho –y, por lo tanto, como el contenido de una obligación jurídica– solo si una norma jurídica imputa un acto coercitivo como sanción a la conducta contraria[21].

En segundo lugar, Carrió advierte sobre el carácter perniciosamente reduccionista del análisis kelseniano. En este sentido, la Teoría Pura *redefine* todos los demás conceptos jurídicos –derecho subjetivo, capacidad, nulidad, persona jurídica, etcétera– a partir

---

21 KELSEN, H. (1967), *Pure Theory of Law*, p. 115.

del mencionado puñado de conceptos nucleares. Al ser redefinidos de este modo, su significado se aleja considerablemente del que los juristas les asignan en su uso corriente. De este modo, "buena parte de los conceptos que estos empelan a diario quedan descalificados; se les reprocha ser portadores de gérmenes iusnaturalistas o, en general, de hallarse contaminados por elementos espurios"[22]. Esta operación de redefinición conduce así a una *hipertrofia* de la función que se le atribuye a los conceptos nucleares y a una *atrofia* de las que se asigna a las restantes.

El propósito de Carrió no consiste en criticar únicamente al análisis kelseniano sino, más generalmente, a un cierto enfoque iusfilosófico, al que identifica como la Teoría General del Derecho de orientación positivista de Europa continental, de la que Kelsen constituye solo un ejemplo paradigmático. Esta corriente, a la que, por simplicidad, llamaré *Positivismo Continental*, se caracteriza por la defensa de dos tesis fundamentales:

> T1: El concepto de deber jurídico se define en términos de sanción. Un individuo tiene la obligación de ϕar *solo si* la omisión de ϕar trae aparejada una sanción.

> T2: La noción de deber jurídico es fundamental. El derecho es esencialmente un sistema coactivo que

22 CARRIÓ, G. (2011), "Sobre el concepto de deber jurídico", p. 182.

impone deberes: un conjunto orgánico de mandatos y prohibiciones impuestos por la fuerza.

T1 es una tesis acerca del concepto de *deber jurídico* según la cual debe ser caracterizado en términos de sanción. T2 es una tesis acerca de los *sistemas jurídicos* según la cual todas las normas jurídicas son normas que imponen deberes así definidos. Carrió sostiene que, a su vez, estas dos tesis son el producto de cuatro pretensiones fundamentales que subyacen al enfoque del Positivismo Continental, a saber:

P1: El rechazo del iusnaturalismo y la vindicación del derecho positivo como único derecho.

P2: El afán de establecer las bases de una *ciencia* del derecho autónoma y rigurosa

P3: La necesidad de distinguir entre el derecho y otros órdenes sociales –en particular, la moral positiva– con base en criterios externos fácilmente identificables.

P4: La idea de que el derecho tiene una función primordial sino exclusiva: ordenar o prohibir coactivamente ciertos actos.

En este orden de ideas, Carrió afirma que la definición de deber jurídico (*i. e.*, T1) y el papel que se le atribuye a ese concepto (*i. e.*, T2) están "afectados (o infectados)" por estas cuatro pretensiones a las que Carrió descalifica como "ideas fijas que se presentan como un cuadro obsesivo",[23] "ideas preconcebidas"[24], "recinto hermético de pre-conceptos (o prejuicios)"[25], etcétera. No está clara, empero, cuál es la relación entre las tesis del Positivismo Continental y sus pretensiones. En este sentido, entiendo que P1-P3 son compatibles con el rechazo de T1 y T2. Las teorías positivistas de Hart y Raz, para nombrar dos casos paradigmáticos, son, creo, un ejemplo de ello[26]. Por otra parte, aunque Carrió descalifica genéricamente a las cuatro pretensiones, sus argumentos se dirigen principal sino exclusivamente contra T2 y P4 –que, a su vez, es prácticamente indistinguible sino idéntica a T2–. En efecto, Carrió explícitamente defiende P3; su punto es simplemente que se puede preservar la "utilísima distinción entre derecho y moral" sin comprometerse con T1 y T2[27]. Además, aunque no lo sostenga explícitamente en este trabajo, es claro su compromiso con –alguna versión de– P1. En resumen,

23 *Ibid.*, p. 185.

24 *Idem.*

25 *Ibid.*, p. 192.

26 No estoy sugiriendo que Hart y Raz de hecho compartan esas pretensiones. Pero sus teorías son tales que, plausiblemente, las satisfacen o podrían satisfacerlas sin revisiones drásticas. Hay, empero, espacio para la discusión. La cuestión depende, entre otras cosas, de cómo se entienden las ideas de ciencia en P2 y de criterio externo (por oposición a interno) en P3. Esto es, empero, irrelevante para el argumento central del texto, a saber, que las pretensiones P1-P3 se pueden satisfacer incluso si se rechazan T1 y T2.

27 CARRIÓ, G. (2011), "Sobre el concepto de deber jurídico", p. 189.

el blanco de las críticas de Carrió, a pesar de lo que el texto a veces parece sugerir, son solamente T1, T2 y P4 y no las restantes pretensiones que, a su juicio, motivaron la adopción de dichas tesis en primer lugar. En las secciones que siguen examinaré críticamente los dos argumentos que introduce Carrió contra esas dos tesis distintivas del Positivismo Continental.

4. Perplejidades, paradojas y pérdida del equilibrio conceptual

El primer argumento de Carrió es que T1 y T2 conducen a un "laberinto de perplejidades y paradojas"[28], a saber:

(a) ¿Cómo es posible que el orden jurídico no imponga deber alguno a los funcionarios u órganos supremos?

(b)¿Es posible que no pueda haber colisión entre un deber jurídico y un deber moral?

(c) ¿Es realmente derecho el derecho internacional?

(d) ¿Es concebible que un jurista no pueda, sin dejar de actuar como tal, criticar una sentencia que ha pasado en autoridad de cosa juzgada?

Estas paradojas y perplejidades, señala Carrió, son índice seguro de una pérdida del equilibrio conceptual, la que, como señalara Strawson, tiene su origen en una forma de ceguera selectiva. Antes de oír el diagnóstico, empero, corresponde examinar

---

28 *Ibid.*, p. 185.

más detenidamente los supuestos síntomas. En este sentido, corresponden las siguientes observaciones.

En primer lugar, T1 y T2 no conducen, de ningún modo, a (b) y (d). Consideremos, primero, (b). Una norma jurídica imputa una sanción a la conducta X. Por lo tanto, omitir X es jurídicamente obligatorio. Pero, por supuesto, es posible que realizar X sea moralmente obligatorio. Dado que la imputación jurídica de una sanción a X no implica lógicamente la inexistencia de una obligación moral de realizar X, es lógicamente posible que exista un conflicto entre deberes jurídicos y morales. Esta es, en todo caso, una virtud y no un defecto de T1 en la medida en que permite explicar con relativa facilidad la posibilidad de conflicto entre deberes jurídicos y morales[29].

Una observación análoga corresponde con respecto a (d). Supongamos que un juez ordena condenar

---

29 Quizás el punto de Carrió sea el siguiente. Para Kelsen, las normas jurídicas regulan directamente la imposición de sanciones y solo indirectamente la conducta de los ciudadanos. Por lo tanto, el conflicto entre los deberes 'directos' de la moral y los deberes 'indirectos' del derecho es solo aparente porque, en rigor, las normas regulan acciones lógicamente independientes –los primeros establecen que debe realizarse X y los segundos que debe sancionarse X–. Responder a este punto adecuadamente exigiría más espacio del que dispongo aquí. Pero baste con señalar que la cuestión depende, entre otras cosas, de lo que se entienda por un 'conflicto de deberes'. Si por conflicto de deberes se entiende una situación en la que un deber da una razón para realizar una acción y otro para omitirla, entonces el aparato de Kelsen no tiene ninguna dificultad para explicar el conflicto de deberes morales y jurídicos.

a Juan a 6 años de presión por haber incumplido su obligación jurídica de realizar X. La decisión del juez presupone, en virtud de T1, la existencia de una norma jurídica que imputa una sanción a la acción contraria a X, esto es, de una norma que por lo menos permite a dicho juez sancionar a quienes omiten X. Supongamos, empero, que dicha norma no existe. El juez, entonces, no tenía permitido sancionar a Juan por omitir X. Por lo tanto, el juez es susceptible de ser criticado por haber impuesto una sanción que no tenía permiso para imponer. Esto no obsta a que su sentencia tenga carácter de cosa juzgada. Ello solo implica que (i) los funcionarios correspondientes tienen la obligación de ejecutarla –*i. e.*, hay una norma jurídica que imputa una sanción a la omisión de ejecutarla–; y (ii) la decisión del juez no puede ser revisada, de modo que la obligación de (i) no es susceptible de ser extinguida por otros jueces. Por lo tanto, T1 y T2 tampoco conducen a esta paradoja.

En segundo lugar, no entiendo cuál sería la paradoja o perplejidad de (c). La cuestión es si aquellas normas e instituciones a las que nos referimos utilizando la expresión "derecho internacional" son o no *derecho* en el mismo sentido que los ordenamientos jurídicos domésticos y, en caso de que no lo sean, si existe algún motivo teórico o práctico que justifique utilizar el término "derecho" para referirse a ambos. Esta es, creo, una pregunta perfectamente legítima. El derecho internacional, en aquella época al menos, presentaba ciertas diferencias notables con el derecho doméstico, a saber, la ausencia de una legislatura internacional, de tribunales internacionales de jurisdicción obligatoria y de sanciones centralmente organizadas. A la luz de estas diferencias, observa Hart, "la cuestión de si el derecho internacional es realmente derecho difícilmente puede ser dejada de lado"; particularmente, no debemos "simplemente desechar las dudas, que muchos sienten, con un simple recordatorio del uso existente"[30].

Por último, (a) tiene, ciertamente, el aspecto de una paradoja y, en efecto, es una paradoja a la que nos conduce T1. El problema es el siguiente. Supongamos que X es obligatorio solo si es obligatorio sancionar la omisión de X. La obligación de sancionar la omisión de X implica, por esa misma definición, que es obligatorio sancionar la omisión de sancionar la omisión de X. Pero, a su vez, esta última obligación implica que es obligatorio sancionar la omisión de sancionar la omisión de sancionar la omisión de X. Y así *ad infinitum*. La estrategia de Kelsen para detener la regresión al infinito consiste, como vimos, en sostener que es suficiente para que X sea obligatorio con que una norma jurídica *permita* sancionar la omisión de X. Pero esta respuesta conduce a nuevas perplejidades. Porque, en efecto, ahora estamos condenados a concluir que *necesariamente* en todo sistema jurídico existe por lo menos una sanción que el órgano respectivo tiene el permiso aunque no la obligación de aplicar. Este es, en efecto, un problema serio. Con todo, su dificultad

---

30 HART, H. L. A. (2012), *The Concept of Law*, 3ª ed., OUP, p. 214.

no debe ser sobreestimada. No creo que se trate de un costo demasiado alto a pagar si se considerara que el análisis de las obligaciones en términos de sanciones tuviera otras virtudes que lo recomendaran –por ejemplo, si efectivamente el derecho se distinguiera de otras instituciones sociales, como sostiene Kelsen, por ser un orden coercitivo–. En este sentido, valen las siguientes dos observaciones. Primero, Hart ha propuesto una solución al argumento del regreso al infinito más satisfactoria que la de Kelsen. La solución de Hart consiste en destacar la posibilidad de que una norma establezca una sanción para el incumplimiento de una serie de obligaciones jurídicas, *incluida* la obligación de aplicar las sanciones previstas por esa norma. Considérense, a modo de ejemplo, las siguientes dos normas:

> N1: Es obligatorio no robar.
>
> N2: Un órgano de la comunidad –un juez– tiene la obligación de sancionar el incumplimiento de cualquier norma que pertenezca al sistema, incluida esta.

El contenido de N2 puede explicitarse considerando los casos a los que se aplicaría. Así:

> Caso 1: Un juez debe sancionar a todo individuo que robe.
>
> Caso 2: Un juez debe sancionar a todo juez que omita sancionar a un individuo que robe.

Caso 3: Un juez debe sancionar a todo juez que omita sancionar a un juez que omita sancionar a un individuo que robe.

Y así sucesivamente.

Hay aquí, ciertamente, una regresión al infinito. Pero se trata de una serie infinita de *deberes* y no de *normas*. Y, por lo tanto, dice Hart, no es una regresión al infinito de la que debiéramos preocuparnos. Pues, en efecto, "no hay nada lógicamente objetable en que una regla refiera a una serie infinita de casos a los que se aplica relacionados entre sí de esta manera [...] en la que cada violación de la regla excepto la primera, presuponen todas las anteriores violaciones"[31]. Además, la norma no se refiere únicamente a sí misma sino a una clase de normas que la incluye y, por ende, tampoco es viciosamente autorreferente. La estrategia de Hart soluciona, pues, el problema de la regresión al infinito sin tener que recurrir a la idea de que debe existir una última sanción cuya aplicación está permitida pero no es obligatoria.

Por otro lado, incluso si se considera que la solución de Hart también es, en última instancia, insatisfactoria, debe señalarse que la teoría de Kelsen dista de ser la única que tiene problemas para dar cuenta, en los mismos términos, de las obligaciones de ciudadanos y jueces. En efecto, el propio Carrió, defendiendo la

---

31 HART, H. L. A. (1983), *Essays in Jurisprudence and Philosophy*, p. 172.

teoría de Hart, sostiene que deberíamos abandonar la pretensión de analizar ambas situaciones normativas apelando a los mismos elementos. Sin embargo, no cree que el hecho de que Hart no haya proveído un análisis satisfactorio de las obligaciones de los jueces sea fatal para su teoría:

> El análisis del concepto de deber jurídico explícitamente llevado a cabo por Hart es incompleto. Si no todos los deberes jurídicos han de analizarse sobre los mismos elementos, carecemos de la elucidación detallada de un distinto significado de 'deber jurídico' que permitiría entender el sentido en el cual se dice que los jueces están obligados a aplicar el derecho[32].

Exactamente lo mismo podría decirse de la teoría de Kelsen.

En resumen, de las perplejidades o paradojas a las que se refiere Carrió, algunas no se siguen de las tesis del Positivismo Continental [(b) y (d)], otras no constituyen una paradoja o perplejidad en ningún sentido relevante [(c)] y otras, aunque efectivamente son paradojas o perplejidades y se siguen del Positivismo Continental, su importancia no debe ser sobreestimada, en especial teniendo en cuenta que tienen soluciones plausibles y que teorías alternativas tienen dificultades

---

32 Carrió, Genaro (2011), "Dworkin y el positivismo jurídico", en *Notas sobre Derecho y Lenguaje*, 6ª ed., Buenos Aires: Abeledo-Perrot, p. 368.

análogas. Por lo tanto, debe concluirse que Carrió exagera la gravedad de los síntomas.

Ahora bien, independientemente de ello, corresponde examinar cuál es la enfermedad que Carrió diagnostica al Positivismo Continental y la medicina que prescribe. En este sentido, Carrió argumenta que el mal que aqueja al Positivismo Continental sería el tipo de ceguera selectiva que Strawson identifica como causa fundamental de los desequilibrios conceptuales y que examinamos en la Sección 1. Se trata, recordemos, de una obsesión con un *único* modo de funcionamiento lógico de las expresiones lingüísticas, o un *único* empleo del lenguaje, o una *única* categoría de objetos, o un *único* tipo de explicación. El resultado de una obsesión de este tipo es una variedad de deformaciones conceptuales: "puede ocurrir que quien esté bajo esa dominación intente presentar o explicar una cosa distinta en términos de su modelo preferido o recurriendo a analogías con él o bien que quiera privarla del rango conceptual que le pertenece relegándola a una condición inferior"[33]. La medicina para esta enfermedad consistiría, pues, en "comprender los verdaderos modos de operación de los conceptos, o de las categorías del discurso, que han sido deformadas; es menester, al mismo tiempo, hacer ver las diferencias y relaciones que existen entre ellos"[34].

---

33 STRAWSON, P. F. (2011), "Analysis, Science, and Metaphysics", p. 85.

34 *Ibid.*, p. 85.

Sin embargo, Carrió se limita aquí a realizar este diagnóstico general sin señalar exactamente cuál es el modelo único de funcionamiento lógico del lenguaje, o la única categoría de objetos, etcétera, con el que estaría obsesionado el Positivismo Continental, ni los modos de operación de los conceptos o categorías del discurso que deformaría en su obsesión con ese modelo, ni mucho menos cómo estos se relacionarían entre sí. En síntesis, Carrió expone el esqueleto de un argumento al que le falta la carne.

En este sentido, es ilustrativo realizar una comparación con las críticas del mismo orden que Hart dirige contra el modelo de Bentham. Uno de los pecados fundamentales del análisis predictivo de Bentham consiste en intentar reducir el significado de los enunciados de obligación jurídica a proposiciones empíricas ordinarias. Ello le impide dar cuenta de la normatividad de dichos enunciados, esto es, del hecho de que ellos se utilizan para *evaluar* la conducta de los individuos "desde el punto de vista adoptado al menos por los tribunales del sistema jurídico que aceptan al derecho como un estándar de guía y evaluación de la conducta, determinando lo que está permitido en términos de demandas y presiones para la conformidad"[35]. Existen, empero, importantes relaciones entre ambos tipos de enunciados. En efecto, el contexto normal en el que se usa el lenguaje normativo es tal que, efectivamente, es probable que se

35 Hart, H. L. A. (1982), *Essays on Bentham*, p. 144.

imponga una sanción que cause sufrimiento en caso de que se incumpla con la obligación. Así,

> [...] puede decirse que la concepción normativa explicita correctamente el *significado* de los enunciados del tipo de que una persona tiene un deber jurídico de realizar cierta acción, mientras que la concepción predictiva enfatiza que muy frecuentemente el *punto o propósito* de tales enunciados consiste en advertir que es probable que resulte sufrimiento de la desobediencia[36].

En resumen, Bentham está dominado por un único modo de funcionamiento del lenguaje, esto es, el descriptivo / predictivo. Ello lo lleva a pretender dar cuenta de los enunciados de obligación, que tienen una función normativa, en términos de descripciones. El remedio contra esta deformación conceptual consiste en distinguir adecuadamente ambos tipos de funcionamiento del lenguaje y en señalar las relaciones entre ambos. Como puede apreciarse, la crítica de Hart instancia a la perfección la metodología strawsoniana. Pero la misma crítica no se aplica a Kelsen, quien claramente distingue entre un uso del lenguaje normativo y uno descriptivo y sostiene que el primero no puede ser reducido al segundo. Carrió reconoce este punto pero señala que "las semejanzas

---

36 HART, H. L. A. (1983), *Essays in Jurisprudence and Philosophy*, p. 94.

[entre Bentham y Kelsen] son más importantes que las diferencias porque la dimensión normativa que Kelsen acoge no es la dimensión normativa de que nos habla Hart [...] el complejo fenómeno que este último llama 'la aceptación de una regla'".[37] Pero esto es completamente insuficiente. El hecho de que Kelsen y Hart tengan distintas concepciones de la normatividad no lo expone al primero a la crítica de que reduce el lenguaje normativo al descriptivo. En este sentido, el lector permanece ignorante de cómo una crítica strawsoniana análoga a la que Hart realiza contra el modelo de Bentham podría proceder contra Kelsen.

En resumen, el argumento de Carrió es severamente incompleto en tanto no explicita adecuadamente cuál es el modelo de funcionamiento del lenguaje con el que estaría encandilado el Positivismo Continental ni los modos de discurso que distorsionaría al intentar reducirlos a dicho modelo. Hasta tanto no se indique qué intenta reducir y a qué intenta reducirlo es imposible determinar si, en efecto, el Positivismo Continental sufre de la grave enfermedad que se le diagnostica.

---

37 Carrió, G. (2011), "Sobre el concepto de deber jurídico", p. 190.

5. Un nuevo mundo: del Estado gendarme al Estado de bienestar

El segundo argumento de Carrió es que la tesis de que todas las normas jurídicas son normas coercitivas presupone como modelo de sistema jurídico, un tipo de organización social perimida, a saber, el Estado gendarme que con técnicas limitadas perseguía finalidades también limitadas. Así, "la pérdida del equilibrio conceptual que padece la Teoría General del Derecho se ha ido acentuando y, a la vez, haciéndose más patente, con la progresiva multiplicación de los fines del Estado y de los tipos de normas que se emplean para alcanzarlos"[38]. La acusación al Positivismo Continental es, pues, doble. Se lo acusa de ser incompatible con (i) la variedad de *fines* que persiguen los Estados contemporáneos y con (ii) la variedad de *medios* que utilizan para perseguir dichos fines.

Debo decir que soy escéptico acerca de la estrategia de decretar el fallecimiento de teorías acerca de la naturaleza del derecho por su incapacidad para dar cuenta de fenómenos jurídicos novedosos de los cuales aquellas "viejas" teorías no podrían dar cuenta adecuadamente. Se trata, empero, de una estrategia recurrente. Así como Carrió apela aquí a una expansión del rol del Estado para cuestionar la adecuación de la "vieja" teoría de Kelsen, ahora se apela a la existencia de derecho no-estatal y

---

38 *Ibid.*, p. 186.

transnacional para cuestionar a las "viejas" teorías de Hart y Raz[39]. El problema de estas estrategias es que, en general, tienden a subestimar el poder explicativo de las teorías cuyo fallecimiento proclaman y a sobreestimar la novedad de los fenómenos que invocan. Para determinar si Carrió incurre en esta doble exageración, previamente debemos examinar con más detenimiento las transformaciones en el rol del Estado a las que apela en su argumento. En este sentido, Carrió realiza las siguientes observaciones:

1. El Estado contemporáneo regula la economía en sus menores aspectos. Sus herramientas son la política fiscal y monetaria, el control de cambios, la regulación del comercio exterior, etcétera.

2. El Estado presta por sí, o supervisa robustamente, los servicios públicos principales. Para ello se ha creado una inmensa burocracia.

3. Hay empresas nacionalizadas y de economía mixta en actividades antes reservadas a los particulares.

4. Hay actividades subsidiadas o desgravadas; otras son gravadas en forma discriminatoria, para desalentarlas.

5. Organizaciones sindicales y patronales celebran convenios colectivos de trabajo que obligan incluso a quienes no lo suscribieron y no están afiliados. El Estado actúa de mediador en las negaciones y califica

39 Véase, por ejemplo, von Daniels, Detlef (2010), *The Concept of Law from a Transnational Perspective*, Routledge.

de legales e ilegales las prácticas de ambos grupos, huelgas y *lock-outs*.

6. Hay varios sistemas de seguridad social, asistencia médica, etcétera, que conceden beneficios que no pueden ser renunciados.

7. Todas estas actividades están sometidas a una frondosa reglamentación. Las normas que se emplean responden a los tipos más diversos. Además, las autoridades utilizan diversas técnicas y métodos de persuasión: campañas educativas, propaganda, control de medios masivos de comunicación, etcétera.

La mayoría de estas observaciones apuntan a la variedad de funciones o fines del Estado más que a la variedad de los medios que utiliza para cumplirlas o alcanzarlos. Particularmente, se centran en destacar la extensa medida en que los Estados contemporáneos realizan actividades que están en tensión con las prescripciones de una teoría política libertaria. La acusación de que teorías del derecho como la de Kelsen son incapaces de acomodar esta variedad de fines que persiguen los Estados contemporáneos está, creo, seriamente desencaminada. De hecho, es una preocupación central de Kelsen el construir una teoría del derecho que sea capaz de acomodar la diversidad de fines al servicio de los cuales se utilizan las instituciones jurídicas. Este es, en efecto, uno de los sentidos relevantes en que su teoría es una teoría *pura*, libre de consideraciones políticas o morales acerca de los fines que debería perseguir el Estado. En este sentido, Kelsen es explícito en cuanto al serio riesgo que para una adecuada comprensión del derecho como institución social constituye el atar una teoría acerca de la naturaleza del derecho a una determinada teoría normativa acerca de los fines del Estado, sea liberal o de cualquier otro tipo:

> Desde el punto de vista científico, libre de cualquier juicio de valor político o moral, democracia y liberalismo son solo dos principios posibles de organización social, como lo son la autocracia y el socialismo. No hay ninguna razón científica por la cual el concepto de derecho deba ser definido para excluir estos últimos. Tal como es utilizado en estas investigaciones, el concepto de derecho [...] designa una técnica específica de organización social[40].

En este orden ideas, Kelsen sostiene la tesis de que el derecho es un tipo modal, por oposición a un tipo funcional[41]. El derecho no se distingue por las funciones que cumple sino por constituir un *medio distintivo* para alcanzar una inmensa variedad de fines. Así, "el derecho es un medio, una específico medio social, no un fin"[42]. Kelsen sostiene, como vimos, que lo que *distingue* al derecho como técnica de control social es el hecho de que es un *orden coercitivo*. Esta tesis subyace a T2 aunque no la implica: es posible que el derecho se distinga por constituir un orden coercitivo pero que no todas sus normas sean normas

40 Kelsen, Hans (1949), *General Theory of Law and State*, p. 5.
41 Gardner, John (2012), *Law as a Leap of Faith*, oup, p. 206.
42 Kelsen, Hans (1949), *General Theory of Law and State*, p. 20.

que imponen deberes por medio de la imputación de sanciones. Pero, en cualquier caso, para criticar esta tesis no es suficiente con indicar la variedad de fines que se persiguen por medio del derecho sino que debe argumentarse que el modo en que el derecho opera en la persecución de esos fines no es por medio de la imposición de deberes a cuyo incumplimiento se imputa una sanción.

El peso de la argumentación recae, entonces, sobre el segundo cargo, a saber, que T2 es incompatible con la variedad de medios a los que apelan los Estados contemporáneos. Pero es precisamente en este punto en el que las observaciones de Carrió son menos contundentes. Carrió dice que en la realización de todas estas funciones se emplean "normas de los tipos más diversos" pero no explicita cuáles serían esos tipos de norma. En este sentido, el problema fundamental es que Carrió parece incurrir en el error, en el que también incurre Hart, de confundir a los tipos o categorías lógicas de norma con sus funciones sociales[43]. Estas dos cuestiones deben ser, como señala Raz, cuidadosamente distinguidas. La cuestión de si una norma jurídica pertenece a uno u otro tipo normativo depende de sus *consecuencias lógicas*. Las normas jurídicas cumplen una u otra función social de acuerdo con las *consecuencias sociales* que efectivamente tienen o que se pretende que tengan[44].

---

43 RAZ, JOSEPH (1979), *The Authority of Law*, OUP, p. 178.
44 *Ibid.*, p. 165.

El defecto de la teoría de Kelsen y, en general del Positivismo Continental, sería que se centran exclusivamente en la función social de desalentar o prevenir conductas que se juzgan socialmente indeseables y asegurar o incentivar conductas que se juzgan socialmente deseables, relegando indebidamente otras importantes funciones sociales del derecho, como ser, la provisión de facilidades para acuerdos privados entre individuos (Hart) o la provisión de servicios y la redistribución de bienes (Carrió)[45]. Pero sería un error concluir que, *por lo tanto*, la tesis de Kelsen de que todas las normas jurídicas imponen deberes mediante la imputación de sanciones a la conducta contraria es incorrecta. Y, aun peor, sería concluir que debe haber tantos tipos lógicos como funciones sociales cumple el derecho.

El punto es, ¿qué tipo de normas utiliza el derecho para cumplir las funciones sociales que cumple? En este sentido, entre los ejemplos que cita Carrió, muchos son casos que claramente involucran exclusivamente normas que imponen deberes y, por lo tanto, no afectan a la teoría de Kelsen ni al Positivismo Continental. Por ejemplo, el derecho grava discriminatoriamente imponiendo el deber de pagar impuestos más altos por realizar ciertas actividades; el derecho declara

45 Me estoy valiendo aquí de la clasificación de las funciones sociales del derecho que realiza Raz. Las tres funciones que identifico en el texto, junto a la de resolver disputas no reguladas, constituyen lo que Raz llama las "funciones primarias del derecho". *Ibid.*, p. 176.

ilegales o legales determinadas huelgas y *lock-outs*, imponiendo –o absteniéndose de imponer– el deber de no realizarlas en determinadas circunstancias; el derecho establece que ciertos beneficios son irrenunciables mediante la imposición del deber de que dicho beneficio sea concedido independientemente de lo que manifieste el destinatario, etcétera. En este orden de ideas, Raz sostiene, correctamente a mi juicio, que las normas que imponen deberes contribuyen a *todas* las funciones del derecho[46]. El desafío de Carrió consiste en demostrar que las normas de las que el derecho se vale para cumplir las funciones a las que se refiere no son *todas* reducibles a normas que imponen deberes. Los argumentos de Hart en el sentido de que las normas que confieren poderes normativos son irreductibles a normas que imponen deberes proceden en esta dirección y son, creo, exitosos[47]. Pero la invocación de Carrió de las funciones del Estado de bienestar no agrega demasiado a dichos argumentos y, contra lo que sugiere[48], tampoco revela la existencia de otros tipos lógicos de norma que no sean reductibles a esos dos.

Por último, hay dos confusiones adicionales que afectan al argumento de Carrió. La primera es una

---

46 No solo ello sino que, además, las normas que imponen deberes son el *fundamento último del derecho* en la medida en que es por su conexión lógica con ellas que las demás normas pueden cumplir las funciones que cumplen. *Ibid.*, p. 176.

47 HART, H. L. A. (2012), *The Concept of Law*, pp. 27-42.

48 CARRIÓ, G. (2011), "Sobre el concepto de deber jurídico", p. 188.

cierta exageración del rol del derecho en el desarrollo de las actividades que realiza el Estado. Consideremos, por ejemplo, la política monetaria. Por supuesto, existen normas jurídicas que regulan la política monetaria, como son las que confieren ciertos poderes e imponen ciertos deberes al Banco Central. Pero, más allá de esto, el Banco Central desarrolla su política monetaria, entre otras cosas, emitiendo moneda y comprando y vendiendo divisas en el mercado. Estas actividades no son actividades que realice valiéndose del derecho en ningún sentido especialmente relevante –ni mucho menos invocando normas de un tipo lógico distintivo–. Esto es aún más evidente en lo que respecta a otras actividades a las que se refiere Carrió, como las campañas educativas y otros métodos de persuasión. La segunda confusión consiste en no identificar con precisión el destinatario de su crítica. En este sentido, aun si fuera exitoso, el argumento aquí analizado solo afectaría a T2, esto es, a la tesis de que *todas* las normas jurídicas son normas que imponen deberes imputando una sanción a la conducta contraria. Pero, sin embargo, *no* afectaría a T1, esto es, la tesis de que los deberes jurídicos deben ser entendidos en términos de sanción. Esto es al menos llamativo siendo que el objetivo declarado del texto es, precisamente, analizar el concepto de deber jurídico, más que examinar si las normas que imponen deberes son el único tipo de norma.

6. CONCLUSIÓN

Carrió defiende dos tesis centrales con respecto al concepto de deber jurídico. La más general y radical es que no hay ninguna justificación teórica ni práctica para seguir utilizando el concepto general e indiscriminado de deber jurídico característico de la filosofía del derecho y que, en lugar de ello, esta debería dedicarse a elucidar los distintos y variados conceptos de deber jurídico atendiendo al modo en que *efectivamente* son utilizados por los juristas en la práctica. Esta tesis, argumenté, debe ser rechazada por dos razones. La primera es que, contra lo que sostiene Carrió, no es cierto que no exista un uso vigente entre los juristas del concepto de deber jurídico que constituye el objeto de análisis de la filosofía del derecho. La segunda es que sería un error examinar exclusivamente el uso vigente entre los juristas de los conceptos jurídicos básicos –incluido el de deber jurídico– si quiere comprenderse el lugar que ocupa el derecho en el contexto más amplio de nuestro universo social. Esto requiere, en cambio, analizar el concepto de deber jurídico a la luz del carácter distintivo del derecho como institución social y sus relaciones con otras prácticas sociales y, para ello, es necesario tomar distancia de la práctica de los juristas.

La segunda tesis de Carrió es que el análisis del concepto de deber jurídico de Kelsen y, en general, del Positivismo Continental es inadecuado. A este efecto introduce dos argumentos más específicos. El primero es que el Positivismo Continental conduce a una serie de paradojas y perplejidades que constituyen un índice de un serio desequilibro conceptual en términos de Strawson. Este argumento, sostuve, debe ser rechazado. En este sentido, argumenté dos cosas. En primer lugar, sostuve que, de las cuatros paradojas/perplejidades a las que se refiere Carrió, solo una satisface la doble condición de ser problemática y seguirse de las tesis distintivas del Positivismo Continental y que, en todo caso, su importancia no debe exagerarse pues tiene soluciones plausibles y teorías alternativas que enfrentan problemas análogos. En segundo lugar, observé que Carrió se limita a indicar que el Positivismo Continental adolece de un serio desequilibro conceptual pero no explicita adecuadamente el modelo de funcionamiento del lenguaje con el que estaría obsesionado ni los diversos modos de discurso que distorsionaría al pretender reducirlos a dicho modelo.

El segundo argumento de Carrió contra el Positivismo Continental es que presupone como modelo de sistema jurídico a un Estado gendarme y, por lo tanto, no puede dar cuenta adecuadamente de la variedad de fines que persiguen los Estados contemporáneos, ni de la variedad de medios de los que se valen al efecto. Este argumento debe ser igualmente rechazado. En este sentido, introduje dos argumentos. En primer lugar, sostuve que el cargo de que el Positivismo Continental no puede dar cuenta de la variedad de *fines* que persigue el Estado no da en el objetivo. Kelsen explícitamente construye su teoría del derecho con la pretensión de acomodar los más diversos fines al servicio de los cuales se utiliza el derecho y, en este sentido, caracteriza al derecho como una específica técnica de control social, esto es, como un medio. En segundo lugar, sostuve que Carrió no explicita adecuadamente qué otros dispositivos jurídicos, además de las normas que imponen deberes, utilizan los Estados contemporáneos para perseguir la variedad de fines a la que se refiere. En este sentido, argumenté que el defecto fundamental del argumento de Carrió es que asume incorrectamente que a distintas funciones sociales del derecho *deben* corresponder distintos tipos lógicos de norma.

En resumen, creo que las razones que introduce Carrió a favor de las dos tesis que defiende son insatisfactorias. Ello no quiere decir, empero, que debamos adoptar las tesis del Positivismo Continental. Por el contrario, personalmente creo que ambas deben rechazarse, esto es, el concepto de deber jurídico no debe ser analizado en términos de sanciones, ni todas las normas jurídicas son normas que imponen deberes –otras, por ejemplo, confieren poderes normativos–. Sin embargo, es importante entender adecuadamente cuáles son sus defectos a efectos de asegurarnos de que la concepción de deber jurídico con la que reemplacemos a la concepción sancionatoria avance en la dirección correcta y no incurra en los mismos errores.

QUINTA PARTE
PRINCIPIOS JURÍDICOS Y POSITIVISMO JURÍDICO

CAPÍTULO 11
¿MÁS ALLÁ DEL POSITIVISMO? COMENTARIO A *PRINCIPIOS Y POSITIVISMO JURÍDICO* DE GENARO CARRIÓ

Juan Bautista Echeverry

Resumen

El presente trabajo busca analizar la conceptualización que hace Carrió de los principios jurídicos y dilucidar el grado de compatibilidad entre el papel que tienen en la actualidad los principios y el positivismo blando de Carrió. Para ello, en primer lugar analizaremos la conceptualización que este autor hace de los principios jurídicos y del propio positivismo jurídico. Descrita su comprensión de los principios y del positivismo abordaremos críticamente su tesis de la compatibilidad. En concreto, nos preguntaremos: (i) si la versión del positivismo propuesta por Carrió es continuadora o no de la tradición positivista; (ii) si Carrió considera que los principios pueden incorporarse en la regla de reconocimiento como condición necesaria y/o como condición suficiente de validez jurídica; (iii) qué tipo de objetividad se defiende de los principios morales que se incorporan al derecho; (iv) si el problema de la objetividad de dichos principios morales puede repercutir sobre la objetividad del derecho y sobre el alcance que se le asigna a la discrecionalidad judicial, y (v) si la conceptualización que Carrió ofrece de los principios es capaz de explicar adecuadamente la recepción de derechos fundamentales que hacen los modernos sistemas constitucionales bajo la forma de principios.

I. INTRODUCCIÓN

Quisiera comenzar agradeciendo la invitación a escribir este trabajo que me ha hecho el profesor Santiago Roldán, coordinador de la obra colectiva que el lector tiene entre sus manos. Es un honor su invitación a comentar un trabajo de Genaro Carrió, con ocasión de celebrar los 50 años de su libro *Notas sobre Derecho y Lenguaje*. Si bien en otras oportunidades me he referido al tema del positivismo jurídico incluyente, en este trabajo me detendré a analizar únicamente la concepción de Carrió de positivismo y de principios jurídicos a fin de establecer en qué medida son compatibles.

Para llevar adelante esta tarea comenzaremos por explicar las premisas de la tesis central de Carrió: su concepción de principios y de positivismo jurídico. Explicadas dichas premisas, se analizará críticamente su tesis de la compatibilidad entre principios y positivismo. Tal crítica girará en torno a cinco ejes: (i) su descripción del positivismo jurídico; (ii) su descripción de los principios jurídicos; (iii) el rol que dichos principios pueden jugar en la regla de reconocimiento; (iv) el desafío de la objetividad de los principios; y (v) cómo puede repercutir esta cuestión sobre la objetividad del resto del derecho y sobre el alcance de la discrecionalidad judicial.

II. Los principios y el positivismo jurídico según Carrió

1. *Un análisis de los principios jurídicos*

El trabajo de Carrió que comentamos en esta oportunidad ha sido sin duda uno de los precursores del denominado positivismo jurídico incluyente o blando. Como es sabido, esta versión del positivismo busca adaptar las tesis centrales del positivismo jurídico de forma tal que resulten compatibles con las críticas que Dworkin formula al positivismo de Hart.

Para llevar adelante esta tarea, Carrió comienza distinguiendo tres tipos de normas que pueden encontrarse tanto en el derecho como en otros sistemas normativos que regulan juegos como el fútbol. En concreto, Carrió distingue entre: (i) las *reglas específicas* que prohíben y sancionan una conducta precisa y específicamente determinada, *v. g.*, la regla que impone una pena al robo o una advertencia con tarjeta amarilla al jugador que se saca la camiseta durante el partido; (ii) los *estándares* que prohíben y sancionan una variedad físicamente heterogénea de conductas que no están definidos de forma específica y precisa, sino por referencia a una pauta amplia, *v. g.*, el estándar que impone responsabilidad a quien no haya obrado con la debida diligencia según la naturaleza de la obligación y las circunstancias de las personas, el tiempo y el lugar, o el estándar que sanciona con tiro libre indirecto las jugadas peligrosas, y (iii) los *principios* que no prohíben o sancionan conductas, sino que versan sobre otras normas y, por tanto, se dirigen a las autoridades permitiéndoles introducir excepciones a las reglas específicas y a los estándares sobre una amplia gama de contenidos de conductas diferentes, *v. g.*, nadie puede beneficiarse de su propio ilícito o la ley de ventaja en el fútbol[1].

Más específicamente, identifica un significado –central– de principio jurídico que tiene cuatro características principales, que permiten diferenciarlo de las reglas específicas y de los estándares: (i) versa sobre la aplicación de otras reglas –es de segundo grado–; (ii) se dirige primordialmente a las autoridades –no a los ciudadanos–; (iii) sirve para introducir excepciones o restringir el alcance de las reglas que imponen conductas –de primer grado–, indicando cómo y cuándo han de usarse, cómo combinarlas, cuándo otorgar precedencia a algunas de ellas, cómo colmar lagunas, etcétera, y (iv) se los usa para limitar el ámbito de reglas con diferente contenido o de distintos campos de regulación jurídica.

---

1 Veáse CARRIÓ, G. (2006), *Notas sobre Derecho y Lenguaje*, 5ª ed., Buenos Aires: LexisNexis y Abeledo-Perrot, pp. 199-208.

Además de este significado central de principio jurídico, Carrió advierte otros significados de la expresión "principio jurídico" y los enumera principalmente del siguiente modo –reconociendo que algunos de estos sentidos pueden superponerse–: (i) rasgos fundamentales o centrales de un orden jurídico que no pueden faltar en su descripción, *v. g.*, principio de separación de poderes; (ii) generalizaciones ilustrativas obtenidas de las reglas del sistema, *v. g.*, principio de que no hay responsabilidad sin culpa; (iii) la *ratio legis* de una norma o de una parte del sistema jurídico; (iv) pautas a las que se les atribuye un contenido intrínseca y manifiestamente justo, *v. g.*, la prohibición de discriminación por razones de sexo, raza y religión; (v) referencias meramente exhortativas al legislador, *v. g.*, parte de las cláusulas constitucionales del Art. 14 *bis* de la Constitución Argentina; (vi) requisitos formales que todo orden jurídico debe reconocer, *v. g.*, que las normas no sean retroactivas; (vii) exigencias básicas de justicia y moral positiva –vinculadas a la consciencia jurídica popular–, y (viii) máximas que provienen de la tradición jurídica[2].

2. *¿El positivismo jurídico para Carrió?*

A fin de establecer si la concepción de los principios jurídicos recién expuesta es compatible con la versión de Carrió del positivismo jurídico, describiremos a

---

2 *Ibid.*, pp. 209-212.

continuación los rasgos centrales de dicho positivismo. En este sentido, Carrió identifica al positivismo principalmente con tres afirmaciones, dos de las cuales se presentan de un modo negativo: (i) el positivismo excluye toda descripción y modo de aplicación del derecho que tenga en cuenta pautas que necesariamente integran todo sistema jurídico, por ser intrínsecamente justas o por derivar del significado mismo de la expresión de derecho; (ii) el positivismo excluye toda referencia a entidades metafísicas y supraempíricas tales como fuerzas subyacentes o esencias ocultas, y (iii) el derecho de una comunidad es un conjunto de distintos tipos de reglas: reglas específicas, estándares y principios[3].

A juicio de Carrió, esta descripción del positivismo es compatible con el significado central de principios jurídicos –como regla de segundo grado, dirigida a las autoridades y que permite hacer excepciones, complementar y limitar el ámbito de aplicación de las reglas de primer grado– y con el significado de principios que los identifica con los propósitos, objetivos, metas o *policies* de una regla o de un conjunto de reglas del sistema y con ciertas exigencias fundamentales de justicia y moral positivas, y ciertas máximas de sabiduría jurídica tradicional[4].

3 *Ibid.*, pp. 212-219.

4 *Ibid.*, pp. 214-215. En realidad, también cree que es compatible con la noción de principio como características importantes del orden jurídico, como generalizaciones ilustrativas obtenidas a partir de las reglas y como reglas no operativas dirigidas al

III. Sobre la tesis de la compatibilidad

Los argumentos centrales de la tesis de la compatibilidad, entre la versión de positivismo jurídico que Carrió defiende y su concepción de los principios jurídicos, pueden sintetizarse del siguiente modo: (i) el positivismo jurídico no ha de ser caracterizado como un "modelo de reglas" incapaz de explicar la existencia de los principios jurídicos. Esto sería así, entre otras cosas, porque los principios serían un tipo especial de reglas. Este argumento presupone que no existe la pretendida "diferencia lógica" entre las reglas y los principios porque no sería verdad que: (a) las reglas sean siempre aplicables a todo o nada como sugieren algunos autores; ni que (b) se pueda, al menos en teoría, enumerar de antemano todas las excepciones de las reglas; ni que (c) los conflictos entre reglas se resuelvan siempre negando la validez de una de ellas, ya que para Carrió la dimensión de peso no es una propiedad exclusiva de los principios. Además, (ii) se reconoce que también la regla de reconocimiento puede resultar periféricamente indeterminada por poseer una textura abierta, aunque esto no excluiría la existencia de casos centrales o claros. (iii) Los principios que son reconocidos como jurídicos por la regla de reconocimiento son parte del sistema jurídico, sean ellos incorporados o

---

legislador, pero considera que estas nociones carecen de interés. *Ibid.*, p. 214.

positivizados por la jurisprudencia, por la tradición jurídica o por la doctrina preponderante. Sin embargo, (iv) no son jurídicos los principios que no satisfacen la regla de reconocimiento y, por tanto, quedan fuera del derecho –su uso judicial les puede otorgar el rango de candidatos a integrar el sistema una vez que su uso sea consistente, regular y con suficiente carácter normativo–. (v) Las exigencias de algunos principios de derecho positivo pueden ser vistas como requerimientos emanados de fuentes meramente permisivas, cuyo seguimiento es considerado una buena razón para actuar, pero cuya inobservancia no ejerce una suficiente presión social para considerarlas obligatorias. (vi) No se entiende cómo los principios que, se admite, suelen entrar en conflicto con otros de peso semejante puedan bastar para eliminar la discreción de los jueces[5].

IV. AL FINAL, ¿QUÉ QUEDA DEL POSITIVISMO JURÍDICO Y QUÉ SON LOS PRINCIPIOS?

1. *Aclaración preliminar*

Como suele decirse coloquialmente, ¡y con razón!: "es fácil decir algunas cosas con el diario del lunes". En este sentido, somos conscientes de que algunas de las observaciones que verteremos a continuación sobre el trabajo comentado adolecerán en cierta

---

5 *Ibid.*, pp. 225-231.

medida de este defecto de anacronismo. Dicho de otro modo, somos conscientes de que resulta mucho más sencillo hacer en la actualidad algunas de las observaciones que propondremos a continuación, que haberlas previsto en su momento. No obstante, esto no ha de sorprendernos cuando enfrentamos la tarea de comentar un trabajo que está cerca de cumplir 50 años y cuyo interés sigue vigente.

2. *¿Qué queda del positivismo jurídico?*

Si bien Carrió reconoce que es posible que algunos consideren que el enfoque (de Hart) que defiende pueda no constituir una variante del positivismo jurídico sino una cosa distinta o, dicho "con otros términos, que la defensa de ese enfoque solo sirve para demostrar que para dar cabida a los principios hay que maquillar de tal manera al positivismo jurídico que este queda irreconocible", finalmente decide dejar esta cuestión para otra oportunidad[6]. Por más que consideramos que no vale la pena discutir solo sobre "nombres" –en este caso, el de positivismo jurídico–, nos parece oportuno advertir que la aceptación de la posibilidad de que los principios formen parte de la regla de reconocimiento puede relativizar las tesis clásicas de la separación entre el derecho y la moral, del estudio avalorativo del derecho y la tesis social de tal manera que podría pensarse que la versión del

6 *Ibid.*, p. 234.

positivismo que se propone abandona su fundamento y sentido originario. En concreto, al admitirse que las descripciones pueden ser sobre valoraciones y que dichas valoraciones pueden ser un criterio de validez jurídica, podría relativizarse el sentido de la tradicional distinción metodológica propuesta por Bentham entre un derecho que es y un derecho que debe ser –entre la Ciencia Jurídica que se ocuparía de la descripción del derecho que es y la Ciencia de la Legislación que se ocuparía de criticarlo y valorarlo– y ponerse en duda el fundamento y sentido inicial de la tesis de las fuentes sociales que afirma la positividad como rasgo identificador del derecho. Esto queda en evidencia con la aceptación de que el derecho ya no puede pensarse como algo dado de una vez a partir del acto creador de la norma, porque el derecho acaba siendo el resultado de un proceso interpretativo que habitualmente ha de tener en cuenta criterios morales –incluso al punto de que una norma podría ser válida solo por su contenido–. Debido a lo indeterminados que pueden resultar dichos criterios morales, el resultado del proceso interpretativo es fruto de un razonamiento discrecional que no es puramente lógico o deductivo, ni tampoco es meramente arbitrario o irracional. Claramente no es en este tipo de positividad, como rasgo distintivo del derecho, en el que pensaron Hobbes y Kelsen. Estos autores expulsaron toda referencia a valores –como la justicia– de la definición del derecho, porque al no ser susceptibles de un conocimiento seguro (Hobbes) o de un verdadero conocimiento (Kelsen), sería imposible identificar el derecho si no se prescinde de ellos. Dicho de otro modo, pareciera que en los orígenes de la tradición positivista se buscó la exclusión de toda referencia a elementos morales –incluso a los de moral positiva o social– para lograr un grado de obediencia que permita garantizar la paz social o para que pueda construirse una Ciencia jurídica pura y rigurosa. En definitiva, en la tradición del positivismo jurídico parece existir una conexión entre la tesis de la separación entre derecho y moral y de la aproximación avalorativa al estudio del derecho y la tesis social. El énfasis sobre la positividad aparece ligado a los problemas de orden epistemológico que plantea la referencia a la moral –incluso a la moral positiva–. Dichas dificultades parecían fundamentar tanto la tesis de la separación como la tesis social[7] y precisamente a tales desafíos nos remitiremos a continuación.

3. *¿La moral como condición necesaria o suficiente de validez jurídica?*

En primer lugar, reconocido que los principios pueden ser condición de validez jurídica, sería interesante establecer con precisión si la regla de reconocimiento puede incorporar dichos principios solo como condición necesaria –es decir, como límite al derecho

---

7 Véase Serna, P. (2006), *Filosofía del Derecho y Paradigmas Epistemológicos*, México: Porrúa, p. 53.

sancionado– o también como condición suficiente de validez jurídica –es decir, que las normas no sancionadas pueden ser válidas en virtud de su contenido moral–. Carrió parece sostener que la regla de reconocimiento puede incorporar principios tanto como condición necesaria como suficiente[8]. A nuestro juicio, reconocer esto último vuelve aún más acuciante el desafío de aclarar cuál es el tipo de objetividad que se le reconoce a tales principios. De esta cuestión nos ocuparemos en el próximo epígrafe.

4. *El desafío de la objetividad de la moral y del derecho*

Otro de los desafíos que ha de sortear la propuesta de positivismo blando de Carrió es su explicación del tipo de objetividad que le reconoce a los criterios valorativos a los que refieren las normas jurídicas. En este sentido, si Carrió pretende sostener que no siempre que el derecho apela a la moral los jueces poseen discrecionalidad o crean nuevo derecho, ha de defender algún tipo de objetividad de la moral a la que expresamente hace referencia el derecho actual. De las tesis con las que Carrió identificó al positivismo jurídico parece desprenderse que este autor solo admitiría un tipo de objetividad consensualista de los principios morales incorporados al derecho. En concreto, esto parece desprenderse de la segunda tesis

8 Véase CARRIÓ, G. (2006), *Notas sobre Derecho y Lenguaje*, *op. cit.*, p. 354.

con la que Carrió caracterizó al positivismo jurídico: el positivismo excluye toda referencia a entidades metafísicas y supra-empíricas tales como fuerzas subyacentes o esencias ocultas y de su comprensión de los principios como metas o *policies* de una regla o de un conjunto de reglas del sistema y con ciertas exigencias fundamentales de justicia y moral *positivas*.

Con respecto al intento de defender un tipo de objetivismo moral consensualista, hay que advertir que una posición de este tipo tiene una serie de desafíos propios. Por un lado, parece tener dificultades para explicar cómo es posible que una comunidad entera se equivoque en una apreciación moral, justamente porque el contenido de dicha moral se define por consenso. Por otra parte, tiene el desafío de poder explicar cómo sería la evolución del contenido o reconocimiento de una prescripción *moral* sin que por esto se considere que se la ha cambiado. Sin embargo, las posiciones morales convencionalistas tienen principalmente dificultades al intentar defender algún tipo de objetivismo, debido a lo enormemente controvertidas que resultan la mayoría de las cuestiones morales[9]. De hecho, si la existencia de las respuestas morales correctas dependiese de la existencia de este tipo de consensos, podría pensarse que buena parte del derecho actual resultaría indeterminado y subjetivo porque en la mayoría de los casos en que

---

9 Véase Spaemann, R. (1998), *Ética: Cuestiones fundamentales*, J. M. Yanguas (Trad.), Pamplona: eunsa, p. 26.

ha de aplicarse un criterio moral existen desacuerdos sobre su alcance, contenido, etcétera[10].

Si bien –como advirtieron el propio Hart y varios de sus discípulos– en cierto modo es posible identificar mínimamente qué quiso decir el legislador o el constituyente al incorporar conceptos morales tales como "trato degradante", ya que dichos conceptos suelen tener un componente descriptivo –capaz de remitirnos a sus "paradigmas" de uso–[11], el resultado

---

10 Algunos autores han buscado responder a estas observaciones por medio de una propuesta denominada convencionalismo profundo. Algunos de los autores que defienden esta posibilidad son BAYÓN, C. (2002), "Derecho, convencionalismo y controversia", en NAVARRO, P. E. & REDONDO, M. C. (Eds.), *La relevancia del derecho: Ensayos de filosofía jurídica, moral y política*, Barcelona: Gedisa, pp. 78-81; RÓDENAS, Á. (2003), "¿Qué queda del positivismo jurídico?", *Doxa*, 26: 430-446; e IGLESIAS VILA, M. (2004), "Discreción judicial y positivismo jurídico. Los criterios sustantivos de validez", en CARBONELL, M.; FIX-FIERRO, H. & VÁZQUEZ, R. (Eds.), *Jueces y Derecho*, México: Porrúa, pp. 248-252.

11 Véase MORESO, J. J. (2002), "En defensa del positivismo jurídico inclusivo", en NAVARRO, P. E. & REDONDO, M. C. (Eds.), *La relevancia del derecho: Ensayos de filosofía jurídica, moral y política, op. cit.*, pp. 99 y ss. Marmor suscribe en cierto modo esta idea. *Cfr.* MARMOR, A. (2001), *Positive Law an Objective Values*, Oxford: Clarendon Press, pp. 53 y 68. Sobre la posición de Hart al respecto, véase FINNIS, J. (2008), "On Hart's Way: Law as Reason and as Fact", en KRAMER, M.; GRANT, C.; COLBURN, B. & HATZISTAVROU, A., *The Legacy of H. L. A. Hart*, Oxford: University Press, p. 24 y RAZ, J. (2001), "Two Views of the Nature of the Theory of Law: A Partial Comparison", en COLEMAN, J., *Hart's Postscript: Essays on the Postscript to the Concept of Law*, Oxford: Oxford University Press, pp. 4-6.

de la aplicación de estas reglas de uso no siempre es uniforme. Reflejo de ello es que el acuerdo que puede existir sobre su contenido difícilmente logre evitar que cuando los jueces deban aplicar las normas que recogen dichos conceptos tengan que hacer una elección entre alternativas abiertas. Así, por más que no sea infinito el campo de respuestas que admiten estos conceptos valorativos –llamados *"thick concepts"*– queda todavía por establecer cómo es que han de ser aplicados a un caso en concreto.

Ahora bien, afirmar que cada vez que no hay acuerdo sobre el contenido o la aplicación de uno de los estándares morales a los que remite el derecho, el propio derecho resulta indeterminado en este punto, supone también aceptar que en estos casos el derecho se vuelve en buena medida incapaz de guiar conductas y delimitar mayormente la labor judicial. Si esta descripción fuese correcta, como mínimo los jueces tendrían discrecionalidad en todos los casos en los que existe un debate doctrinario o jurisprudencial sobre el contenido o la aplicación de los estándares valorativos en cuestión. Esto sería así porque la sola existencia del debate evidenciaría la falta de acuerdo en este sentido. Más aun, podría pensarse que el derecho resulta –al menos en la actualidad– profundamente indeterminado y, por lo tanto, incapaz de cumplir con la función de ofrecer un grupo determinado de estándares públicos para guiar las conductas de los ciudadanos y los funcionarios que tradicionalmente el positivismo le reconocía al derecho.

5. *El lugar de la discrecionalidad judicial*

Conforme a lo que anteriormente argumentamos el positivismo blando debería reconocer que la discrecionalidad judicial tiene un papel muy relevante en el contexto actual. Pareciera que consciente de este desafío Carrió –citando a Hart– recuerda que cuando el derecho resulta indeterminado y, por lo tanto, ha de decidirse de forma discrecional, "...el juez debe ejercer su poder de creación de derecho, pero no debe hacerlo arbitrariamente: es decir, debe siempre tener algunas razones generales que justifiquen su decisión..."[12].

Cabe hacer dos observaciones sobre el alcance de la caracterización de las decisiones discrecionales como elecciones entre alternativas abiertas basadas en razones generales que las justifiquen. El problema de esta caracterización es que, si las decisiones discrecionales implican una elección entre alternativas abiertas, resulta necesario aclarar en qué medida puede decirse que dicha elección también es justificada y racional. En el fondo lo que no resulta claro es qué implicaciones tiene para los autores incluyentes la idea de que incluso las decisiones discrecionales han de ser basadas en razones que las justifiquen. Dicho de otro modo, si se admite que las decisiones que han de tomarse en los casos difíciles o dudosos de-

12 HART, H. L. A. (1994), "Postscript", en *The Concept of Law*, 2ª ed., Oxford: Clarendon Press, p. 273 (énfasis añadido).

ben estar justificadas en razones generales, y que al menos en algunas ocasiones las razones que justifican dichas decisiones ofrecen una única respuesta correcta, entonces: ¿en qué sentido en estos casos quienes deciden lo hacen de forma discrecional, eligiendo entre alternativas abiertas?

Una posible respuesta a este problema implica reconocer que los órganos encargados de aplicar el derecho solo tienen discrecionalidad en los casos en los que no solo el derecho se encuentra indeterminado, sino también en las razones que buscan justificar una decisión final. En estos casos sí que sería inevitable que se termine haciendo una elección, en cierto sentido libre y arbitraria, entre alternativas todas ellas razonables y justificadas. No obstante, esto no ha sido explicado así por Carrió y, de hecho, parece limitar mucho el alcance que esta visión le ha querido dar a lo que ha denominado la tesis de la discrecionalidad judicial[13].

---

13 Si bien Raz aclara su posición respecto de esta cuestión al afirmar que los jueces tienen discrecionalidad incluso cuando están obligados por criterios extrajurídicos incontrovertidos a los que hace referencia el derecho, esto no hace menos exótica su posición. En concreto, no se entiende bien el alcance de la tesis de la discrecionalidad para Raz, porque claramente no está relacionado con la posibilidad de elegir entre alternativas abiertas para tomar una decisión, sin estar obligado a decidir un resultado en particular. Véase Endicott, T. (2003), "Raz on Gaps-the Surprising Part", en Meyer, L. H.; Paulson, S. L. & Pogge, T. W. (Eds.), *Rights, Culture and the Law: Themes From the*

6. Sobre principios y la tesis de la compatibilidad

Coincidimos, no obstante, con varias de las apreciaciones de Carrió, relativas a los principios jurídicos. En concreto: (i) coincidimos en que existen distintos significados del concepto de principio jurídico; incluso, (ii) nos parece adecuado partir de la enunciación que Carrió hace de dichos significados; a su vez, (iii) coincidimos en varios de los argumentos que buscan mostrar que no existe una diferencia lógica entre las reglas y los principios. A saber: (a) no solo los principios admiten una aplicación gradual o tienen una dimensión de peso. Esto sería así por varias razones. En primer lugar, coincidimos con Carrió en que debido a la textura abierta que también adolecen las reglas, ellas también tienen excepciones que no son exhaustivamente especificables por adelantado. Por ejemplo, es razonable que una silla de ruedas eléctricamente motorizada sea exceptuada de la prohibición de ingresar al parque con vehículos. Además, y aunque lo que sigue no lo explicite Carrió, esto es particularmente así porque en muchísimos casos es posible exceptuar la aplicación de una regla cuando resulta contraria a un principio. Por ejemplo, en el caso anterior podría considerarse discriminatorio no permitir el ingreso al parque a una persona que necesita movilizarse con una silla de ruedas. (b) Por otro lado,

---

Legal and Political Philosophy of Joseph Raz, Oxford: University Press, pp. 110 y ss.

no siempre los conflictos entre reglas o entre reglas y principios se resuelven negando la validez de unos de ellos. Por ejemplo, no se niega de modo general la validez de la regla que impone multas por cruzar un semáforo en rojo cuando se decide no sancionar a una ambulancia que atraviesa una semáforo en rojo con sus señales luminosas y sonoras de emergencia encendidas, que frena para no poner en peligro a nadie antes de cruzar y que traslada a una persona cuya vida corre peligro de no llegar a tiempo a un hospital, aunque esta excepción a la regla general de sancionar a los infractores de un semáforo no estuviera prevista. (c) A su vez, no siempre que dos reglas entran en conflicto una de ellas queda derogada para todos los casos. Por ejemplo, la disposición que regula de forma general que la velocidad máxima de las avenidas es de 60 km/h puede ser exceptuada por otra regla –especial– que permite que en determinadas avenidas muy anchas se permita circular hasta 70 km/h. Por otra parte, algo parecido a lo que acaba de describirse sobre las reglas sucede en el caso de conflictos entre principios. Si bien cuando ellos entran en conflicto ninguno de ellos queda derogado de forma general, la resolución del conflicto supone crear una regla que prioriza una dimensión de uno de dichos principios sobre otra dimensión del otro en un determinado caso concreto. Por último, coincidimos también en que no resulta claro cómo la existencia de principios cuya aplicación puede admitir grados, que en muchos casos pueden ser más indeterminados que las reglas y que suelen ofrecer solo razones *prima facie* para la acción, etcétera, alcanzarán para eliminar la discrecionalidad de los jueces.

Sin embargo, a nuestro juicio, esto muestra con más claridad que la aplicación de todo el derecho presupone un proceso que no es mecánico ni meramente lógico o deductivo, ni meramente arbitrario o irracional, sino fruto de un proceso interpretativo, argumentativo y determinativo. Esto es así también en los casos denominados como "fáciles" porque, como se ha afirmado anteriormente, puede incluso que un caso que parece encajar claramente en una regla termine constituyendo un ejemplo de una excepción no enumerada de antemano de tal regla o que dicha regla sea considerada inválida por contrariar un principio. Lo anteriormente dicho puede ayudar a comprender por qué puede resultarle insuficiente a quien está interesado en comprender el proceso en que se aplica el derecho la afirmación que meramente defiende que cuando el derecho resulta indeterminado los jueces tienen discrecionalidad, aunque dicha facultad para crear nuevo derecho debe ser ejercida de una forma no arbitraria; es decir, apelando a razones generales que justifiquen su decisión.

Por último, aunque coincidamos con varias de las afirmaciones de Carrió sobre la no distinción lógica entre principios y reglas, nos parece oportuno advertir que su conceptualización de principios como normas, que no prohíben o sancionan conductas, que son reglas sobre reglas dirigidas principalmente a los funcionarios, parece no describir adecuadamente la recepción de derechos fundamentales que suelen hacer los modernos sistemas constitucionales occidentales bajo la forma de principios. A diferencia de lo que señala Carrió sobre los principios, tales derechos fundamentales parecen en muchos casos prescribir conductas. En este sentido puede ponerse como ejemplo el principio recogido en el Art. 19 de la constitución argentina, que establece la prohibición de intervenir que tienen los magistrados con respecto a las acciones privadas de los hombres que de ningún modo afectan a terceros, al orden y a la moral pública. Además, en muchas ocasiones dichos derechos son considerados de forma tal que los ciudadanos pueden pedir por medio de diferentes mecanismos que sean respetados tanto por el Estado como por otros particulares.

v. Conclusiones

De los hasta aquí expuesto puede concluirse que el esfuerzo de Carrió –y de otros continuadores de su propuesta– por compatibilizar al positivismo con el fenómeno de los principios jurídicos, por un lado, corre el riesgo de apartarse del sentido original con el que tradicionalmente se identificó a las tesis centrales del positivismo jurídico y, por el otro, todavía ha de enfrentar una serie de desafíos vinculados a explicar con mayor profundidad: (i) el tipo de objetividad de los criterios morales que se reconoce que son incorporados al derecho; (ii) cómo repercute el problema de la objetividad de los principios que son incorporados al derecho sobre la objetividad del derecho en general, y (iii) cómo repercute, a su vez, sobre el fenómeno de la discrecionalidad judicial. A su vez, la conceptualización de principios jurídicos que propone Carrió tiene el desafío de explicar la recepción que hacen los modernos sistemas constitucionales de derechos fundamentales por medio o bajo la forma de principios.

SEXTA PARTE

SOBRE LOS LÍMITES DEL LENGUAJE NORMATIVO

CAPÍTULO 12
LOS LÍMITES EXTERNOS DE LA PERMISIÓN

Hugo O. Seleme

I. Introducción

El texto de Genaro Carrió *Los límites del lenguaje normativo* ha ejercido una profunda influencia sobre una generación de juristas a ambos lados del Atlántico. El mismo está lleno de ideas novedosas y el genio de Carrió brilla en cada una de sus páginas. Es, sin lugar a dudas, uno de los clásicos de la Filosofía del Derecho en habla hispana.

Pienso que un texto filosófico se transforma en clásico para una determinada comunidad académica cuando se dan, al menos, dos circunstancias. En primer lugar, el mismo es utilizado a lo largo del tiempo para la formación básica de quienes cultivan la disciplina. En segundo lugar, el texto brinda herramientas conceptuales que permiten abordar nuevos problemas que no habían sido contemplados al momento de su escritura.

Los textos clásicos son los que constituyen a las comunidades académicas dotándolas de identidad propia. Actúan como vasos comunicantes que entrelazan el pasado común con el presente y el futuro. Para que una comunidad académica esté viva es necesario que los clásicos sobre los que se fundan también lo estén. Si una comunidad académica está unida por textos que no poseen ningún potencial para abordar los problemas actuales, la misma es estéril y se encuentra camino a extinguirse.

Afortunadamente para la comunidad académica de habla hispana los vasos comunicantes abiertos por *Los límites del lenguaje normativo* siguen siendo fecundos hoy. No se trata de un texto que lastra a la comunidad que nuclea a un escolasticismo vacío cerrándole las puertas a nuevas temáticas. Por el contrario, sirve de guía para transitar caminos que el propio autor ni siquiera imaginaba.

El presente trabajo pretende ser una muestra de la vitalidad filosófica del texto de Carrió. En el mismo se utilizan algunas distinciones introducidas en *Los límites del lenguaje normativo* para evaluar una de las tesis más controvertidas que en materia moral han sido formuladas en los últimos años. Me refiero a la posición defendida por Ronald Dworkin según la cual no es posible negar la verdad de todos los juicios morales sin, a la vez, sostener la verdad de algunos.

De acuerdo con Dworkin lo que él denomina "Escepticismo Externo" en materia moral es una posición insostenible. Quien niega que cualquier juicio moral sea verdadero comete una contradicción. Contrario a lo que los propios escépticos sostienen, el escepticismo no niega la moralidad en bloque sino que es solo una posición moral entre otras tantas.

En lo que sigue, luego de explicar lo que Carrió denomina los límites internos y externos del lenguaje normativo, intentaré mostrar que el argumento que sirve de sustento a la posición de Dworkin ha transgredido esos límites y es por lo tanto incorrecto. Específicamente, ha traspasado los límites externos que definen el concepto normativo de permisión. Es este uso indebido del concepto de permisión lo que le permite obtener la conclusión sorprendente de que no es posible negar la verdad de todos los juicios morales tal como pretende el escéptico externo.

II. Límites internos y externos

De acuerdo con Carrió, cuando el lenguaje normativo se utiliza más allá de sus límites produce diferentes formas de sinsentido. De allí que sea de fundamental importancia antes de emprender cualquier reflexión normativa delimitar cuáles son los contornos dentro de los cuales la utilización de los conceptos normativos es significativa.

Los límites del lenguaje normativo son de dos tipos: internos y externos. Cuando se traspasa el primer tipo de límites el sinsentido se produce por utilizar una forma de lenguaje normativo para cumplir las funciones de otro tipo o especie de lenguaje normativo. Por ejemplo, se utiliza una excusa para justificar una conducta o se confunde eximirse de un deber con transgredirlo.

La confusión entre excusa y justificación es explicada en el texto apelando a un ejemplo cinematográfico extraído de una vieja película francesa. Un personaje del *film* era un noble empobrecido que rutinariamente robaba en los comercios. Al ser descubierto "[...] adoptaba un aire de duque o conde ofendido, y sacando un papel arrugado del bolsillo se lo refregaba a su interlocutor por las narices, al tiempo que le decía 'No me incomode, Señor. ¡Sepa Ud. que soy cleptómano declarado tal por la Facultad de Medicina de París'"[1]. Por su parte, para explicar la confusión entre eximisión y transgresión se apelaba a un ejemplo literario. En esta transgresión incurre de modo deliberado "[...] el prologuista de una edición de *The Anatomy of Melancholy,* de Burton, cuando recuerda el caso del párroco inglés entrado en años que 'había conseguido aliviar el peso de sus deberes mediante la delegación y la negligencia'"[2].

Cuando se traspasan los límites externos del lenguaje normativo el sinsentido que se produce es diferente. En este caso lo que sucede es que los presupuestos contextuales para volver significativa la utilización de la expresión normativa en cuestión se encuentran ausentes. Dicho de otro modo, la expresión es utilizada aun si los presupuestos que vuelven significativo su uso no están presentes.

Luego de introducir la noción de límite externo, Carrió realiza dos movimientos. En primer lugar,

1 CARRIÓ, GENARO (1965-1986), *Notas sobre Derecho y Lenguaje,* ed. ampl., Buenos Aires: Abeledo-Perrot, p. 238.

2 *Idem.*

ofrece dos ejemplos de transgresión a los límites externos del lenguaje normativo. En segundo lugar, y lo que en última instancia le interesa, utiliza la idea de límite externo para mostrar que el uso de un concepto normativo por parte de los constitucionalistas es una instancia de transgresión de los mismos.

Los dos ejemplos de utilización de conceptos normativos en ausencia de los presupuestos que los vuelven significativos son el del ladrón que luego de haber irrumpido en la casa que intenta robar y haber reducido a sus ocupantes, pide autorización al dueño de casa que se encuentra bajo su poder para utilizar el teléfono. El segundo caso es el del bombero que luego de haber derribado puertas y paredes para ingresar a la casa que se está incendiando le pide permiso al dueño de casa para hacer una llamada por teléfono. En ambos casos, señala Carrió:

> [...] están ausentes, de manera manifiesta y dramática, algunos de los principales presupuestos que tácitamente condicionan el acatamiento 'en serio' de ciertas normas de cortesía. Es por eso que lo que el cumplimiento de lo que en circunstancias normales ellas exigen –pedir permiso si uno quiere utilizar el teléfono cuando está en casa ajena– resulta patentemente absurdo[3].

3 *Ibid.*, p. 240

Esclarecida la idea de límite externo al lenguaje normativo, Carrió pasa a utilizarla para abordar un problema que ha ocupado a los constitucionalistas por algún tiempo. El mismo se refiere al concepto de poder constituyente originario. De acuerdo con la dogmática constitucional se trata de un poder ilimitado que es anterior al sistema jurídico al que le da origen. El poder constituyente originario –a diferencia del derivado– es autónomo e ilimitado. Es autónomo con relación al sistema jurídico, al que crea, y por lo tanto carece de cualquier límite jurídico[4].

Una vez que el concepto de poder constituyente originario es esclarecido, como poder dotado de competencias ilimitadas y previas al sistema jurídico, se advierte que el mismo no es significativo. Para definirlo se emplea el concepto normativo de competencia, pero se lo utiliza más allá de sus límites externos. Al caracterizar al poder constituyente originario se utiliza el concepto de competencia en ausencia de los presupuestos contextuales que permiten que tenga algún significado.

Estos presupuestos, de acuerdo con Carrió, son dos. En primer lugar, para que hablar de competencias tenga sentido debe existir un orden jurídico. Sin normas jurídicas que las confieran, carece de sentido hablar de competencias jurídicas. Por lo tanto, decir que una competencia jurídica es previa o autónoma con relación a cualquier sistema jurídico, carece de

4 *Ibid.*, p. 247.

sentido. En segundo lugar, hablar de competencias es significativo cuando existe un trasfondo de incompetencias. Solo tiene sentido afirmar que alguien tiene algunas competencias jurídicas cuando ese mismo agente carece de otras. Una competencia jurídica ilimitada, por lo tanto, es carente de significado[5].

Por estas razones, concluye Carrió,

> [...] el concepto de poder constituyente originario no es una herramienta útil para la teoría constitucional toda vez que su uso en expresiones normativas o, mejor dicho, seudonormativas, nos lleva más allá de aquellos límites traspuestos en los cuales este tipo de lenguaje deja de operar con significado. Lejos de ser una herramienta teórica útil es un factor de confusión[6] (Carrió, 1965-1986: 258).

III. Dworkin y los límites de la permisión[7]

La confusión generada por la utilización de conceptos normativos más allá de sus límites no es patrimonio

---

5 *Ibid.*, p. 254.

6 *Ibid.*, p. 258.

7 El argumento que presento en esta sección es uno de los ofrecidos en "Dworkin and Moral Permission", actualmente en prensa, trabajo escrito en colaboración con José Luis Martí. Ronald Dworkin tuvo la gentileza de debatir los argumentos allí ofrecidos y delinear réplicas. No he podido incluir aquí su réplica ni nuestra respuesta. Quien esté interesado en ver todos los argumentos y la discusión completa con Dworkin puede cotejar el artículo al que refiero.

exclusivo de los constitucionalistas. Ronald Dworkin ha ofrecido un argumento para refutar el Escepticismo Externo que padece del mismo problema. En este caso el concepto que se utiliza de modo no significativo es el de permisión.

De acuerdo con Dworkin existen dos tipos de escepticismo, el interno y el externo. Explicando esta distinción, señala Dworkin:

> Internal skepticism about morality is a first-order, substantive moral judgment. It appeals to more abstract judgments about morality in order to deny that certain more concrete or applied judgments are true. External skepticism, on the contrary, purports to rely entirely on second-order, external statements about morality [...] Iinternal skepticism stands within first-order, substantive morality while external skepticism is supposedly Archimedean: it stands above morality and judges it from outside. Internal skeptics cannot be skeptical about morality all the way down, because they must assume the truth of some very general moral claim in order to establish their skepticism about other moral claims. They rely on morality to denigrate morality. External skeptics do claim to be skeptical about morality all the way down. They are able to denigrate moral truth, they say, without relying on it[8].

---

8 DWORKIN, RONALD (2011), *Justice for Hedgehogs*, Cambridge, MASS.: The Belknap Press of Harvard University Press, p. 32.

Una vez que el Escepticismo Externo ha sido diferenciado del interno, Dworkin se ocupa de ofrecer dos ejemplos del primero: el escepticismo del error y el escepticismo del *status*. En sus propias palabras:

> [...] error skeptics hold that all moral judgments are false. An error skeptic might read the ordinary view as assuming that moral entities exist [...] He might then declare that because there are no moral particles, it is a mistake to say that torturing babies is wrong or that invading Iraq was immoral [...] It is external skepticism because it purports to rely only on value-neutral metaphysics: it relies only on the metaphysical claim that there are no moral particles [...] Status skeptics disagree: they are skeptical of the ordinary view in a different way. The ordinary view treats moral judgments as descriptions of how things actually are: they are claims of moral fact. Status skeptics deny moral judgment that status: they believe it is a mistake to treat them as descriptions of anything. They distinguish between description and other activities like coughing, expressing emotion, issuing a command, or embracing a commitment, and they hold that expressing a moral opinion is not describing but something that belongs in the latter group of activities[9].

Ambas versiones de Escepticismo Externo poseen dos elementos en común. En primer lugar, el

---

9 *Idem.*

Escepticismo Externo sostiene que ningún juicio moral es verdadero. El escepticismo del error sostiene que todos son falsos, mientras que el escepticismo del *status* sostiene que no son aptos para ser verdaderos o falsos. En segundo lugar, el Escepticismo Externo pretende alcanzar esta conclusión a partir de premisas que no son ellas mismas juicios morales. En este sentido, destaca Dworkin, el Escepticismo Externo pretende "[...] denigrate moral truth [...] without relying on it."

Dworkin ha dirigido diferentes ataques al Escepticismo Externo. El más conocido consiste en mostrar que su conclusión de que "ningún juicio moral es verdadero" es autocontradictoria. Sostener que ningún juicio moral es verdadero implica reconocer la verdad de al menos un juicio moral. Para mostrar por qué este es el caso, Dworkin utiliza el siguiente ejemplo. Nos pide imaginar a cuatro personas que se encuentran participando en un debate acerca del aborto. Cada una de ellas sostiene las siguientes posiciones:

> A: Abortion is morally wicked: we always in all circumstances have a categorical reason –a reason that does not depend on what anyone wants or thinks– to prevent and condemn it.
>
> B: On the contrary. In some circumstances abortion is morally required. Single teenage mothers with no resources have a categorical reason to abort.

C: You are both wrong. Abortion is never either morally required or morally forbidden. No one has a categorical reason either way. It is always permissible and never mandatory, like cutting your fingernails.

D: You are all three wrong. Abortion is never either morally forbidden or morally required or morally permissible[10].

Sin duda los primeros tres individuos sostienen posiciones morales sustantivas. El primero, A, afirma que el aborto está moralmente prohibido. B sostiene que en algunas circunstancias el aborto es obligatorio. C, por su parte, dice que el aborto es permisible. De acuerdo con Dworkin estas tres posiciones pueden ser traducidas utilizando el lenguaje de las razones. A sostiene que existen razones categóricas para no abortar. B, por el contrario, señala que en algunas circunstancias existen razones categóricas para abortar. Finalmente C sostiene que no existen razones categóricas para abortar o para omitir hacerlo. Dado que no existen razones categóricas para abortar o para no hacerlo, abortar es moralmente permisible.

Pero si estas tres posiciones sostienen juicios morales sustantivos, continúa Dworkin, entonces lo mismo sucede con la cuarta. D sostiene que no existe ninguna razón moral categórica. D sostiene una posición que es de la misma naturaleza que la posición defendida

10 *Ibid.*, p. 42.

por C. Para Dworkin D, esto es el escéptico externo, "...makes a much more general claim than C does, but his claim includes C's. He has taken a position on a moral issue: he has taken a substantive, first-order, moral stance"[11]. El escéptico externo sostiene un juicio moral sustantivo de primer orden, según el cual todas las acciones humanas, incluida la de abortar, son moralmente permisibles.

Todo el argumento de Dworkin gira en torno a la noción de permisión. De acuerdo con su reconstrucción de este concepto normativo, una conducta es moralmente permisible cuando no existen razones categóricas para realizarla u omitirla. Esto le permite concluir que quien afirma que no existen razones morales categóricas –como hace el escéptico externo– en realidad sostiene que cualquier conducta es moralmente permisible. Quien niega la moral en realidad afirma que todo es moralmente permisible. Quien niega la moralidad en última instancia la afirma.

Lo que permite obtener esta conclusión paradójica no es otra cosa que la utilización del concepto de permisión moral más allá de los límites que lo vuelven significativo. El concepto de permisión moral –como ausencia de razones categóricas para tomar o evitar un curso de acción– tiene sentido en un contexto de discurso en el que la existencia de razones categóricas para otros cursos de acción es presupuesta. Quien afirma que una acción como abortar es moralmente

11 *Ibid.*, p. 43.

permisible porque no existen razones categóricas para realizarla u omitirla, presupone la existencia de razones morales categóricas que se aplican a otras conductas diferentes a abortar. En otras palabras, los juicios de permisión que niegan que existan razones categóricas para realizar u omitir una conducta específica son los que Strawson denomina "presupposing negations"[12]. Niegan que alguna razón moral categórica se aplique a una conducta específica, por ejemplo abortar, pero presuponen la existencia de razones morales categóricas. Este es el contexto en el cual el concepto de permisión es significativo.

Para obtener su conclusión de que quien niega la existencia de razones morales categóricas –como hace el escéptico externo– en realidad afirma que todo es moralmente permisible, Dworkin utiliza el concepto de permisión más allá de los límites externos que lo vuelven significativo. Quien niega la existencia de razones categóricas niega el contexto que dota de significado al concepto de permisión y, por lo tanto, mal puede sostener o implicar que todo es moralmente permisible. Si Dworkin obtiene la conclusión contraria es solo porque ha traspasado los límites externos del concepto de permisión.

Así como el concepto de competencia es significativo sobre el trasfondo de incompetencias, el concepto de permisión es significativo sobre el trasfondo de

---

12 Véase Strawson, Peter (1952), *Introduction to Logical Theory*, Londres: Mehuen, p.18.

conductas que no son permisibles. Una metáfora puede ayudar a entender la idea. El concepto de permisión sirve para describir los huecos o espacios vacíos que existen en la red de requerimientos y prohibiciones morales. Al igual que el hueco de un *donut* estos espacios no existen a menos que exista la red. Debatir acerca de si el aborto es moralmente obligatorio, prohibido o permitido, es semejante a debatir acerca de cuál es el tamaño de este hueco. A, B y C discrepan acerca del tamaño de este hueco en la red de requerimientos morales, pero esto implica que presuponen que existe la red. El escéptico externo, D, niega que la red exista pero esto en ningún sentido implica que él sostiene que el hueco en la red tiene un tamaño infinito. Él simplemente niega que exista una red con o sin huecos. Es decir, él niega que sea verdad que cualquier conducta sea prohibida, obligatoria o permitida. Decir que él sostiene que todo es permisible es tan absurdo como afirmar que quien niega que exista un *donut* en realidad sostiene que existe un *donut* de tamaño infinito.

CAPÍTULO 13
LA PREGUNTA INSENSATA Y SU POSIBLE RESPUESTA[1]

Roberto Saba

El debate sobre poder constituyente ha cobrado una relevancia inusual en América Latina en las últimas dos décadas. Quizá comparable con la que tuvo luego de que fueran desplazadas las dictaduras de las décadas de 1970 y 1980 por la nueva ola de gobiernos democráticos. En la literatura reciente puede observarse, por un lado, un fenómeno particular que agrupa los casos de los procesos constituyentes de principios del siglo XXI en Venezuela, Ecuador y Bolivia[2]. Si bien

---

1 Algunos fragmentos de este trabajo forman parte de un ensayo de mi autoría titulado "Génesis Constitucional", próximo a ser publicado en la *Revista del Centro de Estudios Constitucionales*, Corte Suprema de Justicia de México, núm. 2, 2016 (en prensa).

2 Véase NEGRETTO, GABRIEL (2015), *La política del cambio constitucional en América Latina*, Buenos Aires: Fondo de Cultura Económica. Véase, también, COUSO, JAVIER (s.f.), "Regreso al futuro? El retorno de la soberanía y del 'principio de no intervención en los asuntos internos de los estados' en el constitucionalismo radical latinoamericano", recuperado de: https://www.law.yale.edu/sites/default/files/documents/pdf/SELA15_Couso_CV_Sp.pdf

hay particularidades propias de cada uno de estos tres casos, ellos son percibidos por alguna literatura especializada y por parte de la opinión pública como ejercicios constituyentes fundacionales de nuevos regímenes o nuevos comienzos. Al menos desde la perspectiva de los actores que los han impulsado, ellos se asocian a lo que Bruce Ackerman o Hanna Arendt podrían catalogar de revoluciones políticas o sociales, respectivamente[3]. Por otro lado, se han planteado algunas situaciones interesantes por diferentes motivos –aunque quizá con menos trascendencia en el debate global que aquellos tres casos– en México, Chile y Argentina. Estos últimos tres países presentan situaciones constitucionales muy diferentes entre sí, pero exponen desafíos vinculados con el ejercicio del poder constituyente que creo nos obligan a los constitucionalistas de la región a articular una teoría acerca de lo que prefiero denominar *génesis constitucional*, de modo que nos permita encontrar salidas a los problemas y dilemas que surgen en esos contextos nacionales. Mientras los casos de Venezuela, Ecuador y Bolivia han sido presentados como cambios revolucionarios, con sus propias problemáticas y dilemas, los casos de México, Chile y Argentina presentan ejemplos de situaciones en las que se busca o propone un cambio constitucional que se considera necesario por sectores

---

3 ARENDT, HANNA (1963), *On Revolution*, Nueva York: Penguin Books; ACKERMAN, BRUCE (1991) *We the People*, Cambridge: Harvard University Press, pp. 203-212.

de la ciudadanía más o menos amplios, pero que se quiere lograr sin el recurso a la justificación que provee el cambio radical de régimen político o social, o la fundación de un nuevo comienzo.

De estos últimos tres casos, el más complejo y desafiante es quizá el de Chile, pues ha ocupado el debate público de ese país por varios años y continúa haciéndolo mientras escribo estas líneas. En 1980, bajo el gobierno dictatorial de Augusto Pinochet, este impuso una Constitución que aspiró a atar a las generaciones futuras incorporando una serie de normas que hacen aun hoy prácticamente imposible para los gobiernos democráticos que sucedieron al dictador modificar su contenido[4]. Debido a la imposición de estos "cerrojos constitucionales"[5] diseñados por Jaime Guzmán, asesor del dictador, las mayorías de la nueva era democrática no solo se vieron y se ven impedidas de avanzar en la formulación de reformas sustantivas por los límites impuestos por una constitución de corte libertario, sino que además les resultó –y resulta– casi imposible llevar a cabo un proceso de reforma constitucional que genere un espacio

---

4 Para una descripción de la situación chilena, véase Fuentes, Claudio & Joignant, Alfredo (2015), "La solución constitucional: Rutas de salida del antiguo orden y estrategias de entrada a una nueva Constitución", en Fuentes, Claudio & Joignant, Alfredo (Eds.), *La solución constitucional*, Santiago de Chile: Catalonia, pp. 13-40.

5 Atria, Fernando (2013), *La constitución tramposa*, Santiago de Chile: lom Ediciones.

propicio para el diseño e implementación de esas reformas y políticas. Los cerrojos eran básicamente los siguientes: en primer lugar, el establecimiento de un sistema electoral por circunscripción binominal por el cual el territorio nacional era dividido en jurisdicciones y la ciudadanía que habitaba cada una de ellas elegía dos representantes al Congreso, uno por la mayoría y otro por la minoría. En el contexto de un sistema bipartidista, por otra parte incentivado por el mismo sistema electoral binominal, el Congreso quedaba prácticamente conformado por grupos de legisladores correspondientes a los dos partidos del sistema, con dos facciones empatadas en cantidad de votos (este sistema electoral fue modificado como consecuencia de la presión ejercida por amplios sectores de la sociedad civil a comienzos de 2015, año en el que se decidió implementar un sistema proporcional[6]). En segundo término, se instaló un procedimiento de reforma que otorgaba la facultad de introducir enmiendas en la Constitución al propio Congreso, pero exigiéndole mayorías calificadas de 3/5 y de 2/3 dependiendo de los temas a reformar[7],

---

6 Véase el sitio oficial del Gobierno de Chile: http://www.gob.cl/2015/04/27/fin-al-binominal-conoce-el-nuevo-sistema-electoral/

7 Capítulo XV de la Constitución de Chile sobre Reforma de la Constitución, Artículo 127:
"Los proyectos de reforma de la Constitución podrán ser iniciados por mensaje del Presidente de la República o por moción de cualquiera de los miembros del Congreso Nacional, con las

lo cual generaba un virtual poder de veto en manos de la minoría que, cuando gobernó Chile bajo el liderazgo del dictador, diseñó una constitución y un proceso de reforma que la beneficiaba. De este modo un Congreso dividido por mitades, con dos partidos ideológicamente opuestos –uno conservador y con simpatías hacia el exdictador y su legado, y otro expresando la adhesión a una coalición de partidos de centro izquierda– se encontraba –y se encuentra– con una imposibilidad prácticamente irremontable de lograr la mayoría calificada que demanda una reforma constitucional. Esta situación no cambió ni siquiera con la reforma del sistema electoral que la Presidenta Bachelet introdujo a comienzos de 2015 y que se aplicará en 2017, pues las mayorías calificadas y la conformación del sistema de partidos continúan dándole un enorme poder de veto a una minoría que no es pequeña[8].

---

limitaciones señaladas en el inciso primero del Artículo 65. El proyecto de reforma necesitará para ser aprobado en cada Cámara el voto conforme de las tres quintas partes de los diputados y senadores en ejercicio. Si la reforma recayere sobre los capítulos I, III, VIII, XI, XII o XV, necesitará, en cada Cámara, la aprobación de las dos terceras partes de los diputados y senadores en ejercicio". En lo no previsto en este capítulo, serán aplicables a la tramitación de los proyectos de reforma constitucional las normas sobre formación de la ley, debiendo respetarse siempre los *quórums* señalados en el inciso anterior.

8 Atria, Fernando (2015), "Sobre el problema constitucional y el mecanismo idóneo y pertinente", en Fuentes, Claudio &

Los seis casos nacionales mencionados de procesos de creación de normas fundamentales nos interpelan como constitucionalistas para ofrecer respuestas inteligibles respecto de cómo opera o, mejor, cómo debería operar, el ejercicio del llamado poder constituyente. El caso chileno es, desde mi punto de vista, el más interesante por la variedad y profundidad de los problemas que plantea. Algunos juristas de ese país han planteado la necesidad de llamar a una Asamblea Constituyente que, pese a que su convocatoria no está prevista en la Constitución de 1980, modifique el marco constitucional de la Nación. Otros consideran que la reforma es necesaria pero que debe realizarse por medio de los procedimientos establecidos en la Constitución que estableció Pinochet en 1980. El gobierno de Bachelet, finalmente, optó a mediados de 2015 por lo que la Presidenta denominó un "proceso constituyente", el cual contaría con cuatro momentos: primero, se impulsaría un debate amplio sobre el cambio constitucional que comenzó en septiembre de 2015 y se extendería por un año; luego, se elegiría de acuerdo con el nuevo sistema electoral proporcional, en 2017, un Congreso que sería "constituyente"[9]; en tercer término, se alcanzaría un gran acuerdo político

JOIGNANT, ALFREDO (Eds.), *La solución constitucional*, Santiago de Chile: Catalonia, pp. 41-70.

9 Véase CORREA SUTIL, JORGE (2015), "Cambio constitucional desde el Congreso Nacional", en FUENTES, CLAUDIO & JOIGNANT, ALFREDO (Eds.), *La solución constitucional*, Santiago de Chile: Catalonia, pp. 113-126.

entre los partidos y, finalmente, se aprobaría el acuerdo por medio de un plebiscito. Algunos juristas consideran que este proceso es en verdad una variante de la posición que sugiere apartarse de los procedimientos previstos en la Constitución de 1980, aunque detrás de la cosmética de su observancia[10].

Un intento de entender estas situaciones complejas puede estar marcado por el recurso a las teorías jurídicas tradicionales sobre competencia y jurisdicción que han protagonizado el debate del país andino. ¿Estaría facultada la Asamblea Constituyente que proponen algunos juristas como Fernando Atria para sancionar una nueva Constitución para Chile a pesar de no estar prevista en la Constitución de 1980 como el órgano facultado para reformar la Constitución?[11] ¿Cuál era la facultad de Pinochet para atar a los chilenos a una Constitución prácticamente inmodificable para toda la eternidad? Estos interrogantes nos ponen frente a lo que considero es uno de los más serios desafíos históricos para la teoría constitucional latinoamericana y, para enfrentarlo, propongo volver sobre la obra de Genaro Carrió.

---

10 Véase Peña, Carlos (24 de mayo de 2015), "El fin del misterio constitucional", *El Mercurio*, Blogs, recuperado de http://www.elmercurio.com/blogs/2015/05/24/32075/Fin-del-misterio-constitucional.aspx

11 Atria, Fernando (2015), "Sobre el problema constitucional y el mecanismo idóneo y pertinente", en Fuentes, Claudio & Joignant, Alfredo (Eds.), *La solución constitucional*, Santiago de Chile: Catalonia, pp. 41-70.

UNA PREGUNTA INSENSATA PARA EL DR. K

La actualidad del debate sobre ejercicio de poder constituyente en América Latina no implica que sea novedoso. La historia de los siglos XIX y XX en la región, y en particular en Argentina, ha estado plagada de situaciones en las que algunas personas han intentado, a veces con éxito –en un sentido de mera eficacia–, instalar regímenes jurídicos y políticos a partir de una ruptura con el orden constitucional establecido. Por supuesto, los detractores de aquellos intentos los han caracterizado como golpes de Estado o rupturas ilegítimas de los regímenes establecidos, mientras que sus defensores y protagonistas han ensayado justificaciones que partían de caracterizar el cambio de régimen como una revolución, un nuevo comienzo, o un retorno a los orígenes de la nación. A partir de estos hechos, la academia ha dirigido su atención hacia estos fenómenos, aunque desde perspectivas diferentes. En los últimos años, por ejemplo, sobre todo a partir de los procesos constituyentes de Bolivia y Venezuela, la ciencia política latinoamericana ha hecho importantes esfuerzos explicativos para ayudarnos a comprender lo sucedido, clasificar procesos de acuerdo con sus semejanzas y diferencias y proveer de algunos indicios y patrones que nos permitan anticipar posibles nuevos eventos de similares características[12]. Por su parte,

---

12 Véase NEGRETTO, GABRIEL (2015), *La política del cambio constitucional en América Latina*, Buenos Aires: Fondo de Cultura Económica.

gran parte del constitucionalismo latinoamericano del siglo pasado y de lo que va de este, ha intentado articular una respuesta jurídica al fenómeno de la génesis constitucional, aunque estos análisis han oscilado entre tesis de índole positivista ideológica o teorías casi esotéricas que demuestran el carácter elusivo del fenómeno en cuestión. A mi entender, un solo jurista de habla hispana ha realizado un intento novedoso, sofisticado, desafiante y provocativo para comprender el fenómeno de la génesis constitucional en momentos en los que hacerlo no implicaba pocos riesgos, por lo que esa empresa fue, además de todo lo dicho, valiente. Ese jurista fue Genaro Carrió y su tesis provocó, nada menos, que la también sofisticada respuesta y contrapropuesta de su discípulo y amigo Carlos S. Nino. La combinación de los trabajos teóricos de estos dos gigantes del derecho latinoamericano ha sido crucial desde el punto de vista político, al menos en lo que respecta al modo en que Argentina ha enfrentado los efectos de la producción pseudo legislativa de su última dictadura militar. Por su parte, la inexistencia de un debate similar en el caso chileno antes presentado, podría explicar las dificultades que esa comunidad política y los juristas de ese país han

---

Véase, también, Couso, Javier (s.f.), "Regreso al futuro? El retorno de la soberanía y del 'principio de no intervención en los asuntos internos de los estados' en el constitucionalismo radical latinoamericano", recuperado de https://www.law.yale.edu/sites/default/files/documents/pdf/SELA15_Couso_CV_Sp.pdf

enfrentado al querer desatar el nudo constitucional que les dejó Pinochet.

Califiqué la tesis de Carrió como valiente no solo por los atributos de un jurista ejemplar que no temió defender los valores del derecho, la razón y la democracia en contextos hostiles de gobiernos caracterizados por su maldad radical[13], sino que su planteo se animó a poner en duda, al menos por un momento y como ejercicio teórico, el evidente carácter de golpe de Estado que algunos se apresurarían a asignarle a cualquier quiebre del orden legal establecido. Es crucial, para entender la obra de Carrió en este campo, despojarse de la intuición irreflexiva de que cualquier violación de los procedimientos de reforma constitucional vigentes implica necesariamente un quiebre del orden constitucional y, por lo tanto, censurable desde el punto de vista moral y jurídico. Carrió nos invita a pensar con frescura y sin prejuicios sobre uno de los fenómenos más complejos, oscuros y misteriosos del derecho constitucional y nos guía por sus laberintos dejándonos al final del recorrido en mejores condiciones para desanudar situaciones de enorme complejidad de la que es un ejemplo el caso chileno mencionado.

---

13 Me refiero a la valentía de Carrió como abogado defensor de derechos humanos durante la dictadura militar argentina de 1976-1983. El caso más resonante fue sin duda el de su defensa de Jacobo Timerman.

En su breve y clásica obra *Sobre los límites del lenguaje normativo*, Genaro Carrió presenta un caso hipotético que nos invita a reflexionar sobre el ejercicio del poder constituyente y la génesis constitucional[14]. Carrió nos cuenta la historia de tres militares que se presentan en el bufete del Dr. K y le realizan una consulta *jurídica*. Los tres señores quieren que el abogado los asesore sobre la legalidad del acto que planean concretar. Dicen contar con el apoyo de una importante porción de la población para tomar el poder por la fuerza y proceder a la emisión de normas jurídicas. Como son personas muy apegadas a la ley y no desean hacer nada que no esté jurídicamente justificado, quieren saber si esas decisiones que tomarán serán válidas o, en otras palabras, preguntan si es posible afirmar que ellos estarán *facultados* para tomar esas decisiones o, en otras palabras, si *pueden* tomar esas decisiones. El Dr. K, sorprendido por el tenor y el contenido de la consulta, trata de interpretar correctamente lo que estas personas necesitan saber. El letrado entiende que los tres militares no quieren saber si pueden tomar decisiones o si pueden concretar sus planes en un sentido fáctico, pues ellos no necesitan de un abogado para responder a esa pregunta. De hecho, son militares y saben mejor que el jurista si cuentan con el poder *de hecho* de tomar las decisiones que pretenden adoptar, emitir órdenes y respaldarlas con

---

14 Carrió, Genaro (1972), *Sobre los límites del lenguaje normativo*, Buenos Aires: Editorial Astrea.

la amenaza del uso de la fuerza frente a la eventual desobediencia por parte de los ciudadanos. Tampoco desean saber si sus decisiones será válidas a partir del momento en que sean acatadas, pues le hacen saber explícitamente que lo que ellos quieren saber es si *ahora*, en el momento en que consultan con el abogado, están facultados a tomar las decisiones y realizar los actos que planean para el futuro inmediato. El Dr. K deduce que lo que estos señores en realidad están preguntando es si pueden tomar esas decisiones en un sentido *normativo-jurídico*, es decir, si tienen *facultades* o *competencias* para tomar esas decisiones. El problema, según Carrió, que a esta altura habla por medio de su *alter ego*, el Dr. K, es que cuando nos preguntamos acerca de si un cierto agente tiene facultades para tomar decisiones que tienen la pretención de ser consideradas normas válidas, necesariamente se debe indagar si existe una norma jurídica que indique que ese agente tiene la autoridad, la jurisdicción, la competencia o la facultad para tomar esa decisión; de otra manera, las decisiones no serían tomadas en virtud de una norma que le confiriera facultades al agente para emitirlas y serían jurídicamente inválidas. Sin embargo, el Dr. K sabe que los tres militares son conscientes de que no hay una norma que les otorgue la facultad de tomar decisiones jurídicamente válidas y, entonces, lo que deben estar preguntando, se dice K a sí mismo al tratar de resolver el enigma planteado, es si ellos, como primera autoridad legisferante, tienen la facultad de emitir normas jurídicamente válidas. Lo que sucede es que la primera autoridad legisferante, por definición, no puede fundar la validez *jurídica* de sus decisiones en una norma que le otorga la facultad para emitir normas jurídicas válidas, pues no hay ninguna norma que otorgue esa facultad a la primera autoridad emisora de normas jurídicas.

Por otro lado, hay quienes podrían argumentar que la validez de las decisiones de esa primera autoridad no reside en la facultad de esa autoridad derivada de una norma jurídica que se la otorga, sino de la obediencia que las personas rindan a esas decisiones una vez tomadas. En este punto Carrió está sutilmente confrontando con la doctrina de la Corte Suprema de Justicia de Argentina, la cual tuvo que emitir una opinión justamente en un caso similar al de la consulta de los tres militares cuando debió tomar posición luego del golpe militar de 1930. En esa oportunidad el máximo tribunal de la Nación emitió una Acordada –una opinión que no está vinculada a un caso o controversia– según la cual las decisiones tomadas por el nuevo gobierno serían consideradas válidas si ellas fueran obedecidas por la ciudadanía. Esta postura fue bautizada como la "doctrina de la revolución triunfante" y se articuló del siguiente modo:

> 1°. Que la susodicha comunicación [del Presidente provisional del Poder Ejecutivo] pone en conocimiento oficial de esta Corte Suprema la constitución de un gobierno provisional emanado de la revolución triunfante de 6 de septiembre del corriente año.

2°. Que ese gobierno se encuentra en posesión de las fuerzas militares y policiales necesarias para asegurar la paz y el orden de la Nación, y por consiguiente para proteger la libertad, la vida y la propiedad de las personas, y ha declarado, además, en actos públicos, que mantendrá la supremacía de la Constitución y de las leyes fundamentales del país, en el ejercicio del poder. Que tales antecedentes caracterizan, sin duda, un gobierno de hecho en cuanto a su constitución, y de cuya naturaleza participan los funcionarios que lo integran actualmente o que se designen en lo sucesivo con todas las consecuencias de la doctrina de los gobiernos 'de facto' respecto de la posibilidad de realizar válidamente los actos necesarios para el cumplimiento de los fines perseguidos por él. Que esta Corte ha declarado, respecto de los funcionarios de hecho, 'que la doctrina constitucional e internacional se uniforma en el sentido de dar validez a sus actos, cualquiera que pueda ser el vicio o deficiencia de sus nombramientos o de su elección, fundándose en razones de policía y de necesidad y con el fin de mantener protegido al público y a los individuos cuyos intereses puedan ser afectados, ya que no les sería posible a estos últimos realizar investigaciones ni discutir la legalidad de las designaciones de funcionarios que se hallan en aparente posesión de sus poderes y funciones –Constantineau, 'Public Officers and the Facto Doctrine', Fallos: tomo 148, página 303–[15].

15 Corte Suprema de la Nación Argentina, acordada del 10 de

Carrió rechaza esta teoría por considerarla falaz. Reconocer validez a una norma jurídica por su "eficacia actual"[16] en función de la obediencia o acatamiento de aquellos a quienes está dirigida la norma implica incurrir en la denominada falacia naturalista o falacia de Hume, pues desprender un juicio del deber ser a partir de una proposición del mundo del ser, constituye un movimiento lógicamente imposible[17]. Las normas –el deber ser–, argumenta Carrió, no reciben su validez del *hecho* de que son obedecidas –el ser–. Si ello fuera así, las órdenes que impartiera una mafia y que fueran obedecidas por los sujetos sometidos a su autoridad fáctica por temor a las consecuencias de su inobservancia deberían ser consideradas derecho. Las normas jurídicas solo pueden recibir su validez a partir de la existencia de otra norma jurídica que establezca la competencia o jurisdicción del órgano que emite esa norma para poder dictarla. Este es el problema del ejercicio del poder constituyente originario y, quizá, también del derivado. La norma legal decidida por el Congreso de la Nación, por ejemplo, no es válida por el hecho de haber sido decidida por la mayoría de los representantes del pueblo en ese

---

septiembre de 1930. Véase http://repositoriorecursos-download.educ.ar/repositorio/Download/file?file_id=8c8337d3-8fb9-4e1c-bfb6-72d5f6a05792. Fuente: Halperín Donghi, Tulio (2007), La *República imposible (1930-1945)*, Biblioteca del Pensamiento Argentino V, Buenos Aires: Emecé.

16 Carrió (1972), pp. 49-54.

17 *Ibid.*, pp. 78-85.

órgano, sino porque hay una norma que establece que el Congreso tiene la facultad o la competencia para tomar esa decisión. Sin la existencia de esa norma, la decisión de la mayoría de los representantes del pueblo no es más que un hecho del que no es posible desprender derecho.

Llegamos así al corazón de nuestro problema. Por un lado, no es posible desprender la validez de la primera norma constitucional a partir del *hecho* de que esa norma es obedecida, pues ello sería falaz, pero, por otro lado, tampoco podemos reconocer la validez de esa norma a partir de la existencia de una norma que otorgue facultades al primer poder constituyente, porque, por definición, esa norma no existe. El Dr. K –es decir, Carrió– llega así a la conclusión de que la pregunta que le han formulado sus tres extraños clientes acerca de si la autoridad que emite la primera norma posee facultades, competencias o jurisdicción para hacerlo, no es sensata, es decir, que no tiene sentido, pues, por definición, no hay norma *jurídica* anterior que le otorgue a esa autoridad la facultad para hacerlo. Por ello, Carrió sostiene que intentar utilizar el lenguaje de las normas jurídicas, el lenguaje normativo, para describir o comprender el fenómeno del poder constituyente originario es equivalente a empujar el lenguaje jurídico más allá de los límites dentro de los cuales este puede ser inteligiblemente utilizado. De allí su ocurrente imagen acerca de que no podemos hacer con el lenguaje algo similar a lo que se nos ocurriría hacer con un mal uso de los cubiertos: no deberíamos aspirar a tomar la sopa con un tenedor. En estas situaciones, nos dice Carrió, el lenguaje sale de vacaciones[18].

El caso hipotético que nos presenta Carrió es una metáfora del poder constituyente originario y su conclusión es escéptica respecto de la posibilidad de justificar la validez de la primera norma constitucional con base en un fundamento jurídico. Pero entonces, ¿es posible justificar la obediencia a la primera constitución de algún modo?

El fundamento moral de la autoridad constitucional

Los tres militares que visitaron al Dr. K, además de presentarle la consulta que discutimos en el apartado anterior, le pidieron que preparara un dictamen con las opiniones de expertos del derecho constitucional sobre la materia. Carrió despliega, detrás del protagonista de su historia y no sin una marcada ironía, una reconstrucción de los "argumentos" expresados por esos juristas en sus obras ya clásicas. Recoge y acumula en forma consecutiva un largo listado de caracterizaciones del poder constituyente originario que, leídas de ese modo, en conjunto, producen un efecto literario que busca sin duda apabullar al lector con una secuencia de metáforas que no pueden sino interpretarse como una muestra del sutil sentido del humor que caracterizó a Genaro Carrió en sus

18 *Ibid.*, p. 48.

escritos académicos y más allá de ellos. Esos constitucionalistas clásicos, imposibilitados de recurrir a argumentos jurídicos para caracterizar al poder constituyente, echan mano a imágenes esotéricas que parecen más dignas de una obra religiosa que de un texto jurídico, de allí que Carrió encuentre en ese lenguaje utilizado para describir el poder constituyente originario tantas semejanzas con el concepto de Dios en la filosofía de Spinoza[19]. Ellos dicen que el poder constituyente es "insubordinado, pues en su cometido no se subordina a ninguna regla de fondo ni de forma" (Burdeau); que está "fuera del orden jurídico", que "su naturaleza es la insubordinación", que "aparece en su plenitud en los períodos de crisis" (Burdeau); que "no tiene más que un rostro, aquel bajo el cual se revela con independencia de todo ordenamiento estatal" (Burdeau); que es "unitario, indivisible y absolutamente libre" (Schmitt, Xifra Heras); que "siendo informe, forma todas las formas" (Schmitt); que es "autoridad suprema, libre de toda formalidad, que se funda sobre sí misma y en sí misma" (Xifra Heras); que es "permanente e inalienable; lejos de destruirlo, su ejercicio lo exterioriza y refleja su patencia" (Xifra Heras); que "su fuerza vital y su energía es inagotable" (Schmitt); que "es una fuerza omnímoda e incontrolable" (Imaz)...[20].

---

19 *Ibid.*, pp. 44-46.
20 *Ibid.*, pp. 35-36.

La dificultad de estos eximios constitucionalistas para articular una teoría jurídica sobre la génesis constitucional es para Carrió la evidencia que necesitaba K para confirmar que la pregunta de los tres señores que lo visitaron en su estudio aquella tarde era un sinsentido. Estas respuestas insensatas son la reacción a una pregunta insensata. Según las propias palabras de Carrió:

> El concepto de poder constituyente originario no es una herramienta útil para la *teoría* constitucional toda vez que su uso en expresiones normativas o, mejor dicho, seudo-normativas, nos lleva más allá de aquellos límites traspuestos los cuales este tipo de lenguaje cesa de operar con significado. Lejos de ser una herramienta teórica es un factor de confusión. La noción de poder constituyente originario responde a una tendencia irreprimible de la razón: la búsqueda de lo incondicionado. En este caso lo que se busca es una fuente única, ilimitada y suprema, de toda normación jurídica y de toda justificación jurídica. Tal fuente, si la hay, está más allá de nuestras posibilidades de conocimiento y de expresión. De allí las interminables letanías, el lenguaje coloridamente alegórico, los reiterados sinsentidos[21].

Para Carrió, la pregunta que se le plantea al Dr. K carece de sentido porque indaga sobre un fenómeno que no puede ser abarcado por el lenguaje jurídico.

---

21 *Ibid.*, p. 57.

Tanto la pregunta como sus posibles respuestas caen fuera de los límites del lenguaje normativo –y yo agregaría, jurídico–. Sin embargo, que el fenómeno de la génesis constitucional y del ejercicio del poder constituyente –originario y derivado– exceda y supere al lenguaje jurídico, ¿implica que no puede ser atendido por el lenguaje normativo no-jurídico? Aquí es donde Carrió se encontrará con la respuesta de su amigo y discípulo.

Carlos Nino está de acuerdo con la evaluación de Carrió sobre la insensatez de la pregunta sobre la validez *jurídica* de la norma constitucional original. Incluso agrega que esa misma crítica podría hacerse extensiva a las normas constitucionales derivadas y, también, a las normas emanadas del Congreso o del Poder Ejecutivo, pues si no puede predicarse la validez *jurídica* de la norma constitucional original, y siendo ella la que reconoce jurisdicción a la Asamblea Constituyente –o al Parlamento, dependiendo del caso específico nacional de que se trate– que reforma la Constitución o a los poderes constituidos que emiten normas infraconstitucionales, todas las decisiones emanadas de ellos, cuyas competencias se desprenden de aquella norma originaria de la que no se puede predicar validez jurídica, estarían también impregnadas de la misma dificultad de justificación jurídica[22].

---

22 NINO, CARLOS S. (1983), "El concepto de poder constituyente originario y la justificación jurídica", en BULYGIN, EUGENIO; FARRELL, MARTÍN D.; NINO, CARLOS S. & RABOSSI, EDUARDO A.

Sin embargo, el acuerdo de Nino con Carrió termina aquí, pues para Nino, a diferencia de Carrió, sí es posible asignar validez a la primera norma constitucional, pero esa validez no dependería de una norma jurídica que le reconozca competencia al órgano que emite la primera constitución, pues ella no existe por definición, sino que la validez derivaría de una norma moral que le reconoce competencia a ese órgano o agente. Esa norma moral podría desprenderse de una teoría moral o de una teoría política, por ejemplo, de una teoría de la democracia, que entendiera que hay razones morales para obedecer las decisiones que surgieran de un proceso deliberativo que tiene superioridad epistémica respecto de otros procesos de toma de decisión, como por ejemplo aquellos que no sean democráticos[23]. En suma, una vez descartada, gracias a la tesis de Carrió, la vía de reconocer la validez de la norma constitucional a partir de una norma jurídica que le otorgue competencias al primer órgano constituyente y de descartar por falaz la justificación jurídica de la validez de esa norma en la mera obediencia de los súbditos, podemos, siguiendo a Nino, explorar la alternativa de recurrir a una teoría moral para asignarle validez a la norma

---

(Comp.), *El lenguaje del derecho. Homenaje a Genaro R. Carrió*, Buenos Aires: Abeledo-Perrot.

23 Nino, Carlos S. (1998), *The Constitution of Deliberative Democracy*, New Haven: Yale University Press. También Nino, Carlos S. (1985), "La validez de las normas 'de facto'", en *La validez del derecho*, Buenos Aires: Editorial Astrea, pp. 89-108.

original y a las normas derivadas de esta tomadas por los órganos facultados por ella para decidirlas, ya sean constituyentes derivados o legislativos. En otras palabras, necesitaremos una teoría de la democracia y una teoría de los derechos que nos permitan derivar de ellas una teoría de la constitución y, en consecuencia, una teoría del poder constituyente.

Tres concepciones de democracia, tres nociones de constitución

Si bien es posible identificar en el debate académico y político un amplio universo de concepciones de democracia y de teorías de los derechos vinculadas o en tensión con las primeras, recurriré a tres categorías que utiliza Bruce Ackerman en su libro *We the People* que encuentro útiles para ilustrar el punto que deseo hacer[24]. En primer lugar, Ackerman nos presenta una familia de enfoques a los que asocia con teorías que defienden la existencia de derechos fundamentales que no surgirían de un acuerdo democrático, sino de una teoría moral. Para esta postura, que denominaré a los solos efectos argumentativos *fundamentalista de derechos*, los derechos humanos, o los principios de justicia, son universales y prepolíticos, por lo que operan como un límite a las decisiones democráticas de autogobierno e incluso a las decisiones

24 Ackerman, Bruce (1991), *We the People*, Cambridge: Harvard University Press, pp. 3-33.

constitucionales. Son, en palabras de Owen Fiss, ideales sociales que nos permiten juzgar críticamente esas decisiones[25]. Una segunda familia de enfoques se corresponde, según Ackerman, a posiciones que denomina *monistas* por su visión acerca del funcionamiento del sistema democrático. Autores como John Ely en los Estados Unidos[26] y Roberto Gargarella en Argentina[27] se ubicarían dentro de este enfoque. La idea principal de esta familia de pensamiento jurídico es que el sistema democrático se caracteriza por contar con un solo tipo de decisiones que pueden ser consideradas válidas y ellas son las que toma el pueblo cuando se autogobierna. Desde esta perspectiva, no existe ninguna otra autoridad legítima en un sistema democrático que no sea el pueblo, entendiendo por este al colectivo conformado por las personas que comparten durante un tiempo más o menos prolongado la existencia dentro de una comunidad política –el pueblo de los vivos–. Este pueblo autodeterminado no debería verse limitado en la implementación de su voluntad política por decisiones tomadas por per-

---

25 Fiss, Owen (2011), "Human Rights as Social Ideals", en *The Dictates of Justice. Essays on Law and Human Rights*, Dordrecht, Holanda: Republic of Letters Publishing BV, pp. 1-12. También publicado en español con el título *Los mandatos de la justicia* (2013), Roberto Saba (Trad.), Madrid: Marcial Pons.

26 Ely, John, (1980), *Democracy and Distrust*, Cambridge: Harvard University Press.

27 Gargarella, Roberto (1996), *La justicia frente al gobierno*, Buenos Aires: Ariel.

sonas que ya no forman parte de la comunidad –por haber abandonado el mundo de los vivos–, así como tampoco por las propias decisiones de ellos mismos, de su generación, en un tiempo pasado. Mucho menos, por derechos o contenidos supuestamente prepolíticos que no son decididos por el pueblo y que provienen de teorías de la justicia o de los derechos que, al fin y al cabo, son articuladas por personas físicas iguales a cualquier miembro de la comunidad política y que no gozan de autoridad política. Mientras los fundamentalistas creen que el pueblo debería limitar sus decisiones constitucionales y legislativas en el respeto que merecen los principios de justicia justificados extrapolíticamente, lo que Ackerman llama con cierta ironía "los grandes libros", como la *Teoría de la justicia* de John Rawls, o la teoría articulada en *Justicia social y Estado Liberal* por el propio Ackerman, o la *Biblia* o el *Corán*,[28] los monistas consideran que la voluntad del pueblo no puede estar sujeta a contenidos prepolíticos. Si bien pareciera ser a primera vista que el monismo rechaza cualquier tipo de límite constitucional, ello sin embargo no es así. Autores monistas como Ely argumentarán que en el mismo compromiso de una comunidad con el ideal de autogobierno podemos encontrar el único límite –constitucional– aceptable que un monista podría acatar: las reglas que son precondición del sistema democrático de autogobierno que el propio pueblo ha adoptado. Finalmente,

---

28 ACKERMAN (1991), *op. cit.*, pp. 10-16.

Ackerman identifica una última familia de enfoques en materia de teoría democrática y constitucional a la que denomina *dualismo*, dentro de la que se encuentra su propia tesis. El dualismo se caracteriza, a diferencia del monismo, por considerar que en una democracia conviven dos tipos de decisiones: las que el gobierno formado por representantes del pueblo toma en momentos corrientes y las que el pueblo toma en momentos constitucionales. Ackerman afirma que las segundas limitan a las primeras. Por otra parte, los dualistas se distinguen de los fundamentalistas de un modo similar al que los monistas también se distinguían de ellos: las decisiones constitucionales del pueblo no podrían estar limitadas por contenidos expresados en los grandes libros. Fundamentalistas, monistas y dualistas tienen relaciones diferentes con dos aspectos centrales de una teoría del poder constituyente: los procedimientos de reforma constitucional y el contenido de la reforma. Veamos ahora algunos de los casos nacionales que mencioné más arriba a la luz de estos enfoques sobre la relación entre democracia y constitución y su impacto en el debate sobre génesis constitucional.

Procedimientos

El caso chileno es sumamente interesante en lo que respecta al lugar que ocupan –o deberían ocupar– los procedimientos en la génesis constitucional. El centro del debate actual radica justamente en determinar si, en el caso en el que los chilenos quisieran reformar la Constitución, el cambio debería llevarse a cabo de acuerdo con los procedimientos establecidos en el instrumento vigente sancionado por Pinochet en 1980, máxime que sería extremadamente difícil hacerlo siguiendo las reglas que la propia Constitución establece. Fue el mismo asesor de Pinochet, Jaime Guzmán, quien afirmó que la finalidad de esas reglas constitucionales era que "si llegan a gobernar los adversarios, se vean constreñidos a seguir una acción no tan distinta a la que uno mismo anhelaría, porque el margen de alternativas posibles que la cancha imponga de hecho a quienes juegan en ella sea lo suficientemente reducido para hacer extremadamente difícil lo contrario"[29]. Ulises atado, pero no por sí mismo. Es por ello que Atria llama a este un juego tramposo. Desde otro extremo del debate se defiende el procedimiento establecido en la propia Constitución como el único camino para expresar la voluntad constitucional, no importa su origen ni el contenido de lo decidido, posición que ha defendido, con matices, por ejemplo, Pablo Ruiz Tagle[30]. Este

---

29 GUZMÁN, JAIME (1979, dic.), "El camino político", *Revista Realidad*, año 1(7): 13-23, citado por ATRIA, FERNANDO (2013), *La constitución tramposa*, Santiago de Chile: LOM Ediciones.

30 Véase "Mecanismo para asamblea constituyente divide a asesores del comando de Bachelet", *El Mercurio*, 1 de junio de 2013, p. C6. Véase también *Una gran conversación por Chile. Proceso constituyente y una nueva Constitución política. Ciclo de discusiones*, Agosto-Noviembre de 2015, Facultad de Derecho de la Universidad de Chile, recuperado de http://web.derecho.

jurista afirma que, al menos en el caso chileno "[...] una Constitución legítima o que sea legítima, tiene que cumplir dos condiciones [...] tiene que ceñirse al Derecho Constitucional existente, y segundo tiene que respetar a las mayorías y a las minorías, es decir, a los principios democráticos"[31].

> El Poder Constituyente siempre en las democracias constitucionales, tiene límites. Siempre. Y los límites son las normas constitucionales existentes. Si ejercemos el poder constituyente en un ámbito que no es la democracia constitucional, ciertamente que no hay límites, y eso es lo que distingue el ejercicio de Pinochet, el ejercicio de los gobiernos que tienen una base constitucional y no democrática, de los que la tienen[32].

Como lo demuestra esta cita, parece ser imposible escindir el debate sobre la relevancia de los procedimientos para poder producir normas constitucionales válidas, de la distinción entre poder constituyente originario y derivado. Sin embargo, tanto Carrió como Nino y Ackerman, entre otros, pondrán en duda la relevancia de esta añeja y canónica distinción. Carrió sostiene que "frente al poder constituyente originario, cuyo 'rostro único' acabamos de caracterizar con la

---

uchile.cl/documentos/unagranconversacion_web2015.pdf, pp. 71-99 y pp. 295-337.

31 *Ibid.*, p. 299.

32 *Ibid.*, p. 300.

ayuda de los expertos en Derecho Constitucional, se yergue –más bien habría que decir se prosterna– el poder constituyente derivado" y así vuelve sobre los textos clásicos a los que se había referido con un dejo de humor: este poder constituyente derivado "es una 'forma benigna' del verdadero poder constituyente" (Burdeau); "no tiene valor en sí; solo vale en la medida en que es una expresión, parcial e imperfecta, del poder constituyente originario" (Burdeau); "es una desnaturalización, una parodia, del poder constituyente derivado", "es congénitamente impotente" (Burdeau). Metáforas. Textos de derecho constitucional plagados de metáforas que provocan la fina ironía de Carrió. El problema, según él, radicaba en parte en la ambigüedad del significado de la palabra "poder", pues este vocablo nos hace incurrir en el error de que su significado descriptivo –los tres militares tenían la fuerza y el apoyo suficientes para *poder* llegar al gobierno por la fuerza y con éxito–, se solape con el prescriptivo –en el sentido de si esos tres personajes tenían competencias o facultades para tomar decisiones de gobierno–. Una vez más, el carácter falaz de la primera acepción del término y lo insensato de la segunda, llevan a Carrió a su radical escepticismo respecto de la posibilidad de meter dentro de la caja del derecho a los poderes constituyentes originarios y derivados. Nino también pondrá en duda la posibilidad de construir una teoría acerca de la validez jurídica de las normas emanadas del poder constituyente derivado si antes no es posible justificar las decisiones tomadas por el poder constituyente originario que es el que provee de las razones normativas para poder asignar validez a las decisiones de los órganos reformadores de la constitución –y también de los productores de leyes infraconstitucionales.

El caso mexicano ofrece un ejemplo casi simétrico al chileno. La Constitución de México presenta un procedimiento de reforma altamente exigente en materia de mayorías, pues requiere de 2/3 de los votos de los miembros presentes de cada una de las dos Cámaras del Congreso y, luego, de la aprobación de la reforma por la mayoría de los Estados de la Federación. La lógica hacía pensar que este procedimiento, que resultaba ser funcional a un sistema de partido hegemónico que predominó la escena política mexicana por 70 años, haría prácticamente imposible llevar adelante reformas constitucionales con un Congreso dividido conformado por una pluralidad de partidos a partir de la salida del PRI del gobierno. Sin embargo, como señalan María Amparo Casar e Ignacio Marván en su estudio *Reformar sin mayorías*, este proceso exigente en materia de consensos no bloqueó la posibilidad de avanzar con enmiendas a la Constitución[33]. El estudio señala que entre 1997 y 2012 se realizaron casi 70 reformas constitucionales que fueron posibles por los acuerdos logrados entre

33 Casar, Ma. Amparo & Marván, Ignacio (2014), "Pluralismo y reformas constitucionales en México: 1997-2102", en Casar, Ma. Amparo & Marván, Ignacio (Comp.), *Reformar sin mayorías. La dinámica del cambio constitucional en México: 1997-2012*, México D.F.: Taurus, pp. 13-86.

partidos opositores, al punto de que muchas veces se superaron las mayorías exigentes requeridas por la Constitución[34]. Esas reformas, más las efectuadas en los 70 años de dominio del PRI, elevan las enmiendas a la Constitución mexicana a más de 600 desde su sanción en 1917. En suma, cada mayoría parlamentaria ha logrado imponer su agenda de cambios constitucionales cuando fue su turno, con o sin alianzas con miembros de partidos que no integraban la mayoría, ofreciendo así una especie de ejemplo en nuestra región del sueño jeffersoniano de la autolimitación generacional –aunque la autolimitación no es completa pues también se suele indicar que es poca la aplicación real de esas reformas plasmadas en el papel.

Veamos el caso argentino del restablecimiento de la Constitución de 1853 por el gobierno militar en 1957 luego del golpe de Estado contra el Presidente Juan D. Perón y del desconocimiento de la Constitución decidida por su gobierno en 1949, que había también sido sancionada con vicios de procedimiento respecto de las reglas que había establecido la Constitución que se estaba reformando. En ambos casos, el chileno y el argentino, la tesis de Ackerman, que ofrece una versión mejorada de la defendida por Hamilton en el siglo XVIII en los Estados Unidos y que articula bajo la denominación de dualismo constitucional, podría proporcionar alguna pista para dirimir la controversia sobre validez constitucional y los caminos

---

34 *Idem.*

para generar normas constitucionales. Según Ackerman, lo que importa es que la Constitución exprese la voluntad política *constitucional* del pueblo en un momento constitucional. Por ello, no es necesario para él, entonces, que se respeten los procedimientos establecidos para su reforma, pues el foco en los procedimientos, como dirían Carrió y Nino, no permite justificar la obediencia a la primera constitución en términos morales –pues se carece de una norma anterior que establezca competencias y, por ende, procedimientos– y, en los casos de procedimientos viciados, no permite explicar por qué consideramos válidas reformas que no han seguido las reglas establecidas en la Constitución vigente. En definitiva, no existían normas que otorgaran competencia para decidir normas constitucionales a los convencionales constituyentes argentinos de 1853 y tampoco a los convencionales constituyentes que reestablecieron esa Constitución a instancias de un gobierno no democrático en 1957. Además, si lo que permite reconocer que estamos ante una norma constitucional no es el hecho de que se siguieron los procedimientos preestablecidos en textos constitucionales decididos en el pasado, sino que esa norma expresa la decisión del pueblo en un momento constitucional, es posible afirmar que para esta tesis no tendría fundamento la distinción entre ejercicio de poder constituyente originario y derivado, pues si los procedimientos no cuentan para fundamentar la autoridad del que genera constitución, el poder constituyente no es ni originario ni derivado, sino que es simplemente la manifestación de la voluntad constitucional del pueblo en momentos altamente excepcionales llamados constitucionales. La tesis ackermaniana, creo, podría justificar posturas como la defendida en Chile por Fernando Atria en su obra *La constitución tramposa*. Atria considera que la Constitución de 1980 diseñada por Guzmán bajo el gobierno de Pinochet falla en términos democráticos por dos razones. Por un lado, porque su origen no es democrático –se sancionó bajo un régimen dictatorial– y, por el otro, porque establece un procedimiento de reforma que contiene una serie de "cerrojos" que le otorgan, en los hechos, poder de veto a la minoría conservadora del país respecto de la modificación del límite impuesto por la decisión constitucional a las decisiones de política pública que deberían estar regidas por la voluntad política coyuntural. El mejor argumento que entiendo subyace al de Atria, es un argumento dualista y democrático que permitiría atacar la validez de la Constitución de Pinochet sobre la base de su origen no democrático *y* –subrayo esta conjunción– por contradecir las reglas que subyacen al compromiso con un sistema democrático de gobierno –por el veto que otorga a las minorías en materia de reforma constitucional y de decisión de políticas públicas–. Sin embargo, la tesis de Atria podría encerrar una conclusión autofrustrante, al igual que la de Ackerman: aceptar que la voluntad constitucional expresada en la norma de 1980, si bien no es el producto de un momento constitucional en los tiempos de su sanción por un gobierno dictatorial, ella podría ser expresión de la voluntad del pueblo en un momento constitucional –y, por ello, democrático– que se corresponde con la voluntad del pueblo chileno de aceptar el contenido constitucional de 1980 como propio durante los años de democracia que siguieron a la salida del dictador de la Presidencia de la Nación –incluida la reforma constitucional que Atria considera cosmética llevada a cabo bajo el gobierno de Lagos en 2005–. Esta es básicamente la respuesta que Pablo Ruiz Tagle le da a la tesis de Fernando Atria: el ataque de este último al origen no democrático de la Constitución de 1980 se desarma cuando se opone el hecho de la aceptación de esa Constitución y de sus procedimientos de reforma por parte de la mayoría del pueblo chileno bajo los gobiernos de la Concertación, coalición de la que forman parte Bachelet, Atria y el propio Ruiz Tagle. Sin embargo, este último podría ser atacado desde tesis como las de Carrió y Nino en cuanto estaría incurriendo en una falacia de tipo naturalista al considerar que la validez de la Constitución de 1980 se desprende de la aceptación u obediencia constatada a lo largo de las últimas décadas en las que los chilenos se han gobernado por gobiernos democráticos que acataron aquella decisión constitucional de origen espurio pero de *pedigree* democrático adquirido con el paso del tiempo. El argumento de Ruiz Tagle quedaría herido ante la tesis ackermaniana –que insisto podría ser también la de Atria– de que hoy estamos ante un nuevo momento constitucional –aunque esta tesis se debilita al ritmo que se debilita el poder y el apoyo popular de Bachelet, al menos al momento en el que escribo este trabajo–. La decisión de Bachelet de diciembre de 2015 de lanzar un gran debate nacional sobre la reforma podría ser interpretada como un intento de articular un momento constitucional que incluya a la ciudadanía y que, así, le otorgue a la reforma la validez que necesita desde el punto de vista de una tesis dualista.

La teoría de los momentos constitucionales también podría justificar la obediencia a la Constitución restablecida en Argentina en 1957 pese a no haberse observado el procedimiento de reforma preestablecido. Es más, si no mediara una tesis de este tipo, sería difícil justificar en razones morales la obediencia a esa Constitución que, con algunas reformas, es la que rige hoy a los argentinos, que aplica la Corte Suprema y a la que adhieren todos los actores políticos, incluso el Partido Peronista que estuviera excluido del proceso constituyente de 1957 y periódicamente reclama la reinstalación de la Constitución de 1949 o de sus contenidos centrales.

Una nota aparte merece el lugar que ocupa el rol o la naturaleza de la Asamblea Constituyente en el debate sobre génesis constitucional. Desde la perspectiva ackermaniana, ese órgano pareciera ser una especie de garantía de expresión de voluntad popular constitucional, más no una condición necesaria –y mucho menos suficiente– para que ella se exprese. Esa presunción podría basarse en la acumulación de deliberaciones y mayorías que requiere una reforma que exija el llamado a esa Asamblea: mayoría parlamentaria para convocarla, elecciones de constituyentes para llevar a cabo la reforma, mayorías en la Asamblea para aprobar las reformas y, en algunos casos, como el de los Estados Unidos, mayorías estatales para aprobar el cambio constitucional. Es el propio Ackerman el que considera expresamente que hay manifestaciones de voluntad popular constitucional por medio de decisiones tomadas por otros órganos de gobierno, como por ejemplo el Congreso de los Estados Unidos cuando sancionó las normas del *New Deal* o la *Civil Rights Act* de 1964. Consistentemente, Ackerman no asocia la validez de la Constitución al seguimiento de los procedimientos establecidos por el Artículo V de su norma fundamental, sino que la vincula con la manifestación de la voluntad constitucional del pueblo en un momento homónimo. La tesis de Ackerman diluye o al menos debilita la distinción entre poder constituyente originario y derivado, pues el poder del pueblo de generar constitución no está, según su teoría constitucional, sujeto a los procedimientos establecidos por el pueblo en un momento constitucional previo. Sin embargo, pareciera haber una presunción en la tesis dualista acerca de que la Asamblea Constituyente ofrece algunas garantías de que estamos delante de un momento constitucional. Quizá la militancia de algunos juristas y políticos chilenos como Atria por el llamado a una Asamblea Constituyente en ese país se relaciona con la misma presunción de Ackerman de que ese órgano asegura o al menos permite presumir que estamos ante un momento constitucional. Ruiz Tagle, en cambio, y quizá también inspirado por el propio Ackerman, no cree que la Asamblea Constituyente sea el único canal para identificar la voluntad constitucional del pueblo:

> El proceso de adopción de la Constitución Federal [de los Estados Unidos] siguió 20 métodos distintos, en cada estado un método distinto para su aprobación. Los representantes fueron seleccionados según lo que decía cada Estado. No existe [...] una bala de plata. La Constitución de España se hizo como derivado de las leyes de reforma política del franquismo. La Constitución francesa también es un derivado. La alemana se hizo con un memorándum de las fuerzas aliadas. No busquemos lo perfecto"[35],

quizá sugiriendo que ese es el objetivo de los que reclaman una Asamblea Constituyente. Atria le responde que si bien es correcto que a la Constitución de los Estados Unidos la sancionó "una convención de hombres blancos dueños de esclavos. En Alemania fue un país ocupado. En Chile fue un poder que venía de un golpe de Estado. En otras partes han sido asambleas constituyentes. O sea, hay de todo", pero agrega que lo que sí se "puede decir es cómo *no* se hace una nueva Constitución [...] que es mediante el ejercicio de poderes constituidos. Es pretender ejercer el poder constituyente a través de formas constituidas"[36]. Mientras Ruiz Tagle se trata de distanciar de la propuesta de recurrir a una Asamblea

35 *Ibid.*, p. 90.
36 *Ibid.*, p. 302.

Constituyente no prevista en el texto constitucional de 1980 para cambiar ese texto, en línea con la tesis ackermaniana, Atria ve en el recurso a la Asamblea Constituyente un camino casi ineludible para lograr formar y construir una voluntad constitucional. Sin embargo, creo que esta discrepancia es solo de tipo estratégico-política, pues considero que no chocan aquí dos teorías tan diferentes acerca de la génesis constitucional. Tanto Ruiz Tagle como Atria, así como Ackerman, no creen que la validez de la Constitución surja del respeto o no a los procedimientos, sino que ella se justifica en la expresión meditada y conciente de la comunidad política de darse una nueva Constitución o de modificar su propia voluntad constitucional pasada[37].

En conclusión, parece ser que estamos ante tres alternativas posibles en cuanto a la relevancia de los procedimientos preestablecidos por una norma constitucional anterior para poder tomar decisiones constitucionales válidas: (1) o bien esos procedimientos son exigidos porque es de acuerdo con ellos que la autoridad constituyente adquiere la facultad de reformar la norma fundamental, o los procedimientos no son excluyentemente relevantes porque: (2) lo que realmente importa es que medie la voluntad constitucional del pueblo en un momento

---

37 Véase la postura abiertamente ackermaniana de Pablo Ruiz Tagle al indicar el lugar que debe tener la deliberación en un proceso constituyente, *ibid.*, p. 71-74.

constitucional –tesis dualista–, o (3) lo verdaderamente relevante es que el contenido constitucional refleje ideales de justicia –tesis fundamentalista de derechos–. La primera alternativa, la que exige obediencia a los procedimientos preestablecidos, es similar a la tesis que exige a la autoridad constituyente *facultad* o *jurisdicción* –en cuanto a la existencia de normas *jurídicas* que otorguen la facultad– para tomar decisiones constitucionales, pero tanto Carrió como Nino ya nos demostraron que esa tesis no se soporta en el caso de las decisiones constitucionales originarias, así como tampoco, en este caso según Nino más no de Carrió, en el de las derivadas o incluso las tomadas por el poder constituido. La segunda opción, que hace depender la validez de la norma constitucional de su *pedigree* democrático –incluso cuando se circunscriba a un cierto tipo de decisión democrática que se tomaría exclusivamente en momentos constitucionales– descree, al menos de un modo importante, de la relevancia de los procedimientos preestablecidos, pues lo relevante será exclusivamente que el pueblo se haya pronunciado constitucionalmente, pudiendo manifestar su voluntad, tal como lo ejemplifica Ackerman en el caso de los momentos constitucionales que él identifica en la historia de los Estados Unidos, por medio de Asambleas Constituyentes o Parlamentos, aun cuando los procedimientos preestablecidos ordenen la convocatoria a las primeras para expresar la voluntad constitucional. La tercera opción, que vincula la validez constitucional con el contenido que la Constitución exprese, tampoco dará mayor relevancia a los procedimientos preestablecidos en la medida en que la norma constitucional exprese valores de justicia o ideales sociales. Las opciones (2) y (3) ofrecen teorías que podrían justificar la validez de normas constitucionales que han sido dictadas tanto en momentos constitucionales fundacionales, así como en momentos constitucionales posteriores, sin seguir los procedimientos preestablecidos, que es lo que sucede con la mayoría de la constituciones de los siglos XVII, XVIII Y XIX en Europa y las Américas. Sin embargo, la segunda opción, la que vincula la validez constitucional con los momentos constitucionales, no puede dar cuenta de constituciones que no expresan la voluntad constitucional del pueblo en un momento tan excepcional como es el momento constitucional –y que podría ser el caso de las reformas constitucionales mexicanas, sobre todo en la etapa que va de 1997 a 2012– aunque es posible que, por su contenido, ellas sean entendidas como válidas. Si otorgamos a los procedimientos preestablecidos de reforma una importancia excluyente para producir normas constitucionales, no podríamos justificar la obediencia que le debemos a la mayoría de las reformas constitucionales que se realizaron en Argentina que no respetaron esos procedimientos, como el reestablecimiento de la Constitución de 1853 hoy vigente por el gobierno no democrático en 1957 (recordemos que, además de reinstalar aquella Constitución del siglo XIX la Asamblea Constituyente introdujo cláusulas nuevas como el Artículo 14 bis estableciendo el derecho de huelga y otros derechos sociales). Si requerimos que la constitución sea la expresión de la voluntad del pueblo en un momento constitucional, entonces no serían "constitución" la mayoría de las reformas efectuadas en México o Argentina. Sin embargo, la obediencia a estas constituciones, si aceptamos la debilidad del argumento que asigna una relevancia excluyente a los procedimientos de reforma preestablecidos, parece justificarse en el contenido de esas decisiones.

CONTENIDO

La tesis ackermaniana o hamiltoniana parecería no admitir ningún límite al ejercicio del poder constituyente en cuanto al contenido que terminaría configurando a la Constitución. La voluntad constitucional del pueblo, expresada en un momento constitucional, que puede no ser un instante sino un proceso extendido en el tiempo, como sostiene Gerardo Pisarello[38], no parecería estar constreñida en términos sustantivos. De hecho, como dijimos, el propio Ackerman, en la introducción de su libro, *We the People,* sostiene que el pueblo, al decidir el contenido constitucional, no está limitado por los "grandes libros", que ejemplifica con obras tales como *A Theory of Justice* the John Rawls. Incluso afirma que esto no quiere decir que él mismo considere que no habría un contenido constitucional "correcto", y que articula en su libro *Social Justice and the Liberal*

38 PISARELLO, GERARDO (2014), *Procesos constituyentes. Caminos para la ruptura democrática,* Madrid: Editorial Trotta.

State[39], pero que esas ideas son las que él llevaría a una discusión constituyente en el marco de un momento constitucional, aunque si no lograra imponerlas por medio de sus argumentos, ello no implicaría que rechazaría la decisión constitucional que tomaran sus conciudadanos por considerarlas inválidas. Encuentro esta tesis de Ackerman equivocada, pues detrás de su tesis sobre el poder constituyente hay una teoría política que justifica la validez de esa decisión por medio de una teoría democrática. El compromiso que Ackerman supone que el pueblo tiene con una teoría democrática sobre la validez del derecho constitucional, lo obliga, creo yo, en aras de la coherencia y para evitar incurrir en una inconsistencia pragmática, a aceptar algunos límites en materia de contenido, como por ejemplo el respeto a las precondiciones y supuestos de esa teoría democrática, acercándolo a algunas tesis monistas como la de Ely, aunque se diferenciaría de este al aplicar –o al menos creo que debería aplicar– esa perspectiva procedimentalista a las decisiones constitucionales, mientras Ely las aplica a las decisiones políticas del pueblo en el marco de su tesis monista que no distingue entre decisiones constitucionales y no-constitucionales. Además, esta adhesión a una teoría democrática robusta, que hace recordar a la defensa de Nino de la democracia

---

39 Ackerman, Bruce (1981), *Social Justice and the Liberal State*, New Haven: Yale University Press.

deliberativa[40], también podría justificar otro límite sustantivo en materia de decisión constitucional, y que estaría dado por la inhibición de avanzar sobre decisiones de política pública propias del ideal de autogobierno. En su crítica a la Constitución chilena de 1989, Peña señala que así como esa norma falla al darle un enorme poder a la minoría en materia de decisión constitucional, también falla al avanzar sobre decisiones que le competen al pueblo en materia de políticas públicas, como por ejemplo políticas educativas o sociales.

Otro acuerdo más o menos extendido en materia de límites al poder constituyente, acuerdo que parece estar enfrentado con aquellas teorías que, como la de Ackerman, asignan un poder prácticamente sin límites al pueblo en un momento constitucional, es el que considera que la decisión constitucional no puede contradecir derechos fundamentales –como sostiene Nino– o derechos entendidos como ideales sociales –como sostiene Fiss–. Por supuesto, estos derechos no son autoevidentes y es necesario articular una teoría que permita conocerlos o construirlos, pero podemos asumir que hay dos caminos para llegar a ellos. Por un lado, el de la teoría democrática que, como dije más arriba, sostiene que el compromiso con el autogobierno del pueblo asume ciertos presupuestos, reglas y procedimientos que podrían ser traducidos en clave

---

40 NINO, CARLOS S. (1998), *The Constitution of Deliberative Democracy*, New Haven: Yale University Press.

o lenguaje de derechos, de lo que sería un ejemplo la igualdad de trato como expresión de una regla básica de la democracia que establece la igual influencia en el proceso de toma de decisiones –expresada, por ejemplo, en la condición de que cada persona tenga uno y solo un voto–. Por otro lado, también podemos llegar a la justificación de esos derechos por el camino de una teoría de la justicia o de una teoría moral. Nino, por ejemplo, entiende que los derechos son en verdad derechos morales. Es posible que estos dos caminos no conduzcan a los mismos derechos, pero la intersección de ambos senderos suele arrojar contenidos generalmente aceptados.

En suma, si tuviera razón Carrió, no es posible reconocer la validez (jurídica) de la primera Constitución –o, siguiendo a Nino, tampoco de las siguientes ni de las leyes decididas por el Congreso– sobre la base del respeto a los procedimientos que suponen facultades que no pueden haber sido otorgadas por una norma previa a la decisión constitucional, dado que esa norma no existe por definición. Si tuviera razón Ackerman, solo deberíamos reconocer la existencia o la autoridad de una constitución en aquellos casos en los que esa norma expresara la decisión del pueblo en un momento constitucional, pero casos como el argentino, el chileno o el mexicano, en los que es difícil identificar la decisión constitucional con esos momentos, esa tesis llevaría a considerar inválidas esas decisiones. Si no podemos recurrir a los procedimientos preestablecidos ni a la teoría de los momentos constitucionales, ¿qué es lo que nos permite sostener que debemos obediencia a Constituciones como la de los tres países mencionados? Mi propuesta es que dirijamos nuestra mirada hacia los contenidos "correctos" y a los procesos o teorías que nos permiten identificarlos.

DEMOCRACIA DELIBERATIVA Y CONTENIDO CONSTITUCIONAL

De lo expresado en las secciones precedentes es posible concluir que la incorporación de contenidos "correctos" es lo que justifica la obediencia a la Constitución, pero ello nos conduce al problema de la identificación de esos contenidos, pues obviamente ellos no son autoevidentes. La teoría de la democracia deliberativa, que creo subyace a la tesis ackermaniana de los momentos constitucionales, puede ofrecer el mecanismo por medio del cual tratamos de *descubrir* cuáles son esos contenidos –o de *construirlos* en ese proceso–[41]. Los contenidos constitucionales *descubiertos* o *construidos* por medio de un proceso profundamente deliberativo, similar a lo que Ackerman describe como momento constitucional, genera una presunción a favor de la validez de la decisión constitucional. Del mismo modo, en espejo, el origen no democrático-deliberativo de la decisión constitucional genera una

41 Sobre la diferencia entre constructivismo epistémico y ontológico, véase NINO, CARLOS S. (1989), *Ética y derechos humanos*, Buenos Aires: Astrea, pp. 387-400.

presunción de invalidez de la decisión constitucional. Esto quiere decir que una Constitución decidida en un momento constitucional podría no ser válida si su contenido, por ejemplo, fuera contradictorio con valores de justicia (a la Rawls) o a las precondiciones del diálogo moral racional (a la Nino), o a los derechos como ideales sociales (a la Fiss) o con las precondiciones de ese proceso democrático de toma de decisiones y de autogobierno (a la Ely). Por su parte, una Constitución decidida por medio de un proceso altamente deficitario en términos deliberativos no es inválida *a priori*, pero deberá superar la presunción en su contra a través de un test que tendrán que superar sus contenidos. Es cierto que este tipo de perspectiva que establece un punto de vista externo a la práctica constitucional para juzgar esa práctica en cuanto a su contenido podría conducir a sostener la irrelevancia moral del texto constitucional, pues si la validez de la Constitución dependerá de su contenido, lo que en realidad consideramos "constitución" serán esos principios morales y no la decisión constitucional expresada en el texto o en lo que Nino llamaba la constitución histórica, sino que aquella a la que él denominaba constitución ideal de los derechos se impondría sobre la constitución histórica[42]. Sin embargo, en defensa de la relevancia moral del texto constitucional podemos argumentar

---

42 Nino, Carlos S. (1998), *The Constitution of Deliberative Democracy*, New Have: Yale University Press.

que este expresa ese acuerdo en el proceso de búsqueda del contenido moralmente correcto y es en torno a él que gira la práctica constitucional que se ha instalado exitosamente. Sería el punto de apoyo alrededor del cual articulamos nuestra conversación sobre lo que la constitución dice o debiera decir. La presunción de invalidez sería irremontable si la decisión constitucional estableciera reglas que hacen imposible la deliberación, por ejemplo, otorgándole poder de veto a la minoría como sucede con la Constitución chilena de 1980. Aquí resulta de interés la teoría defendida por Stephen Holmes acerca de las constituciones entendidas como límites justificados a la democracia por ser precompromisos de la comunidad política autogobernada con aquellas reglas que hacen posible el juego democrático, a las que llama *enabling rules* o reglas habilitantes[43]. En otras palabras, una constitución como la chilena de Pinochet, al presentar una serie de cerrojos que hacen imposible la deliberación y la decisión constitucional del pueblo en el futuro, no es una constitución que ofrezca razones para ser obedecida, al menos en cuanto a las reglas que limitan el proceso de reforma. Por otro lado, si tuvieran razón quienes afirman que esa misma constitución recibió el consentimiento posterior de los chilenos

43 HOLMES, STEPHEN (1988), "Precommitment and the paradox of democracy", en ELSTER, JON & SLAGSTAD, RUNE (Ed.), *Constitutionalism and Democracy*, Cambridge: Cambridge University Press.

en tiempos democráticos, esa norma fundamental gozaría de una presunción de validez, pero ella no sería irrebatible, pues ni siquiera la voluntad de las mayorías podría precluir el debate democrático en materia constitucional. Por otro lado, esa presunción contra la validez de la norma constitucional podría ser superada si los contenidos fueran correctos, tanto por ser consistente con las precondiciones de la deliberación política, como con una noción liberal de los derechos que podría estar justificada justamente en el hecho de ser precondición de la deliberación democrática.

Comienzo a cerrar este ensayo con una metáfora que no es mía. La Constitución no es un texto, es una práctica social. Constituyentes, jueces, legisladores, abogados y ciudadanos nos encontramos inmersos en esa práctica que comienza con el texto pero que no se agota en él. Cada decisión que tomamos respecto de cuál es nuestra Constitución es una contribución a esa práctica. Esta práctica se asemeja a la construcción de una catedral a través de los siglos, en la que se involucran múltiples generaciones[44]. Cada arquitecto realiza su contribución con una cuota de respeto a lo construido y una cuota de creatividad, pensando, además, en posibles aportes de los arquitectos del futuro cuyo margen de acción estará determinado por las contribuciones pasadas e incluso por la nuestra en

44 Nino, Carlos S. (1998), *The Constitution of Deliberative Democracy*, New Haven: Yale University Press.

el presente. Es posible que un arquitecto determinado crea que lo construido hasta ese momento no merece subsistir. Que la construcción en su estado actual no puede ser continuada. La tentación de destruir lo hecho por las generaciones pasadas puede ser fuerte, pero aquí es donde surge la responsabilidad de cada constructor bis –y de cada generación de una democracia constitucional–. Si se trata de un juez interpretando la constitución en un caso concreto, es claro para mí que su legitimidad para decidir en soledad dinamitar lo construido y comenzar una nueva práctica, por ejemplo, a través de una nueva interpretación del texto constitucional, es limitada en extremo. Sin embargo, el pueblo, en un momento constitucional tiene la libertad de empezar de nuevo. Pero esa es una decisión que debe estar fundada en razones morales. Esa decisión, que equivaldría a una revolución en términos políticos y constitucionales, o incluso si se trata de una reforma sin aspiraciones refundacionales, debe tomarse tras la evaluación del costo de terminar con una práctica en curso que se ha instalado, habrá que ver si exitosamente. Es posible que no haya nada de valioso en la práctica tal como la desarrollamos hasta el presente, en cuyo caso la revolución o el cambio constitucional estarían no solo justificados, sino que incluso podrían ser requeridos moralmente. El *apartheid* sudafricano no respondía a una práctica constitucional valiosa y merecía ser ignorado para dar paso a un nuevo comienzo. Pero si la práctica es solo defectuosa, si los valores que defiende encuentran justificación moral, por ejemplo, en la práctica deliberativa, el costo de empezar una nueva práctica puede ser mayor que el de conservar la vieja y tratar de enderezarla. Ilustremos una vez más el punto con el contemporáneo caso chileno. Son muchos los buenos juristas y políticos de ese país que sostienen que están irremediablemente atados a los procedimientos impuestos por la Constitución del 1980 para lograr su reforma. En mi caso, sin embargo, creo que hay muchas y buenas razones para desconocer esos límites procedimentales en ese caso nacional. En primer lugar, como afirmé más arriba, considero que una práctica constitucional exitosa en términos nineanos o dworkinianos, en general, merece continuarse, entre otras razones, si ella contiene *enabling rules* que hagan posible la deliberación. Sin embargo, el veto implícito que la constitución chilena le concede a la minoría por la regla de 2/3 no favorece la deliberación y es una especie de *disabling rule* que la impide. Por otro lado, el origen no democrático de esa constitución, sumado a la existencia de esas reglas inhabilitantes, impide tener razones "democráticas" para justificar su obediencia, es decir, su *pedigree* no es democrático y ello da razones para dudar de que existan razones para obecederla (la duda podría disiparse si el contenido fuera "correcto", que desde mi punto de vista significa que refleje valores liberal-igualitarios, es decir, liberal en el sentido político, nineano o rawlsiano, del término). Creo que hay algo valioso en la práctica constitucional chilena postdictadura, pero ello no exige estar atado a las reglas de reforma que impone el texto orginal de 1980. Entiendo que, como

Ackerman, si lo que da validez a la constitución es que ella expresa la "voluntad constitucional" del pueblo, entonces, esa voluntad no necesita expresarse solo por medio del Congreso actuando de acuerdo con el procedimiento impuesto por las reglas de la Constitución de 1980. Incluso en el caso de los Estados Unidos, cuya constitución reconoce solo a la Asamblea Constituyente el poder de reformar la constitución, Ackerman afirma que si el Congreso expresara la voluntad del pueblo en un momento constitucional, entonces una ley sancionada por ese órgano podría considerarse "parte de la constitucion", como sucede con la *Civil Rights Act de 1964* y las leyes del *New Deal*, que Ackerman considera que son parte de la Constitución de su país y que, por ello, no pueden derogarse por una simple mayoría del Congreso como si fuesen leyes comunes. Por otro lado, también creo que si hay algo de valioso en la práctica constitucional chilena, no es bueno crear el precedente de que una simple mayoría en el Congreso o una mayoría coyuntural puedan modificar la Constitución sobre la base del argumento de que esa mayoría, por el simple hecho de ser mayoría, expresa una voluntad constitucional. Reitero un punto articulado anteriormente respecto de la importancia de distinguir entre *mayorías democráticas* o coyunturales y mayorías que expresen una *voluntad constitucional*; aquí la diferencia no está en los números –pues si así fuese, no se distinguirían entre sí pues ambas son mayorías– sino en el tipo de voluntad que esas mayorías expresan. Es imposible imaginar la distinción entre ley y Constitución sin recurrir a una diferencia de tipo cualitativa entre voluntad legislativa y voluntad constitucional. Si bien admito la dificultad que implica hacer esta distinción, considero que es clave establecer que ella existe y que tiene un caracter fundamental distinguiendo entre la mayoría que expresa su voluntad en un momento constitucional y la mayoría que lo hace en un momento no-constitucional. En este sentido, no se trata solo de números. No es lo mismo que el 60% de la población se exprese políticamente, pero no constitucionalmente, que una mayoría de igual número se exprese constitucionalmente. La voluntad de esta última mayoría desplaza cualquier voluntad mayoritaria futura y solo podría ser modificada por otra mayoría que exprese una voluntad constitucional. En síntesis, no se trata *solo* de contar cabezas o manos levantadas, sino que es un tema de números y *además* de profundidad de la deliberación que precede a una decisión de calidad constitucional. En este sentido, y con las prevenciones que siempre es debido hacer cuando se analizan hechos contemporáneos que se desarrollan al mismo tiempo que uno escribe sobre ellos, creo que el proceso deliberativo que impulsó la presidenta Michelle Bachelet en 2015 y que culminaría en 2017 o 2018 parece ir en esta dirección, pues busca que los diferentes pasos que conducirán a una reforma "acumulen" voluntades en el sentido de su "calidad", y no solo de lograr una mayoría coyuntural. Si media un debate profundo a nivel de la ciudadanía por un año, y luego tiene lugar una elección de representantes para que estos lleven a cabo una reforma constitucional –en el ámbito del Congreso o en el de una Asamblea Constituyente–, ello obligaría a que la campaña electoral previa para la votación de los representantes de la ciudadanía se desarrolle con especial referencia a la reforma. Si a esto se suma un plebiscito bien implementado que permita una profunda deliberación de la propuesta de reforma, ya no se trataría solo de números, sino de pensar, repensar y volver a repensar colectivamente la decisión que se tomará, lo cual la acerca a una decisión en un momento constitucional –o proceso constitucional, para ser más exacto– y le otorga una presunción de validez que permite suponer que su contenido es "correcto".

En suma, creo que, en términos teóricos y generales, la práctica constitucional exitosa –en términos nineanos– es en *principio* valiosa, pero solo será realmente valiosa si ella recoge valores "correctos" como los de libertad, autonomía e igualdad –valores que requieren de una justificación ética y que encuentro en el liberalismo igualitario de tradición nineana o rawlsiana–. Si la práctica es consistente en tanto práctica, pero es contraria a esos valores, hay razones de tipo moral para abandonarla. El origen del texto constitucional es algo diferente. Un origen deficitariamente democrático –como el de la mayoría de las constituciones del siglo XIX o algunas más modernas– hace "presumir" la falta de valor de la práctica, pero si su contenido rescata aquellos valores –como es el caso de algunas constituciones de ese siglo, como la argentina–, entonces la presunción contra la práctica debería ceder. En el caso chileno, la presunción contra la práctica por este último argumento, es fuerte y, me animaría a sugerir, no parece rescatar en plenitud aquellos valores, por lo que podría haber argumentos para que no sea considerada válida, sobre todo si la nueva práctica no solo rescata esos valores sino que, además, tiene un origen democrático y surge de una especie de momento constitucional ackermaniano.

El problema que he tratado de plantear en este breve ensayo es todo menos sencillo. Es extremadamente complejo y, por momentos, altamente elusivo. Carrió tuvo la osadía de intentar tomar ese toro por las astas y nos ofreció una alternativa tanto al falaz argumento de la revolución triunfante de la Corte argentina de 1930, como a las alegorías de los expertos del derecho constitucional que sin poder encontrar respuestas en el mundo del derecho, se refugiaron más allá del lenguaje normativo –jurídico– con propuestas casi religiosas. Carrió nos sacó del laberinto trazado por estas erradas soluciones y nos colocó en las puertas del verdadero problema, a partir del cual Nino y otros teóricos constitucionales modernos han intentado desatar el nudo de la génesis constitucional. Sin embargo, y más allá de las apariencias, el hiato teórico que separaba a Carrió y Nino era acompañado por la coincidencia de ambos en cuanto a sus compromisos morales y políticos con la democracia y los derechos humanos. Carrió creía que el concepto de poder constituyente originario estaba "desprovisto de utilidad teórica", pero tenía, no obstante, una "vital importancia práctica"[45]. Para Carrió, esa utilidad residía en la relación existente entre ese concepto y "la idea de que no hay otro titular del poder constituyente que el pueblo", pues, con su carga emotiva, "integra un cuadro o pintura de la organización social apto para promover la ideología democrática y para mover a los hombres a defenderla"[46]. Carrió culmina su breve ensayo invocando su propia adhesión al principio del gobierno de la mayoría así como al límite que debe serle impuesto por medio de lo que llama "un método eficaz de protección de derechos humanos"[47]. El compromiso con estos dos extremos da lugar, según el gran jurista, a una ideología que puede ser "adecuadamente defendida y difundida sin necesidad de echar mano de una noción tan confusa e inasible como el concepto de poder constituyente originario"[48].

Sin duda, qué es aquello que provee de validez a la norma constitucional, qué en definitiva es lo que provee de validez a todo el ordenamiento jurídico, sigue siendo parcialmente un misterio, pero quizá estemos más cerca de resolverlo gracias al aporte fundamental de Genaro Carrió.

---

45 Carrió (1972), p. 57.
46 *Ibid.*, pp. 57-58.
47 *Ibid.*, p. 58.
48 *Idem.*

CAPÍTULO 14
TRES CONCEPTOS DE PODER CONSTITUYENTE ORIGINARIO

*Juan Iosa**

¿Cómo debemos interpretar los momentos políticos fundantes y los regímenes institucionales que les siguen? ¿Qué ocurrió en Rusia en 1917, en Cuba en 1959, en Chile en 1973 o en Argentina en 1976? ¿Y qué ocurrió, resumamos, en Argentina en 1983 y en Chile luego del proceso de 1988-1989-1990? ¿En

---

* UNC, CIJS-CONICET, US21.
Presenté la idea, que con el tiempo diera lugar a este texto, en la jornadas "50 años de *Notas sobre Derecho y Lenguaje*; Homenaje a Genaro Carrió", que tuvieran lugar en la Universidad de Buenos Aires en noviembre de 2015. Agradezco a Santiago Roldán y a Gustavo Beade su invitación a participar en ese evento. Expuse una segunda versión, cercana a la que aquí presento, en el seminario de la Cátedra de Cultura Jurídica de la Universidad de Girona. Agradezco a Jordi Ferrer Beltrán y a Diego Papayannis el haberme recibido en su casa. A los asistentes de ambos eventos agradezco sus observaciones; también a Rodrigo Sánchez Brigido, Gustavo Cosacov y Ricardo Caracciolo su atenta lectura y sus críticas. Espero que al menos algunas de ellas encuentren reflejo en esta versión definitiva.

qué momento constitucional nos encontramos los argentinos o los chilenos ahora? Los chilenos, por ejemplo, viven bajo una constitución cuyo dictado fue autorizado por la constitución pinochetista de 1980. ¿Significa esto que su constitución no puede serles atribuida como pueblo? ¿Es su constitución por esta "falla de origen", al menos en algún grado, ilegítima? Para la comprensión de estos momentos las teorías política y constitucional apelan a la idea de poder constituyente originario (en adelante PCO).

¿A qué refiere la idea de PCO? Esta pregunta no puede ser adecuadamente respondida sin a la vez responder una segunda: ¿Qué tipo de concepto es? Tres respuestas a esta última pregunta aparecen como inmediatamente posibles. La primera es que sea un concepto jurídico. Con el objeto de descartarla comenzaré siguiendo, hasta donde puede ser seguido, el análisis de Genaro Carrió en *Sobre los límites del lenguaje normativo* (1994)[1]. La segunda es que estemos frente a un concepto moral. Esta es la propuesta de Carlos Nino en su texto *El concepto de poder constituyente originario y su justificación jurídica* (1985). Tras reconstruir las líneas fundamentales de su propuesta, apuntaré lo que considero son razones para dejar de lado esta tesis. La última posibilidad, al menos hasta donde alcanzo a ver, es que sea un concepto político. Es famosa la propuesta de Carl Schmitt en este sentido.

---

1 El texto fue escrito en 1972, pero aquí citaré la versión que forma parte de *Notas sobre Derecho y Lenguaje*.

Presentaré y discutiré las tesis básicas de su *Teoría de la constitución* (1982). Me valdré también de la que, a mi juicio, es la lectura contemporánea más interesante de las tesis schmittianas, la contenida en el nuevo libro de Fernando Atria, *La forma del derecho* (2016) y en su largo y sesudo artículo "Sobre la soberanía y lo político" (2006).

1. El poder constituyente originario como concepto jurídico

La tesis central de Carrió en *Los límites del lenguaje normativo*, la más interesante y que ha recibido mayor atención crítica, es que la idea de PCO es un sinsentido y debe ser abandonada por la teoría constitucional, pues traspone los límites externos del lenguaje normativo, límites más allá de los cuales el lenguaje deja de operar con significado.

Por el ejemplo con que comienza su exposición (Carrió, 1994: 241-244), el de un grupo de generales del ejército que preguntan a un abogado si al momento de su consulta tienen potestades jurídicas para hacer una revolución, podríamos pensar que Carrió tiene en mente el uso del concepto solamente como herramienta de justificación de los gobiernos de facto. Estaría pensando en los casos en que se produce una interrupción violenta y facciosa del orden constitucional y se pretende instaurar un orden nuevo, es decir, estaría pensando en doctrinas como la de la revolución triunfante de la famosa acordada de 1930 de la Corte Suprema Argentina[2] y argumentando *avant la lettre* en contra de los golpes de Estado que en breve asolarían América Latina.

Sin embargo, en la conclusión del texto queda claro que su impugnación es de más vasto alcance: el concepto del PCO tampoco sirve para justificar el carácter vinculante de una constitución popular ni de un orden democrático. Al respecto afirma que, aunque desprovisto de utilidad teórica, tiene vital importancia práctica. Si se lo conecta con la idea de que no hay otro titular del poder constituyente que el pueblo, carga emotiva mediante, el concepto es apto para promover la ideología democrática. Sin embargo, sostiene, la idea de democracia puede ser defendida y difundida sin necesidad de echar mano de una noción tan confusa e inasible (Carrió, 1994: 258-259).

A su entender, entonces, debemos desechar sin más trámite la idea del PCO: no hay nada que de ella merezca ser preservado. Ofrece tres argumentos a favor de su tesis:

a) Que el pensamiento científico excluye distinciones equivalentes a la de PCO –poder constituyente derivado–, tales como la distinción spinoziana entre *Natura naturans* y *Natura naturata* (Carrió, 1994: 251-252).

---

2 Fallos: tomo CLVIII, p. 290. Recuperado de: http://repositoriorecursos-download.educ.ar/repositorio/Download/file?file_id=8c8337d3-8fb9-4e1c-bfb6-72d5f6a05792

b) Que la idea de PCO no es un objeto de conocimiento sino, en el mejor de los casos, una idea de la razón en el sentido de Kant, es decir, una idea reguladora de nuestro conocimiento, forjada por la razón en procura de alcanzar una meta inalcanzable: la unidad sistemática total de nuestro conocimiento. Dios, por ejemplo, es una idea reguladora de la razón. Cuando se lo pretende postular como la causa incausada de todo el universo, *i. e.*, del conjunto de relaciones causales entre fenómenos, se usa esa idea como si fuera un objeto de conocimiento y se transponen los límites del lenguaje normativo. "La categoría de causa conecta una existencia empírica a otra en una serie que no tiene principio ni fin". Cuando se la usa para referirse a algo que no es un fenómeno empírico, como es el caso de Dios, el lenguaje se va de vacaciones. En el mismo sentido, la idea de PCO, es decir, "la idea de un sujeto jurídico dotado de una competencia total e ilimitada es tan inconcebible como un objeto que tuviera todas las propiedades posibles" (Carrió, 1994: 253). Esta idea es importante. Al hablar del sinsentido de la idea de un poder ilimitado Carrió afirma dos cosas: 1) que "el concepto de competencia funciona informativamente *dentro* de un orden normativo cuya existencia es presupuesta al afirmar que alguien tiene una competencia [...] La idea de una competencia sin reglas de las que derive es algo así como la de un hijo sin padres [...]" (Carrió, 1994: 254); 2) "Toda competencia deriva de una regla o conjunto de reglas que al conferir la competencia excluyen al mismo tiempo aquellas cosas para las que no se otorga competencia [...] [L]a idea de una competencia total es algo así como la de una relación de parentesco total" (Carrió, 1994: 254).

c) El concepto de PCO se apoya en la ambigüedad de "poder": no distingue entre poder fáctico (fuerza) y poder normativo (facultad conferida por normas). De hecho, la ambigüedad referida es constitutiva del poder retórico del término: ambas acepciones se superponen con la pretensión de aislar un pretendido sujeto que supuestamente tiene atribuciones supremas e ilimitadas para dictar normas y, a la vez, fuerza suficiente para hacerlas acatar. "De allí hay un solo paso a afirmar que el sujeto o entidad en cuestión tiene las atribuciones porque dispone de la fuerza y solo hay otro paso más a sostener que decir que ese sujeto tiene las atribuciones significa lo mismo que decir que tiene la fuerza" (Carrió, 1994: 255). Pero si distinguimos los dos significados de la expresión, su pregnancia, su atractivo derivado en parte de su carácter entre misterioso y paradójico, se diluye. De esta ambigüedad de la idea de PCO se deriva un segundo rasgo que debe ser desmontado: el requisito de "eficacia actual", *i. e*, para que un poder pueda considerarse como efectivo poder constituyente es necesaria la plena consumación del hecho, la plena consecución de su objeto creando un orden nuevo (Carrió, 1994: 255). Ahora bien, si este es el caso, nos recuerda Carrió, los enunciados que afirman que algo es o ha sido una manifestación o ejercicio de PCO solamente pueden referirse al pasado. Hay que esperar que la revolución tenga éxito para poder decir que al instaurar un nuevo gobierno y dictar una nueva constitución los revolucionarios ejercieron el PCO. Según Carrió, aquí no hay más que un uso retórico del término: se intenta con él legitimar *ex post* ciertos actos como si fueran el resultado del ejercicio de competencias conferidas por un orden normativo. Pero bien mirada, esta jugada no tiene más sentido que afirmar, como irónicamente hacía Soler, que si la lluvia nos ha mojado es porque tenía competencia para mojarnos. Quienes han instaurado por vías de hecho un nuevo gobierno no tenían entonces competencia para instaurarlo, menos conferidas por ningún PCO. Hablar así es trasponer los límites del lenguaje normativo (Carrió, 1994: 256).

¿Qué tan concluyentes son los argumentos de Carrió? ¿Queda algo de este concepto que escape a sus críticas? ¿O por el contrario y tal como él nos indica, debemos desterrarlo de la teoría constitucional? Antes de responder, aislemos la idea que, según Carrió, carece de sentido al trasponer los límites externos del lenguaje normativo: que el PCO es una competencia "total o ilimitada" y "sin reglas de las que derive". Una competencia o poder para dictar las normas primitivas del sistema sin estar autorizado a hacerlo por otras normas de este. El titular del PCO estaría ejerciendo una competencia semejante. Pero, según Carrió, como en todo sistema jurídico la competencia deriva de reglas jurídicas que la otorgan; reglas que, además, otorgan competencia sobre un trasfondo de incompetencias. Entonces la idea no tiene sentido y debe ser descartada: se está usando mal el lenguaje.

Dos argumentos contrarios a la posición de Carrió:

a) Con respecto a la impugnación de Carrió al carácter ilimitado del legislador originario (punto b, 2), Nino (1985: 43) ha sostenido que no se ve por qué no pudiera existir un órgano al que ciertas normas le confieran una competencia total para dictar normas, no dictarlas o dictar normas contrarias a las primeras. Si Nino está en lo correcto, se cae la primera razón de Carrió para descartar la idea del PCO. Claro que un objetivista moral y partidario de la democracia deliberativa, como Nino, no puede decir eso coherentemente. Si hay razones morales objetivas y la democracia es el único sistema legítimo gracias a sus virtudes epistémicas respecto de esas razones, entonces la norma de competencia originaria no puede autorizar el dictado de cualquier norma sino solo el de normas moralmente correctas. Pero la réplica de Nino merece ser evaluada en sus propios términos, con independencia de los demás compromisos de su autor. ¿Puede haber una norma que otorgue competencia para dictar cualquier norma? Deberíamos dejar de lado, por lo menos, las normas internamente contradictorias. Con independencia de ellas creo que Nino está en lo correcto. La regla de reconocimiento, que como veremos puede ser la norma primitiva en cuestión, puede autorizar el dictado de cualquier constitución. Pero la regla de reconocimiento, en tanto regla primitiva, tiene otros problemas que veremos en seguida.

b) Ahora bien, aun si pudiera existir una competencia ilimitada para dictar cualquier norma, como nuevamente reconoce Nino (1985: 44), la razón principal que aduce Carrió en contra del PCO es tan obvia como contundente: la idea del PCO es contradictoria –como un hijo sin padres– ya que la idea de competencia o poder normativo alude a un conjunto de normas que estipulan ciertas facultades. Cuando los juristas usan el concepto de PCO lo usan, según parece, para referirse a una competencia jurídica. De aquí que debería estar conferida por normas jurídicas. Pero si la competencia es originaria, dichas normas, por principio, no existen. Ergo, el concepto de PCO no es un concepto jurídico, no tiene lugar dentro de la ciencia del derecho.

Nino analiza y descarta dos defensas a la idea de un PCO como competencia conferida por normas jurídicas. Primero, la idea de una autoatribución de competencias; de hecho el primer acto de cualquier gobierno de facto. Pero, como todo acto de autoatribución dependerá del reconocimiento de su validez, podemos pasar directamente a la siguiente idea. Esta refiere la posibilidad de que las potestades de quienes se arrogan el PCO sean reconocidas y aceptadas por los funcionarios del sistema, *i. e.*, por su regla de reconocimiento[3]. Bajo este último

3 La regla de reconocimiento no es una regla como las demás reglas del sistema. Es, antes bien, una práctica. Cuando Carrió afirma que el PCO no es un concepto jurídico tiene en mente un concepto cuya instanciación depende de la existencia de normas jurídicas (las reconocidas por la regla de reconocimiento). Como no hay normas jurídicas que confieran el PCO, este no es

caso, bien podría decirse que existe una norma que confiere competencias a quienes realizaron los actos en cuestión y que entonces la conclusión que afirma que tales hombres tenían atribuciones para hacer lo que hicieron no pasa del ser al deber ser, sino que es un auténtico juicio de deber ser.

Dos argumentos en contra de la posibilidad de concebir a la regla de reconocimiento como la norma primitiva de la cual deriva la competencia jurídica del PCO. El primero ya lo sostuvo Nino: una norma que existe, en tanto es reconocida, no es más que un hecho y por lo tanto no es normativa en sentido estricto. Para salvar la validez del razonamiento habría que o bien mostrar la normatividad de la regla de reconocimiento o bien afirmar que incluso la conclusión es un juicio descriptivo, que lo único que se afirma cuando se dice que alguien tiene competencia originaria es que goza de poder coactivo y sus mandatos son reconocidos como tales. Pero claro, de semejante entendimiento de la competencia originaria no se deriva un deber de obediencia a las

---

un concepto jurídico en el sentido que Carrió está pensando. Pero "concepto jurídico" puede referir también a un concepto dependiente de una práctica jurídica como la regla de reconocimiento. En consecuencia, del hecho que no haya una norma jurídica explícita que otorgue una competencia originaria no se sigue que el PCO no sea un concepto jurídico. Por lo que corresponde analizar esta posibilidad de refutación de la idea de Carrió. Agradezco a Pablo Rapetti el haberme presionado para explicitar el sentido en el que Carrió habla de "concepto jurídico".

normas dictadas. Y nuestra intención, a su entender, al apelar a este tipo de conceptos, es justificar actos y decisiones. La regla de reconocimiento entonces no puede ser la norma de competencia originaria que estábamos buscando. Por lo tanto, la tesis de Carrió se sostiene: la idea de una competencia jurídica sin normas jurídicas de la que se derive –supuesto que queremos dar cuenta del carácter vinculante de un sistema de normas dictadas en virtud de esa competencia– es un sinsentido.

El segundo argumento llega a una conclusión similar por otras vías: la regla de reconocimiento, en tanto norma originaria de competencia, establece un criterio de identidad de las normas del sistema. Pero de la pertenencia de las normas al sistema no se deriva su carácter vinculante. "X tiene permitido dictar cualquier norma" no equivale a "obligatorio obedecer cualquier norma que dicte X". La regla de reconocimiento no puede ser entonces la norma originaria que busca Carrió. Tiene razón entonces en que el PCO no es un concepto jurídico: no está fundado ni en una norma del sistema ni, más ampliamente, en una práctica jurídica.

Hasta aquí podemos acompañar a Carrió. Pero él va más lejos. Afirma, como vimos, que el concepto no tiene sentido *en absoluto*. Sin embargo, esta última conclusión no se sigue de las premisas ni, como veremos, existen razones que la avalen. Las competencias aludidas bien pueden derivar de un orden normativo moral. Veamos la propuesta de Nino en este sentido.

2. EL PODER CONSTITUYENTE ORIGINARIO COMO CONCEPTO MORAL

Revisemos entonces esta primera posibilidad de evitar la conclusión de Carrió –que el concepto de PCO no tiene ningún sentido–: las competencias originarias e ilimitadas del PCO surgirían no de un orden normativo jurídico sino de uno moral (Nino, 1985: 46). De lo que se trataría, afirma Nino en boca del "moralista", es de "establecer cuándo está moralmente justificado dictar normas de carácter constitucional no obstante la falta de competencia jurídica para hacerlo" (Nino, 1985: 46)[4]. Nino pretende mostrar que el concepto de competencia jurídica –tanto originaria como derivada–, cuando es empleado –tal como resulta ser en la mayoría de los casos interesantes– en contextos justificatorios, contextos en que se pretende afirmar que deben realizarse ciertas acciones, por ejemplo obedecer las normas dictadas en ejercicio de competencias atribuidas por el constituyente, es un concepto moral. Presupone, a su entender, la aplicabilidad de ciertos principios de justicia y moralidad social que establecen en qué condiciones corresponde reconocer como jurídicamente vinculantes las directivas de quienes detentan el monopolio de la coacción en una comunidad (Nino, 1985: 62). La fundamentación de

---

4 Aquí, para evitar contradicción con la siguiente frase, "competencia jurídica" debe interpretarse como competencia conferida por normas pertenecientes a un sistema jurídico.

los juicios acerca de la competencia jurídica del poder constituyente originario, en contextos justificatorios, depende de consideraciones de filosofía moral acerca de la legitimación del poder político y de la obligación de obedecerlo (Nino, 1985: 66).

Para Nino entonces el concepto de PCO encuentra su uso típico en contextos de justificación de acciones, es decir, cuando se predica que determinada acción –obedecer el derecho– es debida y equivale, básicamente, al de competencia moral para dictar las normas primitivas del sistema. El titular del PCO tiene esa competencia. Quien sea titular depende a su vez de la satisfacción de ciertas condiciones morales. Veamos el siguiente argumento conforme con la propuesta de Nino (1985: 61), aunque prescinde de su, un tanto idiosincrática, idea de juicios de adhesión normativa:

1. Permitido constituir un orden normativo coactivo a quienes cumplen con las propiedades moralmente relevantes *p*, *q*, *x*. O, en otras palabras, deben reconocerse y observarse las normas dictadas por quienes cumplen con ciertas propiedades moralmente relevantes –gozar de un poder coactivo en una sociedad tal que asegure un orden que nos saque del estado de naturaleza; estar dispuestos a, y tener los medios necesarios para, derrocar una tiranía e instalar una democracia respetuosa de los derechos humanos; estar dispuesto a derrocar el Estado liberal burgués para instaurar la dictadura del proletariado, etcétera–[5].

5 O, para ponerlo en otros términos quizás más familiares, "Las

2. En la comunidad C se ha dado el caso de que un grupo de hombres que cumplen con las propiedades relevantes ha derrocado el régimen anterior, e instaurado uno nuevo, dictando normas autoatribuyéndose competencia para hacer lo que hicieron y designando a los titulares de los poderes ejecutivo, judicial y legislativo.

3. Este grupo de hombres tiene –o tenía– competencia para realizar los actos que realizó y para dictar las normas que dictó. O, lo que es lo mismo, deben reconocerse y observarse las normas dictadas por este grupo de hombres.

La primera premisa de este razonamiento es una norma moral preexistente que faculta a un sujeto X –el pueblo, una facción del pueblo, etcétera– a realizar el acto de constituir un orden –seguramente destruyendo uno anterior– bajo ciertas condiciones moralmente relevantes. Todo el argumento de Nino supone, por cierto, su idea de la unidad del razonamiento práctico en el sentido de que una norma jurídica es vinculante solo si puede de algún modo ser remitida a una norma moral que la avale (Nino, 1985: 63-65). De hecho, esta norma moral es, según Nino, la única que puede dar cuenta del carácter vinculante de todo el ordenamiento, no solo de sus normas originarias sino también de las derivadas. Es más, a su entender, dado que son producto de hechos

---

normas dictadas por una autoridad legítima deben ser obedecidas".

sociales las normas jurídicas positivas no son normas en sentido estricto. Funcionan como premisa menor, como razones auxiliares del razonamiento práctico que tiene como premisa normativa una norma moral. "La justificación jurídica es una especie de justificación moral que se distingue por tomar en cuenta (como datos fácticos relevantes) la vigencia de ciertas normas" (Nino, 1985: 63).

Para Nino entonces el concepto de poder constituyente originario remite al de competencias atribuidas por normas morales. De ser esta la reconstrucción correcta de la idea de PCO, toda la discusión relevante tendría que ver con cuáles son las propiedades moralmente relevantes que autorizan a crear un orden jurídico, con quién sería el sujeto capaz de actualizar esas propiedades y, por último, con la cuestión fáctica de si esas propiedades se dieron o no en la situación respecto de la cual estamos tratando de determinar si constituyó o no un ejercicio válido del PCO.

La mayor ventaja de esta reconstrucción, al menos a primera vista, es que nos permitiría distinguir entre casos de ejercicio legítimo e ilegítimo del PCO. Casos legítimos de ejercicio del poder constituyente serían aquellos en que de hecho se satisfagan las condiciones morales de atribución de competencia jurídica –competencia para establecer las normas básicas del sistema.

Tres objeciones a la comprensión del PCO *como competencia moral*

Primero una objeción general al modelo de razonamiento práctico de Nino. En este modelo "la única posibilidad de adjudicar validez a los requerimientos jurídicos *–i. e.*, "convertirlos" en normas– es admitir que los actos de promulgación son razones auxiliares para la acción" (Caracciolo, 1998: 14). Estos son relevantes solo porque existe una razón operativa, una norma moral que toma el hecho de la promulgación como condición fáctica de aplicación de sus consecuencias normativas –de hecho, si revisamos la reconstrucción arriba propuesta del argumento de Nino, veremos que como premisa menor no figura una norma jurídica sino bien el hecho de su dictado, bien su vigencia–. Si se dan los hechos previstos, como antecedentes por la razón operativa, entonces esto permitiría derivar las consecuencias normativas por ella previstas. De modo que las normas jurídicas aparecerían como tales recién en la conclusión del argumento. Utilizaremos aquí otro argumento de Nino (1994: 122) estructuralmente idéntico al de más arriba, que sirve de base a la crítica de Caracciolo.

1. Es justo o debido moralmente obedecer a la autoridad A (por ejemplo, porque es democrática).
2. A ha prescrito "debe pagarse como impuesto el 30% de las ganancias, si superan anualmente la cantidad de 10.000 dólares".

3. Debe pagarse como impuesto el 30% de las ganancias, si superan anualmente la cantidad de 10.000 dólares.

Según Caracciolo, la fuerza persuasiva del argumento de las razones auxiliares "se sustenta en un equívoco, producto de un cambio de significado en los términos claves "derivar" y "razón auxiliar" (Caracciolo, 1998: 16).

En cuanto a lo primero

> [...] en ningún caso una norma jurídica cualquiera N se deriva de N0 (la razón operativa) más la descripción del acto de promulgar N. Más bien, N0 se refiere a N (como se refiere a todas las normas que emita la AL) y, en este sentido, es metalingüística con respecto al lenguaje que se use en los eventuales actos de promulgación. Por lo tanto, ninguna inferencia es posible entre ambas normas y los actos de promulgación no son hechos que puedan determinar la aplicación de N0, *i. e.*, no pueden funcionar como 'razones auxiliares' (Caracciolo, 1998: 16).

En otras palabras, la razón operativa aducida –que Caracciolo denomina N0– en realidad no es tal, no es una razón para la acción "porque no menciona acción alguna que deba llevarse a cabo". "N0 no es otra cosa que el resultado de una cuantificación universal sobre cualquier clase de circunstancias y cualquier clase de conductas, con respecto a los actos de promulgación de una autoridad legítima". Estas circunstancias y conductas solo son variables que tienen que ser reemplazadas por descripciones de hechos y de acciones para obtener una norma dirigida al comportamiento, *i. e.*, para obtener una "razón operativa" para la acción. No sabemos qué implica "obedecer a la autoridad" hasta que esta se pronuncia. Para saber qué acción debe realizarse, entonces, hay que esperar a que la autoridad emita un mandato. Pero una vez emitido se opera la sustitución y esto completa la razón operativa. De modo que

> [...] el hecho de que la Autoridad Legítima enuncie 'si C entonces se debe realizar p' es una condición necesaria y suficiente para la existencia del deber de realizar p en caso que C, esto es, para que el contenido de esa enunciación adquiera el estatus de una norma válida, *i. e.*, de una razón objetiva para realizar p, con prescindencia de cual sea ese contenido (Caracciolo, 1998: 17).

En otras palabras, los actos de promulgación no funcionan como razones auxiliares sino que cambian las razones operativas, justamente lo que Nino quería evitar al considerar que estas son razones morales objetivas y, por lo tanto, quien las usa las afirma, no las intenta cambiar.

Todo esto está vinculado, según Caracciolo, a una confusión entre dos sentidos de "razón auxiliar". Normalmente el término es usado para referirse a un hecho que, habiendo sido tenido en cuenta como antecedente de una norma para imputar consecuencias normativas, permite, una vez acaecido, imputarlas al caso particular. Pero en el modelo de Nino

> [...] que un cierto hecho H (un acto de una autoridad) constituye una 'razón auxiliar' no significa que H habilita la derivación lógica de una norma, sino que H es un criterio para identificar normas válidas: 'derivar' se usa en el mismo sentido que 'identificar' y 'razón auxiliar' menciona un hecho conectado conceptualmente con la existencia de una norma (Caracciolo, 1998: 17).

Esta confusión remite a dos tipos de hechos distintos. Por un lado están los hechos que figuran como antecedentes de normas –el hecho de matar a otro en la norma que prohíbe el homicidio, por ejemplo–. Estos son razones auxiliares propiamente dichas e instanciados permiten la derivación de una norma particular. Por otro lado están los hechos que permiten afirmar, bajo ciertas condiciones, que determinada norma existe o pertenece al sistema jurídico –los actos de promulgación son hechos de este tipo–. Permiten identificar normas pero no derivarlas de normas justificadas. De aquí que no puedan dar cuenta del carácter vinculante de estas últimas, tal como pretende Nino (*cfr*. Caracciolo, 1998: 17). Entonces, el concepto de PCO no puede ser usado como una norma de competencia moral que funcione como razón operativa en un razonamiento práctico en que las normas genuinamente vinculantes del sistema derivan de esa razón operativa más los actos de promulgación de las nuevas autoridades.

Vamos a la segunda razón contraria a la idea de PCO como norma moral de atribución de competencia. ¿Es cierto que el modelo nos permite distinguir entre casos de ejercicio legítimo e ilegítimo del PCO? Obsérvese que, según Nino, hablar de PCO es igual a hablar de competencia moral para dictar las normas básicas del sistema. ¿Pero no sería preferible un concepto moralmente neutro? Solo así podríamos hablar de casos de ejercicio legítimo y casos de ejercicio ilegítimo del PCO. Nino en cambio se ve obligado a decir que los casos de ejercicio ilegítimo no son casos de ejercicio del PCO en absoluto, que, por lo tanto, no logran constituir. El problema aquí es cómo llamaría Nino a los órdenes efectivos que derivan de un ejercicio ilegítimo y, específicamente, al acto que les dio origen.

Tercera razón. Observemos que hay un rasgo típico de los enunciados que atribuyen o niegan que el golpe, la revolución, el cambio de régimen en cuestión, haya sido un caso de ejercicio del PCO. Este rasgo está bien descrito por Carrió en su cita de Sánchez Agesta y Xifra Heras. Para que un acto de creación de un nuevo orden normativo pueda ser considerado ejercicio del PCO es común considerar que es necesario que cumpla el requisito de "eficacia actual", es decir, "es preciso además que quien invoque este derecho esté en condiciones, por la razón de la fuerza de que dispone o de la autoridad de que se halla investido, de realizar esta creación del orden frente a fuerzas que pueden oponérsele". "La mera formulación de un nuevo orden o el propósito revolucionario de realizarlo que no entre en vías de eficacia de cumplimiento, o el intento frustrado de cumplir esa transformación, aun cuando la revolución haya sido dueña por un espacio más o menos prolongado de un poder efectivo, no son suficientes para que un poder pueda considerarse como efectivo poder constituyente. Es preciso la plena consumación del hecho, la plena consecución de su objeto creando un orden nuevo". (Sánchez Agesta: 330-331; Xifra Heras: 149, citados por Carrió, 1994: 249, 255).

Para ponerlo en otros términos, la afirmación de que determinado acto revolucionario fue un ejercicio del PCO parece ser siempre un enunciado *ex post*. Solo si tuvo éxito, si logró constituir un nuevo orden coactivo, el acto fue tal. Este juicio es imposible de hacer *ex ante*.

Pero aquí parece haber una diferencia crucial con las normas que confieren competencia, aun si son normas morales. Si existe una norma que me confiere competencia es perfectamente posible decir *ex ante* que yo tengo derecho a hacer el acto que la norma me autoriza a hacer. Esto, me parece, no depende de la eficacia de ese acto. Por ejemplo, un legislador tiene competencia para dictar determinada norma prohibitiva con independencia de si luego la sociedad obedece esa norma y logra eficacia actual. Pero este no parece ser el caso de la norma moral que atribuye, bajo ciertas condiciones, competencia al PCO. Si el acto revolucionario no fue exitoso entonces parece que no estaba autorizado por la norma. Aquí hay un problema. Veamos una solución que pretende hacerse cargo de esta peculiaridad del PCO. Solución que, claro, ya no lo concibe como una competencia moral.

3. EL PODER CONSTITUYENTE ORIGINARIO COMO CONCEPTO POLÍTICO

> Poder constituyente es la voluntad política cuya fuerza o autoridad es capaz de adoptar la concreta decisión de conjunto sobre modo y forma de la propia existencia política, determinando así la existencia de la comunidad política como un todo. De las decisiones de esa voluntad se deriva la validez de toda ulterior regulación legal-constitucional. Las decisiones, como mías, son cualitativamente distintas de las normaciones legal-constitucionales establecidas sobre su base.
>
> Una constitución no se apoya en una norma cuya justicia sea fundamento de su validez. Se apoya en una decisión política surgida de un ser político, acerca del modo y forma del propio ser. La palabra 'voluntad' denuncia –en contraste con toda dependencia respecto de una justicia normativa o abstracta– lo esencialmente *existencial* de este fundamento de su validez (Schmitt, 1982: 92-94).

Para establecer la relación entre el PCO y la constitución en el sentido schmittiano podemos apelar a la ambigüedad proceso-producto. Si el PCO es decisión en sentido de proceso, de acto, la constitución es el producto. De aquí que podamos hablar de la constitución como la decisión –producto– sobre la forma de existencia política concreta de un pueblo. En este sentido nuestro concepto de constitución, la idea de que la constitución establece básicamente los derechos fundamentales, por un lado, y la división de poderes, por otro, no es más que un modo de constitución, contingente, histórico. Como bien señala Schmitt, un pueblo bien puede decidir darse otra forma y otro modo de existencia, por ejemplo, un gobierno monárquico o comunista. Los derechos fundamentales y la división de poderes son entonces fruto de nuestra decisión de darnos ese modo de existencia como pueblo. Estas decisiones se plasman por lo general en los textos constitucionales. Por ejemplo, la Constitución Argentina, en su Artículo 1, afirma: "La Nación Argentina adopta para su gobierno la forma representativa republicana federal, según la establece la presente Constitución".

Para captar en su integridad la idea de Schmitt es central distinguir entre constitución y leyes constitucionales. Estas últimas son accidentales, podrían o no estar en el texto constitucional. De modo que no podemos definir la constitución en términos nominales, como el texto en que hemos decidido incluir un conjunto de leyes a las que, por razones circunstanciales como la relación de fuerzas políticas al momento de su sanción, hemos decido dar mayor estabilidad y mayor fuerza normativa –en el sentido de que estas reglas serán válidas aun cuando contradigan otras normas mientras que estas últimas serán invalidas si contradicen las leyes constitucionales–. Una constitución en el sentido de Schmitt puede o no estar escrita, eso es circunstancial. Lo esencial es el modo de existencia que se da a sí misma la comunidad política. Y si la constitución está escrita, entonces mediante un procedimiento de reforma, es decir, mediante el ejercicio del poder constituyente derivado –un modo del poder constituido–, pueden modificarse las leyes constitucionales, puede, por ejemplo, incorporarse o eliminarse cierto derecho fundamental o disponer que el mandato de los senadores será de seis años en lugar de nueve. Pero no puede modificarse la constitución misma, la decisión sobre la forma y modo de existencia de la comunidad política. Una asamblea, en ejercicio del poder constituyente derivado, no puede por ejemplo determinar que de ahora en más los argentinos serán una monarquía o una república socialista como lo fuera la ex Unión Soviética. El poder de cambiar la constitución corresponde a su titular (*cfr*. Schmitt, 1982: 49-50). Quién puede ser el titular del poder constituyente, si solamente el pueblo o también otros sujetos políticos como el rey, un grupo o facción, etcétera, es un tema de discusión en sí mismo[6].

Dos cuestiones centrales surgen de la cita arriba transcripta. El PCO es voluntad, decisión, y esta decisión es de naturaleza *política*: "[...] la esencia de la Constitución no está contenida en una ley o en una

---

6 Sobre el punto puede verse el interesante artículo de BOCKENFORDE (2000), "El poder constituyente del pueblo. Un concepto límite del derecho constitucional".

norma. En el fondo de toda normación reside una decisión política del titular del poder constituyente" (Schmitt, 1982: 47).

Comencemos por el primer punto. ¿Qué implica que el PCO sea una decisión sostenida sobre la base de una voluntad? Lo primero, que no es norma. No es una norma jurídica de competencia, menos una norma moral de competencia o una norma moral sustantiva vinculante en razón de su justicia, derivada de la razón natural. Lo segundo –estrictamente se sigue de lo anterior– es que su existencia es una magnitud real, del ser:

> [...] una Constitución es válida cuando emana de un poder (es decir, fuerza o autoridad) constituyente y se establece por esa voluntad. La palabra 'voluntad' significa, en contraste con simples normas, una magnitud del Ser como origen de un Deber-ser. La voluntad se da de un modo existencial: su fuerza o autoridad reside en su ser. Una norma puede valer cuando es justa; entonces la concatenación sistemática conduce al Derecho Natural y no a la Constitución positiva; o bien una norma vale porque está positivamente ordenada, es decir, por virtud de una voluntad existente. Una norma nunca se establece por sí misma (este es un modo fantástico de hablar) [...] Decir que una constitución no vale a causa de su justicia normativa, sino solo de su positividad, y que sin embargo, funda como pura norma un sistema o una ordenación de puras normas, es una confusión llena de contradicciones. No hay ningún sistema

> constitucional cerrado de naturaleza puramente normativa, y es arbitrario conferir trato de unidad y ordenación sistemáticas a una serie de prescripciones particulares, entendidas como leyes constitucionales, si la unidad no surge de una supuesta voluntad unitaria (Schmitt, 1982: 34-35).

Bien podemos aquí traer a cuento, contra Schmitt, la falacia naturalista y afirmar que el deber ser no se puede derivar del ser, del querer. Que alguien –¿el pueblo?– quiera algo no significa que ese algo deba ser. Sin embargo, es difícil negar que cualquier constitución, como modo concreto de organización política, existe solo porque hay una fuerza, una voluntad, la de un grupo, la de todo el pueblo, que la sostiene.

Un tercer aspecto que podemos derivar de la idea de que el PCO es voluntad, que es ser y no norma, es su carácter cualitativamente distinto tanto a las leyes constitucionales como al poder constituido. El poder constituido, los poderes del Estado –incluido el conocido como poder constituyente derivado, la capacidad de reforma que tiene una asamblea conformada conforme los mandatos constitucionales–, tiene competencias atribuidas por normas así como límites a esas competencias. Tienen forma, en otras palabras. El PCO es su opuesto: "lo que aforme, forma". "El Pueblo, como titular del poder constituyente, no es una instancia firme, organizada. Perdería su naturaleza de pueblo si se erigiera para un normal y diario funcionamiento y para el despacho ordinario de sus asuntos" (Schmitt, 1982: 99)[7]. De aquí el problema de cómo dar cuenta de la voluntad constituyente del pueblo, de cómo identificarla, de si, dado que el pueblo, en nuestras sociedades al menos, nunca actúa en conjunto, puede valer la expresión de una facción como expresión de la totalidad, etcétera. También la idea de Schmitt de que el modo típico de expresión del pueblo es la aclamación (Schmitt, 1982: 100).

¿Qué significa que el PCO *sea un concepto político?*

Recordemos la famosa caracterización de Schmitt en *El concepto de lo político*: "La distinción política específica, aquella a la que pueden reconducirse todas las acciones y motivos políticos, es la distinción de amigo y enemigo" (Schmitt, 2009: 56). De aquí la diferencia entre lo político y lo moral (bueno / malo), lo jurídico (válido / inválido), lo estético, (belleza / fealdad), lo económico (rentable / no rentable), etcétera.

¿Cómo hemos de leer esta idea? Para entenderla en su cabal significado es útil acudir al pensamiento de Fernando Atria. Respecto de la idea de Schmitt, Atria afirma que aquí

> [...] lo político es caracterizado desde el punto de vista de la situación extrema: el conflicto al que lo

---

7 Esto, por cierto, va en contra de considerar a la monarquía una *institución hereditaria* dependiente del derecho de familia, como posible titular del PCO. El pueblo, en cambio, es en este sentido el titular indiscutido.

> político hace alusión es conflicto comunitario (normal) o conflicto sobre la comunidad (excepcional). Lo que esto enfatiza es la naturaleza contingente de la comunidad política: la comunidad se define a sí misma (Atria, 2006: 88).

Al menos en los momentos constituyentes entonces, los momentos en que la comunidad define el modo y la forma de su existencia, el conflicto político asume, según Schmitt, esta forma. Esto no necesariamente significa que luego, durante el tiempo normal, instituido, el conflicto no sea reconducible, en última instancia, a esta distinción. Pero un conflicto amigo –enemigo mediado por el derecho, por las instituciones– no tiene el grado de radicalidad de los momentos constituyentes. En todo caso aquí tomaremos la idea de Schmitt como clave de interpretación de esos momentos.

En Schmitt el acto de decisión en que consiste el ejercicio del poder constituyente "constituye la forma y el modo de la unidad política *cuya existencia es anterior*" (Schmitt, 1982: 46). Aquí entonces el agente político, el pueblo, ya existe con anterioridad y por otros criterios, como la raza, la lengua, la cultura común o rasgos semejantes, y se constituye solamente su forma de existencia. Esta es, según Atria, "'la fruta envenenada' dentro de la teoría constitucional de Schmitt, es decir, la parte de esta internamente vinculada con su nazismo y que debe en consecuencia ser expurgada" (Atria, 2006: 70).

Si la existencia del pueblo no es anterior, si no hay pueblo en estado de naturaleza, entonces el pueblo se constituye como agente colectivo al momento de darse una forma. Pero esto, entiende Atria, nos deja frente a la paradoja central de la teoría constitucional:

> [...] si la unidad de agencia colectiva es políticamente construida, entonces la primera decisión política es la afirmación de una voluntad existencial, de una voluntad de ser. Pero la voluntad de ser es la voluntad de un agente colectivo que afirma su identidad en el acto mismo de declararse constituido. Esto parece imposible: uno normalmente espera que exista primero un agente y solo entonces puede actuar (Atria, 2006: 70).

Y justamente, Atria con razón entiende que la nación, el pueblo, nace en el mismo acto que se constituye a sí mismo: nos damos nacimiento a nosotros mismos. Nos recuerda las palabras de la declaración americana: "Nosotros, el pueblo de los Estados Unidos, sostenemos estas verdades como autoevidentes". Esto equivale a que "el reconocimiento de estas verdades define quiénes somos 'nosotros': los que creemos en ellas". Pero esta constitución de un *nosotros* se hace frente a otras posibles definiciones o frente a otros que quieren definir el *nosotros* de modo alternativo. De aquí que "si su negativa amenaza nuestra existencia, serán entonces nuestros enemigos [...] El momento constitutivo es violento porque solo puede haber un 'nosotros' en la medida en que haya un 'ellos'" (Atria, 2006: 70).

La distinción amigo/enemigo puede, entonces, ser reconducida a la distinción nosotros/ellos, es decir, a la cuestión de la definición de la identidad de la comunidad política. La afirmación efectiva de un *nosotros* equivale al nacimiento de la comunidad política, a su definición identitaria. Y, al menos en la gran mayoría de los casos, equivale a la derrota de *ellos*, de los que proponen una definición alternativa. Esto explica un rasgo central de la noción de PCO, rasgo que, como vimos, no podía ser adecuadamente interpretado desde los conceptos centrados en la idea de competencia. Me refiero al requisito de *eficacia actual*. Solo es PCO aquel que ha logrado constituir una comunidad política: "[...] triunfaremos y nos declararemos constituidos (y seremos luchadores por la libertad, patriotas o revolucionarios) o fracasaremos (y seremos criminales o terroristas) [...] triunfar es ser el origen de una comunidad política que se entiende a sí misma como fundada en nuestra gesta" (Atria, 2006: 71).

La distinción también explica que solo con posterioridad a los hechos, solo desde la institucionalidad instaurada, sea posible afirmar que el PCO ha actuado. Pues si no se logró constituir la comunidad, su forma y modo, entonces no cabe decir que hubo un acto de PCO. En ese caso, como bien indica Atria, lo que habrá habido son actos criminales, no de otro modo puede concebirse desde el poder constituido los intentos de entablar otra institucionalidad, de crear otra comunidad política por fuera de las formas políticas previstas y negando el modo de existencia vigente.

Bajo este concepto, pareciera seguirse que los golpes de estado en Latinoamérica fueron actos de ejercicio del PCO. Una facción –el pueblo nunca actúa en conjunto– pretendió exitosamente hablar en nombre del pueblo e impuso cierto modo de existencia, la dictadura, que lo definía como tal. La referida a la legitimidad del ejercicio del PCO sería una cuestión aparte. Es decir, la cuestión de si hubo o no ejercicio del PCO parecería moralmente neutra en esta reconstrucción. ¿Es este el caso? ¿Qué debe decirse sobre la idea de legitimidad en relación al PCO?

Al respecto, Schmitt dice que

> Una constitución es legítima –esto es, reconocida, no solo como situación de hecho, sino también como ordenación jurídica– cuando la fuerza y autoridad del Poder Constituyente en que descansa su ordenación es reconocida [...] No necesita justificarse en una norma ética o jurídica; tiene su sentido en la existencia política. Una norma no sería adecuada a fundar nada aquí. El especial modo de la existencia política no necesita ser legitimado (Schmitt, 1982: 104).

La legitimidad de una constitución o de un PCO es reducible a su reconocimiento. Está claro que *reconocimiento* implica aquí por lo menos eficacia, obediencia. No está tan claro si también implica, como sospecho, aceptación. De ser así, y sobre todo teniendo en cuenta la última frase de la cita, pareciera que la idea de legitimidad en Schmitt es bastante cercana a la de validez como pertenencia en Hart. El problema es si Schmitt está afirmando también que, por ser legítimo en el sentido de "reconocido", el régimen instaurado por el PCO debe también ser obedecido. En todo caso legitimidad en sentido schmittiano, aun de implicar normatividad genuina –cosa en absoluto clara–, no implica corrección moral[8].

La posición de Atria al respecto es ligeramente diferente. Refiriéndose a la interpretación de Cristi del golpe chileno de 1973, Atria indica:

> [...] al decir que el poder constituyente de la junta no derivaba del pueblo, Cristi está haciendo una afirmación políticamente controvertida, en el sentido de que los militares y la derecha siempre alegaron que el golpe militar había sido una manifestación de la voluntad mayoritaria del pueblo chileno. El hecho de que la afirmación sea políticamente controvertible nos da una pista invaluable respecto del tipo de alegato que la tesis de Cristi constituye: no es un alegato teórico, es decir, no es verdad en virtud de desprenderse de una correcta teoría del derecho (más los hechos relevantes) o del derecho,

---

8 Todo pareciera indicar que en Schmitt lo político, como dominio autónomo de lo moral, tiene, sin embargo, una vez constituida la comunidad política, poder normativo. La decisión política fundamental sería una decisión previa a la normatividad que sin embargo opera como condición de posibilidad de la normatividad misma. Al menos así lo entiende Rodrigo Sánchez Brígido, a quien debo la formulación de la idea en estos términos.

> sino es uno político. El concepto mismo de poder constituyente, en cuanto a su operación e identificación concreta, no es un concepto teórico sino político; identificarlo y afirmar que ha actuado es una posición política, y por eso la pretensión de haberlo identificado o que ha actuado solo puede fundarse en argumentos políticos, argumentos que se formulan precisamente hacia el pasado, como un esfuerzo de comprensión de una historia que se declara común (Atria, 2006: 52).

Aquí tres puntos. Atria entiende que quien afirma que el PCO ha actuado, implica que el pueblo ha actuado. Los conceptos estarían lógicamente unidos: el pueblo sería el único titular del PCO. Segundo, afirmar que se ha ejercitado el PCO y, por lo tanto, que el pueblo ha actuado, que el acto es reconducible a la voluntad del pueblo, es idéntico a conferir legitimidad a ese acto. "Decir 'el pueblo quiere X' es lo mismo que decir 'lo que conviene al pueblo es X', que a su vez es lo mismo que decir 'X va en interés de todos' lo que, por último es decir 'yo apoyo X'" (Atria, 2016: 182). Esto último se conecta con el tercer rasgo de la comprensión de Atria: afirmar que ha actuado el poder constituyente es un alegato político, polémico, no teórico. Decir que actuó es tomar partido, es decir que estoy de acuerdo con los que así actuaron. De las alegaciones estrictamente contradictorias de la Fuerzas Armadas y de Allende de actuar en nombre del pueblo

> [...] no es que no pueda decirse de una de ellas que sea falsa y que otra sea la verdadera. Aquí de hecho la verdad estaba con Allende. Pero políticamente hablando, con esto solo estoy diciendo que yo estoy con Allende [...] Por lo tanto aquí no hay diferencia entre expresar una opinión acerca de lo que el pueblo 'verdaderamente' quiere y tomar partido (Atria, 2016: 181).

Para Atria entonces, como para Schmitt, el PCO es un concepto político: quien lo usa nunca habla neutralmente sino que en el acto de usarlo, al afirmar que ha actuado, está tomando partido, está apoyando la rebelión, el golpe, etcétera. También está diciendo que el acto en cuestión fue legítimo, un acto que no es descriptivo sino interpretativo.

Pensemos la viabilidad de las siguientes y muy tentativas observaciones críticas de la comprensión de Atria de la idea de PCO. Primero, lo obvio: según Atria, qué sea pueblo, quiénes sean parte del pueblo –todos, solo los propietarios, solo los proletarios, solo los arios–, depende de la definición que al respecto dé el poder triunfante, de cómo recorte el "nosotros". ¿Qué críticas puede hacer semejante concepción a un poder como el nazi que dejó afuera del "pueblo" a los judíos, gitanos, homosexuales, discapacitados, etcétera? Recordemos que en este modelo no hay normas morales previas con las cuales evaluar el ejercicio del PCO. Afirmar que actuó es igual a afirmar que es legítimo, lo que equivale a su vez a afirmar que estoy de acuerdo, que soy parte del "nosotros".

Cuando Atria afirma que la verdad estaba con Allende está diciendo que él no se siente parte del nosotros definido por el golpe del Pinochet, por lo tanto tiene que decir que lo que sucedió en septiembre de 1973 no fue un acto de ejercicio del PCO. Y por cierto, además de ponerse en contra, no parece poder decir nada que tienda un puente con sus adversarios. La política efectivamente se transforma en un campo de batalla donde las personas están de uno u otro lado sin que haya razones –razones que valgan también para los que están del otro lado– que permitan crear un terreno común. En otras palabras, la idea de Atria de que afirmar que el pueblo ha actuado es un alegato político, donde esto significa que el que afirma toma partido, sin que haya ningún criterio, al parecer, para discriminar entre estas afirmaciones: parece ser un declaración de emotivismo político. Al menos en los momentos constituyentes no es posible, parece afirmar Atria, la discusión racional sobre cuestiones políticas. El problema es si este emotivismo se traslada al momento constituido, al momento de normalidad institucional: solo desde allí haremos juicios sobre el momento constituyente.

Segundo, ¿cómo ha de calificar los actos que instituyeron el régimen vigente aquel que no está de acuerdo con su instauración? Pensemos en los propietarios rusos tras la Revolución de Octubre. Bajo el modelo de Atria no afirmarán que el pueblo ejerció el PCO, pues eso equivaldría a otorgarle legitimidad, a ponerse de su lado. Seguramente han de llamar golpe, dictadura, a lo que acontece. Pero la dictadura es también un modo y una forma específica de existencia de una comunidad política. Quien toma la decisión sobre el modo y forma de existencia de la comunidad política, y en ese sentido define el pueblo, realiza un acto que puede ser descripto como tal aun por los excluidos de ese "nosotros". En definitiva, no parece imposible separar reconocimiento de la efectividad constituyente –un juicio descriptivo– de atribución de legitimidad –juico normativo–. Creo que lo único que se requiere para imputar titularidad al PCO es haber tomado efectivamente la decisión sobre la forma y modo de existencia de la comunidad política. Esto nos permite afirmar que las juntas de gobierno argentina en 1976 y chilena en 1973, por ejemplo, ejercieron ese poder sin necesidad de comprometernos con que gozaban de legitimación popular.

En definitiva, preservando la idea del PCO como decisión sobre la forma de existencia de la comunidad política, podríamos pensar que hay que distinguir los juicios existenciales, *i. e.*, cuándo tuvo lugar esa decisión, de los juicios referidos a su legitimidad. Los primeros juicios referirán a una cuestión de hecho. Su verificación permitiría afirmar la vigencia de determinado sistema jurídico. Los segundos serán juicios morales y determinarían su obligatoriedad.

¿Alcanzan estas críticas a la idea central contenida en el pensamiento de Atria y posiblemente de Schmitt? Para verlo centrémonos en la idea de legitimidad. ¿Está diciendo Atria que todo gobierno constituido es legítimo por el mero hecho de existir? ¿Está negando que se pueda discutir racionalmente sobre política, en particular sobre los momentos constituyentes?

> [...] el que en público invoca su creencia apela por eso (correcta o incorrectamente) a lo universal, a las razones que valen en principio para todos [...] el que expresa una voluntad afirma su particularidad, reclama (correcta o incorrectamente) autoridad para decidir esa cuestión, para decidirla de modo tal que la decisión vale no porque sea correcta, sino porque es suya [...] Decir que la ley es voluntad es lo mismo que decir que vale porque ha sido creada, *puesta*. No vale porque sea correcta: *auctoritas, non veritas, facit legem* [...] la verdad nunca aparece *in propia persona*, y por eso el sentido político de una apelación a la verdad es el de una apelación a la voluntad del que hace la apelación.

En este primer sentido la idea de que la ley es voluntad niega la autoridad inmediata de la razón. Es un error entender eso como una celebración de la irracionalidad. Solo quiere decir que la razón o la verdad no pueden descansar en autoridad formal alguna, y por consiguiente su fuerza es reducible a la coacción racional del mejor argumento. Y esto se conecta con el segundo sentido en el que la ley es voluntad. Decir que yo quiero X es decir que yo (creo que) X es lo que va en mi interés. Por supuesto, es posible que yo me equivoque y que crea que es bueno para mí algo que no va en mi interés. Pero nadie tiene autoridad sobre mí, eso quiere decir que solo yo podré corregirme, alcanzando mayor claridad

> acerca de mis intereses. Mi destino es mi responsabilidad y mis errores serán errores y subsistirán hasta que los corrija [...] Por consiguiente, mis decisiones pueden ser descritas como mías, y mi historia es mi autobiografía (Atria, 2016: 457).

Todo esto es imputable a la voluntad que ejerce el PCO. No es entonces que la legitimidad de un acto del PCO no pueda ser racionalmente evaluada, es que semejante evaluación no tendrá lugar dentro de formas institucionales que permitan darle peso como antecedente de una decisión colectiva. Desde dentro del sistema creado por el PCO, no hay modo de ponerlo en cuestión. Solamente desde fuera. ¿Cómo deja esto al individuo preocupado por el carácter vinculante del sistema instituido, por si debe, en un sentido genuino, obedecer sus normas? Lo deja sometido a la coacción racional del mejor argumento.

REFERENCIAS

ATRIA, F. (2006), "Sobre la soberanía y lo político", en *Derecho y humanidades*, núm. 12.

ATRIA, F. (2016), *La forma del derecho*, Madrid: Marcial Pons.

BOCKENFORDE, E. (2000), "El poder constituyente del pueblo. Un concepto límite del derecho constitucional", en *Estudios sobre el Estado de Derecho y la democracia*, Madrid: Trotta.

CARACCIOLO, R. (1998), "La relevancia práctica de una autoridad normativa. El argumento de las razones auxiliares", en *Análisi e Diritto*.

CARRIÓ, G. (1994), "Sobre los límites del lenguaje normativo", en *Notas sobre Derecho y Lenguaje*, Buenos Aires: Astrea.

NINO, C. (1985), "El concepto de poder constituyente originario y la justificación jurídica", en *La validez del derecho*, Buenos Aires: Astrea.

NINO, C. (1994), *Derecho, moral y política*, Barcelona: Ariel.

SCHMITT, C. (1982), *Teoría de la constitución*, Madrid: Alianza.

SCHMITT, C. (2009), *El concepto de lo político*, Madrid: Alianza.

SÉPTIMA PARTE
SENTENCIA ARBITRARIA

CAPÍTULO **15**

ARBITRARIEDAD DE SENTENCIAS

Ricardo Caracciolo

RESUMEN

Uno de los tópicos más importantes abordados por Genaro Carrió, durante el transcurso de su fructífera carrera intelectual, fue el problema de elucidar la noción de "sentencia arbitraria", entendida como una herramienta usada por la Corte Suprema de Argentina para descalificar pronunciamientos judiciales por su incompatibilidad con la Constitución. Esta cuestión ha sido abordada por la doctrina constitucionalista como un dilema: o bien se determina cuál es la propiedad esencial denominada "arbitrariedad", o bien los jueces constitucionales eligen discrecionalmente las decisiones a las que califica de esa manera. Carrió sostuvo que se trata de un falso dilema, toda vez que no tiene en cuenta que, en verdad, en tales supuestos, la Corte realiza ciertos actos de rechazo, de manera que el término "arbitrario" es un descalificador privado, en principio, de contenido descriptivo, que no requiere para su uso de la identificación de una propiedad inexistente. En este ensayo se analiza esa propuesta y se indica que parece conducir a dos importantes problemas, difíciles de resolver en ese contexto. Se propone, además, una alternativa de análisis de la idea de "sentencia arbitraria".

I

Me siento genuinamente honrado por la posibilidad de participar en un debate en torno a las ideas del insigne jurista y filósofo que fuera Genaro Carrió, alguien de quien siempre se tiene algo novedoso qué aprender a partir de la relectura de sus libros y artículos, todos ellos –por supuesto– de la máxima calidad. Por ejemplo su trabajo *Notas sobre Derecho y Lenguaje* es, a pesar del tiempo, ineludible para revisar múltiples cuestiones de la agenda contemporánea. Esto lo convierte en un maestro permanente. Agradezco, entonces, por esa posibilidad.

Carrió fue un intelectual muy especial, con la capacidad y el talento para combinar de manera exitosa una brillante carrera de abogado, una lúcida convicción con relación a una cierta manera de enfrentar problemas de la filosofía y, en su momento, un compromiso básico con la democracia y la defensa de derechos básicos al desempeñar la función de juez de la Corte Suprema en un difícil momento de la historia argentina.

Como se sabe, su obra acerca del recurso extraordinario por sentencia arbitraria es, todavía, de obligada consulta para los que se propongan intervenir judicialmente ante la Corte Suprema para poner en tela de juicio la compatibilidad de decisiones judiciales con las garantías de la Constitución de Argentina. La calificación de "sentencia arbitraria" es un recurso pretoriano de ese tribunal, iniciado hace más de cien años, con el objetivo de abrir el espectro de alternativas de defensa de la Constitución frente a cierta categoría de actos jurisdiccionales, con independencia de la revisión de normas generales, la que constituye su básica función. Y esa obra de Carrió abre ciertamente un camino para adentrarse en la maraña de precedentes de la Corte al respecto. Pero, ¿qué es una "sentencia arbitraria"? Para abordar este interrogante, Carrió escribió, asimismo, un breve artículo, impresionante por la fuerza de su argumento (Carrió, 1986b)[1]. Es esta propuesta la que me propongo discutir, también brevemente, en esta presentación. Mi cuestión será la de saber si es posible ofrecer una alternativa, habida cuenta de dos importantes objeciones que cabe dirigirle.

II

Se pueden indicar al menos dos ingredientes filosóficos que seguramente Carrió tuvo en cuenta al abordar aquella crucial pregunta para la práctica del derecho constitucional. Se puede afirmar que ambos se originan en una cierta manera de concebir la labor filosófica:

---

1 Se trata de un trabajo aparecido originalmente en la *Revista Jurídica de Buenos Aires*, 1965, I-II. Carrió también aborda su propuesta en los capítulos III y XVIII de su libro *El recurso extraordinario por sentencia arbitraria* (1983), pp. 45 y ss., y 315 y ss.

la denominada filosofía del lenguaje ordinario –con raigambre en Wittgenstein– de la que Carrió fue un convencido partidario. El primero tiene que ver con la necesidad de admitir que el lenguaje cotidiano cumple múltiples funciones, cuya confusión solo puede conducir a estériles discusiones, en cualquier ámbito intelectual. El segundo, con el rechazo de la metafísica esencialista, que necesariamente tiene que provocar pseudoproblemas, y por ello mismo, imposibles de resolver. Carrió utilizó esas herramientas –además de la abordada aquí– para tratar de esclarecer tradicionales controversias en el dominio del derecho (por ejemplo, los demás trabajos incluidos en Carrió, 1986).

Es menester señalar, por otra parte, cuál es el alcance del trabajo de Carrió. En la medida en que la calificación de "sentencia arbitraria" de una decisión judicial, esgrimida con éxito, conduce a privar de efectos a un pronunciamiento judicial, los abogados intervinientes tienen un evidente interés *práctico* en conocer y manejar la noción de "arbitrariedad" aplicable a las decisiones de los jueces. Se trata de una cuestión en el dominio de la práctica que conduce a un interrogante *teórico-conceptual*. O si se quiere, se trata de un problema práctico, uno relativo a la pregunta acerca de lo que hay, instrumentalmente, que hacer y que, en principio, depende de una respuesta previa en la teoría. Carrió desacuerda con esta aparente relación entre teoría y práctica porque –sostiene– es consecuencia de una actitud esencialista que consiste en la búsqueda de una inexistente propiedad metafísica denominada "arbitrariedad", una indagación propia del pensamiento jurídico tradicional. Entonces, en la medida de esa preocupación, el esclarecimiento de Carrió es *local* por cuanto toma en cuenta para su discusión de aquella pregunta, una específica práctica, la del derecho constitucional argentino. Sin embargo, se trata de una cuestión generalizable porque, independientemente del lenguaje utilizado[2], se conecta con el diseño institucional de las decisiones de los jueces en el derecho moderno y contemporáneo. Un diseño que incorpora, incluso constitucionalmente, la exigencia *normativa* de justificación de las sentencias.

III

Carrió parte de constatar el fracaso de los intentos teóricos de proponer una *definición* de la idea de lo que es una "sentencia arbitraria". Una definición que habría de conducir a la identificación de la propiedad "arbitrariedad" que tendrían que compartir –para conservar la consistencia– todas las sentencias declaradas "arbitrarias" por la Corte. Semejante falencia teórica es la que conduce al escepticismo en cuanto a la cuestión práctica: no se sabe qué es lo que hay que hacer para procurar un pronunciamiento favorable del tribunal (Carrió, 1986b: 286-287). Ello es

---

2 Por ejemplo, las expresiones "tutela judicial efectiva" y –como lo indica Carrió– "debido proceso legal adjetivo" se usan en diversos sistemas jurídicos para dar cuenta de exigencias similares, en lo que respecta a la justificación de las sentencias.

así en vista de la heterogeneidad de los casos en los que la Corte –a lo largo de un extenso período– ha procedido a descalificar sentencias con invocación de su doctrina de la arbitrariedad. En verdad –dice Carrió–, para los escépticos, la única propiedad común de *todas* aquellas decisiones es el hecho de haber sido declaradas "arbitrarias" por la Corte. De ello se sigue –cabe agregar– que ninguna regla que se pudiera haber seguido está, entonces, en juego, porque sencillamente no existe regla alguna. Es cierto que se podría decir que la Corte sigue la regla que dice: "Se debe privar de efectos jurídicos a cualquier sentencia arbitraria", pero como la expresión "sentencia arbitraria" sería un mero artilugio retórico, sin contenido conceptual, la postulada regla también vendría a carecer de contenido.

El problema es, de acuerdo con Carrió, que el planteamiento de esta cuestión por los teóricos del derecho constitucional se sustenta en un dilema: o bien se determina cuál es la naturaleza esencial de la "arbitrariedad", o bien hay que admitir el escepticismo. Sin embargo, se trataría de un falso dilema (Carrió, 1986b: 286). Como enseguida se verá, sostiene que hay otra opción que habrá que revisar. Esto es, que se pueden descartar *ambas* alternativas. Pero, en principio, esa posibilidad es dudosa. Ello así porque parece claro que, para descartar la alternativa escéptica, es preciso proponer un criterio para determinar el eventual error de las sentencias de la Corte en la aplicación de la noción de "sentencia arbitraria", lo que parece conducir a la pregunta acerca de cuál es el criterio correcto para incluir una sentencia en el conjunto "sentencia arbitraria" o, lo que es equivalente, cuál es la propiedad que define el conjunto. Más adelante retorno a esta cuestión.

IV

De todas formas, Carrió sostiene que la confusión deviene porque no se advierte cuál es la función lingüística que tiene aquella expresión en la práctica de su uso, lo que conduce al pseudoproblema de intentar definir una propiedad inexistente en el mundo: la "arbitrariedad"[3]. La Corte la utiliza, más bien, con un "significado valorativo" y no con un "significado descriptivo". Por lo tanto es inútil, porque es imposible procurar *definir* la expresión "arbitrariedad". Dice Carrió, que tal como la usa la Corte en los contextos típicos,

---

3 Dice Carrió: "Si bien es cierto que la palabra 'arbitraria' *no* designa una propiedad que todas las sentencias exhiben o ejemplifican, no es menos cierto que sería dogmático descartar sin examen que esa palabra de descalificación es empleada por el Alto Tribunal siguiendo criterios consistentes, aunque múltiples y no subsumibles bajo un género común" (Carrió, 1986b: 296, cursivas mías). De inmediato surge el interrogante, en ausencia de una propiedad común, de cómo se puede saber que ese uso de criterios es consistente o que quiere decir que son "consistentes", ya que no habría criterios de comparación para evaluar ese uso de la Corte.

> [...] desempeña una *función descalificadora*. 'Arbitraria' no es allí una palabra descriptiva. Cuando la Corte decide 'Tal sentencia es arbitraria' no se limita a reconocer en ella una o más propiedades discernibles, con mayor o menor trabajo. *Hace* algo distinto, aunque eso que *hace* está vinculado al hecho de que se dan tales o cuales propiedades (Carrió, 1986b: 294, cursivas originales).

Se trata del uso de una expresión valorativa –lo que supone un juicio de valor– similar, por ejemplo, a la palabra "bueno", aunque en sentido inverso. Dado que su significado es "valorativo" depende de la dimensión pragmática del lenguaje, de lo que se *hace* cada vez que se la utiliza. "Arbitrariedad" es así una herramienta para descalificar sentencias y ninguna descripción está involucrada en esa actividad, o lo que es lo mismo, su utilización no se dirige a formular proposiciones que puedan ser calificadas de verdaderas o falsas. Por consiguiente, dado que no sirve para identificar ni objetos ni propiedades en el mundo, habría que decir que el vocablo "arbitrario" *no* expresa concepto alguno[4].

Es verdad que, como resulta de la cita precedente, la Corte reacciona de esa manera para rechazar

4 De acuerdo con C. PEACOCKE "[...] a concept is a way of thinking of something, a particular object, or property, or relation, or some other entity" (Peacocke, 1997: 74). No habría, en esa lectura, ninguna idea descriptiva asociada con la expresión "arbitraria".

sentencias en presencia de ciertas características de los pronunciamientos que deja sin efecto. Pero no se trata de "propiedades" sino de variables y heterogéneos "criterios de aplicación", estos son, según Carrió, "[...] las circunstancias o condiciones en presencia de las cuales se juzga apropiado –según el uso vigente, si lo hay– emplear la expresión de que se trata" (Carrió, *ibid.*).

Es preciso recalcar dos consecuencias de esta propuesta, indicadas por Carrió: la primera es que aquel significado valorativo permanece constante: es el mismo en cada ocasión del uso la expresión "arbitrariedad". Se trata de un acto de rechazo de una sentencia. La segunda es que ello es así, aunque se alteren los criterios de aplicación. De hecho, las anomalías que pueden afectar a una decisión judicial, y que funcionan como tales criterios, no constituyen un conjunto finito. Es imposible formular a su respecto una lista completa. La tarea de conceder un contenido positivo al lenguaje en que se expresan las fórmulas "excluidoras", por ejemplo, "sentencia fundada en ley" o "inviolabilidad de la defensa en juicio", jamás podrá darse por concluida (Carrió, 1986b: 293).

Pienso que se tienen dos problemas con esta propuesta de Carrió, si bien previamente es importante indicar, con respecto a su argumento, la siguiente observación: se presenta la dicotomía "significado descriptivo" y "significado valorativo" como categorías excluyentes. Se supone que, como la expresión "sentencia arbitraria" tiene la evidente función de descalificar sentencias, dependiente de un juicio de valor, entonces carece de contenido descriptivo o conceptual. Y viceversa. Sin embargo, ello no es necesariamente así, habida cuenta de que ambas categorías se ubican en distintas dimensiones del lenguaje, en el nivel pragmático y en el nivel semántico. Puede ser el caso que una expresión con contenido cognoscitivo se utilice también como una apta para censurar o para elogiar. Claros ejemplos, notoriamente relacionados con la idea de "arbitrariedad", son los conceptos de "racional" –usado para aprobar comportamientos– e "irracional", cuya función pragmática es la de censurarlos[5]. No obstante, no se puede decir que no existe –o que es imposible– un concepto de "racionalidad". De manera que de la propuesta de Carrió no se sigue –y no puede seguirse– que no pueda haber un uso descriptivo de "arbitrariedad", aunque se acepte, sin dudar, aquella función descalificadora. Lo que sucede es, entonces, que Carrió parece suponer que con respecto a esa expresión *no es posible* un significado que capture una inexistente propiedad[6].

---

5 Esta relación entre "irracional" y "arbitrario" está incluso reconocida por Carrió (*cfr.*, sobre su idea de "decalificador específico", CARRIÓ, 1983: 319).

6 En otro contexto, en respuesta a una observación crítica, Carrió dice que se puede admitir que "la disyunción de los criterios (básicos) constituye el significado descriptivo de la expresión 'sentencia arbitraria'". Pero dice a continuación "[...] sería engañoso, si no erróneo, sostener que 'sentencia arbitraria' es *sinónimo* de la disyunción de tales criterios" (Carrió, 1983: 323). No está claro, sin embargo, qué quiere decir aquí 'significado descriptivo' porque parece que semejante 'significado' requiere

V

El primer problema tiene que ver con la idea según la cual las falencias que pueden afectar a una sentencia son infinitas o, al menos, no enumerables en forma total –no se puede elaborar una lista completa–, por lo tanto los criterios de aplicación de la expresión valorativa "sentencia arbitraria" no constituyen un conjunto cerrado. Ello aunque tal vez la labor teórica –práctica más relevante de Carrió– en torno al recurso extraordinario por sentencia arbitraria, haya sido, precisamente, procurar sistematizar las "causales" invocadas por la Corte para descalificar sentencias, es decir, enumerar y clasificar esos criterios (*cfr*. Carrió, 1983). Dado que esas causales mencionan conjuntos, es notorio que innumerables sentencias resulten afectadas por esas falencias. Pero el argumento de Carrió con respecto al carácter indeterminado de los criterios de aplicación no distingue entre la clase y los miembros de la clase. Sin embargo, si se tiene en cuenta esa distinción, hay dos maneras en que la lista de causales de arbitrariedad puede ser no finita, o no enumerable, o indeterminada.

Seguramente es correcto decir que la lista de casos individuales de sentencias arbitrarias es, al menos potencialmente, infinita. Pero ello de ninguna manera implica que la lista de conjuntos de sentencias

---

que la expresión se pueda definir usando términos descriptivos, y esto es lo que, precisamente, Carrió descarta.

arbitrarias[7] sea también infinita o indeterminada. Esto es importante porque Carrió utiliza ese supuesto carácter indeterminado de las causales para defender su tesis según la cual "arbitrario" no es una noción que se pueda definir y que, por lo tanto, solamente funciona para descalificar decisiones de los jueces. Ahora bien, se podría insistir, a pesar de la distinción, en afirmar que la lista de criterios de aplicación –esto es, de "causales" de arbitrariedad– es también indeterminada, pero ello conduce a un resultado paradójico. En efecto, aunque no es claro a cuál de las alternativas se refiere, dice Carrió:

> Decidir que una sentencia satisface el *test* del debido proceso legal no es reconocer en ella ni atribuirle una elusiva e indefinible propiedad característica, sino que es señalar que *no exhibe* ninguna de las muy variadas anomalías que directa o indirectamente pueden afectar un acto tan complejo como el de dictar una decisión judicial (Carrió, 291; cursiva en el original).

Pero entonces, si esta afirmación vale para el supuesto de sentencias arbitrarias, no sería posible decir que una sentencia satisface el test de ausencia de "arbitrariedad" toda vez que semejante afirmación implica que "no exhibe ninguna anomalía". No obstante, como la lista de clases de "sentencia arbitraria" es

7 Esto es, cada causal indicaría así un subconjunto posible de sentencias arbitrarias.

indeterminada, se sigue que sería imposible saber si la sentencia en cuestión no está afectada de esa forma. Es decir, si supera o no ese test, o lo que equivale a lo mismo, sería imposible saber que una sentencia no es arbitraria. Porque, para sostener esta afirmación habría que *agotar* su revisión en función de *todas* las anomalías, lo que estaría excluido por definición[8].

VI

Aunque parece que esa objeción puede superarse si se entiende que el carácter abierto de las anomalías se refiere a la lista de casos individuales o particulares, no sucede lo mismo con respecto al segundo problema, que parece especialmente serio. La declaración de que una sentencia es arbitraria –en la práctica de la Corte– equivale a decir que es incompatible con la Constitución, aunque resulte difícil o discutible determinar las cláusulas que la *justifican*. Carrió menciona en ese sentido las invocadas reiteradamente en la práctica de la Corte: a saber, los Artículos 18 –garantía

8 Es verdad que, para actuar dentro de los límites de su competencia, la Corte solo puede pronunciarse acerca de la existencia o inexistencia de la anomalía invocada por las partes, cada vez que se interpone el recurso extraordinario. Pero como es claro, esta limitación depende de contingentes normas de procedimientos: nada impediría autorizar a la Corte a revisar de oficio la ausencia de arbitrariedad de una sentencia. De todas formas, el rechazo de un recurso de este tipo no podría implicar en ningún caso la declaración de que la sentencia en cuestión "no exhibe ninguna anomalía".

de la defensa en juicio– y 17 –carácter inviolable de la propiedad–. Esto es, las decisiones de la Corte que descalifican pronunciamientos de tribunales inferiores por su arbitrariedad tienen que constituir el resultado de *aplicaciones* de la Constitución, porque la Corte solo es competente para aplicarla, y no para imponer la ideología de los jueces que circunstancialmente la componen. Pero para que cuente como una genuina aplicación es preciso que resulte de un acto de conocimiento de su contenido y de algunas características de las sentencias que son así calificadas. Sin embargo, las "causales" de arbitrariedad no están dirigidas –en la propuesta de Carrió– a satisfacer un específico acto cognoscitivo porque, habida cuenta de que no existe la propiedad "arbitrariedad", solamente pueden existir actos de rechazo que únicamente pueden ser así resultados de juicios de valor.

Adviértase que mientras es el caso que el "significado valorativo" del acto descalificador permanece constante –expresa siempre un rechazo– los criterios son variables –dependen de los contextos en los que el rechazo resulta aceptable[9]–, y no tienen que ver con un supuesto carácter objetivo que habría de predicar

---

9 Dice Carrió que los criterios de aplicación "[...] remiten a las circunstancias o condiciones en presencia de las cuales se juzga apropiado –*según el uso vigente, si lo hay*– emplear la expresión de que se trata [arbitrario]" (Carrió, 1986b: 294; cursivas mías). En la misma página, Carrió insiste en decir: "Esta 'sentencia es arbitraria' *no es* una descripción sino un acto de rechazo" (cursivas mías).

el contenido constitucional. Es más, no forman parte de ese contenido. Para Carrió es preciso decir que ninguna cláusula establece de manera permanente cuáles son esos criterios, porque de otra manera nada impediría decir que se trata de criterios para *usar* el concepto de "sentencia arbitraria". O de otro modo, que *definen* esa expresión. Por consiguiente, en tanto no se puede aplicar la constitución formulando juicios de valor, al menos no exclusivamente, no se podría decir que la Corte aplica la constitución al considerar arbitrarias ciertas decisiones de los jueces.

VII

En vista de este problema, que conduce a tener que admitir el carácter discrecional de *todas* las decisiones de la Corte, en el ámbito de las sentencias arbitrarias[10] cabe la pregunta si es posible una alternativa, lo que voy a intentar esbozar enseguida.

Es notable que Carrió identifique la búsqueda de un concepto descriptivo de "arbitrariedad", con relación a decisiones judiciales, con una búsqueda esencialista de propiedades metafísicas. Como ello en su concepción resulta imposible, concluye que tampoco es posible elaborar definiciones de inexistentes propiedades, pero ello *no* es necesariamente así: habida cuenta de que la Corte *usa* la expresión "sentencia arbitraria"

---

10 Tanto de las sentencias de la Corte que admiten la arbitrariedad de un pronunciamiento inferior como de las que la niegan.

para dejar sin efecto pronunciamientos judiciales, invocando para ello, aunque sea en forma vaga o imprecisa, ciertas características; se tienen los datos para intentar una *reconstrucción conceptual* de esa idea y no se advierte por qué esta empresa tendría que conducir a la metafísica. Tampoco se advierte por qué tendría que descartarse, *ab initio*, como imposible. Por el contrario, parece que hay al menos dos datos para comenzar esta tarea. El primero es el hecho de que la doctrina de la arbitrariedad se sustenta en cláusulas de la Constitución que exigen que las sentencias *se fundamenten en la ley*. O lo que equivale a lo mismo, que *se justifiquen en el derecho*. De manera que las decisiones de los jueces que carecen de fundamentos –que no se justifican– son incompatibles con la Constitución. Esto es, son sentencias arbitrarias, lo que conduce a su vez a indagar en qué consiste la justificación de decisiones judiciales (*cfr*. Redondo, 2009; y Bulygin, 1991, para una discusión). El segundo es que, conforme a esa doctrina, cabe descalificar como arbitrarias a las sentencias que se autotitulan como tales, pero que solo son pseudodecisiones judiciales. Se exige entonces una noción de "decisión judicial". De manera que las sentencias sin fundamentos son arbitrarias y las sentencias arbitrarias *no serían* sentencias genuinas, a pesar de su apariencia. Se trataría así de las dos caras de una misma moneda. No parece que se pueda negar que las ideas de "justificación de sentencias" y de "decisión judicial", así formuladas, tengan en principio contenido descriptivo. Es más, la propia Corte incorpora en su práctica la noción de lo que entiende es una sentencia "correcta": una que se *deriva* del derecho vigente con aplicación a las circunstancias comprobadas de la causa. Tampoco parece plausible pensar que semejante fórmula solo sirva para expresar actos de aceptación o de rechazo, de manera que podría decirse con sentido que, efectivamente, una sentencia que *no* se deriva del derecho vigente, o que *no* se aplica a las circunstancias comprobadas de la causa, es *arbitraria*, esto es, no puede constituir un acto jurisdiccional válido. Ninguna propiedad metafísica aparece aquí involucrada.

VIII

Vale la pena entonces elucidar alguna noción de "decisión judicial". Creo que al respecto se cuenta con un paradigma incorporado en la tradición del derecho moderno (*cfr*. Caracciolo, 2012), a la que se adecua aquel eslogan de la Corte. Para comenzar, habría que indicar que normalmente puede decirse que la expresión "sentencia" se aplica a ciertos documentos elaborados, según ciertas reglas, que son *locales*, en el sentido de que son relativas a cada sistema jurídico. Se supone que semejantes documentos están destinados a expresar las decisiones de los jueces acerca de la *solución* del conflicto sometido a su conocimiento. Pero es preciso aclarar una importante ambigüedad en el uso de la expresión "decisión judicial", porque tiene que ver con las formas en que una sentencia puede justificarse. Por un lado, designa la solución elegida por el juez o tribunal. Por el otro, el acto de elegir una solución específica (Bulygin, 1995; Caracciolo, 2012). Esa dicotomía aparece encubierta en el lenguaje de la Corte al utilizar los términos, verbigracia, "pronunciamiento" o "acto jurisdiccional" o "sentencia", que a veces se refieren al acto u actos de los jueces y, a veces, a las resoluciones incorporadas a los textos.

En tanto soluciones, las decisiones de los jueces son comprendidas habitualmente como *normas* particulares que se derivan –de acuerdo con la noción de la Corte– del "derecho vigente", al que se identifica como un conjunto de normas generales. Por otro lado, si se las entiende como conjunto de actos, las decisiones de los jueces constituyen una práctica reglada, esto es, determinada por normas. Efectivamente, se trata de actos de cumplimiento de obligaciones o de ejercicio de facultades que configuran la idea de competencia. De manera que una decisión judicial no es otra cosa que el resultado de un acto realizado por los jueces en ejercicio de su competencia que consiste en la *aplicación* de una norma general a un suceso particular para obtener una solución a un conflicto. Según este modelo, la aplicación de normas generales por los jueces consiste entonces en *derivar* normas particulares, *i. e.*, soluciones, para la controversia planteada a su conocimiento. La exigencia es que estas soluciones tienen que ser aquellas que se obtienen aplicando el derecho vigente. En esto consiste el ejercicio de la función judicial. Si se asume que cualquier pronunciamiento tiene que satisfacer semejantes condiciones para constituir una genuina decisión judicial, entonces el paradigma clásico vendría a funcionar como un *concepto* de lo que es una "decisión judicial". Las sentencias ilegales –aquellas cuya solución no se deriva del derecho– no serían así verdaderas "sentencias", a pesar de su apariencia. Tendría perfecto sentido decir entonces que las sentencias "arbitrarias" que se definen por exclusión son aquellas que no se adecúan al modelo de decisión judicial.

IX

La afirmación según la cual las sentencias "arbitrarias" son, en rigor, pseudosentencias muestra que la idea de "justificación" vendría a integrar de modo necesario la noción de "decisión judicial", entendida en sus dos dimensiones. En verdad, un acto o una norma arbitrarios son actos o normas que carecen de *razones*, o lo que es lo mismo, que no se justifican en modo alguno. Ahora bien, parece difícil negar que la justificación en cuestión, la que está en juego aquí, es la justificación de un acto o una norma en el *derecho vigente*. Por lo tanto, la arbitrariedad que interesa para constatar la ausencia de razones es relativa al derecho. Se asume así la idea de que el derecho, o mejor, un definido derecho –verbigracia el derecho argentino–, constituye un dominio de razones con respecto a las cuales los actos o las normas que tienen que justificarse guardan una cierta relación: la relación de "justificación" o de "fundamentación".

Así, las decisiones judiciales, entendidas como normas individuales, se fundamentan o justifican en el derecho si se *derivan*, *i. e.*, si se infieren lógicamente de dos tipos de premisas: las normativas, esto es, normas o principios generales que tienen que pertenecer al "derecho vigente", y las empíricas, las que describen "las circunstancias comprobadas de la causa", en el lenguaje de la Corte. En este supuesto, la relación de fundamentación equivale a una relación de implicación entre normas (Bulygin, 1991). Pero lo mismo no es posible si se trata de justificar decisiones en tanto actos de los jueces, porque no hay relaciones lógicas entre normas y actos u acciones. En este sentido, la relación de justificación puede denominarse "cumplimiento": tales actos se justifican si y solo si el derecho concede al juez la facultad, o le impone la obligación, de su realización. Ambas dimensiones de la justificación son así necesarias para medir la corrección de una sentencia: se justifica –es correcta– si y solo si ha sido emitida por un juez en ejercicio de su competencia –incluyendo la competencia con respecto a los actos intermedios– (Redondo, 2009: 64), y su parte resolutiva, la solución normativa, se infiere del derecho vigente. De alguna manera, este esquema conceptual se recoge en la jurisprudencia de la Corte a tenor de las causales sistematizadas por Carrió (*cfr*. Carrió, 1983), el cual ha procedido a invalidar sentencias por arbitrarias, ya sea porque habían sido emitidas al margen de una autorización legal –verbigracia admitir pruebas fuera del período procesal–, ya sea porque la decisión normativa se deriva de normas que no pertenecen al derecho –por ejemplo el uso de normas derogadas–. De acuerdo con esta manera de entender la idea de justificación, entonces, la noción de decisión judicial justificada es la misma de la que resulta del modelo clásico de las decisiones judiciales: se tratan de conceptos equivalentes, si es que este modelo *define* lo que es una decisión judicial. Los pronunciamientos no justificados, esto es, arbitrarios, serían por ello –conforme al *dictum* de la Corte–, pseudosentencias, a pesar de su apariencia.

Se entiende que la relación de justificación entre el acto del juez y la norma individual, por un lado, y el contenido del derecho "vigente", por el otro, debe ser objetiva en el sentido de que no depende de sus creencias o actitudes subjetivas. Esto es, la justificación no es discrecional y los jueces pueden cometer errores al identificar esa relación con respecto a la sentencia que emiten[11]. Ello sucede cuando no aplican el derecho vigente o no lo aplican a las circunstancias comprobadas de la causa. Todavía más, las exigencias normativas de justificación dirigidas al acto de emitir una decisión judicial, incluye –como condición necesaria– la de *mostrar* la existencia de esa relación en el texto de la sentencia. Al menos ello sucede en el derecho argentino. O lo que equivale a lo mismo, a formular explícitamente las razones de la decisión, esto es, a argumentar en su favor. Si ello no ocurre, la sentencia es arbitraria, aun cuando

11 Exigencias a las que María Cristina Redondo denomina "paradigma cognotivista" del proceso judicial y que están dirigidas tanto al conocimiento de los hechos como al conocimiento del contenido del derecho (Redondo, 2009: 66 y ss).

efectivamente existan esas razones. E inversamente, también es arbitraria cuando las que se invocan en el texto no son las correctas o no guardan la relación de justificación con la decisión del juez, entendida en ambas dimensiones.

X

Va de suyo que este modelo es una abstracción, aunque procure recoger los rasgos generales de la práctica del uso de un concepto: el de decisión judicial. Por lo pronto, presentado de manera tan general, no está dirigido a dar cuenta de la enorme complejidad que supone pronunciarse acerca de la corrección o justificación de una definida sentencia o, de acuerdo con la postulada equivalencia, acerca de su estatus como genuino acto jurisdiccional. En tanto la decisión se entiende como la norma individual emitida por el juez, se tienen problemas con relación a las premisas normativas, verbigracia con la pertenencia al derecho –o en otros términos, a su "validez"– de las directivas generales invocadas, a su aplicabilidad o a su interpretación de textos legales o constitucionales. Con respecto a la premisa empírica, hay que resolver cuestiones acerca de la pertinencia, suficiencia o admisibilidad de la prueba. Se puede cuestionar además, si la solución se deriva efectivamente de las premisas. Entendida como acto del juez, hay que saber, por ejemplo, si se ha formulado respetando sus límites jurisdiccionales o de competencia. Seguramente las "causales" de arbitrariedad, clasificadas por Carrió, pueden ser remitidas a algunos de estos problemas que generan la justificación de sentencias –una cuestión de la que no puedo ocuparme en este trabajo–, pero no parece que ello impida conceder naturaleza descriptiva a la expresión "decisión judicial".

XI

Es importante saber si, efectivamente, este modelo de decisión judicial satisface o no una función conceptual en la práctica de la Corte. Por supuesto, esta pregunta tiene un alcance general que tiene que ver con una cuestión abierta en la teoría del derecho. Si se acepta, verbigracia, que pueden existir sentencias que no se derivan del derecho vigente, entonces habría que decir que esa idea no reproduce un concepto sino que, más bien, cumple una función *normativa:* indica un ideal al que deberían ajustarse las decisiones de los jueces. Lo que conduce, a su vez, a la cuestión *teórica* acerca de cuáles son las mínimas condiciones necesarias para que un pronunciamiento cuente como una genuina "decisión judicial".

Con respecto a la doctrina de la Corte hay que tener en cuenta aquí, por un lado, la relación de equivalencia entre "sentencia arbitraria" y la idea de una "pseudodecisión judicial". Por otro, la doctrina según la cual la arbitrariedad no se identifica con cualquier error de los jueces, en cuanto a las premisas normativas o a las premisas empíricas (Carrió, 1983: 27 y ss.). No cualquier interpretación errónea del derecho es arbitraria, como tampoco lo es cualquier evaluación equivocada de la prueba, conforme a la práctica de la Corte. Esto es, son posibles sentencias que *no* aplican el derecho vigente o que *no* lo aplican a las circunstancias de la causa.

Ello muestra que cualesquiera sean las críticas que cabría dirigirle, la Corte, con respecto a esas condiciones mínimas, equipara *conceptualmente* "decisión judicial" con "sentencia no arbitraria", y no con todas las sentencias que se justifican. Pueden existir, entonces, genuinas decisiones que se justifican y otras que no se justifican. El paradigma clásico *no* cumple así una función conceptual, porque para la Corte las pseudo decisiones son solo las arbitrarias, es decir, un subconjunto de las sentencias no justificadas. La arbitrariedad es un plus que hay que agregar a la ausencia de justificación. Es difícil negar que el interrogante de saber qué es una "decisión judicial" es conceptual, y por consiguiente también tiene que ser así con respecto a su contrapartida, el que versa acerca de la "arbitrariedad", porque para los jueces de la Corte que están comprometidos a aplicar la constitución esta cuestión no se trata meramente de una cuestión de valor[12]. De manera que los

12 En consonancia, dice María Cristina Redondo: "El test clave de la presencia de este compromiso conceptual de tipo epistémico está dado por el hecho de que el juzgador –que ciertamente puede violarlo– no puede negarlo". Dice Redondo que ello es así si es que pretende jugar al juego del derecho (REDONDO, 2009: 72-73). Lo mismo vale para los jueces que pretenden aplicar la constitución.

precedentes de la Corte, en torno a la arbitrariedad de sentencias, tienen también que ser comprendidos como una práctica de elucidación conceptual acerca de lo que está prohibido por la constitución, es decir, acerca de su contenido, aun cuando el interrogante se considere abierto.

Referencias

Bulygin, Eugenio (1991), "Sentencia judicial y creación de derecho", en Alchourrón, Carlos & Bulygin, Eugenio, *Análisis lógico y derecho*, Madrid: Centro de Estudios Constitucionales.

Bulygin, Eugenio (1995), "Cognition and Interpretation of Law", en Gianformaggio, L. & Paulson, S. (Eds.), *Cognition and Interpretation of Law*, Turín: Giappechelli editore.

Caracciolo, Ricardo (2012), "Paradigmas de decisión judicial", *Revista Brasileira de Filosofía*, año 61, vol. 238: 63-90.

Carrió, Genaro (1983), *El recurso extraordinario por sentencia arbitraria*, tomo 1, Buenos Aires: Abeledo-Perrot.

Carrió, Genaro (1986a), *Notas sobre Derecho y Lenguaje*, Buenos Aires: Abeledo-Perrot.

Carrió, Genaro (1986b), "Sentencia arbitraria", en Carrió, Genaro (1986a), pp. 283-318.

Peacocke, Christopher (1997), "Concepts", en Dancy, J. & Sosa, E., *A Companion to Epistemology* (pp. 74-76), Oxford: Blackwell.

Redondo, María Cristina (2009), "Sobre la Justificación de la Sentencia Judicial", en Redondo, M. C.; Sauca, J. M. & Ibáñez, P. A., *Estado de Derecho y decisiones judiciales* (pp. 63-100), Madrid: Fundación Coloquio Jurídico Europeo.

CAPÍTULO 16
EL ANÁLISIS DE CARRIÓ SOBRE ARBITRARIEDAD DE SENTENCIA[1]

Leonardo G. Pitlevnik

1. Introducción

Tiempo atrás, un abogado joven me contó que cuando terminaba el secundario y dudaba acerca de su vocación le recomendaron que leyera *Notas sobre Derecho y Lenguaje* (en adelante *Notas*). Alguien le dijo, y él lo comprobó después, que allí estaba contenido lo central del estudio del derecho. Ser abogado era, en parte, haberlo leído.

Volví al texto para el homenaje que se realizó en la Universidad de Buenos Aires y encontré que aquello que me sirvió para entender el derecho cuando comencé mi carrera seguía sirviéndome ahora. La prosa de Carrió

1 Agradezco a Julieta Di Corleto y Marcelo Alegre los comentarios realizados al texto durante su elaboración. La edición de *Notas sobre Derecho y Lenguaje* citada aquí corresponde a Abeledo- Perrot, 6ª ed., Buenos Aires, 2011. La edición de los tomos I y II de *El recurso extraordinario por sentencia arbitraria* de Genaro y Alejandro Carrió corresponden a la 3ª ed. actualizada de Abeledo-Perrot, Buenos Aires, 1995.

ilumina espacios que tienden de manera recurrente a la opacidad. Quizás la vorágine de la labor cotidiana y la poca práctica de mirar con algo de perspectiva nos condiciona a ser amnésicos recurrentes, a recaer de nuevo ante los mismos errores: discutimos una coma, pretendemos encontrar una definición esencialista del dolo. Un buen remedio en estos casos en que necesitamos detenernos a pensar, es leer una vez más libros como *Notas* para que de nuevo nos ayuden a abrir los ojos, porque en cuanto nos distraemos –y todo el tiempo nos distraemos– caemos en las trampas que nos tienden las seguridades fáciles, las prácticas estereotipadas.

En las jornadas realizadas en la Facultad me tocó exponer sobre el capítulo de arbitrariedad de sentencia como causal de recurso extraordinario.

De acuerdo con lo que surge de la explicación del mismo Carrió al tratar la cuestión, las ideas que desarrolla se inspiran en un pasaje de un texto de Hart, en torno a lo que denomina "expresión excluidora", aquella respecto de la cual resulta inútil recurrir al lenguaje de las condiciones necesarias y suficientes. En la nota del texto remonta esa idea germinal a la *Ética* de Aristóteles. Las expresiones excluidoras se definen a partir de la negativa, son aquellas en las que no se dan los supuestos que habilitarían su exclusión –*mens rea* o culpabilidad; lo voluntario en Aristóteles, el debido proceso legal como proceso en el que no se afectan garantías[2].

---

2 CARRIÓ, GENARO, *Notas*, p. 291-292.

Otro de los antecedentes del texto[3], es el libro de Austin, que el propio Carrió junto a Rabossi tradujo al castellano: *Cómo hacer cosas con palabras*. La búsqueda de un concepto de arbitrariedad es un modo de poner en práctica las ideas de Austin sobre usos del lenguaje.

En suma, Hart y Austin, con un origen remoto en Aristóteles, son los antecedentes de la idea que primero fue un artículo para una publicación periódica[4], luego capítulo del texto que hoy cumple 50 años y después un libro autónomo en el que se intenta clarificar el concepto de arbitrariedad y de sistematizar las formas en que la Corte lo ha utilizado.

Esa búsqueda replica el modelo de análisis que en *Notas* se utiliza al abordar conceptos como deber jurídico, positivismo o principios jurídicos. Carrió recurre a la matriz utilizada respecto de esos términos, para aplicarla a una práctica judicial vernácula.

2. Sentencia arbitraria

En el texto se propone una suerte de definición léxica. No quiero saber qué es arbitrariedad, no puedo saber cuál es la definición estipulativa, porque la Corte no

---

3 Menciona a Austin en la misma nota anterior y desarrolla algo más la mención de esta influencia en el capítulo "Bosquejo de una teoría" del libro *El recurso extraordinario por sentencia arbitraria* (de aquí en más *El recurso*), t. I, p. 315.

4 La menciona Carrió en la nota inicial de "Sentencia arbitraria", en *Notas*, p. 283.

ofrece ninguna satisfactoria e, incluso, porque no es seguro que ella misma acate esa definición. Solo queda averiguar el uso lingüístico vigente en los fallos o, para decirlo más claramente, de qué habla la Corte cuando habla de arbitrariedad.

A lo largo del libro se nos explica que como toda clasificación, esta también es falible, que incluso algunos supuestos se superponen, que tal vez determinado grupo no aparezca del todo claro[5].

En Carrió se lee:

> [...] las clasificaciones no son verdaderas ni falsas, son útiles o inútiles. Están supeditadas al interés de quien las formula y de su fecundidad para presentar un campo de conocimiento de una forma más comprensible o más rica en sus consecuencias prácticas. Cuando estamos ante construcciones difíciles de comprender, la búsqueda de criterios, similitudes, clasificaciones se vuelve indispensable para entender[6].

Dice también que "siempre ganamos en claridad cuando conseguimos fraccionar racionalmente una cuestión intrincada de apariencia monolítica"[7].

Las clasificaciones, en última instancia, son formas de fijar criterios que permiten comprender el

---

5 Piénsese en el límite impreciso entre la causal de afirmación dogmática con la de excesiva latitud (identificadas como sexta y décima).

6 *Notas*, p. 99.

7 *El recurso*, t. i, p. 55.

mundo. Cierto es que pueden echar por tierra aquello que pretenden construir: el instituto bibliográfico de Bruselas, señalaba Borges, ejerce el caos mediante una clasificación infinita. No hay clasificación del universo que no sea arbitraria y conjetural, escribió en "El idioma analítico de John Wilkins". La razón es muy simple: "no sabemos qué cosa es el universo". Agregaba Borges que "la imposibilidad de penetrar en el esquema divino, no puede, sin embargo, disuadirnos de planear esquemas humanos, aunque nos conste que estos son provisorios"[8].

Carrió, en este intento por comprender esta fracción el mundo, presenta dos clasificaciones. La primera es temporal; la segunda, temática.

Primero hace una división de épocas: un primer período en que se aplica escasamente la idea de arbitrariedad de 1909 a 1947 –que importa en realidad asumir una primera época negadora de esa causal, de 1868 a 1909, una especie de prehistoria de la doctrina de la arbitrariedad–; un segundo período de uso especialmente signado por intereses políticos –de 1948 a 1955– y un tercer período de florecimiento –a partir de 1955.

En segundo lugar, viene la conocida división alimentada por un detallado seguimiento de las decisiones del tribunal. Genaro y Alejandro Carrió, ya en el libro destinado a tratar el tema, clasifican

---

8 Borges, Jorge Luis (1991), "El idioma analítico de John Wilkins", en *Otras inquisiciones*, Buenos Aires: Emecé, pp. 134-135.

y agrupan los casos en que la Corte ha utilizado el término arbitrariedad como causal habilitante del recurso extraordinario: según recaiga sobre el objeto o tema de la decisión; el fundamento de la decisión (normativo y no normativo) y, finalmente, el efecto de la decisión[9].

El trabajo de analizar el contenido de cada fallo[10] en el que es utilizada de manera expresa o tácita la doctrina de la arbitrariedad es similar al de un botánico o un biólogo clasificando especies: es necesario pasar el tamiz por los individuos que las componen. Se busca un nombre, se determina si pertenecen a una familia o a la otra, si el hallazgo de un ejemplar extraño importa el descubrimiento de un nuevo grupo o es la variación de uno ya existente.

Aquí la clasificación se realiza sobre la racionalidad de un ser en constante modificación. Se analizan las decisiones de una Corte, que solo la abstracción habilita a pensar como un único sujeto, y que varía en el tiempo de un modo mucho más rápido que la evolución de las especies. De modo que las nuevas decisiones someten al clasificador a revalidar sus criterios, a evaluar si es necesario construir uno nuevo, a modificar los que se creía cerrados.

---

9 Las clasificaciones de CARRIÓ en *Notas*, pp. 283-285 y 297-298.

10 En la actualización del segundo tomo, en realidad, cada sumario, conforme explican los autores en *El recurso*, t. II, p. 10.

3. La arbitrariedad y la expansión de la competencia de la Corte

El concepto de arbitrariedad es la creación pretoriana de una nueva causal que habilita la competencia de la Corte fuera de aquellas que previó la Ley 48. De modo que la propia doctrina de la arbitrariedad podría ingresar en una de las causales que la definen: que los jueces se arroguen el papel de legisladores –o que resuelvan con prescindencia de la ley–[11]. La doctrina de la arbitrariedad sostiene tácitamente que no alcanza con la intervención fijada por el legislador y que es necesario fundar un carril nuevo[12].

Y este nuevo carril para el recurso extraordinario, cuya expresión inicial Carrió ubica en *Rey contra Arocha*, de 1909, es de una dimensión diferente al conjunto de causales previstas en la mencionada ley. Mientras los supuestos legales se dirigen a dirimir la tensión entre una norma infraconstitucional y una constitucional, una provincial y una federal; la doctrina de

---

11 Véase Clasificación de *Notas*, p. 297-298.

12 Carrió sostiene –en mi criterio con razón– que la arbitrariedad es una cuarta causal no prevista. Lo denomina el cuarto inciso (*El recurso*, t. I, p. 40) Lo acompaña Carmen Argibay en *La balanza de la justicia (o cómo aprendí a desconfiar de la doctrina de la arbitrariedad)*, JA 2008: II-1323. Para una explicación más detallada, con referencia a quienes adoptan estar tesis (Sagües, Garay) y los que creen que la arbitrariedad quedaría abarcada por el inc. 3° de la Ley 48 (Palacio, Fiorini), véase Laplacette, Carlos José (2015), en *Recurso Extraordinario federal por arbitrariedad de sentencia*, Buenos Aires: Hammurabi, pp. 92 y ss.

la arbitrariedad apunta a controlar el modo en que los jueces deciden. Las causales reguladas por la Ley 48 se refieren a "qué" es lo que deciden los jueces, mientras que la causal creada por la Corte, se refiere al "cómo" deciden. La diferencia no es menor pues aquello sobre lo que se proyecta esta doctrina es de una amplitud incomparable con las limitaciones legales. Basta observar el catálogo de ejemplos visitados por Genaro y Alejandro Carrió (honorarios profesionales, interpretación de la palabra presupuesto en un acto jurídico, fijación del precio de un contrato, consignación de alquileres) para tener noción del modo en que se expande la competencia del máximo tribunal federal.

El efecto producido es lo contrario del deseable en cuanto a jurisdicción de la Corte: en vez de limitar el caudal de causas, la doctrina amplía de manera imprecisa el mundo del recurso extraordinario. Su uso es en sí mismo una forma de hacer cosas con palabras, y a su vez el control sobre el modo en que los otros jueces (los "jueces inferiores"), también hacen cosas con palabras.

4. EL "EUTRIFÓN"

La pregunta que en el fondo late detrás de la investigación parece ser: ¿Es arbitrario porque la Corte dice que es arbitrario, o la Corte dice que es arbitrario porque efectivamente lo es? Una variación del diálogo platónico: ¿las acciones son piadosas porque agradan a los dioses o agradan a los dioses porque son piadosas?

Cierto que Carrió cuestiona la idea de definición que aparece en el "Eutrifón" en la medida que Platón no se pregunta por la palabra sino por la esencia de la cosa[13]. Pero en la búsqueda de una definición léxica, debemos preguntarnos qué es lo que ve la Corte cuando dice "arbitrariedad", ¿cuáles son las características que privilegia en una sentencia para hacer pesar sobre ella esa definición? ¿O es solo un acto de voluntad? ¿Acaso tienen razón los escépticos cuando dicen que es "un rótulo engañosamente único que la Corte utiliza para expresar y encubrir su versátil sentimiento de repulsa a decisiones que no le caen bien"?[14]. La falta de criterio convierte al tribunal en un gigantesco Humpty Dumpty sentado sobre el muro asegurando que las palabras significan lo que a ella le plazca que signifiquen.

Si esto no es así (o al menos si no es "tan" así), la Corte, como los dioses, estaría sometida a un criterio objetivable de arbitrariedad o, para decirlo en palabras de Carrió, al menos enunciaría una función valorativa constante y por ende reconocible, aunque sometida a criterios de aplicación múltiples y variables. Esta función, del concepto de arbitrariedad, según Carrió de acuerdo con la genealogía ya mencionada con relación a Hart, es excluidora, o sea, una expresión descalificadora que permite al Tribunal controlar el

---

13 En *Notas*, p. 119.

14 En *Notas*, p. 288. Sobre esta cuestión se volverá más adelante.

servicio de administración de justicia estableciendo cánones mínimos para su adecuada prestación.

La calificación de arbitrario es, entonces, un acto de rechazo, más que una mera descripción. El problema es que por ser una expresión valorativa, se vuelve la quintaesencia de vaguedad e imprecisión. Menuda empresa la de intentar encontrar contenido a una expresión que por ser del lenguaje natural, no solo es vaga, imprecisa y de textura abierta; sino que además es valorativa[15].

Ante este escenario, el trabajo realizado por Carrió consiste en observar con detalle y tamizar todos los fallos en los que implícita o explícitamente se echa mano de este instrumento. Aun hoy resulta admirable el catálogo de decisiones que fueron compulsadas para dar respuesta a la pregunta[16].

---

15 FERRAJOLI (1995) señala que los términos valorativos por referirse a un juicio de desaprobación de quien lo pronuncia es inverificable e irrefutable, un acto de valoración basado en una opción subjetiva y meramente potestativa, en *Derecho y Razón. Teoría del Garantismo Penal*, trad. de Ibáñez, Andrés; Ruiz, Miguel; Bayón Mohíno, Juan; Terradillos Basoco, Juan & Cantarero Bandrés, Rocío, Madrid: Trotta, p. 123.

16 Esa labor acorta las distancias con lo que tradicionalmente se predica del *Common Law* en cuanto a fuente de producción del derecho. No tratándose de un supuesto legal, la arbitrariedad –en el marco estudiado por CARRIÓ– es literalmente aquello que los jueces dicen que es. Solo estudiando las sentencias podremos darle un contenido a un concepto que ni siquiera aparecía en la ley.

5. Algunas variables posteriores

Desde la primera edición de *Notas* a la actualidad han cambiado la Corte, los abogados, la enseñanza del derecho y el mundo en general. El propio Carrió cuando se dedica a pensar el deber jurídico menciona que aquello que Kelsen definiera en su tiempo forzosamente debía haberse modificado 60 años más tarde. Una lectura acerca de esa definición debía considerar el efecto de ese período transcurrido.

Intentaré en este acápite mencionar brevemente algunas de las modificaciones del contexto que en los últimos años inciden en la forma en que pensamos esta vía de acceso a la Corte[17].

5.1. La inclusión del concepto en la ley

La arbitrariedad como causal de impugnación se ha incorporado a diversas leyes procesales. De modo que desentrañar su significado ya no es un trabajo destinado a conocer qué es lo que dice la Corte; ahora la pregunta es qué quiere decir la ley cuando se refiere a la arbitrariedad de una sentencia. El nuevo CPPN (Ley 27063), por ejemplo, en su Art. 311, prevé

17 No me refiero específicamente a causales nuevas de arbitrariedad –Morello menciona, por ejemplo, realismo económico e iniquidad manifiesta en *El recurso extraordinario* (2006), 3ª ed., La Plata: Librería Editorial Platense, pp. 572 y ss.–, sino a las modificaciones del contexto que influyen en el modo en que pueda pensarse la arbitrariedad.

la recurribilidad de una sentencia condenatoria "si careciera de motivación suficiente o esta fuera contradictoria, irrazonable o arbitraria"; "si se basara en prueba ilegal o incorporada por lectura en los casos no autorizados por este Código" y "si se hubiera omitido la valoración de prueba decisiva o se hubiera valorado prueba inexistente" (incisos c, d y e). Se advierte que para la ley, la motivación arbitraria aparece como una especie más entre otros supuestos que para Carrió también implican arbitrariedad.

El CPCCN en su Art. 289 prevé como causales casatorios la inobservancia o errónea aplicación o interpretación de la ley sustantiva, de las formas procesales esenciales, unificación interpretativa y arbitrariedad. El Art. 294 ratifica que, en caso de arbitrariedad, el tribunal debe casar la sentencia y resolver el caso.

5.2. El certiorari

El Art. 280 del CPPCC habilita a la Corte a rechazar el recurso extraordinario "por falta de agravio federal suficiente o cuando las cuestiones planteadas resultaren insustanciales o carentes de trascendencia"[18].

El *certiorari* viene a funcionar como la contracara de la arbitrariedad. El primero para no tratar un caso

---

18 Art. 280 del CPPCC: "[...] La Corte, según su sana discreción, y con la sola invocación de esta norma, podrá rechazar el recurso extraordinario por falta de agravio federal suficiente o cuando las cuestiones planteadas resultaren insustanciales o carentes de trascendencia [...]".

y la segunda para hacerlo. La arbitrariedad se usa para ingresar más allá de los 3 incisos del Art. 14 de la Ley 48, el *certiorari*, como autorización para negar la competencia del tribunal, aun en los supuestos de esos incisos.

Más allá de lo acertado o no del instituto del *certiorari* en el modo en que se incluyó en la ley procesal, su regulación pone de algún modo en evidencia que el rol de la Corte no sería –al menos principalmente– operar como última instancia en la resolución de un caso, sino el de fijar estándares interpretativos. La trascendencia de un caso o su carácter sustancial tiene relación con la asignación constitucional de ese rol a la Corte. Lo definitorio en el caso, entonces, no es si efectivamente un litigante tiene razón, sino el valor institucional del caso más allá del litigio en el cual se interviene.

El Art. 280 del CPCC, en un intento de convencer al lector de la virtud del instituto regulado, especifica que su aplicación dependerá del "sano criterio" de los ministros votantes. Una sobreactuación para convencer acerca de las virtudes de la regulación. La utilización de "sano" para referirse a la discreción de la Corte pretende afirmar la virtud del instituto –de modo que no sería cualquier discreción, sino una discreción "sana"[19].

---

19 Para un penalista, la sana discreción no deja de sonar al sano sentir del pueblo alemán, que en la legislación del III Reich habilitaba la punición más allá del principio de legalidad.

5.3. *La oralización de los procesos y el juicio por jurados*

La clasificación de sentencia arbitraria, habida cuenta de la fecha en que Carrió escribió *Notas*, analizaba sentencias dictadas en procesos escritos. Todos los razonamientos de la Corte se basaban en el análisis de expedientes que contenían el material completo que habían valorado los jueces cuyas decisiones se revisaban. Es evidente que el tipo de análisis de la arbitrariedad no es el mismo en modelos de enjuiciamiento diferentes. El debate conlleva apreciaciones sobre la dinámica de un juicio oral, el modo en que los testigos se expresan, el impacto que el despliegue de una prueba tiene en una audiencia, distinto a la mirada que se limita a leer el mismo texto que habían leído los jueces que precedieron en el análisis.

En el caso de los juicios penales, la Corte Federal ha adoptado la tesis de la potencialidad o capacidad de rendimiento, según la cual el tribunal de alzada tiene competencia para revisar aquellos errores cuya comprobación no dependa de la inmediación propia del juicio oral[20].

Lo expuesto se ve aún más acotado en el caso de los jurados donde se restringe o elimina la fundamentación. A ello se suma que la base ideológica de

---

20 Fallo Casal de la CSJN del 20/9/2005. Este fallo, lo mismo que aquellos que se mencionan más adelante, aparecen individualizados por fecha y actor, por resultar información suficiente para su hallazgo en el sitio oficial de la CSJN (consúltese www.csjn.gov.ar).

una sentencia dictada por la representación popular limita la idea de un funcionario público, aun de la jerarquía de un juez, para desdecir la decisión adoptada por la comunidad soberana. A pesar de ello, la arbitrariedad subsiste como causa de impugnación en las leyes procesales de jurados. En la provincia de Buenos Aires, ello ocurre en la medida en que la arbitrariedad judicial al negar prueba a la parte, condiciona el material sobre el que debe decidir el jurado (Art. 448 bis del CPPBA).

5.4. La reforma de 1994

La inclusión de los tratados de derechos humanos con la reforma constitucional de 1994 ha traído, por un lado, la incorporación de la arbitrariedad como un término que invalida otras formas de actuación estatal. Ello ocurre con determinadas detenciones o intromisiones en la vida privada de las personas[21]. Las condiciones en las que se define arbitrariedad de estos otros actos del estado, sean del poder administrador, legislativo o judicial, nos enfrenta a la posibilidad de encontrar una definición al término que no coincida con aquello que la propia Corte argentina dice.

Lo que hace que una injerencia o una detención sean arbitrarias no debiera constituir un fenómeno

---

21 La arbitrariedad también aparece en la regulación del amparo (Art. 43 CN). En verdad, ya el Art. 14 bis CN preveía la protección contra el despido arbitrario.

desligado de aquello que hace que una sentencia sea arbitraria; más allá de las distancias basadas en las diferentes características de cada tipo de acto. Aquello que contamina de arbitrariedad una sentencia no debiera ser independiente de lo que define a una detención como arbitraria, al menos en un núcleo mínimo que justifique utilizar el mismo término para cuestionar ambos actos.

A ello se suma que la propia Corte encuentra ahora un tribunal con competencia para revisar sus sentencias e incluso predicar de ellas su condición de arbitrarias. La Corte IDH ha sentado criterios en ese punto. Pueden verse, por ejemplo, los fallos Yatama del 23/6/2005 (párr. 152 y ss.), Chaparro Álvarez y Lapo Íñiguez del 21/11/2007 (párr. 107 y ss.), Apitz Barbera del 5/8/2008 (párr. 77 y ss.), Chocron Chocron del 1/7/2011 (párr. 118) y López Mendoza del 1/9/2011 (párr. 141). Allí se sostuvo que por arbitrario debía entenderse no motivado, indebidamente fundado en función de los alegatos de las partes y analizado el conjunto de pruebas[22].

---

22 La Corte IDH suele citar en también fallos del Tribunal Europeo en este punto. En palabras del tribunal interamericano "la motivación 'es la exteriorización de la justificación razonada que permite llegar a una conclusión'. El deber de motivar las resoluciones es una garantía vinculada con la correcta administración de justicia, que protege el derecho de los ciudadanos a ser juzgados por las razones que el Derecho suministra, y otorga credibilidad a las decisiones jurídicas en el marco de una sociedad democrática. Por tanto, las decisiones que adopten los órganos internos que puedan afectar derechos humanos deben

5.5. Los propios defectos: del mensaje cifrado al fallo enciclopedista o la deficitaria conformación de mayorías

En muchas oportunidades las decisiones de la Corte se limitan a escasas verdades expuestas sin demasiada explicación, afirmaciones desprovistas de fundamento expreso; otras nos encontramos ante frondosas decisiones llenas de citas, autores y jurisprudencia[23]. En estas

---

estar debidamente fundamentadas, pues de lo contrario serían decisiones arbitrarias. En este sentido, la argumentación de un fallo y de ciertos actos administrativos deben permitir conocer cuáles fueron los hechos, motivos y normas en que se basó la autoridad para tomar su decisión, a fin de descartar cualquier indicio de arbitrariedad. Asimismo, la motivación demuestra a las partes que estas han sido oídas y, en aquellos casos en que las decisiones son recurribles, les proporciona la posibilidad de criticar la resolución y lograr un nuevo examen de la cuestión ante las instancias Por todo ello, el deber de motivación es una de las 'debidas garantías' incluidas en el Artículo 8.1 para salvaguardar el derecho a un debido proceso", del fallo Chocron Chocron, parr. 118.

23 Me he permitido bautizar en los cursos de la facultad a los dos modelos de fallos en "fallos I Ching" y "fallos Espasa Calpe". En los primeros, el tribunal sostiene determinada posición en poquísimas líneas sin fundar demasiado y sin dejar en claro cuáles son los límites precisos de sus afirmaciones (Acosta del 23/4/2008 sobre suspensión de juicio a prueba o Méndez del 22/2/2005 y Esquivel Barrionuevo del 17/10/2007 sobre la derogación virtual de la pena de reclusión). Los segundos, con independencia del valor doctrinario y conceptual que puedan tener, son fallos kilométricos donde la Corte, o algunos de sus jueces, funda y vuelve a fundar una decisión en un enorme número de citas, como si la profusión de expresiones idénticas volviera más verdadero lo que se dice (Gramajo del 5/9/2006,

últimas también sucede que los jueces del tribunal concurren de manera autónoma diferenciándose en leves matices respecto a lo que dice la mayoría. El lector debe leer cada detalle para descubrir qué es lo que justificó que un voto que se repite casi idéntico, tuviera que volcarse por separado.

Otras veces, el tribunal viola la regla que utiliza para revocar sentencias "arbitrarias" de otros tribunales. Los ministros monologan "según su voto" y finalmente logran mayorías con base en sus conclusiones que, sin embargo, presentan diferentes fundamentos[24].

6. Error y arbitrariedad[25]

La Corte repite que la doctrina de la arbitrariedad no es aplicable cuando se trata de simples errores, sino a supuestos excepcionales donde las fallas del razonamiento lógico de la sentencia o la falta de fundamentación normativa no permiten tenerlo como válido y aparecen sustentadas en la sola voluntad del juzgador.

---

sobre la inconstitucionalidad de la reclusión por tiempo indeterminado a reincidentes múltiples; Álvarez Ordoñez del 5/2/2013, sobre reincidencia).

24 En Sandoval del 31/8/2010, por ejemplo, se leyó que la Corte había optado por la invalidez del reenvío cuando las razones de los jueces que votaron en conjunto y la de Zaffaroni, que concurrió por su voto, eran diferentes.

25 Esta parte del texto no formaba parte de la exposición que se realizó con motivo del homenaje a los 50 años del libro, pero surgió de una pregunta realizada por Alejandro Carrió.

Se señala en "El recurso extraordinario por sentencia arbitraria" la necesidad de distinguir entre error y arbitrariedad tomando como primera referencia lo resuelto en el fallo que daría origen a la doctrina, Rey c/Rocha, de 1909[26]. Allí la Corte sostuvo que se produce este defecto cuando estamos ante sentencias "desprovistas de todo apoyo legal, fundadas tan solo en la voluntad de los jueces, y no cuando haya simplemente interpretación errónea de las leyes, a juicio de los litigantes".

En el libro los autores señalan que esta vía recursiva se asienta en tres soportes: la garantía de propiedad, la franca transgresión a una adecuada administración de justicia y la violación de la garantía de defensa en juicio.

Refieren que en algunos casos ha sido la gravedad extrema de una omisión la que justifica la tacha (no la discrepancia con lo resuelto aunque esa discrepancia sea legítima y fundada), y se ha reiterado que se trata de una solución excepcional no aplicable a errores. Mencionan numerosos fallos del máximo tribunal federal e incluso un fallo de la Corte de los EE. UU. donde también se mencionaron estándares como error honesto y ordinario, los meros errores, o equivocaciones tan groseras que resulten inconcebibles en una racional administración de justicia. En otras ocasiones la corte argentina sostuvo que "una sentencia arbitraria es un mero hecho de arbitrariedad o

---

26 pp. 27 y ss.

un capricho del juzgador"[27], una decisión que carece de las calidades mínimas para ser considerado una sentencia judicial, la expresión de la sola voluntad de los jueces que la suscriben, entre otras[28].

La definición de arbitrariedad puede ser entendida en consonancia con la idea de novela encadenada de Dworkin. Una sentencia padece del defecto indicado cuando no es posible reconocerla como parte de un relato concatenado y sostenido en el tiempo. Un error es insuficiente para que ello ocurra: una sentencia es arbitraria cuando su contenido representa la sola voluntad del juzgador que se aparta de los cánones que deben regir su decisión, de modo que esa decisión no puede ser entendida como integrante de esa novela encadenada que exige pertenencia y continuidad. Se sale de la línea; de alguna manera, "delira"[29].

La Corte afirma siempre que su intervención por la vía de la arbitrariedad es excepcional. De hecho, si el cartabón que debe completar una sentencia para ser arbitraria requiere de tal grado de desapego a la administración de justicia, una multiplicación de

---

27 Definición que viola la regla básica de lo que debe entenderse por definición: que no incluya la palabra a definir (COPI, IRVING (1987), *Introducción a la Lógica*, trad. Miguez, Eudeba, 30 ed., Buenos Aires, p. 157).

28 CARRIÓ, pp. 25 y ss.

29 La raíz etimológica de delirio es la de salirse de la línea, ligada a quienes eran incapaces de roturar la tierra con el arado siguiendo los trazos paralelos (lirar), y se salían de la demarcación de un modo que afectaba la siembra y el cultivo.

sentencias calificadas de ese modo pondría en evidencia un sistema perverso constituido por jueces que se apartan conscientemente de la ley y que deciden a su antojo.

Pero lo cierto es que el uso que la Corte hace de la doctrina no es excepcional y tampoco parece que excluya de su utilización los supuestos de error o discordancia con las decisiones llevadas a su control. Más bien parece que ocurre lo primero por lo segundo: por multiplicarse sobre meros errores o discrepancias interpretativas, la intervención deja de ser excepcional.

La consecuencia es la concreción del riesgo de utilizar un término vago y valorativo para determinar un campo de intervención judicial. Los límites son difusos y se encuentran sometidos a que sea el propio creador del término quien defina en cada caso cuándo está ante determinado supuesto y cuándo no. Un indicio de esa vaguedad, de esa nula claridad en los estándares, puede apreciarse en el uso de calificativos destinados desde el inicio a ocultar esa imprecisión. Se hace mención a "meros" errores, "simples" equivocaciones, para aludir a los casos en que la Corte no está habilitada a ingresar[30]. La

30 Similar a la "sana" discreción antes mencionada. La distinción remeda aquella que los dogmáticos sostienen cuando deben diferenciar entre ardid y mentira, adjudicando algo más al primero en relación con la segunda (la que también suele acompañarse con el calificativo de "simple", como si de esa manera alejáramos un concepto de otro). Bertoni ha demostrado

Corte no ofrece parámetros para distinguir entre error garrafal que vuelve al fallo un acto de voluntad y la simple equivocación; entre valoración diferente de una de las partes y acto vacío de sustento.

Argibay señalaba que lo que determina la aplicación de la vía de la arbitrariedad es, en realidad, la decisión de los ministros del tribunal de intervenir en un expediente en el que la interpretación dada a la ley es distinta a aquella que ellos preconizan. Es imposible, decía, predecir cuándo la Corte entenderá que estamos ante una sentencia arbitraria[31].

En sentido similar, señala Laplacette, que más allá de que la Corte afirma la diferencia entre error y arbitrariedad, en la práctica esa división se ha desdibujado[32].

---

lúcidamente cómo a pesar de la firmeza con que la doctrina presuntamente diferencia el ardid de la mentira para determinar si hay o no hay estafa, la casuística revela que en las sentencias judiciales los supuestos se superponen y la calidad ardidosa de una mentira termina determinada por la mirada del juzgador y no por categorías estandarizadas y previsibles. En BERTONI, EDUARDO A. (2000-2001), "El concepto de 'ardid o engaño' en la jurisprudencia", *Revista de derecho penal - Estafas y otras defraudaciones 2000-2001*, t. I, Santa Fe: Rubinzal Culzoni, pp. 31 y ss.

31 En ARGIBAY, CARMEN, *op. cit.*, p. 1394. Otros autores, más allá de ciertos reparos, no cuestionan la diferencia –por ejemplo, LUGONES, NARCISO (1992), en *Recurso Extraordinario*, Buenos Aires: Depalma, pp. 299-300.

32 LAPLACETTE, CARLOS JOSÉ (2015), *Recurso extraordinario federal por arbitrariedad de sentencia*, Buenos Aires: Hammurabi, p. 90.

Pero, entonces, ¿qué sentido tiene construir una teoría de la arbitrariedad que está sometida a la voluntad del juzgador? ¿Cuán lejos estamos de Humpty Dumpty?

Mejor sería denunciar cualquier intento de salirse de las causales del Art. 14 de la Ley 48, como lo hace Argibay, para quien la arbitrariedad como causal de recurso extraordinario carece de sustento legal y, por lo tanto, debe ser rechazada. La decisión que parece haber tomado Carrió, en cambio –al menos con el modo en que se utilizaba cuando escribió sobre la cuestión–, es la de una sistematización surgida del hecho verificable de que la Corte la utilizaba para ingresar en causas sometidas a su decisión. Podría decirse que no debiera existir, *eppur si muove*. Allí está.

Si es imposible hasta ahora que la doctrina sea eliminada, quizás también sea bueno aceptar que, como señala Morello, la arbitrariedad ha dado lugar a resultados positivos. Como ejemplo, señala el autor que gracias a ella se hicieron efectivos derechos que de otra manera no habrían sido materia de decisión por la Corte, que importó una vía fundamental para el acceso a la justicia y que abrió el camino de un valioso activismo judicial[33].

Planteada la cuestión en estos términos quizás podemos concluir en que el trabajo de Carrió de clasificar y hacer entendible un escenario poco claro

---

33 Morello, Augusto, *op. cit.*, pp. 632 y ss.

no es meramente una enunciación descriptiva en el sentido de un estudio teórico destinado a verificar si algo es o no es. La decisión de plantear la cuestión es también política; la idea de intentar delimitar el conjunto de decisiones que responden al mote de arbitrarias es fundamentalmente una opción política. Cuando Carrió discute sobre la arbitrariedad, dirige un haz de luz sobre uno de los eslabones débiles de la cadena de racionalidad y fundamentación de una decisión judicial. Encontrar una racionalidad que el propio órgano estudiado no puede poner en evidencia es un intento por encauzarlo, de pensar en sus decisiones futuras, confrontar al máximo tribunal con sus propias decisiones. La academia, el foro, las decisiones de los otros jueces, las peticiones de los abogados, la intervención de las partes públicas o privadas establecen un diálogo que en su totalidad construye ese modo de pensar, nombrar y entender el mundo, ese lenguaje que llamamos derecho.

Convertir a la arbitrariedad en un foco de atención, discutirlo en función de argumentos sólidos, confrontarlo, debatir, es una buena forma de incidir en las decisiones de jueces que hacen de la motivación de sus sentencias y de la fundamentación de sus decisiones el centro de su actividad.

En un modelo de Estado de diálogo, de escucha, de dar razones, la sistematización y la comprensión de una herramienta tan usada por el máximo tribunal del país, permite interpelarlo cuando se sale del lirio, cuando desvía por demás un tramo de la novela encadenada[34].

7. Saber derecho

Decía Maier, en un texto escrito en memoria del autor de *Notas*, que su persona y su obra nos justifican como sociedad y nos obligan hacia el futuro[35]. Carrió, un maestro en el sentido más genuino del término, acercó a los estudiantes y abogados literatura hasta el momento inaccesible, tradujo textos invalorables, abrió el diálogo, debatió, escribió, propuso[36].

En otro cuento de Borges, citado en *Notas*, se describe a Ireneo Funes, un personaje incapaz de ideas generales, sometido al universo inconexo de sus

---

34 La sistematización siempre traerá, además, al menos a quienes litiguen, una posibilidad de argumentar, rechazar o requerir la intervención del tribunal si el caso es igual –a los fines del defecto invocado– a un precedente en el que la Corte federal ya haya ingresado.

35 Maier, Julio (1997), *In Memoriam. La muerte de un jurista*, NDP 1997/B vii.

36 Una muestra es el breve libro que Carrió publicó en la editorial universitaria de Buenos Aires con el derrotero de la acción de Habeas Corpus en favor de Jacobo Timerman durante la dictadura militar. Podría armarse un curso entero sobre el sentido del hábeas corpus, formas de argumentación, hendijas de derecho en dictadura, impugnaciones, cómo ganar un caso que los demás darían por perdido, curso de redacción, historia argentina de finales de 1970. Carrió, Genaro (1987), *El caso Timerman. Materiales para el estudio de un Habeas Corpus*, Buenos Aires: Eudeba.

recuerdos. Borges refiere que en la especie de prisión en la que vivía en su arrabal sudamericano, inmóvil observando el mundo a través de las rejas de una ventana, Funes era incapaz de pensar porque "pensar es olvidar diferencias, es generalizar, abstraer"[37].

El texto sobre arbitrariedad analiza y sistematiza un cúmulo de decisiones imprecisas, un universo de individuos dispares y utiliza herramientas que, incluso, podríamos extrapolar para pensar otras manifestaciones del derecho. Después de 50 años de la aparición de *Notas* Carrió no deja de iluminar ciertos espacios oscuros del camino. De un modo generoso, sus escritos son auxilios que nos permiten dejar de ser, al menos por momentos, Ireneo Funes.

---

37 BORGES, JORGE LUIS (1997), "Funes, el memorioso", en *Ficciones*, Madrid: Alianza Editorial, pp. 123 y ss. Carrió lo cita en *Notas*, pp. 27, 46 y 47.

CAPÍTULO 17
ARBITRARIEDAD Y MOTIVACIÓN DE LAS RESOLUCIONES JUDICIALES: UNA PROPUESTA

Santiago Roldán

I. PRESENTACIÓN

El texto de titulado "Sentencia arbitraria", incluido como capítulo VI en la tercera edición de *Notas sobre derecho y Lenguaje*, es una muestra de lo esclarecedora que era la mirada de Genaro Carrió y de su insuperable forma de escribir; constituye, además, una de las mejores muestras de cómo la Teoría General del Derecho puede brindarle herramientas concretas y útiles al abogado para su trabajo diario, ya sea que litigue ante tribunales, ya sea que los integre en calidad de juez.

Carrió nos anticipa aquí algo de lo que terminaría siendo su afamado libro sobre recurso extraordinario[1] y, como su nombre lo indica, trata de la también

1 Libro titulado *El recurso extraordinario por sentencia arbitraria en la jurisprudencia de la Corte Suprema*, Buenos Aires: Abeledo Perrot,

conocida doctrina de la "sentencia arbitraria" que la Corte Suprema de Justicia de la Nación Argentina (CSJN) elaboró en el marco de su competencia recursiva extraordinaria. El texto, por otro lado, tiene el raro privilegio de haber retroalimentando el desarrollo que la propia Corte le fue dando con los años a esa doctrina y sirviendo de patrón para los estudios que de ahí en más se le dedicaron.

En lo que sigue intentaré sumar un aporte a la tarea hecha por Carrió. Para lograrlo será necesario, previamente, realzar un aspecto del acto de dictar una resolución judicial que suele ser pasado por alto, como así también, encontrar un fundamento normativo más amplio a la doctrina elaborada por la CSJN.

II. SUPREMACÍA DEL DERECHO FEDERAL Y RECURSO EXTRAORDINARIO

La historia de la doctrina de la "sentencia arbitraria" o "arbitrariedad de sentencia" está indisolublemente unida a la posición de la Corte Suprema como máximo órgano del poder judicial dentro de un Estado federal. Bajo ese esquema conviven en el país los Estados

---

cuya primera edición data de 1967; llegó a tener una tercera edición en 1983 que contó con la colaboración de ALEJANDRO CARRIÓ (de aquí en más, citado como *RESA* –tercera edición actualizada, tercera reimpresión 1995–). El ensayo "Sentencia arbitraria" había sido publicado originalmente en la *Revista Jurídica de Buenos Aires*, 1965, tomos I y II (en adelante, citado como SA).

Provinciales y un Estado Nacional, cuyas facultades y funciones están conformadas por competencias que las provincias le han delegado o no retuvieron para sí. Dentro de ese marco, las provincias han conservado el ejercicio de la jurisdicción en no pocos temas, por lo que coexisten en un mismo territorio los poderes judiciales de cada Provincia y el del Estado Nacional. El punto de confluencia se da en la Corte Suprema, máximo órgano judicial de la República pensado como garante final de la vigencia en todo el territorio del orden constitucional y de las leyes federales[2]. La herramienta procesal pensada para garantizar esa supremacía fue el recurso extraordinario federal, a través del cual todos los asuntos regidos por esta materia podían eventualmente llegar a consideración de la Corte Suprema.

Este recurso, tal como su nombre lo indica, tiene un carácter excepcional, lo que da a entender que solo pocos casos podrían llegar a estudio del tribunal: aquellos en los que su resolución estuviese en juego la interpretación y aplicación de normas federales y constitucionales –se trata, con todo, de una condición necesaria, mas no suficiente para

2 En línea con ello, el Art. 31 de la CN Argentina establece: "Esta Constitución, las leyes de la Nación que en su consecuencia se dicten por el Congreso y los tratados con las potencias extranjeras son la ley suprema de la Nación; y las autoridades de cada provincia están obligadas a conformarse a ella, no obstante cualquiera disposición en contrario que contengan las leyes o constituciones provinciales [...]".

acceder al tribunal–. Como contracara, caían fuera de la competencia de la Corte Suprema temas de derecho procesal, los llamados de derecho común y las cuestiones de hecho y prueba; tales cuestiones quedaban en manos de los jueces locales[3]. Sin embargo, en algún punto de su historia la Corte Suprema se sintió habilitada a superar tales límites en puntuales casos y lo hizo gracias a lo que terminó llamándose la doctrina de "arbitrariedad de sentencia". Si bien existían campos vedados al examen de la Corte en uso de competencia recursiva, esas fronteras debían ser superadas cuando las sentencias sufrían de ciertos defectos que "impedían considerarlas un acto jurisdiccional válido".

Al momento en que Carrió escribió su texto existían algo menos de cien precedentes donde la Corte había echado mano a esta doctrina de modo expreso o implícito, sin embargo, los juristas que se habían ocupado de ella no habían podido ofrecer análisis satisfactorios del instituto. El mérito de Carrió fue ofrecernos un modo útil y fructífero de encarar su estudio.

---

3 La regulación central de dicho recurso se sigue encontrando en el viejo Art. 14 de la Ley 48. Es importante remarcar, para los fines de este trabajo, que expresamente se estableció que no era materia de la Corte "[...] la interpretación o aplicaciones que los tribunales de provincia hicieren de los códigos Civil, Penal, Comercial y de Minería [...]" (Art. 15, Ley 48).

III. El método elegido por Carrió

Era poco el avance registrado en el esclarecimiento de esta doctrina previo al aporte de Carrió, pues el análisis generalmente quedaba empantanado en dos errores de enfoque que generaban o bien expectativas desmedidas, o bien, ante la frustración, el desaliento y escepticismo injustificado. El primero de ellos corría tras una búsqueda "metafísica" de la esencia de "La Arbitrariedad", es decir, aquella propiedad que, se presuponía, estaba presente cada vez que la Corte declaraba arbitraria una sentencia. El segundo enfoque, luego de rendirse en la búsqueda de esa "esencia", consistía en entregarse a una visión melancólicamente "escéptica" según la cual "arbitrario" era lo que la Corte decía que era y lo que no, no; para esta visión de las cosas la doctrina de la arbitrariedad era, en definitiva, un rótulo engañosamente utilizado por la Corte para encubrir su sentimiento de repulsa ante decisiones que no le agradaban, por lo que esa doctrina constituía, paradójicamente, el paradigma de la arbitrariedad. Carrió llamaba a estas visiones "la postura metafísica o esencialista" y "la postura escéptica", respectivamente.

Frente a esos dos caminos Carrió nos ofrece otro modo de encarar la comprensión de la doctrina de la "sentencia arbitraria" y lo hace a través de una operación que, sin dejar de ser sencilla, resulta sumamente iluminadora. La clave, en su opinión, consistía en distinguir, por un lado, entre lo que la Corte hacía cuando tildaba una sentencia de arbitraria (divisar qué es lo que estaba *haciendo* la Corte en esos casos), y del otro, identificar los distintos supuestos bajo los cuales la Corte se sentía habilitada para hacerlo (discriminar bajo qué condiciones lo hacía). Carrió diferenciaba, de ese modo, entre (a) el significado valorativo específico de la expresión "sentencia arbitraria" y (b) los múltiples criterios de aplicación de tal expresión. Decía Carrió:

> [...] cuando la Corte decide 'Tal sentencia es arbitraria', no se limita a reconocer en ella una o más propiedades discernibles con mayor o menor trabajo. *Hace* algo distinto, aunque eso que *hace* está vinculado al hecho de que se dan tales o cuales propiedades. Así como el adjetivo 'bueno' se usa primariamente para elogiar, recomendar o ensalzar, el adjetivo 'arbitrario' (en el contexto de las decisiones de la Corte y en su uso típico) se emplea para descalificar. 'Esta sentencia es arbitraria' no es una descripción sino un acto de rechazo. No es menester, pues, que busquemos la propiedad o propiedades que la palabra 'arbitraria' designa. 'Arbitraria' (como 'bueno') no es primariamente una palabra descriptiva; es, también como 'bueno' una palabra valorativa[4].

---

4 CARRIÓ, SA, p. 294; también *RESA*, p. 52. Por su parte, CARRIÓ toma la distinción entre el significado valorativo de una expresión o palabra valorativa y los criterios de aplicación de ella, de HARE, R. M. (1952), *Language of Morals*, Oxford University Press, caps. 6 y 7.

Una vez establecida la función lingüística de la palabra o expresión, resultaba esclarecedor distinguir entre ese significado valorativo y los criterios de aplicación, es decir, "[...] las circunstancias o condiciones en presencia de las cuales se juzga apropiado –según el uso vigente, si lo hay– emplear la expresión de que se trata [...]"[5]. Según Carrió, lo que hace la Corte cuando tilda una sentencia de arbitraria es descalificarla, rechazarla, y si bien eso se mantiene inalterado, lo que cambia son los distintos supuestos en los que lo hace: las llamadas "causales de arbitrariedad". Estos distintos e heterogéneos "criterios de aplicación" de la expresión "sentencia arbitraria", por su parte, debían su variedad al hecho de que el acto de dictar una resolución judicial es una operación compleja que involucra diversas cuestiones. Así, Carrió llega a identificar 13 criterios utilizados por la Corte y los distribuye según se refieran: i) al objeto, ii) a los fundamentos o a los iii) efectos de la decisión judicial. Cualquiera de esas 13 causales constituye para la Corte una "gruesa anomalía" que "impide considerar el pronunciamiento apelado como acto jurisdiccional válido". No debe buscarse, por lo tanto, una factor positivo y omnipresente en todas las resoluciones que eran tildadas de arbitrarias, sino que se las llamará de ese modo cuando contengan uno o más de estos defectos. Veamos la clasificación propuesta por el autor.

---

5 Carrió, sa, p. 294.

En lo que respecta al (I) objeto o tema de la decisión, han sido descalificadas por arbitrarias sentencias que:

(1) omiten considerar y resolver ciertas cuestiones oportunamente propuestas; o

(2) resuelven cuestiones no planteadas.

Las incluidas en el segundo grupo, las que se refieren a los fundamentos de la decisión (II), a su vez se subdividían en:

A) las referidas al establecimiento de la premisa mayor (fundamento normativo del fallo), en las que habían sido tildadas de arbitrarias distintas sentencias en razón de que:

(3) fueron dictadas por jueces que, al dictarlas, se arrogaron el papel de legisladores y no se sintieron limitados por el orden jurídico;

(4) prescinden del texto legal sin dar razón plausible alguna; o

(5) aplican preceptos derogados (o aún no vigentes); o

(6) dan como fundamento pautas de excesiva amplitud, en sustitución de normas positivas directamente aplicables.

B) las relativas al establecimiento de la premisa menor (fundamento no normativo o de hecho del fallo) en las que han sido descalificadas sentencias por:

(7) prescindir de prueba decisiva; o

(8) invocar prueba inexistente; o

(9) contradecir abiertamente otras instancias de los autos.

C) las vinculadas al establecimiento de la premisa mayor o al de la premisa menor, o al tránsito de ellas a la conclusión, en las que han sido descalificadas sentencias por arbitrarias en razón de:

(10) hacer afirmaciones dogmáticas (que solo constituyen un fundamento aparente); o

(11) incurrir en excesos formalistas o rituales; o

(12) ser autocontradictorias.

Por último, respecto de los efectos de la decisión (III), han sido descalificadas por arbitrarias sentencias en razón de que:

(13) pretenden dejar sin efecto decisiones definitivas firmes.

En esas causales se indican en forma abreviada los criterios de aplicación que Carrió creyó hallar en los pronunciamientos de la Corte; su esquema no pretendía ser exhaustivo ni cerrado o inflexible, sin embargo, pensaba que una sistematización de ese tipo, o análoga, podía rendir frutos interesantes. Este repertorio de causales, para ser útil, tendría que venir ordenado siguiendo un esquema flexible de clasificación en función de las características propias del complejo acto de sentenciar, cuyo producto final es el que está en tela de juicio[6].

IV. Propuesta

En lo que sigue me concentraré en un subgrupo de esas causales de arbitrariedad, puntualmente las que

---

6 Carrió, SA, pp. 296-298.

Carrió identifica como *referidas al establecimiento del fundamento normativo de fallo* (II.A). Las repetiré:

Según estos criterios, que son cuatro, una sentencia será arbitraria:

(3) cuando el juez se arrogue el papel de legislador sin sentirse limitado por el ordenamiento jurídico;

(4) cuando el juez prescinda del texto legal sin dar razón plausible alguna;

(5) cuando el juez aplique preceptos derogados o aún no vigentes, y

(6) cuando el juez dé como fundamento pautas de excesiva amplitud, en sustitución de normas positivas directamente aplicables.

Antes de continuar, sin embargo, debo hacer las siguientes aclaraciones. No será analizado aquí el proceso a través del cual Carrió obtuvo todas las causales que luego ubicó en su clasificación; las adoptaré tal como él las formuló, dando por asumido que efectivamente constituyen las premisas normativas en función de las cuales la Corte consideró que un grupo de sentencias determinadas que le tocó en suerte analizar eran efectivamente arbitrarias. Y asumiré también que esos criterios de aplicación de la fórmula "sentencia arbitraria" pueden ser independizados de los concretos casos en los que fueron utilizados porque, como dice Bulygin, "[...] lo que confiere a la sentencia el valor de precedente y la convierte en la fuente de derecho no es la parte dispositiva, sino las normas generales (y los enunciados definitorios) en los que aquélla se funda [...]"[7]. Es cierto que según Carrió las causales de arbitraridad debían ser complementadas con ejemplos para dar un contenido más preciso a tales expresiones[8], sin embargo, el grado de vaguedad o ambigüedad que presentan, no afectan al objetivo de este texto. Por último, el análisis de estas cuatro causales se justifica, a mi modo de ver, porque en ellas queda al descubierto más claramente la tensión que existe entre la competencia que le ha sido asignada a la Corte Suprema y el fundamento normativo que el propio tribunal ha dado a la doctrina de la "sentencia arbitraria" (por cierto, la elección de este particular subgrupo no quita que la misma tensión pueda ser vista en alguna otra causal de arbitrariedad, aunque seguramente con distinta intensidad). Esto último exige una breve explicación.

---

7 Bulygin, Eugenio (1964), *Sentencia judicial y creación de derecho*, "La Ley", t. 124, citado por la versión publicada en Alchourrón, Carlos E. y Bulygin, Eugenio (1991), *Análisis lógico y Derecho*, Madrid: Centro de Estudios Constitucionales, p. 358. Allí también se sostiene que "[...] [l]a sentencia puede ser concebida como un razonamiento normativo: la resolución es la *conclusión* de este razonamiento, cuyas *premisas* se encuentran en los considerandos [...] Dentro de las premisas figuran tres tipos de enunciados que nos interesa destacar en particular: 1) *enunciados normativos generales* que constituyen el *fundamento normativo* de la resolución; 2) *definiciones* en sentido lato, incluyendo también enunciados que determinan la extensión de un concepto y los postulados de significación, y 3) *enunciados empíricos* usados para la *descripción de hechos*. La resolución es la una *norma individual*" (p. 357).

8 Carrió, *RESA*, p. 320.

La competencia extraordinaria de la Corte Suprema está limitada al análisis de cuestiones federales, lo que requiere que en el caso esté en juego la validez de un acto federal o la interpretación o aplicación de leyes federales o de normas constitucionales (dicho esto despojado de cualquier tecnicismo). Al contrario, no quedan en manos de la Corte –y sí en las de los jueces de la causa– las interpretaciones del derecho común, las de derecho procesal y cuestiones de hecho y prueba. Es en ese contexto que puede hacerse inteligible el hecho de que el tribunal elaborara la teoría de la "sentencia arbitraria", pues se transformó en una nueva llave de acceso a su jurisdicción federal. En otras palabras, fue gracias a este producto jurisprudencial que la Corte pudo analizar cuestiones de hecho y prueba, de derecho común y de derecho procesal, al menos en algunos casos.

La CSJN ha intentado perfilar la "doctrina de la arbitrariedad" en distintos pronunciamientos. Con ese objetivo ha dicho que: 1) es de aplicación excepcional, 2) que no es apta para revisar simples errores, 3) que su utilización no se justifica por la discrepancia o disconformidad que tenga el recurrente con los criterios que haya seguido el juzgador, y 4) que no es apta para solucionar meras discrepancias sobre temas no federales debatidos en un caso[9]. Es por ello que

9 "[...] la doctrina de la arbitrariedad es de aplicación estrictamente excepcional y no puede requerirse por su intermedio el reexamen de cuestiones no federales cuya solución es del resorte

el tribunal ha dicho, gráficamente, que en el ámbito del derecho común las decisiones que adopten los jueces competentes deben también ser aceptadas por los integrantes del alto tribunal "aun cuando de haber estado en aquel lugar hubieran preferido una solución diferente"[10]. De modo consecuente, y como contracara de esto, muchas veces la Corte ha declarado arbitraria una sentencia y devuelto la causa para que se dicte una nueva resolución, aclarando expresamente que ello no implicaba "abrir juicio sobre la resolución que en definitiva deb[í]a adoptarse sobre el fondo del asunto"[11].

En cuanto al fundamento normativo que la Corte le ha dado a la doctrina de "la sentencia arbitraria", si bien en un primer momento se invocaba al derecho de propiedad (en tanto la Constitución Argentina prohíbe limitarla sin ley), el criterio que se ha asentado con posterioridad es el que ve detrás de una sentencia

---

exclusivo de los jueces de la causa, salvo que se demuestre su notorio desvío de las leyes aplicables o una total ausencia de fundamento, pues esa doctrina no pretende convertir a la Corte en un tribunal de tercera instancia, ni tiene por objeto corregir fallos equivocados, toda vez que sólo pretende suplir defectos realmente graves de fundamentación o razonamiento que impidan considerar a la sentencia como acto jurisdiccional válido (*cfr*. Fallos: 304:106 y 375; 305:1103; 306:882, 998, 1012, 1678; 307:514, 1368, entre muchos otros) [...]" [Fallos 334:541. También, CSJ 647/2013 (49-G)/CS1 "G., J. C.", Rta. 22/12/2015].

10 Fallos 333:866.

11 Entre muchísimos otros, "Pelozo Ramírez", 11/8/2015, CSJ 432/2012 (48-P)/CS1.

arbitraria la afectación al *derecho de defensa en juicio* y al *debido proceso adjetivo*[12-13]. Fue la necesidad de garantizar esos derechos por lo que la Corte se ha sentido habilitada para censurar el modo en el que fueron resueltas cuestiones de derecho común, de derecho procesal y de hecho y prueba.

Volvamos ahora a las causales en las que quise centrarme, es decir, aquellos criterios de aplicación de la fórmula "sentencia arbitraria" a los que Carrió identifica como referidos al establecimiento de la

---

12 No obstante, de tanto en tanto el derecho de propiedad es invocado como fundamento de la doctrina; véase, por ejemplo, Fallos 310:1761, 322:569, 323:2900, 324:1584.

13 "¿En qué se funda la llamada doctrina de la arbitrariedad? Se han enunciado distintos fundamentos. El más sólido parece ser el que se apoya directamente en el Art. 18 de la Constitución Nacional en cuanto consagra la garantía de la defensa en juicio. El argumento basado en ese precepto constitucional puede resumirse de la siguiente manera. Es tan violatorio de la referida garantía un procedimiento irregular previo a la sentencia, que configura una violación *in procedendo* de aquélla (*v. gr.*, no oír al demandado o procesado, negarle la oportunidad de ofrecer prueba, etc.), como lo es una pretendida sentencia carente de las condiciones mínimas para ser considerada un acto jurisdiccional, pues esto último configura una violación *in judicando* de la referida garantía del Art. 18 de la CN (*v. gr.*, prescindir, al fallar, de prueba relevante, regularmente aportada al proceso; apartarse, sin dar razón suficiente alguna, de una norma claramente aplicable al caso, etcétera) [...]" (CARRIÓ, GENARO R. (1990), "Exceso ritual manifiesto y garantía constitucional de la defensa en juicio", *Revista del Centro de Estudios Constitucionales*, núm. 7, septiembre-diciembre: p. 65). Véase también, CARRIÓ, *RESA*, pp. 38-39.

premisa normativa del fallo. La tensión a la que me refería surge de intentar compatibilizar lo que la Corte *hace* cuando invoca esa causal (tacha de arbitrarias determinadas sentencias), el fundamento por el cual estaría legitimada a hacerlo (garantizar el derecho de defensa en juicio y el debido proceso adjetivo) y el contenido que en apariencia tendrían las causales en función de la cual tacha de arbitraria las sentencias (la interpretación que adoptaron los jueces de las leyes de derecho común –de fondo o procesales–). Si es cierto que la doctrina de la arbitrariedad no sirve (en el sentido de que su uso no tiene legitimidad a los fines de) corregir interpretaciones legales hechas por los jueces locales que los integrantes del máximo tribunal no comparten, parecería que esas causales de arbitrariedad no deberían ser utilizadas por la Corte Suprema; en otras palabras, constituirían un cuerpo extraño dentro de la doctrina, un cuerpo que habría que remover o extirpar en tanto no son consistentes con su fundamento.

En lo que sigue me ocuparé de mostrar que esa tensión podría disolverse, pero hacerlo requiere de mirar con más atención todo lo que implica dictar una resolución, y también conceder que puede haber otro principio que habilite la competencia de la Corte en tales casos. Empezaré por el primero de estos puntos; veremos que el problema que debería captar las causales de arbitrariedad 4 y 6 no reside en qué fue lo decidido en el caso (en rigor, cómo se interpretó la ley), sino en qué razones se brindaron los jueces en defensa de esa lectura legal: es cómo se pretendió motivar la decisión lo que genera una afectación al derecho de defensa en juicio y el debido proceso adjetivo, y no lo decidido. Más adelante retomaré el análisis de las causales 3 y 5.

V. JUSTIFICAR Y MOTIVAR[14]

Suele escucharse que las resoluciones judiciales tienen que ser fundadas, sin embargo, esa es una expresión ambigua porque "fundamentar" una decisión puede hacer alusión a dos aspectos o cuestiones muy distintas que aquí llamaré la "justificación de la decisión" y su "motivación".

Entiendo por "justificación" a la suma de todas las premisas en la que se apoya una decisión, más concretamente, a la construcción de un razonamiento válido y correcto que dé respaldo o sustento a la conclusión. Con la "motivación", en cambio, me refiero al hacer público un razonamiento, a la cuestión de cuántas de todas esas premisas debe el juez volcar por escrito o verbalmente en un acto procesal[15]. Podemos

---

14 Sigo aquí lo expuesto en ROLDÁN, SANTIAGO (2014), "La competencia del tribunal de alzada para modificar la resolución a favor del imputado: 'Competencia amplia *vs.* Competencia restringida'", *Revista de Derecho Penal y Criminología*, editorial La Ley, Eugenio Raúl Zaffaroni (Dir.), año IV, núm. 4, mayo 2014.

15 Es importante remarcar que los nombres dados a cada una de estos aspectos ("justificación" y "motivación") son una estipulación. El lector puede elegir el que le parezca más conveniente en tanto quede claro de lo que se esté hablando.

ver, ya en este punto, que puede haber "justificación" sin "motivación" y "motivación" sin "justificación"

Es importante remarcar que con "la justificación del fallo" no estoy aludiendo al proceso psicológico que *explica* cómo el juez tomó la decisión, sino a un proceso o acción, por cierto mental, pero distinto, que no es otra cosa más que la construcción de un razonamiento[16]. Supongamos que nos piden hacer una

---

Como enseñaba CARRIÓ, esto es fundamental para no caer en pseudodebates. Sobre desacuerdos aparentes, véase CARRIÓ, GENARO R. (1998), "Lenguaje, interpretación y desacuerdos en el terreno del derecho", en *Notas sobre el derecho y lenguaje*, Buenos Aires: Abeledo-Perrot, reimpresión de la 4ª ed., corregida y aumentada, pp. 17 y ss.

16 Véase ATIENZA, MANUEL (2007), *El sentido del Derecho*, 3ª ed., Barcelona: Ariel: "Es importante [...] darse cuenta de que justificar una decisión no es lo mismo que explicarla y de que el razonamiento jurídico es básicamente justificatorio [sic]. Explicar una decisión significa en efecto mostrar cuáles son las causas que la motivaron o los fines que se pretenden alcanzar al tomar esa decisión. Justificar, sin embargo, implica ofrecer razones dirigidas a mostrar el carácter aceptable o correcto de la decisión. Hay muchas acciones, muchas decisiones, que podemos explicar aunque no nos parezcan justificadas; por ejemplo, una ley que defiende los intereses de un cierto sector social (eso es lo que explica su existencia), pero que nos parece contraria a los principios y valores constitucionales (y, en ese sentido, carecería de justificación); o una resolución judicial motivada por el deseo del juez de alcanzar notoriedad social, pero que vulnera el ordenamiento jurídico. Lo que exigimos de los órganos que toman decisiones públicas es que justifiquen sus decisiones; el razonamiento jurídico es un tipo de razonamiento práctico, no dirigido a explicar, sino a justificar decisiones [...]" (pp. 254-255). Véase, BULYGIN, EUGENIO (1964),

"Sentencia judicial y creación de derecho", *La Ley*, t. 124, pp. 1307 y ss.; también, del mismo, "El concepto de eficacia" (2005), en KELSEN, HANS; BULYGIN, EUGENIO & WALTER, ROBERTO, *Validez y eficacia del derecho*, Buenos Aires: Astrea –el texto fue publicado originalmente bajo el título "Der Begriff der Wirksamkeit", en ARSP, 1965, Beiheft 41, Neue Folge 4, pp. 39-58 (traducción de BULYGIN, E.), pp. 35-40: "[...] La confusión se crea porque los términos 'decisión' y 'justificación' son ambiguos, pues pueden referirse a procesos psicológicos (el acto de decidir, el acto de justificar) y también a los resultados de estas operaciones psicológicas, que son objetos lógicos [...]" (pp. 38-39, nota 33). Véase, asimismo, WRÓBLEWSKI, JERZY (1985), *Constitución y teoría general de la interpretación jurídica*, 1ª ed., 1ª reimp., trad. de Arantxa Azurza, Madrid: Cívitas: "[...] La justificación de la decisión legal versa sobre los argumentos que sustentan esta decisión y, por tanto, es un asunto de razonamientos justificativos y de su control. Otro problema completamente diferente es el del proceso de toma de decisión. Este proceso es una secuencia de fenómenos psicológicos que acontecen en una decisión legal. Este proceso se describe por medio de la psicología si nos interesan los procesos de una toma de decisión individual, o de la psicología social y las ciencias humanas si nos interesamos por una toma de decisión colectiva y por sus factores determinantes. En cualquier caso, la descripción en cuestión versa sobre el material empírico del proceso de toma de decisión, identifica los factores que lo determinan, busca regularidades y, por último, aunque no menos importante, puede predecir tendencias de decisión y/o decisiones individuales. Habida cuenta de ello, es claro que no se debe confundir la justificación de la decisión legal con una descripción del proceso en el que se tomó esta decisión. No se excluye que la justificación de una decisión se corresponda con el proceso de su formación. Pero esto no ocurre siempre ni necesariamente así [...]" (pp. 59-61). Se distingue aquí, por lo tanto, entre explicación (¿cómo sucedió esto? ¿por qué?) y justificación (¿estaba justificado, fue correcto, estaba permitido, etcétera, lo que sucedió?).

ecuación matemática "mentalmente" y que digamos el resultado al que llegamos ($2 \times 3 - 2 = 4$). En ese ejemplo, la "cuenta mental" es la "justificación" del resultado; sin embargo, con "contar mentalmente" no estamos "motivando" la conclusión; recién habrá "motivación" de ese resultado cuando nos pidan que "expliquemos" cómo llegamos a él, que demos cuenta de ello, y lo hagamos. Utilizaré otro ejemplo, y como Carrió recurriré a los deportes[17].

Pensemos en un árbitro de fútbol. El árbitro no está obligado a fundamentar, a explicar, a dar razones de por qué dispone lo que dispone cuando dirige un partido de fútbol; por ejemplo, no se encuentra *obligado* a exponer a viva voz por qué considera que se cometió una falta contra *x* jugador. Tampoco depende de ello la *validez* de su fallo (por ejemplo, cobrar un penal)[18]. Todo esto, por cierto, no quiere

---

17 Como decía GENARO CARRIÓ, los ejemplos tomados de los deportes nos ayudan a ver con claridad dificultades que no sabemos o no podemos superar en el campo del derecho (CARRIÓ, GENARO R. (1998), "Principios jurídicos y positivismo jurídico", en *Notas sobre el Derecho y Lenguaje,* 4ª ed., corregida y aumentada, 2ª reimpresión, Buenos Aires: Abeledo-Perrot, p. 197).

18 Aludo en este punto a las diferentes *funciones* que tienen las *normas de deber,* que obligan, facultan o prohíben determinados comportamientos, y las *normas potestativas,* que condicionan la validez de un acto para producir ciertos efectos jurídicos al cumplimiento de ciertas condiciones como, por ejemplo, la competencia [véase HART, HERBERT L. A. (1963), *El Concepto de Derecho,* trad. de Genaro R. Carrió de *The Concept of Law* (1961), Buenos Aires: Abeledo Perrot, reimp. de 1998, pp. 34-53; también MAIER, JULIO B. (1980), *La función normativa de la Nulidad,*

decir que el árbitro pueda disponer lo que le da la gana; muy por el contrario, existen normas generales que los árbitros deben seguir (lo que se conoce como reglamento del fútbol). Tal es así que precisamente por el hecho de atenerse al reglamento del juego es

---

Buenos Aires: Depalma, pp. 113-127 –§ 4–; asimismo, NINO, CARLOS S. (2000), "La nulidad jurídica y el papel de la Teoría General del Derecho", en *La validez del derecho*, 1ª reimpresión, Buenos Aires: Astrea, pp. 197 y ss.]. Es importante destacar que no necesariamente ambos tipos de normas tienen que coincidir respecto de un mismo acto (véase, BOUZAT, ANDRÉS & CANTARO, ALEJANDRO S. (2005), "Liberalismo y garantismo: el problema de la disponibilidad de las garantías procesales", *Revista de Derecho Penal y Procesal Penal*, Buenos Aires: Lexis Nexis, fasc. 13, p. 1323, en particular el punto III. También, HART, *op. cit.*, p. 37 y GUIBOURG, RICARDO A. (2002), *Provocaciones en torno del derecho*, Buenos Aires: Eudeba, pp. 53-57). Asimismo, MENDONCA, DANIEL (2000), *Las claves del derecho*, Barcelona: Gedisa: "Esta distinción es valiosa por cuanto que exceder las normas de competencia produce la *invalidez* (actual o potencial) de lo actuado; violar las normas prescriptivas, en cambio, genera *responsabilidad* del agente, sin afectar al acto en cuestión. Desafortunadamente, como no siempre las disposiciones legales están cuidadosamente concebidas y formuladas, no en todos los casos es fácil decidir si una disposición dada tiene el carácter y la función de una norma de competencia o de una norma de conducta. Ello hace que no pueda determinarse con precisión, en muchas ocasiones, si su quebrantamiento generará la invalidez del acto o responsabilidad (política, civil o penal) de la autoridad" (p. 137 –los destacados son del original–; también pp. 104-105) y luego agrega: "No es infrecuente [...] que los sistemas jurídicos superpongan estas limitaciones (prohibición e incompetencia) y sus respectivas consecuencias (responsabilidad y nulidad), aunque ello resulta, desde luego, puramente contingente" (p.138, con más referencias).

que podemos decir que estamos viendo un partido de fútbol y no a otra cosa[19].

Pero lo importante es que si bien el árbitro siempre debe decidir según un reglamento, él no está obligado a "motivar" su decisión, quiero decir, a explicarles a los jugadores y al público presente las premisas que sustentan su decisión (qué es lo que cree que sucedió, por qué y cómo interpreta el reglamento). Por cierto, quizás diga alguna palabra o haga una señal para explicar, por ejemplo, que vio a un jugador empujando a su rival o tomándolo de la camiseta. Recuérdese que tampoco le está prohibido hacerlo. Lo que debe quedar claro es que el árbitro no está obligado a motivar y que su decisión será válida lo haga o no. Al margen de lo anterior, se debe reconocer que el hecho de que el reglamento no le haya impuesto al árbitro la obligación de motivar sus decisiones no parece caprichoso ni antojadizo. Sucede que hay buenas razones para regularlo de ese modo: sencillamente los partidos de fútbol se tornarían tediosos y carentes de la más mínima continuidad si el árbitro tuviera que motivar sus decisiones; además existe un grado tal de publicidad de lo juzgado –los jugadores y el público están viendo lo mismo que el árbitro– que es posible realizar un control inmediato y directo de su labor.

19 Esto no significa que todas sus reglas sean claras, por cierto. Véase Ramírez Ludena, Lorena (2016), "Las concepciones de las normas en el arbitraje deportivo", *Fair Play. Revista de Filosofía, Ética y Derecho del Deporte*, 4(2): 1-21. Recuperado de www.upf.edu/revistafairplay (consultada el 23/6/2016).

Sea cual fuere nuestra opinión acerca del reglamento de cualquier deporte, lo que el ejemplo del árbitro pone en evidencia es que no existe ninguna dificultad en distinguir claramente lo que constituye la "justificación" de una resolución, de lo que aquí he llamado su "motivación". La clave está en reconocer que se trata de problemas conceptualmente separados[20]. En el caso de los jueces, una resolución estará "justificada" cuando hayan seleccionado *satisfactoriamente* las premisas fácticas y normativas del razonamiento judicial y además la derivación de las premisas a la conclusión sea adecuada; dicho de un modo por demás simplificado, cuando se haya

20 Como cuestiones distintas que son, los fundamentos de por qué los jueces deben dictar resoluciones "justificadas" no son los mismos que hacen exigible que sus decisiones sean "motivadas". Deben ser adecuadamente justificadas porque ello es lo que corresponde a un Estado de Derecho donde se garantiza que nadie "será obligado a hacer lo que no manda la ley, ni privado de lo que ella no prohíbe" (Art. 19 de la CN Argentina). En cambio, la exigencia de motivación de las resoluciones judiciales se sustenta en otras razones: el derecho de defensa en juicio (en el que también puede incluirse el derecho al recurso), la publicidad de los actos de gobierno (que el público en general pueda conocer los fundamentos de las resoluciones y que el juez pueda dar a conocer sus argumentos), el fomento de la previsibilidad e igualdad de trato por intermedio de los precedentes, y el hecho de que la exigencia de "motivación" actúa como una herramienta tendiente a evitar decisiones apresuradas (la motivación como "control de calidad") y como un obstáculo a que se lleven a cabo arbitrariedades (la motivación como "reja").

decidido "conforme a derecho". Para hablar de toda la serie de operaciones que esto presupone (el establecer o determinar la solución jurídica de un caso concreto, como así también el tener por acreditado que ese determinado hecho ha ocurrido), se ha impuesto entre los juristas la conocida clasificación de Wróblewski que distingue entre la "justificación interna" y la "justificación externa" de un razonamiento jurídico. La justificación interna corresponde al paso de las premisas hacia la conclusión; la justificación externa alude a la justificación de las premisas en sí mismas[21]. En cambio, la "motivación" de una resolución tiene que ver con el dar a conocer y demostrar que la decisión está "justificada" (demostrar que esa es la decisión que el juez debe adoptar de acuerdo con lo que le impone el derecho). La "justificación" de una decisión judicial puede implicar una cadena enorme de razonamientos, pero la motivación de la resolución (la parte de ella que debe volcarse en la resolución –de manera oral o escrita, da lo mismo–) tal vez requiera unas pocas palabras[22]. Dependiendo

---

21 Véase Bayón, Juan Carlos (2007), "Bulygin y la Justificación de las Decisiones Judiciales: La Parte Sorprendente", en Moreso, José Juan & Redondo, María Cistrina (Eds.), *Un diálogo con la teoría del derecho de Eugenio Bulygin*, Madrid: Marcial Pons, pp. 138 y ss. (143-144).

22 Por dar un ejemplo, si ello no fuera así "[...] [i]maginemos qué sucedería en la práctica judicial si cada resolución debiera contener todos sus presupuestos justificatorios. Así, por ejemplo, el juez que autoriza fotocopiar el expediente debería explicar por qué razones la Constitución Nacional es derecho

del contexto, puede ocurrir inclusive que una resolución se encuentre válidamente motivada casi con solo poner un artículo del código entre paréntesis al lado de una afirmación (por ejemplo, condenar en costas a la parte vencida en el pleito civil o declarar un recurso extemporáneo).

Dado que la "justificación" de una decisión y su "motivación" son problemas conceptualmente separados, es posible (y bastante común) que un ordenamiento jurídico le pida al juez resoluciones "justificadas" pero no "motivadas". La obligación de motivar es contingente y depende de cada ordenamiento

---

positivo, por qué es válida su designación de juez, por qué es competente para decidir el pedido, por qué es válida la norma que autoriza a conceder el pedido, etcétera, etcétera, etcétera [...]" (BOVINO, ALBERTO & COURTIS, CHRISTIAN (2001), "Por una dogmática conscientemente política", en COURTIS, CHRISTIAN (Comp.), *Desde otra mirada. Textos de Teoría Crítica del Derecho*, Buenos Aires: Eudeba, pp. 199-200). Incluso –por dar otro ejemplo– lo que se suele llamar "prueba directa de un delito" requiere de un razonamiento complejo, pues de ningún modo una prueba "habla por sí sola"; por el contrario, el análisis de ese (y todo) tipo de prueba requiere de un razonamiento inductivo de varios pasos y no pocas premisas (véase todo lo que presupone, si no, responder la pregunta de "[...] ¿Qué es lo que prueba, por ejemplo, el hecho de que Ticio testifique que ha visto salir a Cayo blandiendo un cuchillo ensangrentado de la casa de Sempronio poco antes de que este fuese encontrado muerto con una cuchillada en el corazón? [...]", en FERRAJOLI, LUIGI (1989), *Derecho y Razón, Teoría del garantismo penal* –traducción de Perfecto Andrés Ibáñez, Alfonso Ruiz Miguel, Juan Carlos Bayón Mohino, Juan Terradillos Basoco y Rocío Cantarero Bandrés–, Madrid: Editorial Trota, pp. 130-131).

jurídico en concreto. Hubo ordenamientos que prohibían a los jueces motivar sus decisiones por el tiempo que insumía hacerlos y porque "podía llevar a cavilaciones por parte de los litigantes" (España, siglos XVI al XIX)[23]. Incluso la gran mayoría de los códigos procesales actuales, si no todos, distinguen entre decisiones que deben motivarse y otras que no, y en general la distinta regulación persigue, por un lado, brindar celeridad al expediente (por ejemplo, se disponen, deniegan y conceden medidas de prueba por simple decreto) y, por otro, evitar que se tomen decisiones sin meditarlas lo suficiente (por ejemplo, el allanamiento a un domicilio se ordena a través de auto o decreto fundado). En general los códigos procesales exigen motivación solo de unas pocas de todo el universo de decisiones que pueden tomarse en el marco de la tramitación de un expediente (Así, por ejemplo, el Art. 123 del Código Procesal Penal de la Nación Argentina y los Arts. 34.4 y 160 del Código Procesal Civil y Comercial de la Nación Argentina). Y lo hacen también en busca de celeridad, del mismo

23 Véanse las referencias de ACCATINO SCAGLIOTTI, DANIELA (2003), "La fundamentación de las sentencias: ¿Un rasgo distintivo de las judicatura moderna?", *Rev. derecho (Valdivia)* [online], vol.15 (recuperado de http://www.scielo.cl); y de la misma autora, *La motivación de las sentencias. Genealogía y teoría* (2005), Universidad de Granada, Departamento de Filosofía del Derecho. Recuperado de http://digibug.ugr.es/bitstream/10481/850/1/15837889.pdf (consultadas el 10/01/2010).

modo que dispone que no toda resolución judicial puede ser recurrida, o no hasta cualquier instancia.

VI. LAS CAUSALES DE ARBITRARIEDAD

Con la distinción en mente entre lo que llamé la "justificación de una decisión" y su "motivación", podemos volver a analizar las cuatro causales de arbitrariedad referidas al establecimiento de la premisa normativa del fallo y concluir que dos de ellas deben ser reagrupadas. Me refiero a las causales de arbitrariedad de "(4) prescindir del texto legal sin dar razón plausible alguna" y "(6) dar como fundamento pautas de excesiva amplitud, en sustitución de normas positivas directamente aplicables". El problema en esos casos no está (o, en todo caso, no debería estar) en qué premisa normativa eligió el juez (esto forma parte de la "justificación del fallo"), sino en el hecho de que el juez no haya dado adecuados fundamentos que respalden su elección (no lo ha "motivado" correctamente). La propia formulación de las causales deja abierta la posibilidad de que acaso existan buenas razones en algún caso para prescindir del texto legal o dejar de lado normas aplicables (lo que podría deberse a una interpretación sistemática de la ley o una determinada interpretación del texto legal "conforme" a la constitución); el déficit del acto procesal (dictado de una sentencia) reside, por lo tanto, en lo que llamé la "motivación" del fallo y no así en el contenido de la decisión, que acaso fue "resuelto conforme a derecho".

Dentro de la clasificación de Carrió, entonces, esas causales deberían ser reubicadas junto con otras que él sí había identificado como vinculadas a lo que aquí he llamado la motivación de un fallo. Y más en concreto, pienso que deberían ser tomadas como subvariantes de la causal conocida como "(10) afirmaciones dogmáticas que solo constituyen un fundamento aparente". Estas causales funcionarían a modo de cargas de motivación de resoluciones: si el juez no va a aplicar textos legales o normas positivas a casos en las que "a primera vista" resultarían aplicables, debe exteriorizar con detalle sus argumentos, demostrando que cuenta con "razones plausibles", no bastando apelar a pautas de "excesiva amplitud"[24].

Sucede que si se acepta esta distinción entre el "razonamiento justificatorio" de una resolución y su "motivación", entonces se tiene que concebir como posible el hecho de que haya resoluciones correctas pero

24 Dado que las *formulaciones normativas* (texto de las leyes) y *normas* (el contenido semántico o significado de las expresiones utilizadas en la leyes) son entidades distintas, podrían efectuarse más distinciones. Incluso cabría preguntar si en dichas causales los "textos legales" (causal 4) están utilizados como equivalente a "normas positivas" (causal 6) o al revés, o bien como "formulación normativa" y "normas", respectivamente. Profundizar sobre estas cuestiones harían más engorrosa la lectura del trabajo sin beneficio para lo que pretende explicar. Sobre la distinción entre textos y normas, véase ALCHOURRÓN, CARLOS & BULYGIN, EUGENIO (2000), "La Norma Jurídica", en GARZÓN VALDEZ, E. & LAPORTA, F., *Enciclopedia Iberoamericana de Filosofía. El derecho y la justicia*, 2ª ed. (pp. 134-135), Madrid.

que, así y todo, no se han motivado como se debía[25]: acaso conforme a derecho correspondía rechazar la demanda o condenar al imputado, sin embargo esa decisión no fue motivada correctamente. Y eso se condice con que la Corte declare arbitrarias sentencias pero que deje expresamente a salvo su opinión sobre el fondo del asunto (es decir, que quizá la resolución que deba adoptarse sea precisamente la misma que la Corte revocó pero que fue declarada arbitraria por el modo en que la "defendió"). En definitiva, cuando se intenta "motivar" una resolución de ese modo, es decir, cuando se "(4) prescinde del texto legal sin *dar razón* plausible alguna" y se "(6) *da como fundamento* pautas de excesiva amplitud, en sustitución de normas positivas directamente aplicables", se afectan los deberes de motivación de sentencia que derivan de la garantía de defensa en juicio y debido proceso adjetivo.

Carrió admitía que estas causales no estaban claramente definidas[26] o carecían de perfiles nítidos[27], pero consideraba que se justificaba agruparlas separadas de otras causales. Respecto a la 4ª (prescindir del texto legal sin dar razón plausible), aclaraba que dicha causal podía concurrir con otras arbitrariedades, por ejemplo, cuando un tribunal dejaba de lado

25 También resoluciones que no se encuentren correctamente justificadas (porque se eligieron mal las premisas que sustentan en tanto razonamiento) pero sí motivadas.

26 CARRIÓ, *RESA*, p. 177.

27 *Ibid.*, p. 185.

textos legales referidos directamente al caso sin dar razones atendibles, pero que al hacerlo a la vez omitía tratar agravios oportunamente articulados, con lo que se caía también en la causal *1ª* (omitir cuestiones oportunamente propuestas), o que al desplazar la ley aplicable se lo hiciera con fundamentos aparentes sin sustentación objetiva, lo que hacía concurrir la causal *10ª* (formular afirmaciones dogmáticas)[28]. En lo que respecta a la causal *6ª* (dar como fundamento pautas de excesiva amplitud), Carrió consideraba útil verla en conjunción con la ya mencionada causal *10ª* y la *11ª* (incurrir en excesos rituales que frustran el reconocimiento o la búsqueda la verdad objetiva y sacrifican la justicia sustancial por formas vacías)[29]. Entre las tres causales (*6ª*, *10ª* y *11ª*) se circunscribía el ámbito constitucionalmente válido de la labor judicial:

> Lo hacen en cuanto reclaman de quienes la ejercen que sepan ceñirse a las circunstancias del caso y fundar su decisión en razones concretas. Con otros términos, en cuanto rechazan, por un lado, los formalismos vacuos, ya en la apreciación de la prueba, ya en la interpretación de las normas jurídicas, y, por otro, la elección de fundamentos inadecuados o la postulación de afirmaciones que no tienen sino la apariencia de fundamentos[30].

28 *Ibid.*, p. 177.
29 *Ibid.*, p. 194.
30 *Ibid.*, p. 279; véase también p. 194: "[...] son, cada una a su manera, las tres causales más interesantes [...]".

Sin embargo, admitida la distinción entre "motivar" un fallo y elaborar un "razonamiento justificatorio" que lo sustente, la causal *4ª* de la clasificación de Carrió podría ser comprendida mejor, pues a partir de allí es más claro ver que dicha causal puede ser ubicada como una subvariante de la causal *10* (afirmaciones dogmáticas). Más difícil será en la causal *6ª*, pero ello se debe, estimo, a que Carrió era ambiguo respecto al fundamento que podría dársele: mientras por momentos da la impresión de que el vicio que genera la arbitrariedad la encuentra en la "motivación" de la decisión, en otros el yerro parece verlo en la elección de la premisa normativa elegida para "justificarla"[31]. Esa falta de precisión, que también se trasladó a la formulación de la causal, seguramente fue producto

---

31 Esto último se ve en *RESA* cuando CARRIÓ dice, por un lado, que la causal sexta "[...] fulmina las pautas de excesiva latitud [...]" (p. 278), pero a la vez afirma que aquella rechaza "[...] la elección de fundamentos inadecuados [...]" (p. 279) o que el defecto aquí reside en que "[...] los tribunales sustituy[en] el derecho positivo, como fundamento de sus fallos, por pautas o criterios, de excesiva latitud, ajenos a él o sólo dotados de valor programático y, por ello, inadecuados para sustentar la decisión concreta de un conflicto también concreto [...]" (p. 185). También cuando admitía que las causales 4 y 6 (y también la 3) "[...] [a]utorizan a formular una pregunta muy legítima y de respuesta muy ardua. A saber, hasta dónde pueden llegar los jueces en su tarea de interpretar y aplicar el derecho [...]" (p. 165) y agregaba "[...] Aquí, como suele ocurrir con otras distinciones, es imposible trazar una línea que separe, de una vez para siempre, el ejercicio normal o correcto de la facultad interpretativa y el abuso de la potestad jurisdiccional" (p. 166).

de que, en análisis de Carrió, sentenciar era un acto complejo que participa de 1) decidir, por un lado y 2) justificar la decisión, sin que en este segundo momento se distinguiera entre la "motivación" de una decisión y sus "justificación"[32]. Si se acepta, en cambio, que el fundamento normativo de la doctrina de la arbitrariedad es el derecho de defensa en juicio y el debido proceso, de las opciones que brinda esa ambigüedad debería elegirse la que se vincula con la "motivación" del fallo.

VII. Estado de Derecho

Resta analizar dos causales de arbitrariedad a las que me he referido y que todavía no hallan su lugar o más bien, su fundamento. Me refiero a los criterios según los cuales el juez actúa arbitrariamente cuando:

(3) se arroga el papel de legislador sin sentirse limitado por el ordenamiento jurídico

(5) aplica preceptos derogados o aún no vigentes.

A diferencia de los criterios *4* y *6* de la clasificación de Carrió, estos dos supuestos deberían continuar agrupados como causales que se refieren a la selección de la premisa normativa del fallo. El defecto en estos casos no está en la "motivación" de la resolución, sino en de dónde el juez pretende sacar las premisas que "justifican" la decisión: serán arbitrarias las sentencias en las cuales el juez no busque su decisión en el

32 Carrió, *RESA*, pp. 327-329.

derecho positivo, casos en los que el juez no se sienta atado por las leyes. Para usar nuevamente un ejemplo deportivo, la situación sería asimilable a la del árbitro que pretendiera dirigir un partido "como a él le plazca, sin seguir ni importarle siquiera si existe un reglamento establecido por alguien distinto al propio árbitro"; en otras palabras, un árbitro (un juez) que toma el "papel del legislador". Y la causal *5ª* (aplicar preceptos derogados o no vigentes) no sería otra cosa más que una subvariante de la número *3*[33].

Aquí debe introducirse una importante distinción. El fundamento normativo de la descalificación que conlleva el tildar una sentencia de arbitraria, no respondería en estos casos a una afectación al derecho de defensa en juicio o al debido proceso, sino que el fundamento de estas causales es, sin más, la propia noción de Estado de Derecho. Sin embargo, hay que aclarar que el fundamento no reside estrictamente en que en esos casos se está limitando un derecho sin amparo legal (no se trata, por ejemplo, de la intangibilidad del derecho de propiedad, a la vida, a la integridad física, a la salud, a la libertad física, etcétera, dependiendo del tema debatido) porque incluso cabe de la posibilidad de que tal afectación no se produzca en el caso concreto. Y ello es así porque

33 También cabría la posibilidad de considerarlos, sencillamente, una demostración de un error o desconocimiento grave del juez que afecte la validez del acto jurídico que implica una sentencia. Esta posibilidad, no obstante, no será analizada aquí.

quizás objetivamente, a los ojos de un observador, la solución adoptada por el juez "según su ley" coincida con la que debe adoptarse conforme al ordenamiento jurídico aplicable[34]. La arbitrariedad reside, en cambio, en que el funcionario que tenía que tomar la decisión no se basó en ningún momento en las leyes. Para usar las palabras de la Corte, la decisión en esos casos es "expresión de la sola voluntad de los jueces que la suscriben" (Fallos 246:77, 247:713, 250:348, etcétera).

El ideal del Estado de Derecho tiene dos aspectos o vertientes según se mire desde el punto de vista del ciudadano o desde el del funcionario. El primero de ellos coincide con lo que la Corte Suprema alguna vez llamó "principio constitucional de legalidad" y les garantiza a las personas que sus derechos solo pueden ser limitados en virtud de una ley, en sentido amplio[35]. El segundo, sin embargo, se dirige a los

---

34 Un ejemplo de ello en la causal *5ª* sería el del juez que utilice para resolver una disposición legal derogada cuando, al mismo tiempo, el orden jurídico contenga otra norma con el mismo contenido en función de otra disposición, es decir, que se trataban de normas redundantes previo a la derogación de una de ellas (véase Malen Seña, Jorge F. (2008), *El error judicial y la formación de los jueces*, Barcelona: Gedisa, pp. 129-130, con cita de la Sentencia del Tribunal Constitucional Español stc, 129/2005 de 23 de mayo).

35 "[...] 'Toda nuestra organización política y civil reposa en la ley. Los derechos y obligaciones de los habitantes así como las penas de cualquier clase que sean, sólo existen en virtud de sanciones legislativas y el Poder Ejecutivo no puede crearlas ni el Poder Judicial aplicarlas si falta la ley que las establezca' ([...] Fallos: 191:245 y sus citas)" (317:1985; véase también "Romero

funcionarios y les exige que su actuar esté "conducido" por el derecho. Esto implica aceptar que el derecho no se desentiende de los motivos por los cuales los jueces actúan, es decir, aquello que si bien no "justifica" la decisión, sí la "explica" –en otras palabras, el derecho también se preocupa por el "contexto de descubrimiento de sus decisiones", para utilizar una expresión utilizada para la investigación científica–[36]. Vistos desde esa óptica, estos criterios de aplicación de la fórmula "sentencia arbitraria" (el *3°* y el *5°*) formarían parte del conjunto de dispositivos legales que buscan lograr que los jueces se guíen exclusivamente por la Constitución y las leyes, del mismo modo que mediante la garantía de independencia judicial se busca controlar los móviles del juez frente a influencias extrañas al derecho provenientes del sistema social y con la garantía de imparcialidad se intenta inhibir influencias extrañas al derecho provenientes del proceso. En palabras de Aguiló Regla:

> [Los deberes de independencia e imparcialidad] conforman la peculiar forma de cumplimiento del

---

Cacharane" -R.230.xxxiv-, Rta. 09/3/2004, entre otros). Asimismo, Art. 30 de Convención Americana sobre Derechos Humanos ("Las restricciones permitidas, de acuerdo con esta Convención, al goce y ejercicio de los derechos y libertades reconocidas en las misma, no pueden ser aplicadas sino conforme a leyes que se dictaren por razones de interés general y con el propósito para el cual han sido establecidas") y Opinión Consultiva 8/86 de la Corte Interamericana de Derechos Humanos.

36 Véase la nota 16.

Derecho que el Derecho exige a los jueces. Independiente e imparcial es el juez que aplica el Derecho (actúa conforme al deber, en correspondencia con el deber, su conducta se adapta a los prescrito) y que lo hace por las razones que el Derecho le suministra (motivado, movido por el deber). Por decirlo de manera breve, en el ideal del Estado de Derecho de un juez independiente e imparcial hay algo muy parecido a la exigencia kantiana para la conducta moral, pero referido al marco institucional del Derecho: que la explicación y la justificación de la conducta coincidan. El ideal de un juez independiente e imparcial designa a un juez que no tiene más motivos para decidir que el cumplimiento del deber. El cumplimiento del deber es tanto la explicación como la justificación de las decisiones que toma. O dicho de otra forma, en el ideal de un juez independiente e imparcial los motivos por los que el juez decide (la explicación de la decisión) coinciden con la motivación (la justificación) de la decisión[37].

---

37 Aguiló Regla, Josep (2009), "Imparcialidad y concepciones del derecho", *Jurídicas*, Manizales (Colombia), 6(2 julio-diciembre): 29, donde agrega: "Así entendidos, como generadores de deberes para los jueces, los principios de independencia y de imparcialidad de los jueces tratan de proteger dos cosas diferentes. Por un lado, el derecho de los ciudadanos a ser juzgados desde el Derecho y solo desde el Derecho (la legalidad de la decisión). Los deberes de independencia e imparcialidad son, en este sentido, los correlatos del derecho de los ciudadanos a ser juzgados desde el Derecho (y solo desde el Derecho). Pero, por otro lado, tratan de proteger también la credibilidad de las decisiones y de las razones jurídicas (la credibilidad de

la decisión). Las limitaciones al derecho de asociación de los jueces, los regímenes de incompatibilidades, las causas de abstención y recusación no deben ser verse solo –ni tal vez fundamentalmente– como juicios previos de inclinación a la prevaricación, sino más bien como intentos de salvaguardar la credibilidad de las razones jurídicas [...]" (p. 30); "[...] nada hay más distorsionador para el buen funcionamiento del Estado de Derecho que el que las decisiones judiciales se interpreten (o puedan ser interpretadas) como motivadas por razones extrañas al Derecho; y que las argumentaciones que tratan de justificarlas se vean como meras racionalizaciones [...]" (p. 32). Ya antes, el mismo AGUILÓ REGLA (2003), "De nuevo sobre 'independencia e imparcialidad de los jueces y argumentación jurídica'", en *Jueces para la democracia*, núm. 46, p. 54. Véase también ACCATINO SCAGLIOTTI, DANIELA (2005), *La motivación de las sentencias. Genealogía y teoría*, Universidad de Granada, Departamento de Filosofía del Derecho, recuperado de http://digibug.ugr.es/bitstream/10481/850/1/15837889.pdf (consultada el 10/01/2010), p. 279. Asimismo, RAZ, JOSEPH (1982), "El Estado de Derecho y su virtud", en *La Autoridad del Derecho. Ensayos sobre Derecho y Moral*, Trad. y notas de R. Tamayo y Salmorán, México D.F.: UNAM, pp. 271-272: "Las normas que se refieren a la independencia del poder judicial –métodos de designación de jueces, garantía de inamovilidad, procedimientos de fijación de salarios y otras condiciones de su función– están hechas para garantizar que los jueces estén libres de presiones extrañas y sean independientes de toda autoridad salvo de la autoridad del derecho. Dichas normas son, por tanto, esenciales para preservar el estado de derecho". En el mismo plano (el "contexto de descubrimiento" de las resoluciones) pretenden repercutir algunos de los delitos previstos en el Código Penal en el capítulo relativo a la administración pública (por ejemplo, el delito de prevaricato) y, sin ir más lejos, las funciones de la "motivación de sentencia" (en el sentido de exposición de la "justificación del fallo") como "control de calidad" y "como una reja" –véase la nota 20.

Una vez detectada por la Corte la concurrencia de estas causales y, por ende, el actuar del juez no "guiado" por el derecho, la cuestión de si además se violó el derecho de propiedad, libertad individual, privacidad, etcétera, del ciudadano (aquello tutelado por el principio constitucional de legalidad), depende de interpretación del derecho común y procesal, según lo que esté en juego, y esa pregunta excede la competencia de la Corte, pues está reservada a la decisión de los jueces de la causa.

Al margen de lo anterior, es claro que enfrentarse a resolución dictada por un juez "arrogándose el papel de legislador" será poco usual[38] o difícil de

---

38 La tercera edición de *RESA* (1983) contó con un segundo tomo que tenía por fin actualizar la jurisprudencia analizada en el primer tomo, que abarcaba el período de octubre de 1955 a junio de 1966. En la nota preliminar a esa actualización, Genaro y Alejandro Carrió consignaron que no habían "[...] encontrado nuevos casos en que la Corte haya descalificado pronunciamientos con apoyo en la causal tercera, la que se da cuando, en su decisión, el Juez se arroga el papel del legislador y declara no sentirse limitado por el orden jurídico. Lo más parecido a eso que hemos hallado son unos pocos casos en que los jueces, de oficio, se rehusaron a aplicar una ley por considerarla inconstitucional. Lo decidido en esos pocos casos fue descalificado por aplicación de la causal segunda: pronunciarse sobre cuestiones no planteadas. El vicio a que se refiere la tercera es ciertamente muy anómalo, razón por la cual los casos que examinamos en el [...] primer tomo, por decirlo así, no han tenido descendencia. Han permanecido aislados como formas de máxima aberración en el ejercicio de la función jurisdiccional" (Carrió (1994), *RESA*, t. II, 3ª reimp., pp. 7-8).

detectar, sobre todo porque en tal análisis resulta fácil caer en todas las discusiones que giran alrededor de la interpretación legal, un campo donde es difícil distinguir el *umbral* que separa el campo de sentencias arbitrarias, del de las sentencias erróneas cuyo tratamiento excede la competencia de la CSJN[39]. Sin embargo, ese ya es un problema distinto que no podemos tratar aquí.

VIII. EL SENTIDO DE LAS CLASIFICACIONES Y LA CAPACIDAD DE RENDIMIENTO DE DOCTRINA DE LA ARBITRARIEDAD DE SENTENCIA

La propuesta aquí ofrecida sobre la clasificación de causales de arbitrariedad, sin embargo, no tiene un valor en sí mismo pues, como decía Carrió:

39 Véase el punto IV. Incluso Carmen ARGIBAY, quien era crítica de la doctrina de la arbitrariedad y del uso que de ella había hecho la corte, admitió que "[s]i bien la mayoría de las resoluciones por arbitrariedad responden al criterio de una interpretación que desagrada a la Corte [...] pueden encontrarse casos en los que sería posible hablar de arbitrariedad. Un ejemplo de ello sería una sentencia que desconociera una ley vigente o que aplicara una ley expresamente derogada. No se trataría ya de la manera de comprender una norma, sino de ignorar la norma misma" (ARGIBAY, CARMEN M. (2008-II), "La balanza de la justicia (O cómo aprendí a desconfiar de la doctrina de la arbitrariedad)", Jurisprudencia Argentina, p. 1325. Con ello, el problema pasa a ser cómo distinguir entre "comprensión" de una norma y su "ignorancia".

> Las clasificaciones no son ni verdaderas ni falsas, son *serviciales* o *inútiles;* sus ventajas o desventajas están supeditadas al interés que guía a quien las formula, y a su fecundidad para presentar un campo de conocimiento de una manera más fácilmente comprensible o más rica en consecuencias prácticas deseables[40].

Al igual que hiciera Carrió en su momento, lo dicho a lo largo del texto se mueve dentro de un esquema de "jurisprudencia expositiva", es decir, un análisis que no busca cuestionar o preguntar sobre la legitimidad de toda una institución o doctrina, sino más bien exponerla. El ajuste a su clasificación se ubica dentro de esta lógica, con la única diferencia que se propone una mejor manera, creo, de articular las causales de arbitrariedad con los argumentos normativos que, según la propia Corte Suprema, legitima su actuación[41]. Por otro lado, como se dijo, se ofrece un diferente fundamento normativo para algunas de las causales de arbitrariedad analizadas. Dado que la función lingüística que cumple la tacha de arbitraria de una sentencia es la misma a pesar de que cambien

---

40 Carrió, Genaro R., "Lenguaje, interpretación y desacuerdos en el terreno del derecho", p. 99; y él mismo, *RESA*, p. 56.

41 Carrió, *RESA*: "Este es un libro de jurisprudencia expositiva, por oposición a un ensayo de jurisprudencia crítica o censoria. Con esto queremos decir que no nos hemos propuesto valorar el derecho vigente, sino sólo exponerlo. La tarea de valoración presupone la de descripción. Si no se distinguen ambos niveles del discurso pueden sobrevenir calamidades [...]" (p. 15; también p. 16).

los criterios bajo los cuales la Corte se siente habilitada a hacerlo, no existe ningún impedimento de principio que obste a que no todas las causales reciban el mismo fundamento normativo para obtener legitimidad.

Al margen de lo anterior, ya se dijo que la doctrina de la sentencia arbitraria nace como llave de acceso a la competencia recursiva de la CSJN y es en ese ámbito en el que recibe mayor cantidad de críticas. Bajo su invocación, se dice, la Corte ha analizado cuestiones ajenas a su competencia constitucional, en desmedro de facultades reservadas a los jueces locales. No es mi intención defender la actuación de la CSJN cada vez que ha invocado la doctrina de la arbitrariedad, ni sostener que nunca ha abusado de ella. Como sabemos, la ubicación institucional del tribunal genera que sus decisiones sean finales, en el sentido que no pueden ser objeto de modificación dentro del sistema. Sin embargo, eso no inhibe una posible crítica a sus decisiones, o alguna de ellas en particular pues, desde Hart, sabemos que no por definitivas las sentencias de un tribunal son correctas: expedirse con carácter de definitivo no es igual a ser infalible[42]. Si eso no fuera así:

---

42 HART, H. L. A., (1998), *El Concepto de Derecho*, trad. de Genaro R. Carrió de *The Concept of Law* (1961), Buenos Aires: Abeledo Perrot, pp. 176-183. También, JULIO B. J. MAIER: "[...] El hecho de que exista una decisión definitiva sólo tiene explicación por la necesidad política práctica de establecer un final para todo conflicto, pues sin este final estarían de más los jueces, sus sentencias y las mismas reglas que pretenden fundarlas.

> [...] cualquier crítica jurídica de un fallo judicial firme no solo será errónea, sino también contradictoria: las sentencias de última instancia, como las decisiones de la autoridad constituyentes, solo serán susceptibles de crítica si se las examina desde la ética o algún otro sistema normativo[43].

A las objeciones acerca de cómo la Corte ha hecho uso de esta doctrina, se le suma como crítica la carga

---

El Derecho nunca ha predicado que estas decisiones sean *infalibles*, sino, solamente, que son *válidas* definitivamente. Como regulador práctico del comportamiento humano se ve precisado a fijar un límite autoritario a la discusión y, con ello, a la validez. Por lo demás, no tiene ningún sentido hablar de la falibilidad o infalibilidad de una decisión sin confrontarla con reglas presupuestas, pues sólo respecto de ellas el juez puede errar o inobservarlas maliciosamente; si el Derecho *es* la sentencia, mal puede el juez equivocarse. Ha contribuido, sin duda, a la confusión, la inadvertencia de que dos tipos de normas confluyen a regular la actividad del juez: una establece las condiciones de validez del acto decisorio que cumple el juez y la otra establece el deber de decidir (bien o mal) o, más allá aún, el de hacerlo sin apartarse voluntariamente de fundar su sentencia en normas preexistentes [...]" (Véase Maier, Julio B. J. (2004), *Derecho Procesal Penal. I. Fundamentos*, 2ª ed., 3ª reimpresión, Buenos Aires: Editores Del Puerto, pp. 33-34. También, p. 51, nota 88. De él mismo, *La Función normativa de la nulidad* (1980), Depalma, pp. 44-45). Asimismo, Moreso, José Juan (2009), "La constitución: modelo para armar", Buenos Aires: Marcial Pons, pp. 175-181.

43 Guibourg, Ricardo A. & Mendonca, Daniel (2004), *La odisea constitucional. Constitucional, teoría y método*, Madrid: Marcial Pons, p. 55.

de trabajo que generó al tribunal con los años[44]. Sin embargo, antes de concluir quisiera rescatar algo de esta doctrina que suele verse opacado por el rol que jugó como llave de acceso a la Corte Suprema. En efecto, la capacidad de rendimiento de la doctrina de la arbitrariedad excede la cuestión de la competencia de la CSJN en nuestro sistema de gobierno federal y es una cualidad que debe ser separada de tal discusión.

Carrió señaló desde el primer momento que las causales de arbitrariedad, entendidas como vía de acceso a la Corte Suprema, funcionaban a su vez como

---

44 La Corte elevó muy significativamente la cantidad de casos tratados gracias a la invocación de la doctrina de la arbitrariedad, al punto tal que la una fracción no menor de trabajo del tribunal se debe a recursos interpuestos bajo dicha causal. CARRIÓ también llegó a ocuparse de esta problemática en "Don Quijote en el Palacio de Justicia (La Corte Suprema y sus problemas)", La Ley 1989-E-1131, y en "Sobre la competencia de la Suprema Corte Argentina y su necesaria y urgente modificación", en *Revista del Centro de Estudios Constitucionales*, núm. 5, 1990, pp. 9-43. Sobre los perfiles que fue adquiriendo el "Recurso Extraordinario por Sentencia Arbitraria" y las críticas que mereció, puede verse URTEAGA, ALFREDO (2006), *La doctrina de la arbitrariedad de sentencias: una* crítica, Jurisprudencia Argentina, 2006-II, pp. 1394-1407; ARGIBAY, CARMEN M. (2008), *La balanza de la justicia (O cómo aprendí a desconfiar de la doctrina de la arbitrariedad)*, Jurisprudencia Argentina, 2008-II, pp. 1322-1325; D'ALESSIO, ANDRÉS J. (2006), *Origen, desarrollo, apogeo y desmadre del recurso extraordinario por sentencia arbitraria*, Jurisprudencia Argentina 2006-III, pp. 1378-1384; y GARAY, ALBERTO (2010), "El recurso extraordinario por sentencia arbitraria. Propuesta para un manejo más ágil", Suplemento Extraordinario Constitucional 75 aniversario, La Ley, agosto 2010, Buenos Aires, pp. 27-39.

estándares generales de administración de justicia: "[...] las causales de arbitrariedad son el reverso de una teoría de la actividad de la judicatura correcta. Son cánones mínimos del *sentenciar* [...]"[45]; o en otras palabras, estas causales

> [...] designan las distintas maneras en que puede fallar el complejo acto de fallar. Desarrollar una teoría de las distintas causales de arbitrariedad, aislándolas y mostrándolas como diferentes, es elaborar por el reverso, por decirlo así, una teoría de la actividad judicativa correcta[46].

Con ello se pone en evidencia que la doctrina de la arbitrariedad de sentencia tiene una vida propia al margen de la competencia de la Corte Suprema. Si un día el tribunal dejara de utilizar esta doctrina para entrar a analizar cuestiones de derecho común, procesal y de hecho y prueba, así todo, eso no quitaría que los jueces deban ajustar su actuar a los estándares de una correcta administración de justicia. Dicho de otro modo: los jueces no deben dictar decisiones arbitrarias, exista o no la posibilidad de que sean recurridas ante otro tribunal. Los lineamientos fijados por ella, en tanto tengan fundamento constitucional, son aplicables a cualquier resolución, también a decisiones que no

---

45 Carrió, *RESA*, p. 324. También, *SA*, p. 293.

46 Carrió, Genaro R. (1990), "Exceso ritual manifiesto y garantía constitucional de la defensa en juicio", *Revista del Centro de Estudios Constitucionales*, núm. 7, septiembre-diciembre: p. 65.

podrían ser revisadas de ningún modo. Las causales de arbitrariedad pueden ser vistas, por lo tanto, como estándares sobre cómo los jueces deben actuar.

VIII. CONCLUSIONES

La diferenciación entre el razonamiento que constituye la "justificación" del fallo y el acto de "motivarlo" resulta fructífera para el análisis de la doctrina de la arbitrariedad. También creo que lo es admitir que en algunos casos el fundamento normativo de ciertas causales de arbitrariedad pueda ser directamente la noción de Estado de Derecho. Espero con esto haber hecho un aporte a lo ya construido por otros.

Mi análisis se ha guiado en otra enseñanza de Carrió, a quien no puedo dejar de citar para concluir. Decía: "Siempre ganamos en claridad cuando conseguimos fraccionar racionalmente una cuestión intrincada de apariencia monolítica"[47]; "[...] un paso adelante es siempre mejor que ninguno. O para usar una frase hecha, es preferible encender una vela a maldecir la oscuridad"[48].

---

47 CARRIÓ, SA, p. 297.
48 CARRIÓ, *RESA*, p. 320.

OCTAVA PARTE
LOS CONCEPTOS JURÍDICOS FUNDAMENTALES DE W. N. HOHFELD

CAPÍTULO 18
LOS CONCEPTOS JURÍDICOS Y LA PRAXIS. A PROPÓSITO DEL CAPÍTULO VII DE *NOTAS SOBRE DERECHO Y LENGUAJE*[1]

Cecilia Mariana Sgrazutti y Martín Zuleta

Antonio: me preguntaba cómo podría continuar mi tarea, una experiencia de la que, una vez iniciada, ya no se podía salir porque se descubre el verdadero trabajo intelectual, aquel en el que la teoría, la práctica y todo lo que se hace intelectualmente se realiza con la finalidad de comprender la realidad y, si es posible, transformarla; ese es un trabajo que no se pierde en un juego de ideas[2].

---

1 Este artículo podrá verse –si no logra hacerlo además de otra forma– como un ejemplo de niveles de lenguaje, ya que abordaremos aquí lo que, a nuestro criterio, CARRIÓ estima que HOHFELD trata, con consideraciones en cada caso de por qué se cree que lo trata o qué podría haberse señalado. Si en el futuro alguien pretendiese analizar este libro por escrito, dejaría al menos como legado un ejemplo de predicado de cuarto nivel, para delicia de los estudiantes de Teoría General.

2 FAUNDEZ, ANTONIO & FREIRE, PAULO (2013), *Por una pedagogía de la pregunta. Crítica a una educación basada en respuestas a preguntas inexistentes*, Buenos Aires: Editorial Siglo XXI, p. 34.

En el presente trabajo los autores nos proponemos reflexionar sobre la inclusión del estudio de los conceptos jurídicos fundamentales de W. N. Hohfeld en un texto de una gran significación para el pensamiento iusfilosófico de la Argentina, *Notas sobre Derecho y Lenguaje* (en adelante *Notas*) de Genaro Carrió. Las reflexiones se realizarán particularmente en conexión con la enseñanza de la Teoría del Derecho y su relación –¿posible, deseable?– con el estudio de las disciplinas dogmáticas y la praxis.

El libro *Notas sobre Derecho y Lenguaje* fue editado por primera vez en 1965. El capítulo aquí bajo estudio –el capítulo VII de *Notas*– es incorporado en la tercera edición ampliada, en el año 1986, aun cuando el artículo original de Carrió data del año 1968. Ahora bien, reviste características particulares al mismo libro, no en el estilo de abordaje, sino en la misma selección del texto sobre un jurista no mencionado hasta entonces en *Notas*, como Hohfeld, y el intento de centrar la reflexión en un punto cuya falta de exploración, a treinta años de su publicación en el volumen que nos ocupa, sigue vigente. El trabajo de Wesley Hohfeld, *Some Fundamental Legal Conceptions as Applied in Judicial Reasoning*, fue publicado, por su parte, en 1913, y traducido al castellano por Genaro Carrió en 1968. La introducción del traductor al trabajo de Hohfeld es la que fue incluida en la edición de *Notas* de 1986.

La incorporación de un artículo relativo a la obra de un autor poco conocido en Argentina como W. N. Hohfeld se pudo haber debido, a nuestro criterio, a la voluntad del autor de abordar en su obra trabajos que estimaba contribuciones poco exploradas en la bibliografía castellana, de autores desconocidos para quienes no formaran parte del mundo académico. Nos parece, entonces, clave centrarnos en los motivos por los cuales Carrió consideró imprescindible la contribución de este autor.

Del análisis de la estructura del libro no se desprenden en forma inmediata los motivos de esa inclusión. Más aún, el capítulo relativo a la obra de Hohfeld podría decirse que despertó mucho menos interés que otras partes del libro, y su inclusión no modificó el sentido que se le dio a aquel, pese a que Carrió destaca la importancia de su obra en algunos puntos que estimamos clave y poco explorados por la teoría iusfilosófica. A nuestro juicio, la inclusión de este texto implicó en el autor la toma de conciencia de una falta, una carencia, en las producciones de esa teoría. Desde ese lugar es que intentaremos ensayar una posible respuesta a la pregunta sobre los motivos de su inclusión, en particular cuando esa falta de exploración allí evidenciada subsiste hasta nuestros días y es causa del aislamiento que muchas veces nuestra disciplina posee en relación a las producciones de las áreas dogmáticas del derecho y de la falta de conciencia de relación con la praxis, todo lo cual también deviene en una falta de interés de los estudiantes de derecho por la materia, que a su vez retroalimenta ese aislamiento disciplinar.

En ese sentido, algunos autores han avanzado en el énfasis que ponen en dicha divergencia entre teoría y praxis, llegando a señalar que "el punto clave del paralelo efectuado entre las teorizaciones 'celestiales' y las novelas reside en esta cuestión decisiva: la inmunidad que, tanto unas como otras, exhiben en cuanto a que su propia 'trama' no es cuestionable por cuanto pase en el 'exterior', afuera de ellas mismas"[3].

Nuestra intención es abordar el tema desde el punto de vista del docente de Teoría del Derecho que busca, con énfasis en herramientas propias del análisis del lenguaje, promover en los estudiantes de abogacía la reflexión sobre lo que hacemos cuando construimos conceptos, su relación con los fenómenos que pretendemos conceptualizar, para abordar de este modo las nociones básicas del derecho en una primera instancia y prepararlo en ese sentido para el abordaje de las ramas del derecho positivo. Asimismo, al analizar las características de las nociones básicas antes aludidas, se pretende la integración y sistematización de los conocimientos, permitiéndoles detectar y distinguir entre un desacuerdo con las bases de un planteo y una crítica intrasistemática del mismo, destacándose la importancia de la coherencia, en particular en su confrontación con la práctica.

Como docentes de la materia Teoría General del Derecho de la Facultad de Derecho de la UBA, hemos observado que en muchas oportunidades los docentes de esta materia nos esforzamos en acercarles a los estudiantes respuestas a preguntas que, en la mayoría

3 HABA, E. (2013), "La opción capital para los discursos jurídicos, ¿novelas de conceptos o una tecnología social?", *Doxa*, 36: 522.

de los casos, no se han hecho jamás. Este desafío no es de nuestra exclusividad, por supuesto, sino que permea a la pedagogía en general; pero nuestra materia tiene la particularidad de que es muy poco habitual que un estudiante elija la carrera de abogacía porque tiene un interés en su aspecto teórico o porque sueña con dedicarse a la investigación iusfilosófica.

El diseño de los planes de estudios, en concordancia con las expectativas de los estudiantes, pone un énfasis cada vez mayor en materias que versan sobre el contenido del derecho positivo vigente, particularmente en las llamadas materias "codificadas" que estructuran la parte troncal de las carreras de abogacía. En dichas materias el contenido de las normas es enseñado mediante el cristal de las producciones dogmáticas de los especialistas en dichas "ramas del derecho". Así, existe una serie de expresiones que suelen usar los juristas, tales como "hipoteca", "heredero", "obligación solidaria", "preaviso", etcétera, que un estudiante de abogacía incorporará, si es exitoso, a su biblioteca personal de conceptos jurídicos.

Por otro lado, en las (dos o tres) materias concebidas como teóricas –y que muchas veces se dictan casi exclusivamente en ese plano– que cursa un estudiante de abogacía a lo largo de su carrera, le ofrecemos concepciones deónticas depuradas tales como "obligatorio", "prohibido", "permitido", o "facultativo" en relación a acciones u omisiones "x", que presentan un nivel de abstracción que no se condice con el de aquellas que suelen utilizar en las materias dogmáticas. Los conceptos referidos en primer término pueden, pretendemos, ser reducidos a los conceptos señalados en segundo lugar, pero no suele hacerse de hecho, ya que quienes discuten sobre uno de estos grupos de conceptos no suelen compartir espacios de intercambio académico con quienes discuten sobre el otro grupo de conceptos y, de hecho, no suele haber un interés de ninguno de los dos grupos en investigar en el territorio del otro.

Entre estos dos grupos de conceptos, a los que Carrió llama "conjunto de expresiones A", para los conceptos deónticos más abstractos, y "conjunto de expresiones C" para los conceptos que los juristas suelen utilizar para aludir a ciertas situaciones específicas, el autor señala que existe un grupo de expresiones a las que llama "B", que vienen a oficiar de puente entre ambos mundos. Las mismas se encuentran ubicadas en un nivel intermedio de abstracción entre los dos grupos señalados. Las expresiones B sirven para referirse a situaciones que son menos específicas que las del grupo C, y que cruzan los límites de las llamadas "ramas" del derecho, y son, por ejemplo, "derecho subjetivo", "deber jurídico", "acto ilícito", etcétera.

Sobre este grupo de conceptos jurídicos sí existe un campo común entre los teóricos del derecho y los juristas dogmáticos, toda vez que los dogmáticos los utilizan al trabajar en sus disciplinas específicas, mientras que los teóricos se esfuerzan por estipular definiciones para los mismos, que den cuenta lo más adecuadamente posible de la forma en que se utilizan en el lenguaje jurídico, y dando cuenta de ellos, en última instancia, en términos que permitan incluirlos dentro de un cuerpo teórico coherente. Sin embargo, la práctica de la actividad de producción teórica y la falta de puentes entre las investigaciones de los dos campos, antes mencionada, hace que muchas veces en los hechos se desconozca o se investigue insuficientemente cómo esos conceptos son utilizados o cuáles son las necesidades de clasificación de esa práctica, y por ende las producciones de los teóricos del derecho busquen más su coherencia interna que la utilidad en la práctica del sistema que pretenden desarrollar. A ello se aúna que la construcción del discurso calificado de *experto,* capital de quienes desarrollan su actividad profesional en la llamada academia, suele incentivar los discursos hiperespecializados y cerrados en sí mismos, ya que su producción deja de buscar tener efectos externos y se centra en los internos[4].

En el marco descripto, creemos que el trabajo de Hohfeld toma una relevancia fundamental, al menos, por sus intenciones, y que es este punto el considerado de relevancia por Carrió para incluirlo en su trabajo. En sus *Conceptos jurídicos fundamentales,* Hohfeld intenta reducir la multiplicidad algo caótica de conceptos que se utilizan en relación con

4 Véanse, en este sentido, Bordieu, P. (2012), *Homo academicus,* Buenos Aires: Editorial Siglo XXI; de Souza Santos, B. (2005), *La universidad en el siglo XXI. Para una reforma democrática y emancipadora de la universidad,* México: Centro de Investigaciones Interdisciplinarias en Ciencias y Humanidades, Coordinación de Humanidades, Universidad Nacional Autónoma de México; entre otros.

los términos "derecho" y "deber". Nos referimos a términos como "prerrogativa", "facultad", "poder", "permiso", "competencia", que se encontrarían dentro de la familia de la palabra "derecho"; y a términos como "obligación", "gravamen", "impedimento", que se encontrarían dentro de la familia de la palabra "deber". Asimismo, intenta desambiguar la forma en que dichos términos son, efectivamente, utilizados en el lenguaje de los operadores jurídicos, ya sean estos abogados, jueces o dogmáticos.

El planteo de Hohfeld, muy brevemente, consiste en aislar ocho conceptos jurídicos a los que llama "fundamentales", cuatro de ellos pertenecientes a cada una de las familias mencionadas. Se trata de conceptos relacionales, ya que describen ocho posiciones jurídicamente relevantes de un sujeto A con respecto a un sujeto B. Esto posibilitaría reducir cualquier situación jurídica que se plantee a alguna –o a una conjunción de varias– de esas posiciones jurídicas relativas.

Asimismo, las posiciones son interdefinibles mediante las categorías de correlación y de oposición. Cada una de las cuatro posiciones jurídicas de la familia "derecho" tiene una correlación con una posición jurídica de la familia "deber", de modo que si A está en una posición respecto de B, esto implica que B está en la posición correlativa respecto de A. Por su parte, a cada una de las posiciones de una familia le corresponde como opuesto una posición de la otra familia, que consiste sencillamente en su negación. En este sentido, ciertas posiciones se excluyen con otras, ya que son contradictorias.

Así, el concepto "derecho (subjetivo)", utilizado tradicionalmente de modo vago para la familia de los "derechos", se precisa como la situación correlativa a un deber concreto y como la negación de la ausencia de un derecho ("no-derecho"); el concepto "privilegio (libertad)", de la familia de los "derechos", se precisa como el par correlativo del "no-derecho", y como la negación de "deber". Así, un "privilegio (libertad)" sería el término con el que se precisan aquellas situaciones en que alguien no está obligado a algo (no "deber"), es decir que quien está en la posición correlativa no tiene un derecho subjetivo a que esa persona haga algo. Al concepto "potestad" se lo define como la negación del término "incompetencia" y como el correlativo de "sujeción", y al concepto "inmunidad" como la negación de "sujeción" y el correlativo de "incompetencia". Es decir que "potestad" es el término con el que se precisan las situaciones en las que alguien tiene la capacidad de crear situaciones jurídicas en cabeza de otros, y en esos casos dichos otros estarían en situación de "sujeción" con respecto a quien tiene "potestad". Lo contrario es no tener potestad, es decir, tener "incompetencia", lo que implica que el otro, el no afectado porque el primer sujeto no tiene "potestad", está en una situación de "inmunidad" con respecto al primero (que es la negación de la situación de "sujeción").

El autor pretende, con estos ocho conceptos interrelacionados, dar cuenta de la totalidad del fenómeno jurídico de modo exhaustivo e irreductible. Es decir que toda situación jurídica podría ser expresada mediante estos ocho conceptos básicos, sin necesidad de recurrir a ningún otro, y tales posiciones constituirían el mínimo común denominador del Derecho. Esta pretensión ha sido calificada por el propio Carrió como "excesiva" (textualmente, señala que "si bien Hohfeld enuncia el propósito de recoger y precisar los núcleos de significado central de nociones jurídicas vigentes, en otras partes atribuye a su ensayo conquistas que pueden calificarse de excesivas [...]"[5]), y existe cierto consenso entre los teóricos del derecho respecto de que dichos objetivos no están cumplidos en su totalidad.

Sin embargo, lo que interesa discutir no es el grado de éxito que haya tenido el autor en alcanzar esta pretensión sino el método que utiliza para hacerlo, y, sobre todo, que ponga sobre la mesa la importancia de intentarlo. Y es que, como se mencionó al principio, el título original del trabajo es *Los conceptos jurídicos fundamentales tal como son aplicados en el razonamiento judicial*. Para arribar a sus conceptos fundamentales, Hohfeld se embarca en una ardua tarea casuística en la que llega a citar jurisprudencia del siglo XVI (caso Douman, 1583), así como vastísima jurisprudencia contemporánea, tanto inglesa como norteamericana, y trabajos dogmáticos de relevancia, con el fin de elucidar los diversos sentidos en que

---

5 CARRIÓ, GENARO (1994), *Notas sobre Derecho y Lenguaje*, 4ª ed., Buenos Aires: Abeledo-Perrot, p. 308.

se utilizan efectivamente las palabras "derecho" y "deber", así como una multiplicidad de palabras relacionadas.

Al adentrarnos en la lectura de Hohfeld nos encontramos con que cada una de las distinciones conceptuales que realiza aparece ejemplificada por fragmentos de producciones jurisprudenciales o dogmáticas en que los términos jurídicos son utilizados en un sentido o en otro, para luego reconstruirlos a partir de sus conceptos jurídicos fundamentales. Ello implica que para desarrollar su trabajo, la principal fuente de investigación fue la construcción conceptual en el marco de la práctica de administración de justicia.

El propio Carrió señala la utilidad práctica que encuentra a la caracterización de las nociones de "privilegio"-"no derecho" en el análisis de la realidad, al manifestar que

> También en la vida de una comunidad hay formas de institucionalización de la lucha que sólo pueden ser adecuadamente comprendidas si hacemos funcionar, al lado de las nociones "derecho-deber", en sentido especifico, las nociones "privilegio-no derecho". Las primeras demarcan una zona dentro de la cual está legitimado el combate, o sea, donde se enfrentan válidamente dos privilegios en pugna. Las formas más importantes de esta institucionalización de la lucha en el contexto social son, quizá, la competencia económica y las formas legítimas de enfrentamiento que caracterizan las relaciones entre capital y trabajo.

> Es notoria la enorme importancia que tiene el enfoque de Hohfeld para conceptualizar con claridad y provecho estos fenómenos tan característicos de los tiempos que nos ha tocado vivir. Es previsible el cúmulo de perplejidades en que puede verse envuelta –y de hecho se ve– la teoría jurídica, si pretende analizar estos problemas valiéndose únicamente de una noción tan inadecuada para esos fines como el concepto de derecho subjetivo [...] Ante el fracaso del análisis siempre es posible, claro está, apelar a la declamación. Pero ese, aunque ampuloso, es en verdad un magro sustituto[6].

Destaca que el de Hohfeld es un ensayo de filosofía analítica que aunque no resuelva problemas derivados de las pujas sociales a las que hace referencia –referencia poco usual en textos de esta índole, por otro lado– su aporte lo es en tanto ayuda a pensarlos con más claridad.

Este es, consideramos, un ejemplo a explorar por quienes nos preguntamos por ese abismo entre las respuestas que da la Teoría General del Derecho y las inquietudes de quienes deciden estudiar abogacía, al que hiciéramos referencia *supra*. Si bien es cierto que tenemos motivos fundados para considerar que el estudio de la teoría debería ocupar un rol más protagónico en los planes de estudios, ya que son estas materias las que permiten articular las diversas

---

6 CARRIÓ, *op. cit.*, pp. 314-315.

"ramas" de la disciplina en una concepción que le dé sentido como un todo, no es menos cierto que, entre tanto, los docentes y los investigadores tenemos la obligación de explicar (y generar) la relevancia de aquellas herramientas que se proponen.

En este sentido, los aportes a la divulgación de las cuestiones teóricas como herramientas para ayudar a solucionar problemas concernientes a la práctica jurídica y a la dogmática jurídica, a partir de la contribución a pensarlos con más claridad conceptual, ha sido la columna vertebral de las *Notas sobre Derecho y Lenguaje*. Consideramos que para aportar a la solución de esos problemas debe partirse de aquellos, y no de la forma en que a la teoría se le ocurre que aquellos son, o podrían ser, o deberían ser. Es esta una concepción a la que Hohfeld hace un aporte especialmente relevante y que Carrió destaca. Explorar dichos conceptos, revisitarlos, enriquecerlos y adaptarlos a la actualidad de nuestra práctica jurídica, con el fin de acercar la Teoría General del Derecho a las preocupaciones efectivas de los juristas –y la de estos a la de los habitantes en general– es una tarea con tanta vigencia ahora como cuando Carrió escribió el texto objeto de comentario en este trabajo, pese a la ilusión de progreso necesario por acumulación a través del paso del tiempo, que de algún modo constituye parte del sentido común dominante en la academia. En ese sentido, el mayor homenaje posible consiste en continuar la búsqueda de una producción teórica en función de la práctica, y para la transformación de la práctica.

REFERENCIAS

BERGALLI, R. y RIVERA BEIRAS, I. (Eds.) (2008), *Poder académico y educación legal*, Barcelona: Anthropos.

BOBBIO, N. (1965), *El problema del positivismo jurídico*, Buenos Aires: Eudeba.

BORDIEU, P. (2012), *Homo academicus*, Buenos Aires: Siglo Veintiuno Editores.

DE SOUZA SANTOS, B. (2005), *La universidad en el siglo XXI. Para una reforma democrática y emancipadora de la universidad*, México: Centro de Investigaciones Interdisciplinarias en Ciencias y Humanidades, Coordinación de Humanidades, Universidad Nacional Autónoma de México.

CARRIÓ, G. (1994), *Notas sobre Derecho y Lenguaje*, Buenos Aires: Abeledo-Perrot.

FAUNDEZ, A. & FREIRE, P. (2013), *Por una pedagogía de la pregunta. Crítica a una educación basada en respuestas a preguntas inexistentes*, Buenos Aires: Siglo Veintiuno Editores.

GUARINONI, R. V. (2002), "De lo que no hay. La inexistencia jurídica", *Doxa*, 25: 637-656.

HABA, E. (2013), "La opción capital para los discursos jurídicos: ¿Novelas de los conceptos o una tecnología social?", *Doxa*, 36: 509-550.

HOHFELD, W. N. (1919), *Some Fundamental Legal Concep-*

tions As Applied In Judicial Reasoning And Other Legal Essays, Yale.

KENNEDY, Duncan (2012), *La enseñanza del derecho como forma de acción política*, Buenos Aires: Siglo Veintiuno Editores.

MORESO, J. J. & VILAJOSANA J. M. (2004), *Introducción a la Teoría del Derecho*, Madrid: Marcial Pons.

NINO, C. S. (1980), *Introducción al análisis del derecho*, 2ª ed., Buenos Aires: Astrea.

NOVENA PARTE
DWORKIN Y EL POSITIVISMO JURÍDICO

CAPÍTULO 19

NOTAS SOBRE "DWORKIN Y EL POSITIVISMO JURÍDICO" DE GENARO CARRIÓ

Claudina I. Orunesu

SOBRE "DWORKIN Y EL POSITIVISMO JURÍDICO"

El ensayo "Dworkin y el positivismo jurídico" de Genaro Carrió es la versión castellana del artículo "*Professor Dworkin's View on Legal Positivism*", publicado en el volumen 58 de la *Indiana Law Journal*, que recoge su participación en las *Harris Lectures* llevadas a cabo en la Facultad de Derecho de la Universidad de Bloomington, Indiana, los días 15 y 16 de marzo de 1979. Fue incorporado a *Notas sobre Derecho y Lenguaje* en la cuarta edición revisada del año 1990[1]. En palabras del propio autor, "es un intento de examen y crítica de argumentos anti positivistas" expuestos por Ronald Dworkin[2].

---

1 CARRIÓ (1979-1980) y CARRIÓ (1990a). Hay una versión castellana publicada con anterioridad en *Cuadernos de Crítica*, núm. 16, 1981.

2 Véase CARRIÓ (1990b: 13).

La propuesta de Carrió es explorar hasta qué punto las críticas y argumentos de Ronald Dworkin en *Los derechos en serio*[3] (en especial las expuestas en "El modelo de las reglas I" y "El modelo de las reglas II") implican el rechazo del positivismo hartiano bien entendido, esto es, en virtud de las tesis que genuinamente sostiene el profesor inglés y no necesariamente las que Dworkin le atribuye[4].

Tras un iluminador análisis de las diferentes tesis que se han atribuido al positivismo jurídico, Carrió concluye que Hart se encuentra comprometido con lo que denomina, siguiendo a Bobbio, el "positivismo jurídico como enfoque metódico" que resume a partir de las siguientes palabras de Hart:

> Aquí entenderemos por 'positivismo jurídico' la afirmación simple de que en ningún sentido es una verdad necesaria que las normas jurídicas reproducen o satisfacen ciertas exigencias de la moral, aunque de hecho suela ocurrir así[5].

Carrió busca establecer en qué medida el profesor norteamericano es un "antipositivista" en virtud de que rechaza la tesis de la separación, según la cual no existe una conexión necesaria entre el derecho y

---

3 DWORKIN (1977).
4 Véase CARRIÓ (1990a: 369).
5 HART (1961: 230). Veáse, también, HART (1958). Para un análisis de las tesis que equivocadamente se le atribuyen al positivismo jurídico véase BOBBIO (1961), ROSS (1961) y HOERSTER (1989).

la moral[6]. Para ello analiza las principales objeciones de Dworkin al positivismo hartiano, esto es, a la tesis del derecho como un conjunto de reglas (primarias y secundarias), la regla de reconocimiento y su función, la tesis de la discrecionalidad judicial y la teoría del deber fundada en reglas sociales. En este trabajo exploraré en especial las reflexiones de Carrió sobre la tesis de la separación y el papel de la regla de reconocimiento en el marco del debate Hart-Dworkin, ya que ellas ofrecen tanto una lectura poco común de la crítica de Dworkin, como una clara muestra de la profunda percepción del profesor argentino respecto de problemas filosóficos que serían objeto de debate en la filosofía jurídica años después[7].

La objeción de Dworkin al positivismo jurídico

La objeción de Dworkin al positivismo jurídico parte de la particular reconstrucción que efectúa del positivismo de Hart. El profesor estadounidense sostiene que el positivismo está comprometido con la idea de que el derecho de una comunidad se identifica a través de una "regla maestra", la *regla de reconocimiento,* que especifica las condiciones necesarias y suficientes para la pertenencia a la categoría "derecho". Los criterios que esa regla establece solo pueden referirse a hechos

---

6 Véase Carrió (1990a: 339).
7 Para un panorama de la disputa entre Hart y Dworkin véase, por ejemplo, Leiter (2003) y Shapiro (2007).

sociales, a si la norma en cuestión tiene la fuente social apropiada (*pedigree*), de modo que el valor sustantivo o mérito moral de una norma no puede ser una condición de su validez (*tesis de la separación*). El derecho está conformado únicamente por reglas, esto es, por normas en las que pueden individualizarse todas sus condiciones de aplicación y que son identificables por su origen en una fuente social (*modelo de las reglas*). En tanto las reglas agotan el universo del derecho, si algún caso no queda comprendido en ellas, los denominados "casos difíciles", no habrá respuesta correcta que esté determinada de antemano por el derecho, y los jueces en tales casos decidirán discrecionalmente (*tesis de la discrecionalidad*)[8].

Las tesis centrales de la crítica originaria de Dworkin al positivismo jurídico podrían esquematizarse del siguiente modo[9]:

a) El derecho no solamente está compuesto por reglas, esto es, normas en las que pueden individualizarse todas sus condiciones de aplicación y que resultan identificables por su origen en una fuente social, sino también por otro tipo de normas a las que denomina "principios" que funcionan de manera diferente y que constituyen un requerimiento de la moral.

b) Dado que el derecho está conformado por reglas y principios, no existe la discrecionalidad judicial. Los jueces nunca tienen que buscar fundamento para

---

8 Véase DWORKIN (1977: caps. 2 y 3).

9 *Idem*.

sus decisiones más allá del derecho, ni siquiera en los casos difíciles, porque siempre resultan orientados por principios que son capaces de ofrecer una orientación suficiente.

c) Los principios, al igual que las reglas, establecen obligaciones y derechos que preexisten a las decisiones judiciales que los reconocen.

Sobre estas bases, el desafío originario de Dworkin consistía en afirmar lo siguiente: si los jueces resuelven algunos de los casos que les son sometidos a juzgamiento apelando a principios (los denominados "casos difíciles"), y por sus características ellos no son identificables por ningún test de origen, entonces no sería posible demarcar un límite claro entre el derecho que *es* y el derecho que *debe ser*, tal como lo pretendería el positivismo. Según Dworkin, si los principios son jurídicamente vinculantes por cuestiones sustantivas, entonces la moral sería una condición de la validez jurídica, y la tesis de la separación debería ser abandonada. Asimismo, para Dworkin la idea de que las normas que forman parte de un sistema jurídico pueden identificarse a partir de una regla de reconocimiento también debería ser abandonada porque el postulado según el cual ella especifica las condiciones necesarias y suficientes de la validez jurídica resultaría falso en tanto no serviría para identificar a los principios. La regla de reconocimiento establecería un test relativo al origen de las normas, pero los principios serían jurídicamente vinculantes por razones que no conciernen a su origen sino a sus méritos sustantivos. Por último, los jueces jamás actuarían discrecionalmente, ni siquiera en los casos de ausencia de reglas, dado que siempre existiría un principio que guiaría sus decisiones.

3. CARRIÓ SOBRE DWORKIN Y EL POSITIVISMO JURÍDICO

La idea de Carrió es mostrar que en realidad Dworkin ha creado un enemigo a medida para sus críticas y que, en muchas ocasiones, ha realizado una lectura equivocada de las categorías hartianas, y por ende de las tesis del positivismo hartiano. Ya en un trabajo anterior había abordado esta cuestión y formulado una defensa de Hart. En esa ocasión había objetado la comprensión que Dworkin tenía del modelo de reglas hartiano y manifestaba sus dudas respecto de la diferencia entre reglas y principios que Dworkin postulaba[10]. El argumento en defensa de la teoría hartiana que desplegó entonces Carrió consistió en sostener que no es el caso que las reglas, a diferencia de los principios, siempre sean aplicables a todo o nada y que configuren sus casos de manera cerrada a diferencia de los principios que presentan una dimensión de peso y configuran sus casos de manera abierta[11]. En consecuencia, como a su criterio la diferencia cualitativa que postulaba Dworkin entre reglas y principios no era sostenible, ello también debilitaría

10 Véase CARRIÓ (1970).
11 Véase CARRIÓ (1990a: 352-353) y CARRIÓ (1970).

la tesis de que la regla de reconocimiento es incapaz de identificar principios[12].

En la misma línea, en el artículo que nos ocupa, Carrió disiente de la reconstrucción que Dworkin ofrece de la regla de reconocimiento, según la cual los criterios que ella establece solo son capaces de tomar en cuenta el origen o *pedigree* de las reglas y nunca su contenido y por ende no servirían para identificar principios tal como los concibe el profesor estadounidense. Carrió adelanta, prácticamente en los mismos términos, la respuesta que años después el propio Hart, en el *Postscript*, ofreciera a la objeción de Dworkin. En efecto, Carrió afirma que

> Nada en el concepto de 'reglas de reconocimiento' obsta [...] para que aceptemos el hecho de que los criterios efectivamente usados por los jueces para identificar las reglas subordinadas del sistema puedan incluir referencias al contenido de éstas. Puede ocurrir que en una comunidad dada, las únicas costumbres consideradas jurídicas o jurídicamente obligatorias sean aquellas compatibles con las exigencias de la moral. O bien, los jueces pueden aceptar como válidas solo aquellas leyes que, además de haber sido correctamente aprobadas por un cuerpo con competencia para ello, no violan un catálogo no escrito de derechos y libertades individuales[13].

---

12 Véase Carrió (1970: 225-231).
13 Carrió (1990: 354).

Mientras que Hart años después sostendría que

> La regla de reconocimiento puede incorporar como criterios de validez jurídica la conformidad con principios morales o valores sustantivos [...] no hay nada en mi libro que sugiera que los criterios que suministra la regla de reconocimiento deban basarse únicamente en cuestiones de *pedigree*: pueden, en cambio, constituir límites sustantivos al contenido de la legislación como las Enmiendas Decimosexta o Decimonovena de la Constitución de los Estados Unidos[14].

Más allá de estas similitudes, que claramente reflejan el conocimiento profundo de la obra de Hart, el análisis de Carrió era premonitorio de una de las estrategias de respuesta a Dworkin que tiempo después se desarrollaría en el marco del positivismo posthartiano con el desarrollo del "positivismo suave" o como luego se lo denominaría positivismo positivo o incluyente[15].

---

14 Hart (1994: 250). La traducción me pertenece. Cabe recordar que ya en *El concepto de derecho* Hart había indicado que el derecho podía remitir a la moral y que esas remisiones podían ser explícitas o implícitas. A veces se puede hacer referencia a la moral de forma ostensible por vía legislativa y en otros casos de forma implícita a través del proceso judicial (*cf.* Hart, 1961: 251-252).

15 En el *Postscript* a la segunda edición de *El concepto de derecho*, Hart se presenta a sí mismo como un "positivista suave" (*cf.* Hart, 1994: 250-254; también Hart, 1961: 251-252). Según el análisis que Hart ofrece sobre la tesis de la separación en Bentham y Austin, podría igualmente considerarse que estos autores estarían próximos a lo que hoy denominamos

Ahora bien, en lo que respecta a la posición de Dworkin respecto de la tesis de la separación, Carrió ofrece una mirada diferente a la reconstrucción clásica de las objeciones de Dworkin, que se detallaron más arriba, en términos de que ellas involucran un claro rechazo de la tesis de la separación entre el derecho y la moral. En efecto, si bien Carrió reconoce que algunas afirmaciones de Dworkin irían en la línea indicada, por ejemplo cuando sostiene que "la tesis de algunos positivistas, en el sentido de que los derechos derivados del orden jurídico y los derechos morales son conceptualmente distintos [...] es equivocada", rescata sobre todo ciertas afirmaciones que Dworkin realizó en algunas de las respuestas a sus críticos en "Seven Critics" que, a su entender, irían en un sentido contrario[16]. Así Carrió considera que:

> Dworkin no es menos positivista que Hart, ya que también argumenta que no toda norma de derecho positivo es una regla moral y que, a la inversa, no toda norma moral es una regla de derecho positivo[17].

---

positivismo incluyente (*cf.* Hart, 1958: 599). Véanse también, entre otros, Coleman (1982) y Waluchow (1994).

16 Originalmente "Seven Critics" fue publicado en un número especial de la revista *Georgia Law Review*, vol. 11, núm. 5, del año 1977. La versión ampliada y revisada es la que se encuentra incorporada como apéndice en Dworkin (1977) bajo el título "A Reply to Critics".

17 Carrió (1990a: 339).

Para ilustrar este argumento recurre a los dichos del propio Dworkin en algunas respuestas a sus críticos. Allí Dworkin intenta marcar las diferencias de su teoría respecto del iusnaturalismo y el positivismo:

> Richards está, con razón, ansioso de resistirse a la absurda opinión de que el derecho es siempre moralmente bueno o (para decirlo de manera más revolucionaria) que una ley que es moralmente mala no puede integrar el derecho [...] Richards piensa que me veo de alguna manera forzado a sostener la opinión absurda, porque cree que la filosofía jurídica no tiene aquí más que dos opciones. Debemos quedarnos con los positivistas, que insisten en que lo que sea el derecho es siempre una mera cuestión de hecho. O debemos irnos al otro extremo, con los defensores del derecho natural, que dicen que no puede haber diferencia alguna entre los principios del derecho y los principios de moralidad. Pero estas dos opiniones extremas se equivocan. En algunos casos, la respuesta a la cuestión de qué es lo que exige el derecho puede depender de (aunque nunca sea idéntica a) la cuestión de qué requiere la moralidad básica (*background morality*) [...] Y esto no vale solo para los casos en que alguna fuente legislativa incorpora deliberadamente los criterios morales en las normas jurídicas, sino también para aquellos en que es discutible lo que exige el derecho, porque ninguna fuente legislativa ha dicho absolutamente nada decisivo. No solo es así cuando se concede que los principios jurídicos que encarnan los conceptos morales son decisivos para las argumentaciones jurídicas, sino también cuando

> la cuestión que está en juego es precisamente la de qué principios han de ser considerados decisivos. Pero por supuesto, de nada de esto se sigue ni que el derecho sea siempre moralmente bueno, ni que lo que es moralmente bueno constituya siempre el derecho, ni siquiera en los casos difíciles[18].

Estas palabras, en especial las últimas, son consideradas por Carrió lo suficientemente elocuentes como para afirmar que Dworkin en este punto no se opone sino que coincide con Hart.

Creo que Carrió ha sobredimensionado los alcances de esos dichos de Dworkin. En realidad, Dworkin a través de esas palabras más que asumir una posición cercana al positivismo pretendía sobre todo diferenciarse del iusnaturalismo que toma a la moral como una suerte de "veto respecto del derecho" tal que una norma inmoral no puede ser considerada derecho válido[19], tesis que en su lectura tiene además resonancias "metafísicas o al menos vagamente religiosas"[20]. Ahora bien, que Dworkin no esté dispuesto a aceptar la tesis de la conexión necesaria en los términos en

---

18 Dworkin (1977: 467).

19 Según Baxter (2010), ese es el tipo de iusnaturalismo que Dworkin considera "emblemático" y al que hacía referencia en el capítulo "Law" del manuscrito de *Justice for Hedgehogs* que se discutió en el Simposio de la Universidad de Boston. En la versión finalmente publicada, Dworkin eliminó esa referencia al iusnaturalismo marcando solamente las diferencias de su teoría con el positivismo jurídico.

20 Véase Dworkin (1982: 165).

que lo plantea el iusnaturalismo tradicional, ¿implica necesariamente asumir la tesis de la separación del positivismo jurídico?

La tesis de la conexión necesaria podría expresarse en los siguientes términos:

Tesis de la conexión necesaria: necesariamente la validez jurídica de una norma depende de su valor moral o méritos sustantivos.

Debe advertirse, no obstante, que el rechazo de la tesis de la conexión necesaria puede asumir significados diferentes según el carácter que se le imprima a la negación. Jules Coleman sostiene que existen dos interpretaciones plausibles de tal negación, dependiendo de que ella asuma la forma de lo que en lógica modal se denomina *negación externa* o *negación interna*[21]. La negación interna de la tesis de la conexión necesaria se expresaría de la siguiente manera:

Tesis de la separación (I): necesariamente es el caso que la validez jurídica de una norma no depende de su valor moral o méritos sustantivos.

La negación externa, en cambio, podría expresarse del modo siguiente:

Tesis de la separación (II): no necesariamente es el caso que la validez jurídica de una norma depende de su valor moral o méritos sustantivos.

Mientras que el sentido (I) de la tesis de la separación se correspondería con lo que en la actualidad se

---

21 Véase COLEMAN (1998: 265, y 2001: 151-152).

denomina positivismo excluyente[22], el último sentido es el que sería consistente con la lectura que tanto Carrió como Hart en su *Postscript* ofrecen de la regla de reconocimiento en un intento por responder a las objeciones de Dworkin y que hoy se identifica con la lectura de la tesis de la separación que propugna el positivismo incluyente[23]. La idea de Carrió es que el

---

22 Son exponentes del positivismo excluyente, entre otros, JOSEPH RAZ y ANDREI MARMOR.

23 La tesis de la conexión necesaria podría representarse del siguiente modo, interpretando "N" por necesario, "J" por jurídico, "M" por moral, "R" como la relación de dependencia, y siendo el dominio de "x" normas:
(x) N (Jx R Mx).
En palabras, para toda norma, necesariamente la validez jurídica depende de su valor moral. Esto que sería equivalente, debido a la demostración de BARCAN, a sostener: N (x) (Jx R Mx). La negación interna de la tesis de la conexión necesaria, que correspondería a la versión de la tesis de la separación entre el derecho y la moral defendida por los positivistas excluyentes, diría:
(i) N (x) ~(Jx R Mx)
Es decir, necesariamente para toda norma, la validez jurídica no depende de su valor moral. Por su parte, la negación externa de la tesis de la conexión necesaria, que correspondería a la versión de la tesis de la separación entre el derecho y la moral defendida por los positivistas incluyentes, diría:
(ii) ~N (x) (Jx R Mx)
Esta expresión equivale a:
M ~(x) (Jx R Mx)
Y eso, a su vez, es equivalente a:
M ∃x ~(Jx R Mx)
Esto es, que es posible que exista una norma tal que su validez jurídica no dependa de su valor moral. Ahora bien, la negación

papel que Dworkin atribuye a los principios se basaba en la experiencia del sistema americano. Este sistema, según Carrió, se caracteriza porque su Constitución incorpora de manera expresa principios morales que son considerados criterios de validez jurídica de las normas del sistema tal que son utilizados por los jueces

---

interna, que sostiene que necesariamente para toda norma, la validez jurídica no depende de su valor moral, implica que es posible que exista una norma tal que su validez jurídica no dependa de su valor moral, de modo que de esta presentación de las diferentes tesis se seguiría que la negación interna de la conexión necesaria implicaría a la negación externa. Pero entonces, si estas han de ser tomadas como representaciones de lo que sostienen positivistas excluyentes e incluyentes, algo no funciona, porque de ser así quien rechazara el positivismo incluyente estaría comprometido a rechazar también el positivismo excluyente, lo cual no parece en absoluto necesario. La cuestión parece centrarse en que, no obstante lo atractivo de la presentación de COLEMAN en términos de la distinción entre negación interna y externa, lo que sostienen los positivistas incluyentes no puede representarse exactamente del modo que se sigue de las palabras de COLEMAN sin un agregado. El positivismo incluyente no afirma simplemente (ii) o su equivalente: $M\,\exists x \sim(Jx\ R\ Mx)$. Si sostuviera una tesis tan débil, ella sería efectivamente implicada por lo que sostiene el positivismo excluyente. Más bien, lo que defiende es la siguiente conjunción: $(M\,\exists x \sim(Jx\ R\ Mx)) \wedge (M\,\exists y\ (Jy\ R\ My))$.
Esto es, que es posible que exista una norma tal que su validez jurídica no dependa de su valor moral y es posible que exista una norma tal que su validez jurídica sí dependa de su valor moral. En esta reformulación, el primer término de la conjunción constituye la proposición contradictoria de la tesis de la conexión necesaria, mientras que el segundo constituye la proposición contradictoria de la tesis que sostiene el positivista excluyente.

al ejercer el control de constitucionalidad. Ahora esa conexión que existiría en la práctica estadounidense entre derecho y moral no afectaría a juicio de Carrió la doctrina positivista de la separación entre el derecho y la moral porque

> [...] esa conexión, por estrecha que sea, no es necesaria ni conceptual, sino solo contingente. Depende del hecho de que las prácticas de los jueces del sistema muestran que ellos aceptan y aplican como criterios de validez jurídica, estándares morales incorporados a la Constitución[24].

Sin embargo, Dworkin desde un primer momento rechazó versiones de esta propuesta en un intento de lograr una armonización de ambas teorías, y continuó en esa línea frente a intentos más articulados de la misma como las que ofrecieron los defensores del positivismo incluyente[25]. Ya en 1983, frente a una idea similar de Soper, argumentaba[26]:

> El argumento de Hart de que el derecho positivo en ocasiones usa explícitamente lenguaje moral no es un bolsillo en el que pueda arrojarse una teoría general del derecho que haga que la moral sea sistemáticamente relevante, incluso en ausencia de una incorporación explícita [...] Hart presumiblemente extendería su

24 Carrió (1990a: 346).
25 Véase Dworkin (2002).
26 Véase Soper (1977).

> análisis de la textura abierta de los lenguajes jurídicos (que aplica a términos como razonable) también a términos morales que figuran en el derecho positivo (como la cláusula de la constitución americana que hace referencia a castigos crueles e inusuales) [...] [El análisis de Hart] haría que la verdad de la proposición que establece que la falanga es inconstitucional consiste en creencias de que es cruel. Pero no puede extenderse para dar cuenta de la teoría de la adjudicación que yo describo. Supóngase que, sin embargo, mi lectura es equivocada y que Hart [...] diría que si la pena de muerte es inconstitucional depende por completo de si, como una cuestión de hechos morales, es cruel y no si se cree de manera lo suficientemente general que lo es o si algún juez, en el ejercicio de su discrecionalidad, así lo decide. Pero si [...] las proposiciones acerca de la constitucionalidad del castigo pueden ser verdaderas, entonces debería existir (para ponerlo a la antigua) un dominio objetivo de hechos morales. Yo había pensado que era parte de la ambición de Hart (y de los positivistas en general) el hacer que la afirmación de las proposiciones jurídicas sean independientes de cualquier teoría controvertida sea de metaética o de ontología moral[27].

Dworkin además sostiene que la tesis que exige entender la regla de reconocimiento como una regla social, que puede incorporar principios que impongan criterios sustantivos de validez, debería ser rechazada

---

27 DWORKIN (1983: 249-250).

porque ambos requisitos serían incompatibles[28]. La idea de Dworkin es que los principios morales serían en esencia controvertidos. Los jueces podrían estar en desacuerdo acerca de qué principios satisfacen las exigencias impuestas por la moral, y qué es lo que requieren esos principios. Dado que la regla de reconocimiento es una regla social, estaría en parte constituida por una convergencia de conductas que constituye la condición de su existencia. Pero esa convergencia sería socavada sin remedio por el desacuerdo que debería enfrentar cualquier regla que estableciera a la moral como una condición de la validez jurídica[29].

Más allá de las posibles respuestas que el positivismo jurídico puede ofrecer a esta objeción[30], creo que no existen razones para sostener que Dworkin en sus primeros trabajos compartiera la tesis de la separación, ni siquiera en la versión más debilitada que sería compatible con la reconstrucción que propone Carrió.

Carrió concluye su trabajo preguntándose si las objeciones de Dworkin deben interpretarse como expresión de algún nuevo tipo de doctrina iusnaturalista o si, como él sostiene, sus aseveraciones en "Seven Critics" constituyen una adhesión al positivismo jurídico como enfoque. Sin dudas, en retrospectiva,

28 Véase Dworkin (2002: 190).

29 Véase Dworkin (2002: 190-191).

30 Véase, por ejemplo, Coleman (2001: 131-132).

hoy parece fácil responder a este interrogante. Pero en el momento en que Carrió escribió este ensayo sus dudas fueron iluminadoras y sus reflexiones ya advertían que el planteo de Dworkin requeriría de la teoría positivista el esfuerzo de ofrecer explicaciones alternativas al papel que les cabe a los argumentos morales en el discurso jurídico.

REFERENCIAS

BAXTER, H. (2010), "Dworkin´s 'One-System' Conception of Law and Morality", *Boston University Law Review*, vol. 90: 857-862.

BIX, B. (Ed.) (1998), *Analyzing Law. New Essays in Legal Theory*, Oxford: Clarendon Press.

BOBBIO, N. (1961), "Sul positivismo giuridico", *Rivista di filosofia*, LII: 14-34. Citado de la traducción castellana de GARZÓN VALDÉS, E., "Positivismo jurídico", en BOBBIO, N. (1965), *El problema del positivismo jurídico* (pp. 37-66), Buenos Aires: Eudeba.

CARRIÓ, G. (1970), *Principios jurídicos y positivismo jurídico*, Buenos Aires: Abeledo-Perrot. Citado de la versión publicada en CARRIÓ (1990b: 197-234).

CARRIÓ, G. (1979-1980), "Professor's Dworkin view on Legal Positivism", *Indiana Law Journal*, 55(2): 209-246.

CARRIÓ, G. (1990a), "Dworkin y el positivismo jurídico", en CARRIÓ (1990b: 321-371).

CARRIÓ, G. (1990b), *Notas sobre Derecho y Lenguaje*, 4ª ed. revisada y aumentada, Buenos Aires: Abeledo-Perrot.

COHEN, M. (1983), *Ronald Dworkin and Contemporary Jurisprudence*, Totowa: Rowman & Allanheld.

COLEMAN, J. (1982), "Negative and Positive Positivism", *Journal of Legal Studies*, 11(1): 139-162. Citado de la versión publicada en COLEMAN (1988: 3-27).

COLEMAN, J. (1988), *Markets, Morals and the Law*, Cambridge: Cambridge University Press.

COLEMAN, J. (1998), "Second Thoughts and Other First Impressions", en BIX (1998: 257-297).

COLEMAN, J. (2001), *The Practice of Principle. In Defense of a Pragmatist Approach to Legal Theory*, Oxford: Oxford University Press.

DWORKIN, R. (1977): *Taking Rights Seriously*, London: Duckworth. Citado de la traducción castellana de Guastavino, M. (1993), *Los derechos en serio*, Barcelona: Planeta Agostini.

DWORKIN, R. (1982), "'Natural' Law Revisited", *University of Florida Law Review*, 34: 165-188.

DWORKIN, R. (1983), "A Reply by Ronald Dworkin", en COHEN, M. (1983: 247-300).

DWORKIN, R. (2002), "Book Review: Thirty Years On. The Practice of Principle: In Defense of a Pragmatist Approach to Legal Theory. By J. Coleman. 2001",

Harvard Law Review, (115): 1655-1688. Citado de la versión publicada en DWORKIN (2006: 187-222).

DWORKIN, R. (2006), *Justice in Robes*, Cambridge, MASS.: The Belknap Press of Harvard University Press.

HART, H. L. A. (1958), "Positivism and the Separation of Law and Morals", *Harvard Law Review*, (71): 593-529. Citado de la versión publicada en HART (1983: 593-628).

HART, H. L. A. (1961), *The Concept of Law*, Oxford: Oxford University Press. Citado de la traducción castellana de CARRIÓ, G. (1977), *El concepto de derecho*, Buenos Aires: Abeledo-Perrot.

HART, H. L. A. (1983), *Essays in Jurisprudence and Philosophy*, Oxford: Oxford University Press.

HART, H. L. A. (1994), "Postcript", en *The Concept of Law*, 2ª ed. (pp. 238-276), Oxford: Oxford University Press.

HOERSTER, N. (1989), *Zur Verteidigung des Rechtspositivismus*, Frankfurt am Main: Verlag. Citado de la traducción castellana de GARZÓN VALDÉS, E. (1992), *En defensa del positivismo jurídico*, Barcelona: Gedisa.

LEITER, Brian (2003), "Beyond the Hart/Dworkin Debate: The Methodology Problem in Jurisprudence", *American Journal of Jurisprudence*, 48(1): 17-51.

RIPSTEIN, A. (Ed.) (2007), *Ronald Dworkin*, Cambridge: Cambridge University Press.

ROSS, A. (1961), "Validity and the conflict between legal

positivism and natural law", *Revista Jurídica de Buenos Aires*, IV: 46-92. Citado de la traducción castellana de CARRIÓ, G. & PASCHERO, O. (1993), "El concepto de validez y el conflicto entre el positivismo jurídico y el derecho natural", en ROSS (1993).

ROSS, A. (1993), *El concepto de validez y otros ensayos*, México: Distribuciones Fontamara.

SHAPIRO, S. (2007) "The Hart-Dworkin Debate: A Short Guide for the Perplexed", en RIPSTEIN, A. (2007: 22-55).

WALUCHOW, W. (1994), *Inclusive Legal Positivism*, Oxford: Clarendon Press.

CAPÍTULO 20

CUATRO MODELOS DE POSITIVISMO JURÍDICO

Martín D. Farrell

PRESENTACIÓN

Voy a considerar aquí cuatro modelos posibles de positivismo jurídico, tres de los cuales son muy conocidos, lo que los diferencia del cuarto modelo, el cual no he encontrado hasta ahora expuesto de manera explícita. Curiosamente, sin embargo, creo que es el modelo más adecuado para defender.

Ante todo, dos palabras para clarificar los términos. No me parece necesario detenerme en la caracterización del positivismo jurídico, puesto que no es el tema central de este trabajo. Esto es: no voy a detenerme a examinar en detalle aquello que hace que todos los modelos que estudie sean modelos del positivismo jurídico.

Voy a entender como positivismo jurídico a aquellas teorías que defienden la tesis de la separabilidad entre el derecho y la moral, tal como la expuso Hart en su trabajo de 1958[1]. Pero hay quienes –como John

---

1 HART, H. L. A. (1958), "Positivism and the Separation of Law and Morals", *Harvard Law Review*, 71.

Gardner, por ejemplo– cuestionan la tesis de la separabilidad y prefieren entender el positivismo jurídico de esta forma: en cualquier sistema jurídico, el que una norma sea jurídicamente válida y forme parte del derecho de tal sistema depende de sus fuentes, no de sus méritos, donde los méritos comprenden aquí los méritos de sus fuentes[2]. No tengo ningún problema con ello y no pienso discutirlo ahora, puesto que debo confesar que no encuentro que las dos posiciones generen resultados distintos. Tampoco me interesa, para los fines de este trabajo, las diferencias que existen entre el positivismo excluyente y el incluyente. En ambos casos se considera que el derecho y la moral son dos sistemas distintos, y si la moral cuenta en el derecho es solo porque el derecho la autoriza a hacerlo.

Lo que quiero decir –entonces– es que los positivistas jurídicos creen que el derecho y la moral son dos sistemas diferentes, y que cada uno de ellos puede identificarse sin recurrir al otro. Hobbes no era un positivista jurídico porque creía que la moral estaba incluida en el derecho, y Dworkin no era un positivista jurídico porque creía que el derecho estaba incluido en la moral: Hobbes era un positivista ideológico y Dworkin era un iusnaturalista.

Voy a presentar ahora los cuatro modelos a los que acabo de referirme, y los distinguiré de acuerdo con

---

2 GARDNER, JOHN (2012), "Legal Positivism: 51/2 Myths", en *Law as a Leap of Faith*, Oxford: Oxford University Press, p. 21.

la forma en que ellos responden a tres preguntas: 1) ¿pueden identificarse las normas jurídicas con órdenes?; 2) ¿es la sanción un elemento necesario para el derecho?, y 3) ¿es la última justificación del derecho un hecho social? (Por supuesto que para contar como positivistas, todos ellos han respondido antes que sí a la pregunta 0: ¿está el derecho separado de la moral?).

Austin respondía que sí a las tres preguntas; Kelsen respondía que sí a la segunda, y que no a la primera y a la tercera; y Hart respondía que no a la primera y a la segunda, y que sí a la tercera. El cuarto modelo que voy a proponer, a su vez, responde que no a la primera y que sí a las dos restantes (claramente, hay más formas posibles de responder a esta combinación de preguntas, pero solo encuentro algún atractivo en las cuatro que he mencionado). Muestro esto en el cuadro 1.

Cuadro 1. Derecho

	Órdenes	Sanciones	Hecho social
Austin	sí	sí	sí
Kelsen	no	sí	no
Hart	no	no	sí
Cuarto modelo	no	sí	sí

El modelo de Austin

Voy a justificar ahora mis afirmaciones respecto de la forma en que Austin responde a las preguntas anteriores. Lo primero que trata de establecer Austin es el carácter positivista de su teoría: el objetivo de la teoría general del derecho es el derecho positivo, por contraposición al derecho natural. La suma de todas las reglas establecidas por los superiores políticos se conoce con el nombre de derecho positivo[3]. La tendencia a confundir el derecho y la moral, dice, es una fuente prolífica de oscuridad y de perplejidad; mediante un análisis cuidadoso de los términos principales, agrega, el derecho es separado de la moral y la atención del estudiante se concentra en las distinciones que se refieren exclusivamente al derecho[4].

Aclarada la cuestión –esto es, respondida con un sí la pregunta cero– Austin enseguida se entiende con el tema de las órdenes. Toda ley o regla es una orden, o –más específicamente– es una especie dentro del género de las órdenes. La orden debe diferenciarse del deseo; si usted expresa el deseo de que yo haga algo, y si me causará un daño en caso de que no lo haga, usted ha emitido una orden porque la orden se distingue del deseo debido al poder, y al propósito, de la parte que ordena de causarme un daño si no tengo en cuenta ese deseo. Si usted no quiere, o no puede, causarme un daño, entonces no ha emitido una orden. Al ser pasible de un daño, si no cumplo con su orden, yo estoy obligado por esa orden y tengo el deber de obedecerla, ya que orden y deber son términos co-

---

3 AUSTIN, JOHN (1971), *The Province of Jurisprudence Determined*, Londres: Weidenfeld and Nicolson, pp. 9-11.

4 AUSTIN, JOHN (1971), "The Uses of the Study of Jurisprudence", en *The Province..., op. cit.*, p. 371.

rrelativos[5]. Para no incurrir en confusiones, conviene aclarar que una orden puede adoptar también la forma de una prohibición: si el derecho prohíbe a la madre dejar morir de hambre a su hijo, le está ordenando que lo alimente. Esto es: cuando existe una decisión de la voluntad, esta puede requerir que un acto sea realizado o que no lo sea[6].

El daño en el que incurro si desobedezco la orden es denominado la sanción. Una orden es, entonces, el deseo de un ser racional de que otro ser racional haga algo –o se abstenga de hacerlo–, respaldado por un daño que el primero causará al segundo si no cumple con su deseo. Lo que muestra aquí Austin es algo muy importante: que la orden y la sanción están inseparablemente conectados[7], de modo que si uno responde que sí a la primer pregunta debe necesariamente responder que sí a la segunda. En cambio, si uno responde que no a la primera pregunta puede responder que sí a la segunda, como lo hace Kelsen, o responder que no, como veremos que lo hace Hart.

Austin reconoce la existencia de leyes imperfectas, que carecen de sanción, en las que el autor manifiesta un deseo, pero no el propósito de imponerlo. Parecería que estas leyes crean derechos sin imponer deberes, pero Austin rápidamente disipa esta creencia porque

---

5 Austin (1971), *The Province…, op. cit.*, pp. 13-14.

6 Bentham, Jeremy (1970), *Of Laws in General*, The Athlone Press-University of London, p. 96.

7 Austin (1971), *The Province…, op. cit.*, pp. 15 y 17.

sostiene que toda ley que realmente crea un derecho impone –expresa o tácitamente– un deber, por lo que es imperativa. La costumbre confiere derechos, por ejemplo, solo cuando es adoptada por los tribunales del Estado. Austin piensa, en suma, que las leyes que no se acompañan de sanciones, o leyes impropias, desempeñan en el derecho un papel estrecho e insignificante, de donde reserva la denominación de *ley* para aquellas que son imperativas[8].

Hasta el momento, pues, Austin ha respondido sí a las dos primeras preguntas. ¿Qué ocurre con la tercera? En este caso, desde luego, la respuesta es un rotundo sí, puesto que él considera al derecho como un hecho social. Para Austin, la mayoría de la sociedad tiene un hábito de obediencia a un superior determinado, superior que –a su vez– no tiene el hábito de obedecer a alguien superior a él. Si un ser humano superior, que no tiene el hábito de obedecer a otro, recibe una obediencia habitual de la masa de ciudadanos que compone la sociedad, ese superior es el soberano[9].

La mayoría de la sociedad debe tener el hábito de obedecer, no solo a un superior común, sino también –más específicamente– a un superior determinado, y la continuidad de cualquier gobierno depende de la obediencia habitual que reciba de la masa de la comunidad. En toda sociedad la gente está determinada,

---

8 *Ibid.*, pp. 28-29, 31 y 33.
9 *Ibid.*, pp. 193-194.

por algún motivo u otro, a obedecer habitualmente a su gobierno, y si cesara de hacerlo el gobierno dejaría de existir[10].

De modo que Austin piensa que el derecho está compuesto de reglas que se asimilan a órdenes, y que toda orden debe estar respaldada por la amenaza de una sanción. Las órdenes las emite el soberano y el carácter de soberano se acredita constatando un hecho social, el hecho de la obediencia de la mayoría de sus súbditos. Austin, como se ve, ha contestado que sí a las tres preguntas del cuadro.

El modelo de Kelsen

Hans Kelsen comienza, como lo hizo Austin, preocupándose por acreditar sus credenciales positivistas. Enuncia, así, que su tarea es romper la conexión entre el derecho y la moral: lo que debe ser rechazado, dice, es el punto de vista de que el derecho es parte de la moral, y de que –en consecuencia– todo derecho, en tanto derecho, es en algún grado moral. La única tarea cognitiva es el conocimiento del derecho positivo[11].

Contestada con un sí la pregunta cero, aparecen enseguida, desde luego, sus diferencias con Austin, una de las cuales se refiere al concepto de norma como orden, esto es, a la respuesta a la primera pregunta.

---

10 *Ibid.*, pp. 199 y 302-303.

11 Kelsen, Hans (1996), *Introduction to the Problems of Legal Theory*, Oxford: Clarendon Press, pp. 15 y 17.

Kelsen cree que una orden es obligatoria no porque quien ordena tiene una superioridad en términos de poder, sino porque está autorizado a emitir órdenes obligatorias. Y solo está autorizado si un orden normativo, que se presupone obligatorio, le confiere la capacidad de dictar órdenes obligatorias[12].

Por otra parte, Kelsen piensa que para que exista una orden deben cumplirse dos condiciones: la primera es que exista un acto de la voluntad, que tenga como objeto el comportamiento de un tercero, y la segunda es la expresión de esa voluntad mediante palabras o signos. La primera de esas condiciones implica la presencia continuada del deseo por parte de la persona que emite la orden; si quien ordena no continúa teniendo ese deseo, el ordenado ya no se encuentra bajo esa orden. La obligación jurídica, en cambio, no está ligada a la continuidad de la voluntad de la persona, o personas, que dictaron la norma: lo que explica la persistencia de las normas jurídicas es la existencia continua de un sistema de normas[13].

Kelsen responde entonces a la primera pregunta con un vigoroso no. A diferencia de Austin, esta respuesta le deja abierta a Kelsen dos alternativas: responder a

---

12 KELSEN, HANS (1945), *General Theory of Law and State*, Cambridge, MASS.: Harvard University Press, p. 32.

13 KELSEN (1945), *General Theory..., op. cit.*, p. 32. *Cfr.* VINX, LARS (2013), "Austin, Kelsen, and the Model of Sovereignity: Notes on the History of Modern Legal Positivism", en FREEMAN, MICHAEL & MINDUS, PATRICIA (Eds.), *The Legacy of John Austin Jurisprudence*, Nueva York: Springer, p. 55.

la segunda pregunta con un sí o con un no, y Kelsen opta por la primera de ellas.

La categoría formal de norma jurídica proporciona el género próximo, pero no la diferencia específica, del derecho. Ya desde el siglo XIX se argumentaba que lo característico del derecho era el elemento coercitivo, y Kelsen recuerda que él está siguiendo esa tradición. La consecuencia adscripta en la norma jurídica a una cierta condición es el acto coercitivo del Estado. Lo que convierte a un cierto comportamiento en un delito –entonces– es que se trata de una condición, cuya consecuencia es un acto coercitivo[14].

El orden jurídico toma como punto de partida el hecho de que los seres humanos cuyo comportamiento gobierna el derecho consideran al acto coercitivo como un mal que debe ser evitado. El propósito del sistema jurídico es inducir a los seres humanos a comportarse de un cierto modo, amenazando con un mal al comportamiento opuesto[15]. La respuesta de Kelsen a la segunda pregunta, como se ve, es un decidido sí.

Vayamos pues a la tercera pregunta. Aquí la posición de Kelsen es igualmente clara: él no considera que la última justificación del derecho sea un hecho social. Piensa que si la ciencia jurídica no va a disolverse en las ciencias naturales entonces el derecho debe ser contrastado con la naturaleza de la forma más

---

14 Kelsen (1996), *Introduction...*, *op. cit.*, p. 26.

15 *Ibid.*, p. 29.

aguda posible. Lo que convierte a un suceso en legal, o ilegal, no es su facticidad, el ser un hecho natural, el estar gobernado por leyes causales, sino su sentido peculiarmente jurídico, que se obtiene cuando el contenido de una norma se refiere al suceso[16].

Al caracterizar al derecho como normativo, y al restringir la ciencia jurídica al conocimiento de normas, el derecho se separa de la naturaleza, la ciencia jurídica se separa de las ciencias que explican sucesos naturales. Este aspecto de la teoría se aprecia con especial claridad cuando se examina el tema de la norma básica. Una norma deriva su validez de otra norma de grado superior, pero, ¿qué ocurre cuando se arriba a la primera constitución del sistema? Lo que es válido como norma, en este caso, es lo que los redactores de la primera constitución expresaron como su voluntad, y esto es lo que dice la norma básica, la cual funciona como un fundamento hipotético: dada la presuposición de que la norma básica es válida, el sistema jurídico que descansa en ella también es válido. La norma básica otorga al acto del primer legislador el sentido de "deber", que es el sentido específico de la condición jurídica. Los datos empíricos pueden ser interpretados como derecho solo si se presupone la norma básica[17].

Pero hay sin embargo un residuo empírico, que Kelsen no puede dejar de advertir. Supongamos que

16 *Ibid.*, pp. 8 y 10.
17 *Ibid.*, pp. 13 y 57-58.

un grupo revolucionario intenta un golpe de Estado para reemplazar la monarquía por la república. Si tienen éxito, el sistema anterior deja de ser eficaz y pasa a serlo el nuevo sistema, porque el comportamiento real de los súbditos, respecto de los cuales el sistema pretende validez, ya no se corresponde con el sistema antiguo. Uno trata al nuevo sistema, entonces, como un sistema jurídico y presupone una nueva norma básica. Pero si los revolucionarios fracasan, porque el comportamiento de los súbditos no se ajusta al nuevo sistema, entonces el acto de los revolucionarios no se interpreta como la creación de una nueva constitución, sino –en cambio– como un acto de traición[18].

El contenido de la norma básica, pues, depende de un cierto hecho material, el hecho material que crea el sistema al cual se ajusta el comportamiento de los súbditos[19]. Por eso Kelsen se ve obligado a decir que la norma básica de un orden jurídico nacional no es un producto arbitrario de la imaginación del jurista, sino que su contenido está determinado por hechos. La función de la norma básica consiste en hacer posible la interpretación normativa de ciertos hechos, esto es, la interpretación de los hechos como creación y aplicación de normas válidas; las normas jurídicas son consideradas válidas solo si ellas pertenecen a un orden eficaz. El contenido de la norma básica, en consecuencia, está determinado por los hechos a

---

18 *Ibid.*, p. 59.
19 *Idem.*

través de los cuales es creado y aplicado un orden, al cual se adecúa el comportamiento de los individuos regulados por ese orden[20].

Más adelante vuelvo sobre este último tema y por ahora me limito a reiterar que Kelsen responde que no a la tercera pregunta.

EL MODELO DE HART

Herbert Hart sigue el molde de comportamiento de Austin y Kelsen: mostrar primero sus credenciales positivistas y destacar luego las peculiaridades de su teoría. Hart advierte que el derecho y la moral comparten un vocabulario de un modo tal que puede hablarse de obligaciones jurídicas y morales, y de derechos legales y morales; y reconoce también que todos los sistemas jurídicos nacionales reproducen la sustancia de ciertos requerimientos morales. Estas circunstancias parecerían sugerir que el derecho se entiende mejor si se lo concibe como una rama de la moral, pero quienes piensan así, afirma Hart, parecen haber confundido un tipo de conducta obligatoria con el otro, dejando un espacio insuficiente para las diferencias que existen, por ejemplo, entre las reglas jurídicas y las morales[21].

---

20 KELSEN (1945), *General Theory..., op. cit.*, p. 120.

21 HART, H. L. A. (1994), *The Concept of Law*, 2ª ed., Oxford: Clarendon Press, pp. 7-8.

No se discute, entonces, que el desarrollo del derecho ha sido siempre influenciado por las ideas morales convencionales e incluso por normas de la moral crítica. Pero Hart piensa que no es lícito pasar de esta proposición a la que afirma que un sistema jurídico está obligado a exhibir cierta conformidad con la moral, o debe basarse en la convicción de que existe una obligación moral de obedecerlo. No se sigue, así, que el criterio de validez jurídica de las leyes particulares de un sistema jurídico deban incluir una referencia a la moral. Precisamente, Hart entiende que el positivismo jurídico defiende la idea de que no es una verdad necesaria que el derecho deba reproducir, o satisfacer, ciertas demandas de la moral, aunque a menudo lo haga[22].

Es un hecho explícito que Hart era un positivista, y que responde con un sí a la pregunta cero, lo que ya sabíamos. Pasemos entonces a estudiar la forma en que contesta a las tres preguntas que estoy considerando ahora. No solo Hart contesta que no a la primera pregunta, sino que comienza su tarea con una exposición acerca de las deficiencias de la teoría de Austin en este aspecto. Ante todo, es bueno dejar en claro que Hart trabaja con un concepto de orden muy distinto al de Austin. Para Hart, cuando se emite una orden no es necesario que exista una amenaza latente de daño en caso de desobediencia: la característica central de la orden consiste en ejercer autoridad sobre

---

22 *Ibid.*, pp. 185-186.

los hombres, no en el poder de infligirles un daño[23]. De modo que Hart podría, a la vez, aceptar la idea de que el derecho consiste en órdenes, y negar –sin embargo– que las normas jurídicas deban necesariamente contener sanciones.

Pero Hart rechaza esa opción, como enseguida veremos. Arranca examinando el caso del pistolero que le dice al cajero del banco: "—El dinero o disparo". El pistolero no le está pidiendo algo al cajero sino que le está ordenando algo, aunque no diríamos –sin embargo– que le dio una orden, porque dar una orden sugiere una autoridad que no está presente en el ejemplo; la idea de una orden tiene una conexión muy fuerte con la idea de autoridad[24].

Ordenarle a la gente que haga algo es una forma de comunicación, e implica dirigirse a la gente, atraer su atención; el pistolero, al formular su deseo, se dirige al cajero del banco. Pero el derecho se dirige a la gente de otra manera: las leyes son válidas incluso cuando los afectados por ellas deben averiguar por sí mismos cuáles leyes han sido dictadas y a quiénes afectan. Y el derecho, además, controla a la gente por medio de directivas generales, mientras que el pistolero no emite una orden que debe ser seguida a través del tiempo por clases de personas. Una autoridad temporaria de una persona sobre otra es lo opuesto del derecho[25].

---

23 *Ibid.*, p. 20.
24 *Ibid.*, pp. 19-20.
25 *Ibid.*, pp. 21 y 23-24.

Convincentemente, entonces, Hart responde no a la primera pregunta.

Vayamos entonces a la segunda pregunta. Hart reconoce que puede entenderse que las leyes penales definen cierto tipo de conductas como algo que debe ser evitado, y que puede entenderse que la sanción –en esos casos– proporciona un motivo para abstenerse de tales conductas. Pero, agrega enseguida, hay leyes que desempeñan otra función, leyes, por ejemplo, que definen los modos en los que pueden realizarse contratos, casamientos o testamentos, en las que la sanción no aparece. Y la sanción no aparece porque Hart no acepta la idea de que la nulidad pueda considerarse una sanción, ni tampoco acepta la idea de que las normas que confieren poderes son solo fragmentos de las normas reales completas[26].

En realidad, Hart sostiene aquí una posición extraña, porque parece identificar la idea de la sanción con la idea de la orden. Es esta identificación lo que lo lleva a sostener tres objeciones respecto de la existencia de la sanción. La primera es que incluso las leyes penales se diferencian de las órdenes, puesto que también imponen deberes a quienes las emiten; la segunda es que hay normas que se limitan a conferir poderes, sin imponer al mismo tiempo deberes; y la tercera es que hay normas consuetudinarias, las que no se remiten a un acto de creación conciente[27]. No

26 *Ibid.*, pp. 27, 35 y 37.
27 *Ibid.*, p. 48.

termina de quedar en claro si Hart critica la necesidad de que las normas jurídicas contengan una sanción solamente porque critica la teoría de Austin sobre las órdenes, o si también hace extensiva la crítica a la teoría de Kelsen, que objeta la identificación de las normas con las órdenes pero defiende la necesidad de la sanción en la normas jurídicas. Así como Austin, por su concepción de las órdenes, estaba obligado a contestar con un sí a las dos primeras preguntas, Hart parece creer que el primer no obliga al segundo no como respuesta.

En algunos casos su posición parece exceder a la de simple crítica a Austin. Dice, por ejemplo, que ya no debemos elegir entre dos alternativas insatisfactorias: por una parte, decir que las sanciones son requeridas por el significado mismo de la palabra "derecho", y por la otra que la existencia de sanciones es solo un hecho. En otros casos, en cambio, vuelve a repetir que una vez que nos libramos de la tesis de que el derecho consiste en órdenes respaldadas por amenazas, no parece haber una buena razón para limitar la idea normativa de obligación a las normas respaldadas por sanciones organizadas[28]. Cualesquiera que sea la interpretación que se elija, sin embargo, no cabe duda de que Hart contesta que no a la segunda pregunta.

Paso, pues, a la tercera pregunta. Para Hart, la justificación última del derecho es un hecho social. La existencia de la regla de reconocimiento,

28 *Ibid.*, pp. 199 y 218.

fundamento final del derecho para Hart, se manifiesta en una práctica general de parte de los funcionarios y personas privadas, quienes identifican las normas con base en su criterio. Esa regla no se encuentra establecida, pero su existencia se muestra en el modo en el que las reglas particulares son identificadas por los tribunales, así como por otros funcionarios y por las personas privadas y sus consejeros. Los enunciados que se refieren a la validez de una norma particular del sistema presuponen la verdad del enunciado de facto de que el sistema es generalmente eficaz. El juez presupone –pero no enuncia– la eficacia general del sistema. Si la regla de reconocimiento no formara parte de una práctica social, piensa Hart, el proceso de razonamiento jurídico sería un juego inútil, que descartaría la validez del sistema. La verdad de la regla de reconocimiento, entonces, se establece por referencia a la práctica real, al modo en el cual los tribunales identifican lo que cuenta como derecho, y a la aceptación general de esa identificación[29].

La regla de reconocimiento, pues, existe como una práctica compleja, pero normalmente concordante, de los jueces, funcionarios y ciudadanos privados, para identificar al derecho de acuerdo con un cierto criterio[30]. Hart enfatiza especialmente el carácter de práctica social de la regla de reconocimiento cuando la distingue de la norma básica de Kelsen: la cuestión

29 *Ibid.*, pp. 101, 104-105 y 107-108.
30 *Ibid.*, p. 110.

de si la regla de reconocimiento existe, y cuál es su contenido, se considera una cuestión de hecho, empírica, aunque compleja. Si se la cuestiona, puede apelarse a los hechos, a la práctica de los jueces y de los funcionarios. Por eso la terminología kelseniana de "hipótesis jurídica" oscurece, para Hart, la idea de que el criterio de validez que él defiende es una cuestión de hecho[31]. En definitiva: un *sí* es la respuesta de Hart a la tercera pregunta.

La evaluación de los tres modelos

Hasta ahora me he limitado a una exposición puramente descriptiva de estos tres primeros modelos, sin formularles críticas ni elogios. Ahora quiero puntualizar lo que yo creo que constituyen sus defectos, y voy a hacer esto de manera cronológica.

Austin se equivoca, sin duda, cuando asimila las normas a las órdenes. Tal vez lo hizo como una reacción frente al iusnaturalismo de Blackstone, pero –de todas maneras– se equivoca, y las críticas de Kelsen y de Hart son acertadas e irrefutables.

Hay tres rasgos que separan definitivamente a las órdenes de las normas:

a) El legislador que dicta una norma no necesita, ni desear, ni siquiera conocer, su contenido.

31 *Ibid.*, p. 293.

b) El súbdito se enfrenta a una norma válida aunque no haya tenido conocimiento de ella, pese a lo cual está igualmente obligado.

c) La norma subsiste pese a que su creador haya desaparecido.

No necesito insistir en el error de Austin puesto que hoy no tiene defensores: la primera pregunta debe responderse por la negativa, y el positivismo del siglo XIX debe reemplazarse por el positivismo del siglo XX en este aspecto. Como ha señalado Green, a mediados del siglo XX ya esta versión del positivismo había perdido su influencia en la filosofía del derecho; las teorías imperativas no tienen influencia ahora en esta disciplina[32].

Kelsen se equivoca cuando le niega al derecho su carácter de hecho social; en realidad se lo niega con renuencia y de forma no convincente. El propósito purificador de Kelsen es doble: por una parte quiere separar el derecho de la moral, y esto es lo que lo convierte en un positivista. La tarea aquí es muy simple, ya que no cuesta ningún esfuerzo mantener al derecho separado de la moral; en realidad, habría que hacer un esfuerzo para mantenerlos unidos. Pero, por otra parte, Kelsen también quiere separar el derecho de la sociología, y esto no es tan sencillo porque conduce a separarlo de la realidad.

---

32 GREEN, LESLIE (2003), "Legal Positivism", en *Stanford Enciclopedia of Philosophy*.

Desde luego que Kelsen advierte esto y de allí la renuencia que he mencionado. La norma básica contiene referencias a la realidad y no puede dejar de contenerlas, aunque un normativismo puro debería prescindir de estas referencias, por supuesto. Una vez dictada la primera constitución, la norma básica imaginada por el jurista se limitaría a decir que esa primera constitución debe ser obedecida. Pero, ¿eso es todo?

Si lo fuera, el normativismo puro sería inútil como intento descriptivo del derecho porque ignoraría la realidad. El jurista imaginaría, por ejemplo, la norma básica que dice que hay que obedecer a la constitución de 1819, e imaginaría otra norma básica que dice que hay que obedecer a la constitución de 1853, y los dos casos serían iguales para la teoría. Con resultados desastrosos, por cierto, puesto que todos sabemos que la constitución de 1819 nunca fue derecho válido, como sí lo fue –en cambio– la constitución de 1853.

Es obvio que Kelsen percibe esta situación y de allí la renuencia a prescindir por completo de la realidad. La norma básica contempla entre sus exigencias el hecho –porque es un hecho– de que la primera constitución sea obedecida por la mayoría de los ciudadanos, como ocurrió en 1853 y no en 1819. En definitiva, la validez del derecho descansa en un hecho social, y la tercera pregunta debería haberse respondido aquí con un sí.

Hart se equivoca, a su vez, cuando cuestiona que la sanción sea un elemento esencial del derecho. Distintos tipos de normas tratan de incidir en la conducta humana con distintos tipos de motivaciones. Consideremos los tres tipos más importantes, el derecho, la moral y la religión, e intentemos distinguirlos entre ellos. Es un error decir que la moral no tiene sanciones, porque quien viola una norma moral puede ser castigado de muchas maneras. Pero, justamente, puesto que puede ser castigado de muchas maneras diferentes, y por muchas personas diferentes, este rasgo lo distingue del derecho. La norma moral no contiene una sanción precisa, ni un órgano preciso para que la aplique; la norma jurídica contiene ambas cosas. La norma religiosa suele contener una sanción precisa, y las grandes religiones cuentan con órganos de aplicación bien determinados. Pero la sanción se aplica en nombre de un ser trascendente, y muchas veces se alega que será aplicada más allá de este mundo. Este rasgo distingue la religión del derecho, puesto que la norma jurídica aplica sanciones inmanentes.

Hay dos argumentos de Hart sobre este tema que me parece que deben ser rechazados: a) Supongamos, como él lo afirma, que una sociedad de ángeles no necesitaría sanciones. Me imagino que lo que nos interesa aquí es una teoría del derecho que se aplique al mundo real y los seres humanos reales no son ángeles. b) Las normas que confieren poderes deben ser obedecidas, pues la desobediencia apareja la nulidad. Aceptado esto, ¿por qué la nulidad no debe considerarse una sanción? ¿Por qué la frustración de un deseo (el deseo de legar los bienes a una persona determinada, por ejemplo) y de las expectativas basadas en ese deseo no debe considerarse un castigo? La segunda pregunta debería haberse respondido con un sí.

El cuarto modelo

Desde luego que las críticas anteriores explican el por qué de las características del cuarto modelo que el cuadro muestra. Voy a explayarme algo ahora sobre ellas. El cuarto modelo, que obviamente responde con un sí a la pregunta cero, como cabía esperar, responde que no a la primera pregunta. La teoría de Austin representó un gran progreso respecto de la de Blackstone, como dije, pero –ciertamente– el positivismo jurídico puede ser defendido sin necesidad de sostener que las normas son órdenes. La idea sirvió para visualizar el rechazo al derecho natural, pero Kelsen y Hart mostraron que hay recursos para ello sin recurrir a la estrategia de Austin.

Recordemos que Austin identificaba a las órdenes con las sanciones, mientras que Hart separaba ambas cosas. Para Austin, responder que sí a la primera pregunta implicaba responder que sí a la segunda, mientras que Hart hubiera dejado abiertas ambas alternativas, aunque de hecho respondió que no a ambas preguntas. Pero lo que me interesa es que puede haber sanciones sin órdenes, y esta es la opción que –correctamente– elige Kelsen: después de responder con un no a la primera pregunta, responde con un sí a la segunda.

Frederick Schauer ha examinado con claridad el tema de las sanciones en el derecho. A diferencia de la moral y de las reglas de etiqueta, por ejemplo, el derecho posee los recursos necesarios para exigir obediencia. ¿Forma parte la sanción, entonces, de la naturaleza del derecho? Todo depende de cómo entendamos el tema de la naturaleza de algo, responde Schauer. Hay quienes la entienden como las propiedades necesarias y esenciales sin las cuales ese algo sería otra cosa, de donde la sanción no sería considerada esencial al derecho. Pero no es esta la única manera posible de entender la naturaleza de algo: la naturaleza de un concepto podría consistir en un conjunto de propiedades interrelacionadas, ninguna de las cuales es individualmente necesaria[33], y en este caso sí la sanción está incluida en la naturaleza del derecho.

Es conceptualmente posible interpretar la obligación jurídica de manera independiente al concepto de sanción, pero esta no es más que una posibilidad lógica. La sanción puede ser algo contingente, y no necesario, para el derecho, pero lo cierto es que aparece en todos sus casos centrales. Cuando pensamos en los pájaros, recuerda Schauer, pensamos inmediatamente en algo que vuela, no en pingüinos o en águilas con sus alas rotas[34]. La sanción puede ser para el derecho lo que el volar es para los pájaros: no es algo estrictamente necesario, pero es tan ubicuo que no podemos prescindir de ese rasgo, si es que queremos comprender completamente el fenómeno. Tal vez no querríamos incorporar el concepto de sanción a la definición del

---

33 Schauer, Frederick (2015), *The Force of Law*, Cambridge, Mass.: Harvard University Press, pp. 1 y 3/4.

34 *Ibid.*, pp. 33 y 36-37.

derecho, como lo hacía Austin, pero sí considerar que –empíricamente, como lo entendía Bentham– aparece en todos los ejemplos centrales de derecho. El cuarto modelo, como lo hace Kelsen, responde con un sí a la segunda pregunta.

Pero, a diferencia de Kelsen, también responde sí a la tercera: el derecho es un hecho social. La dificultad que lleva a Kelsen a contestar que no lo es proviene de la bien conocida afirmación de Hume de que no puede derivarse un deber ser de un ser, un enunciado normativo de un enunciado fáctico. ¿Qué puede decirse de este problema?

Adaptándolo al ámbito del derecho, el problema consiste en encontrar una autoridad suprema con el poder de dictar normas, poder que –a su vez– no proviene de una norma. Kelsen pensó en solucionarlo –insatisfactoriamente, creo– con la suposición de la norma fundamental. Shapiro, a su vez, lo asimila al problema del huevo y la gallina: todas las gallinas deben provenir de un huevo, pero todos los huevos de gallina deben ser puestos por gallinas. Puesto que la existencia del uno presupone la del otro parece que no podrían existir ni huevos ni gallinas[35].

Creo que este ejemplo es útil para guiarnos en la actitud que debemos adoptar frente al problema. Parece que no pueden existir ni huevos ni gallinas, pero –sin embargo– todos nosotros hemos consumido

---

35 SHAPIRO, SCOTT J. (2011), *Legality*, Cambridge, MASS.: Harvard University Press, p. 39.

huevos fritos y pucheros de gallina. Sería ridículo, entonces, que se nos ocurriera negar que en el mundo real existen huevos y gallinas: si la lógica carece de recursos para explicar datos del mundo real, no puede pretenderse que neguemos estos datos. Lo que tenemos que hacer es aceptar los datos respecto de los cuales tenemos una buena evidencia empírica y dejar que la lógica siga buscando elementos para explicarlos.

En realidad, la propia lógica enfrenta un problema similar. ¿Qué apareció primero, la lógica o el lenguaje? El lenguaje no puede aparecer sin estar dotado de lógica, pero los principios de la lógica no pueden tener significado sin el lenguaje en el cual son formulados. No tendría sentido preguntar, entonces, cuál de los dos apareció primero, la lógica o el lenguaje. Tan pronto como uno adquiere un lenguaje adquiere la lógica que determina lo que puede, y lo que no puede, decirse en ese lenguaje, sin que ella sea previa al lenguaje[36].

En suma: existen huevos y gallinas, lógica y lenguaje. Y también existen individuos que detentan el poder de dictar normas sin que ese poder provenga de una norma. Este último caso solamente es dificultoso si pretendemos entenderlo dentro del modelo kelseniano, pero el cuarto modelo recurre a otra fuente para contestar a la tercera pregunta: Carl Schmitt.

---

36 *Cfr*. Phillips, D. Z. (2000), "Grammar and Religious Belief", en Davies, Brian (Ed.), *Philosophy of Religion*, Oxford: Oxford University Press, pp. 110-111.

La norma básica kelseniana, piensa Schmitt, no puede contestar, ni está diseñada para hacerlo, la cuestión fundamental de trasfondo: ¿cómo es posible, en primer lugar, el orden jurídico?[37]. Los hechos iniciales del derecho no pueden ser explicados dentro de la teoría de Kelsen, puesto que en ella –al igual que en la de Hart– el problema del surgimiento de un sistema jurídico constituye una cuestión inadecuada, de donde toda investigación adicional sería irrelevante[38].

No ocurre lo mismo con Schmitt, en cambio. Él enfatiza no el reconocimiento de una norma sino el reconocimiento del pueblo respecto de sí mismo, como actor y agente de la decisión política sustantiva[39]. La decisión del pueblo es una decisión pura, una decisión absoluta creada a partir de la nada: es la decisión pura constitutiva que se encuentra en la base de todo acto legal[40]. Los intentos de crear una constitución no apelan a una constitución existente, sino a la nueva constitución que está surgiendo, puesto que una constitución no se origina en normas

---

37 *Cfr*. DELACROIX, SYLVIE (2005), "Schmitt's Critique of Kelsen's Relativism", *Ratio Juris*, 18(1): 32.

38 DELACROIX, SYLVIE (2004), "Hart's and Kelsen's Concepts of Normativity Contrasted", *Ratio Juris*, 17(4): 508 y 511.

39 KENNEDY, ELLEN (2004), *Constitutional Failure. Carl Schmitt in Weimar*, Durham: Duke University Press, p. 175.

40 SCHEUERMAN, WILLIAM (1999), *Carl Schmitt*, Lanham, MD: Rowman and Littlefield, Kindle edition, poss. 133 y 144.

jurídicas, sino en la decisión política de aquellos que poseen el poder constituyente[41].

La figura del dictador soberano, a la que recurre Schmitt, es precisamente la de alguien que no invoca una constitución existente, sino que trata de crear las condiciones en las cuales una constitución sea posible, por lo que invoca la constitución que está por venir[42].

Podemos, entonces, encontrar el fundamento jurídico último de la validez jurídica en un acto de voluntad, en una decisión que –como decisión– realmente crea al derecho en su inicio, y cuya fuerza de ley no puede ser derivada de la fuerza de ley de las normas puesto que una decisión que no se ajusta a las normas también crea derecho[43].

El orden jurídico, en definitiva, se basa en una decisión y no en una norma[44]. Antes de que se establezca cualquier norma, hay una decisión política fundamental adoptada por el portador del poder constituyente. La constitución, pues, no está basada en una norma, sino en una decisión política que concierne al tipo y forma de su ser. Esa decisión no requiere ser justificada por medio de una norma ética,

---

41 Bendersky, Joseph J. (1983), *Carl Schmitt, Theorist for the Reich*, Nueva Jersey: Princeton University Press, pp. 32 y 96.

42 Schmitt, Carl (2014), *Dictatorship*, Cambridge: Polity Press, pp. 119 y 127.

43 Schmitt, Carl (2004), *On the Three Types of Juristic Tought*, Westport, Conn.: Praeger, pp. 59-60.

44 Schmitt, Carl (2005), *Political Theology*, The University of Chicago Press, p. 100.

o jurídica, ya que una norma no está en condiciones de justificar nada aquí, dice Schmitt[45].

Es interesante comparar la idea de Schmitt respecto del derecho con la idea de Gauss respecto del origen de la moral. En efecto: Gauss piensa que el punto de partida de nuestra comprensión de lo que puede llamarse la "moral verdadera" es lo que puede llamarse la "moral real", esto es, que el punto de partida de la moral normativa es un punto de partida fáctico. Gauss cree que es un error pensar que los fenómenos sociales no pueden ser normativos. Una moral social, por caso, tiene que cumplir con un requerimiento para su existencia: solo si sus reglas son suficientemente compartidas entre los miembros de la sociedad, y este hecho es conocido, puede ser ella una moral social. El estatus normativo de esa moral depende de un hecho social porque solo si esa moral satisface el requerimiento para su existencia que he mencionado podrá ser la moral positiva de la sociedad, y solo si es la moral positiva puede estar normativamente justificada. Y es interesante advertir que Gauss sostiene que el mejor modelo para comparar a la moral es el derecho[46]. Un nuevo adherente a la

---

45 SCHMITT, CARL (2008), *Constitutional Theory*, Durham: Duke University Press, pp. 77, 125 y 136.

46 GAUSS, GERALD (2011), *The Order of Public Reason*, Cambridge: Cambridge University Press, p. 103; GAUSS, GERALD (2015), "On Dissing Public Reason: A Reply to Enoch", *Ethics*, 125(4): 1081-1083.

idea de rechazar la interpretación usual de la falacia naturalista humeana, como puede verse.

Algo similar a lo sostenido por Gauss ocurre si consideramos las pretensiones de la neurociencia. Supongamos que la neurociencia logre establecer una conexión causal entre un cierto tipo de actividad cerebral y cierto tipo de intuiciones morales, como piensan algunos autores. Si seguimos considerando a la moral como normativa, tendríamos que aceptar que su deber ser deriva de un hecho empírico[47]; la alternativa consistiría en abandonar el carácter normativo de la moral y adoptar para ella una perspectiva austiniana.

Tal vez pueda resultar curioso para alguien que la tesis de Schmitt se emplee para defender un modelo de positivismo jurídico, teoría que él criticó sin contemplaciones, pero yo no lo encuentro así. La tesis de Schmitt no solo es compatible con una posición positivista, sino que es necesaria para completarla en lo que se refiere al origen del derecho y a los cambios en el derecho adoptados de una forma no prevista en el sistema. Él estaba obsesionado con las circunstancias de excepción en el derecho, mientras que el positivismo suele ocuparse de las circunstancias normales en las que el sistema jurídico funciona. Es posible que esa diferencia de intereses haya motivado

---

47 *Cfr.* Kahane, Guy (2013), "The armchair and the trolley: an argument for experimental ethics", *Philosophical Studies*, pp. 421-445.

la hostilidad de Schmitt respecto de los positivistas –en particular respecto de Kelsen–, pero nada impide superarla y utilizar algunas de sus ideas para sustentar el positivismo.

Es bueno detenerse, entonces, en las razones por las cuales Schmitt criticaba a los normativistas y a los positivistas. Él pensaba que la norma no crea el orden jurídico, y que el normativismo se equivocaba cuando aislaba a la norma de la decisión. Para mantener su consistencia, el normativismo estaba obligado a basarse solamente en normas y nunca en el poder concreto, olvidando que la ley no puede aplicarse, o administrarse, a sí misma[48]. Este pensamiento, así, conduce a una aguda separación entre la norma y la realidad, donde la normatividad y la facticidad constituyen dos planos por completo diferentes. Un normativismo puro está obligado a deducir la norma positiva de una norma superior a ella[49]. Esto es lo que hace Kelsen, como vimos, y es lo que Schmitt cuestiona.

Pero no lo cuestiona en todas las situaciones posibles. Lo que advierte es que la norma presupone una situación normal, y que una regulación legal de ese tipo presupone también un concepto de lo que es normal. Incluso si se piensa que la norma es inviolable, ella controla la situación únicamente en la medida en que la misma no se haya vuelto completamente anormal.

---

48 SCHMITT, CARL (2004), *On the Three Types..., op. cit.*, pp. 48-51.
49 *Ibid.*, pp. 52-53 y 69.

Schmitt acepta, pues, que en una situación estable el modo de pensar positivista es plausible, aunque le sigue reprochando que descarte el problema del comienzo del valor positivo de la norma[50].

Lo que yo hago, precisamente, es incorporar al positivismo aquellas ideas de Schmitt que sirven para completarlo, explicando el punto de partida del sistema, así como su funcionamiento en situaciones anormales, como los casos de revolución, por ejemplo.

En suma: en el mundo real hay huevos y gallinas, lógica y lenguaje, hechos y normas. Y si en el mundo real las normas se derivan de los hechos de la forma que he descrito, no podemos dejar esto de lado porque no encontremos una manera lógicamente adecuada de expresarlo. El carácter normativo de la primera constitución, y –en consecuencia– de las normas que se siguen de ella, se establece a partir del hecho social de su obediencia. La norma básica no es necesaria, y la regla de reconocimiento, pese a su mención de hechos sociales, tampoco lo es. El cuarto modelo contesta que sí a la tercera pregunta.

Pero si alguien encuentra poco atractivo el rechazo de la lógica, o si no quiere ser acusado de cometer la falacia naturalista de Hume, o si cree que de un hecho no puede derivarse una norma, todavía existe –desde luego– otra solución disponible. Esta consiste en negar el carácter normativo de los enunciados que dicta el soberano y considerarlos como simples descripciones

50 *Ibid.*, pp. 56, 65 y 68.

de lo que ocurriría si no lo obedeciéramos. Me parece que esta es la actitud que adoptó Austin, y esto muestra que el sí brindado por el cuarto modelo a la tercera pregunta es un sí más próximo al de Austin que al de Hart.

Y hay una –última– alternativa adicional: puede sostenerse que el hecho social es condición necesaria de la existencia del derecho, pero no condición suficiente: también cuenta en este caso –al menos parcialmente– el contenido del derecho que surge del hecho social. Ciertamente, no es la alternativa que yo recomendaría, puesto que sus credenciales positivistas son más que dudosas, ya que no parece contestar claramente que sí a la pregunta cero.

Sin duda este cuarto modelo ha de haber sido explicado por varios autores, pero no conozco ninguno que lo desarrolle de esta manera y con estos fundamentos, por lo que no se lo atribuyo a nadie en particular. Puesto que lo presenté después haber evaluado los defectos de los tres primeros modelos, y como una forma de corregir tales defectos, es claro que –como dije al comienzo– lo considero el mejor de todos los modelos positivistas. Esto no significa –desde luego– que yo crea que el positivismo es la mejor teoría general del derecho, lo que es otro tema.

DÉCIMA PARTE

UN INTENTO DE SUPERACIÓN DE LA CONTROVERSIA ENTRE POSITIVISTAS Y JUSNATURALISTAS: RÉPLICA DE GENARO R. CARRIÓ A CARLOS S. NINO

CAPÍTULO 21
RETRATO DE UN DEBATE: CARRIÓ Y NINO (CON DWORKIN AL FONDO)

José Juan Moreso

Legality promotes accuracy if official facts are more likely to be wise or just if they are governed by established standards than if they represent merely the contemporary judgment of some official what would be just or wise.
Ronald Dworkin (2006: 172-173).

INTRODUCCIÓN

Quiero comenzar diciendo que me alegra sobremanera participar en este homenaje tan merecido a Genaro Carrió. Lo conocí en mi primera visita a Buenos Aires, para una estancia de investigación en el invierno austral de 1990. Andaba ya algo enfermo y no salía mucho de casa, pero ese día se celebraba, con un asado, la concesión de una ayuda importante al *Centro de Estudios Institucionales*, que Carrió presidía y Nino dirigía. Enterado, por Eugenio Bulygin, de que había un joven español entre los asistentes a la cena, con la amabilidad y afecto que lo caracterizaba, quiso que me sentara a su lado y me estuvo preguntando cosas de los amigos españoles, de la política española, y contando cosas de la situación en Argentina (eran los primeros meses de la presidencia de Menem y Carrió había renunciado hacía algunos años a la presidencia de la Corte Suprema). De hecho, al menos eso me dijo esa noche, él atribuía su enfermedad a las fuertes presiones a las que había sido sometido en dicho relevante cargo. Quiso acompañarme, después, en su taxi hasta mi hotel. Fue, para mí, una conversación inolvidable.

Ya nunca más volví a coincidir con él. Aunque contaré otra anécdota de la que él fue, de un modo indirecto, protagonista. Unos pocos años después, en una estancia de investigación en Oxford, me encontré en una librería de viejo, con un ejemplar de su libro *El recurso extraordinario por sentencia arbitraria* (1967) y al hojearlo me di cuenta de que era el ejemplar que Carrió había dedicado a la viuda del filósofo John Austin, haciendo constar que ese libro se valía de la filosofía del lenguaje de Austin, entonces en boga en los círculos oxonienses. Lo adquirí por unas pocas libras y lo guardo como un tesoro en mi biblioteca.

Voy a dedicar mi contribución a reconsiderar la polémica que Genaro R. Carrió y Carlos S. Nino mantuvieron acerca del positivismo jurídico en la primera mitad de la década de 1980, mientras en Argentina terminaba la dictadura militar y comenzaba la democracia de la que ellos fueron protagonistas destacados (ya dije que Carrió fue el primer presidente de la Corte Suprema de la democracia y Nino fue asesor para los derechos humanos del presidente Raúl Alfonsín, como es sabido). Dicha polémica trae, en realidad, su causa del modo en que los dos iusfilósofos argentinos habían reaccionado a la poderosa crítica de Dworkin (1967, 1977) al positivismo jurídico hartiano. Carrió, tempranamente (Carrió 1970, 1990a), escribió sobre ello una importante contribución y, más tarde, publicó otro importante estudio sobre la teoría jurídica dworkiniana (Carrió, 1979-1980, 1980, 1990b). Nino, por su parte, publicó –en la prestigiosa revista *Mind* (Nino 1980, 1985a)– un estudio relevante. Es este estudio el que critica Carrió (1983, 1990c), y al que replica Nino (1985c)[1].

Sin embargo, Nino moriría tempranamente en 1993 y Carrió ya nada publicaría entre 1990 y su muerte en 1997. Por esta razón, ninguno de ambos tuvo la posibilidad de leer el *Postscript* a *The Concept of Law* (1994) de H. L. A. Hart y la literatura que esta contribución ha generado. Creo que de conocer esta contribución habría sido más claro que, en el trasfondo de la polémica entre ambos, había dos aspectos defendidos por Carrió que han sido y son muy relevantes.

El primero, claramente intuido por Carrió, es la defensa de lo que después se ha conocido como positivismo jurídico incluyente y que en el primer trabajo de Carrió (1970, 1990a) aparece ya vindicado. Una vindicación que Dworkin reconoce cuando publica

1 Una buena guía para orientarse en este laberinto es Roca (2005: 138-161).

Taking Rights Seriously (1977) y dedica el capítulo 3, "The Model of Rules II", a contestar las críticas que su trabajo de 1967 había suscitado, entre ellas las del propio Carrió[2].

El segundo, que considero implícito en Carrió, es una defensa de lo que ahora se denomina *positivismo jurídico normativo.* Como veremos, Carrió creyó siempre defender la actitud positivista encarnada en lo que Bobbio (1965) denominó el positivismo jurídico como *enfoque metódico* (*approach*), es decir la clara distinción entre describir el derecho tal y como es y el derecho tal y como debe ser. Y como corolario de ello, por lo tanto, que la validez jurídica de una norma no depende necesariamente de su validez moral. Esta había sido la tesis central defendida por Hart (1958). Se corresponde con lo que podemos denominar *el espíritu de Bellagio*[3].

En mi opinión, el espíritu de Bellagio encerraba dos tesis acerca de la relación entre el derecho y la moral, una referida a la elucidación de la naturaleza del derecho y la otra referida a la identificación del

---

2 Abeledo-Perrot publicó una versión inglesa en 1971 de Carrió, 1970.

3 Refiere a un encuentro en Bellagio entre filósofos del derecho italianos y anglosajones, liderados por Norberto Bobbio y H. L. A. Hart. No se publicaron las actas de este encuentro, pero puede verse un resumen de dos autores norteamericanos presentes en Bellagio (Falk & Shuman, 1961).

contenido del derecho. Dos tesis que pueden ser presentadas del siguiente modo[4]:

> [*Tesis I de Bellagio*]: La explicación conceptual de la naturaleza del derecho es una tarea descriptiva y para llevarla a cabo no hace falta recurrir ni a consideraciones valorativas ni a argumentos morales.
>
> [*Tesis II de Bellagio*] La determinación del contenido del derecho, de aquello que el derecho requiere, depende únicamente de determinados hechos sociales, y dicho contenido puede ser aplicado sin recurrir ni a consideraciones valorativas ni a la argumentación moral.

A partir de estas tesis, en el apartado segundo trataré de mostrar que Carrió siempre mantuvo la primera de ellas, pero tempranamente abandonó la segunda; y también mostraré cómo el rechazo de la segunda tesis es suficiente para que el positivismo dé cuenta de la primera crítica dworkiniana al positivismo jurídico (Dworkin 1967, 1977), pero es insuficiente para la segunda crítica dworkiniana, que se centra en la primera tesis (Dworkin, 1986, 2006, 2011). En el tercer apartado, conjeturo que Nino abandona la primera tesis, pero no es claro para mí en qué medida rechaza la segunda. En el cuarto, argüiré que para hacer comprensible la crítica de Carrió a Nino es preciso suponer que la concepción de Carrió del positivismo

4 Y así las presenté en Moreso (2008).

jurídico ha de cuestionar también la primera tesis de Bellagio y me valdré de Dworkin (2006) para mostrar cómo podría hacerlo. En el quinto apartado, concluiré.

2. Carrió y la actitud positivista

Antes de describir la posición de Carrió y dado que cuando él mismo comienza su primera respuesta a la crítica dworkiniana de Hart (Carrió, 1970, 1990a), usa el ejemplo de las reglas del fútbol para explicar cómo una pauta como la llamada "ley de la ventaja" puede formar parte del juego del fútbol sin contar con ningún *pedigrí*, es decir, sin que ninguna autoridad deportiva la formulara previamente; yo me valdré de otro ejemplo (ya presentado en Moreso, 2008).

Pensemos en una práctica social más simple que el derecho. Pensamos en la práctica convencional de guardar la cola para comprar la entrada para el cine, para el teatro, para subir al autobús. Se trata de una práctica convencional y contingente, pero una vez establecida genera deberes y derechos a sus participantes, dicho ahora brevemente: el deber de aguardar a que obtenga su entrada o billete aquel que nos precede en la cola y el derecho a obtenerlo antes que el que nos sucede en la cola. Sin embargo, como se trata de una práctica convencional, no está escrito que todos los conflictos que pueden plantearse en lo que concierne a guardar la cola tengan una clara y unívoca solución en estas reglas tan simples. Pensemos en la cuestión siguiente: ¿puede alguien guardar el turno por él y por otra persona que va con él, su pareja, su hija, su madre, su amigo? Parece que la práctica ha evolucionado de modo que se considera permitido este comportamiento. Claro que tal vez no siempre, si es la cola del autobús, quedan pocos lugares, y alguien pretende que diez amigos suyos están representados por él, entonces sería posible que los que siguen en la cola no lo vieran tan claro. Acaso podría decirse que mientras la pauta de que debo ceder la primacía al que me precede en la cola funciona como una *regla*, una pauta (casi) concluyente en esta práctica, en cambio la pauta de que una persona en la cola puede guardar el turno por algunos de sus allegados funciona como un *principio*, una razón –que inclina la balanza en una dirección– que puede ser derrotada por otras razones; al fin y al cabo son imaginables colas en donde esta práctica esté totalmente excluida.

Pensemos en un caso algo más controvertible todavía: ¿puede venderse, a cambio de dinero o especie, la posición en la cola? Nada en las reglas referidas lo prohíbe, nada tampoco lo permite. Cuando en algunas ocasiones he planteado este problema a mis estudiantes de derecho, acostumbran a dividirse más o menos por la mitad. Pero también aquí puede argüirse que la práctica puede evolucionar de tal modo que acepte esta situación, al menos en algunos casos no problemáticos, y ahora tengamos una pauta nueva, que también funciona como un principio, en el sentido de que, en determinadas circunstancias, está permitido vender el puesto en la cola.

Pues bien, esta es precisamente la respuesta de Carrió a la crítica de Dworkin. Por un lado, tenemos principios como la pauta que permite guardar el turno por un allegado, que Carrió denomina principios1 (Carrió, 1990a: 214):

> [...] los principios jurídicos son pautas de segundo nivel, análogas a la ley de la ventaja de fútbol, que indican cómo deben entenderse, aplicarse, y, a veces, complementarse las reglas de primer grado. De aquí en adelante llamaré a estos 'Principios1'.

Por otro lado, tenemos pautas que funcionan como la que autoriza a vender el puesto en la cola (Carrió, 1990a: 214-215):

> [...] los principios jurídicos son los propósitos, objetivos, metas o *policies* de una regla o conjunto de reglas del sistema, ciertas exigencias fundamentales de justicia y moral positivas y ciertas máximas o piezas de sabiduría tradicional. Aquí introduciré un elemento provisional de legislación, por así decir, y para pensar con mayor claridad, agregaré el requisito de que estos principios no sean 'principios1'. Los llamaré 'Principios 2'.

Y, entonces, esta es la respuesta de Carrió (1990a: 228 o 1990b: 354, de donde extraigo el pasaje que se incluye a continuación) a la objeción de Dworkin:

> Nada en el concepto de 'reglas de reconocimiento' obsta, en consecuencia, para que aceptemos el hecho de que los criterios efectivamente usados por los

> jueces para identificar las reglas subordinadas del sistema puedan incluir referencias al contenido de estas. Puede ocurrir que, en una comunidad dada, las únicas costumbres consideradas jurídicas o jurídicamente obligatorias sean aquellas compatibles con las exigencias de la moral. O bien, los jueces pueden aceptar como válidas sólo aquellas leyes que, además de haber sido correctamente aprobadas por un cuerpo con competencia para ello, no violen un catálogo escrito de derechos y libertades individuales.

Esta es la respuesta de Hart, y de muchos otros[5], a la crítica de Dworkin. Hart (1994: 263), aun reconociendo no haber prestado la atención que merecía "el lugar [de los principios jurídicos] en el razonamiento jurídico y que ciertamente fue un error serio por mi parte no haber subrayado su fuerza no-concluyente", añade: "Ciertamente no pretendo que, dado mi uso de la palabra 'regla', los sistemas jurídicos comprendan únicamente estándares 'todo o nada' o reglas casi concluyentes".

Un modo de tomar en cuenta este punto de vista, que es el que adopta Hart en el *Postscript* (Hart, 1994), es sostener que la regla de reconocimiento (los hechos sociales) pueden remitir a la aplicación de pautas

---

5 Con énfasis y alcances diversos (objeto de la réplica dworkiniana en "The Model of Rules II", Dworkin, 1977: cap. 3 y en "A Reply to Critics", apéndice a Dworkin, 1978), por ejemplo, Sartorius (1971), Raz (1972), Greenawalt (1975), Lyons (1977) y Soper (1977).

morales. Ello puede realizarse de dos modos, que han sido desarrollados en la literatura de los últimos veinte años, o bien arguyendo que en estos casos el derecho remite a la discreción de los jueces, para que creen, adapten o modifiquen el derecho de acuerdo con la moralidad, lo que se conoce como positivismo jurídico *excluyente*[6]; o bien arguyendo que en dichos casos el derecho *incorpora* esas pautas morales como partes integrantes de su contenido, como defiende el positivismo jurídico *incluyente*[7]. La segunda posición es la que parece que asumen Hart y Carrió. Hart en el *Postscript* adopta lo que denomina *soft-positivism*. La única duda que queda establecida es si el positivismo incluyente presupone o no el objetivismo moral, porque si lo presupone entonces a los que lo rechazan (y ahí, me temo, habría que incluir a Hart y a Carrió) les queda una posición indistinguible del positivismo excluyente. Veámoslo con las propias palabras de Hart (1994: 254)[8]:

> Si la cuestión del fundamento objetivo de los juicios morales es mantenido abierto por la teoría jurídica,

---

6 Principalmente, Raz (1979: cap. 3, 1994: cap. 9, 2004). Véase, también, Shapiro (1998a y 1998b: 33-64).

7 Véase Waluchow (1994), Coleman (2001) y mi propio punto de vista en Moreso (2001).

8 Al respecto véanse las pertinentes dudas de Green (2012). En la literatura en español, a menudo, es el rechazo del objetivismo moral lo que conduce al positivismo jurídico excluyente. Véase el caso paradigmático de Bulygin (2006).

> como yo pretendo que debe ser mantenido, entonces el *soft positivism* no puede ser caracterizado simplemente como la teoría conforme a la cual los principios o valores pueden formar parte de los criterios de validez jurídica, puesto que si es una cuestión abierta la de si los principios y valores morales tienen un fundamento objetivo, entonces debe quedar también abierta la cuestión de si las pautas jurídicas *soft positivist* conducentes a incluir la conformidad con ellas entre los criterios para la determinación del derecho existente pueden tener dicha consecuencia o, por el contrario, pueden solo constituir orientaciones a los tribunales para que *creen* derecho de acuerdo con la moralidad.

Sea como fuere, creo que hay un amplio consenso en la teoría jurídica actual en torno a que la primera crítica de Dworkin (el positivismo jurídico hartiano no puede dar cuenta del lugar de los principios en el razonamiento jurídico) puede ser rechazada mediante alguna de estas dos maniobras. En palabras de Shapiro (2007: 35):

> Un examen detallado y comparativo de estas dos versiones del positivismo jurídico y de sus respectivas respuestas a Dworkin está más allá del alcance de este ensayo. Sin embargo, aseveraré simplemente y sin argumento ulterior que los seguidores de Hart han tenido éxito al desmontar la crítica de Dworkin en 'The Model of Rules I'. El hecho de que los jueces están a veces obligados a aplicar principios morales en los casos difíciles no muestra por sí mismo que el positivismo jurídico es falso.

Para llegar a esta conclusión Carrió –y Hart– rechazan la segunda tesis de Bellagio, según la cual siempre es posible aplicar el derecho sin recurrir a consideraciones morales.

Sin embargo, la segunda crítica de Dworkin al positivismo (Dworkin, 1986, véase Shapiro, 2007) consiste en sostener que el positivismo jurídico no puede dar cuenta de los desacuerdos en la práctica jurídica. Para explicar esta segunda crítica, la tesis de los desacuerdos, conviene introducir la distinción que hace Dworkin (1986: 4-6) entre proposiciones jurídicas (*propositions of law*) y fundamentos jurídicos (*grounds of law*). Las proposiciones jurídicas son proposiciones acerca del contenido del derecho en un sistema jurídico particular, acerca de lo que el derecho requiere o permite. Proposiciones no controvertidas como "el Derecho español prohíbe circular a más de 120 km/h por las autopistas" o proposiciones controvertidas como "la Constitución española autoriza la prisión perpetua como sanción penal". Su verdad o falsedad depende de los fundamentos jurídicos, y en los fundamentos reside la razón de los desacuerdos en el derecho. Es decir, depende de lo que establece la legislación, de si la legislación está de acuerdo con los principios constitucionales, de la vinculación que establece el precedente judicial, entre otras cosas. Algunos autores consideran que los fundamentos jurídicos incorporan razones morales que justifican nuestra práctica jurídica, otros rechazan dicha incorporación. La primera crítica al positivismo jurídico de Dworkin (1977: caps. 2 y 3), como sabemos, le reprochaba no haber tomado en cuenta la distinción entre las reglas, identificadas por su origen en alguna fuente social, y los principios, cuya naturaleza radica en la capacidad de justificar moralmente un determinado conjunto de reglas y decisiones. Sin embargo, la segunda crítica es más poderosa[9]. En este sentido, por ejemplo, para esta concepción saber lo que la constitución requiere nos lleva necesariamente a saber lo que la constitución presupone. Es una cuestión obvia, sobre la que Dworkin insiste, que nuestra práctica de la comprensión de lo que la constitución presupone no es convergente. Esta divergencia explica nuestros desacuerdos jurídicos. Dworkin (2011: 404) lo expresa así: "No hay acuerdo entre juristas y jueces en comunidades políticas complejas y maduras acerca de cómo debemos decidir qué proposiciones jurídicas son verdaderas".

Por lo tanto, la tesis iuspositivista según la cual el derecho de una sociedad puede ser identificado sin recurrir a consideraciones morales es también atacada. Si la naturaleza del derecho en una sociedad pudiera ser identificada a través de alguna práctica convencional, como es la regla de reconocimiento, entonces no habría lugar para estas discrepancias. Lo que aquí cuestiona Dworkin es la primera tesis

---

9 Como reconoce Shapiro (2007). Leiter (2009) considera que también esta crítica es fácilmente replicable. Creo que Leiter no lleva razón, pero esta posición no será analizada aquí, aunque puede verse Moreso (2009b).

de Bellagio. Tal vez es también lo que cuestiona el ejemplo de si se puede o no vender el lugar en la cola. Supongamos que se plantea realmente el conflicto y supongamos también que, como ocurre en el derecho, hay alguien que tiene el cometido de resolver el conflicto, llamémosle el guardián de la cola. Si, como de nuevo ocurre en el derecho, existe la prohibición de *non liquet*, es decir si el guardián de la cola está obligado a tomar una decisión, ¿con qué criterios habrá de tomarla?

Parece razonable pensar que nuestro guardián de la cola deberá argumentar por una solución que encaje mejor con el *sentido* que asignemos a la práctica de guardar la cola. Si se nos permite la frivolidad, podríamos decir que hay, al menos, dos enfoques posibles que atribuyen sentido a la práctica de guardar la cola, un enfoque *liberal* y un enfoque *republicano*. Para el enfoque liberal, la práctica tiene sentido en cuanto nos permite razonablemente la coordinación en aquellas actividades en las que somos muchos los que queremos disfrutar de algún recurso escaso y dicha coordinación satisface nuestros intereses individuales. Eso es todo. Para este enfoque no hay problema alguno en permitir la compraventa de la posición en la cola, puesto que ningún interés individual es afectado por esta compraventa. Para el enfoque republicano, en cambio, la práctica tiene sentido porque otorgando el derecho por turnos como consecuencia de la espera, nos reconocemos unos a otros como iguales, como miembros del mismo grupo y aceptar la compraventa, representaría corromper este reconocimiento recíproco, puesto que alguien podría alcanzar su turno solo por disponer de más dinero. Si a alguien le parece ilusa la concepción republicana, que piense en una lista de espera para un trasplante de riñón y considere entonces cuán razonable le parecería admitir la compraventa del lugar en la lista. Para el enfoque republicano, como es obvio, la compraventa del puesto en la cola está prohibida[10].

Es decir, el concepto de guardar cola es, en el sentido de Dworkin, *interpretativo*. Consiste en asignar un sentido a la práctica de guardar cola, y según cuál sea ese sentido identificaremos unos deberes u otros en dicha práctica. Atribuir un sentido a una práctica consiste en considerarla en su mejor luz, en una especie de inferencia hacia la mejor explicación. Ello requiere, parece que de modo irremediable, entrar en algunas consideraciones valorativas.

Sin embargo, según parece, Carrió no está dispuesto a rechazar la primera tesis de Bellagio. Dicha tesis configura lo que él denomina la *actitud positivista*, que distingue claramente entre el derecho tal y como es y el derecho tal y como debe ser y que comporta que la actitud positivista es "valorativamente neutral", capaz de proporcionarnos una "definición descriptiva" del concepto de derecho (Carrió, 1990c: 86-87).

---

10 Para un desarrollo reciente de estas ideas sobre la cola en otro contexto, Sandel (2012: cap. 1).

Carrió atribuye con razón dicha idea a Bobbio (1965) y, también, a Hart (1958) y Ross (1961).

Entonces, en los casos en que nos preguntamos si la práctica de la cola autoriza la compraventa del puesto en ella, o si la Constitución española autoriza la prisión perpetua, o la Constitución de los Estados Unidos la pena de muerte, nuestro concepto descriptivo de derecho solamente puede decir que estas cuestiones quedan a la *discreción* de los jueces. Por esta razón, el tema de la discreción judicial ha centrado muchas de las discusiones de la teoría jurídica contemporánea. Un teórico del derecho tal vez pueda sentirse conformado con esta conclusión, pero cuando este mismo teórico ejerce como juez de un Tribunal que debe tomar una de estas decisiones, no puede conformarse con este veredicto. Puede entonces que sea un ingenuo, que cree que hay solución donde no la hay, o un cínico, que usa su lugar como juez para imponer sus propios valores y su ideología (esta es la posición de Leiter, 2009, a la que me referí en la nota 9). Sin embargo, esta es una más que triste solución y antes de adoptarla deberíamos ver si nuestra reflexión filosófica puede ofrecernos alguna otra solución.

3. Nino y los conceptos de derecho

Desde muy pronto, Nino (1980, 1985a) trató de dar una respuesta a la crítica de Dworkin al positivismo jurídico. Y su respuesta consiste fundamentalmente en sostener que no hay un solo concepto de derecho, sino varios, algunos descriptivos, otros normativos, que desempeñan su función en contextos diversos, Por ejemplo (Nino 1994: 32, véase también Nino, 1985b)[11]:

> Estas consideraciones sugieren que respecto del derecho, como sin duda en relación con muchos otros conceptos, lo apropiado sería adoptar una posición convencionalista. Según esta posición, el concepto de derecho surge de estipulaciones y prácticas que tienen en cuenta las necesidades del discurso en el que ese concepto se emplea. La consecuencia inmediata de esta posición es la admisión de que puede haber una pluralidad de conceptos de derecho, ya que las necesidades del discurso pueden variar en y con el discurso. La percepción de que hay diversos discursos relacionados con el derecho, con funciones y puntos de vista muy diferentes hace pensar que en ellos se emplean nociones de derecho diferentes, aunque es posible [...] que estén relacionadas entre sí.

Nino presenta su tesis de tal modo que descansa en dos presupuestos:

1) Que la naturaleza del derecho tiene, como el rostro de Jano, una doble faz: es objeto de un análisis meramente descriptivo y, también, es objeto de un análisis normativo.

2) Que la aplicación del derecho presupone una concepción normativa, la decisión justificada de los jueces no puede ser llevada a cabo si no conciben

11 Me he referido a esta posición de Nino, y a una comparación con la de Dworkin, en Moreso (2015).

las normas jurídicas como razones para la acción, como razones que descansan, en último término, en razones morales.

Nino, como es sabido, insiste en que su posición muestra que la controversia entre positivistas e iusnaturalistas puede disolverse (Nino, 1995a: 172-173):

> Si no todos los positivistas niegan la posibilidad de una demostración racional e intersubjetiva de los juicios de valor acerca de las reglas y principios que el estado debe reconocer, y si los antipositivistas serios no niegan la factibilidad y relevancia de una descripción valorativamente neutra de las reglas y principios que, de hecho, son reconocidos por el Estado, la controversia entre ellos no versa sobre cuestiones de más profundidad filosófica que el mero reconocimiento de que hay varias alternativas legítimas para definir 'derecho'.

Nino sostiene que un concepto descriptivo de derecho es adecuado para identificar las pautas que en una sociedad se consideran parte del derecho. Pero este concepto es incapaz de rendir cuenta de la dimensión justificativa del derecho, del hecho de que para justificar decisiones, como las decisiones judiciales, es necesaria una premisa valorativa, normativa, que pueda comportarse en el razonamiento práctico como una razón *operativa*[12]. Podemos decir que el concepto

---

12 Como es sabido la distinción entre razones operativas y auxiliares procede de Raz (1975: 15-43).

normativo de derecho de Nino es el que está presupuesto en la aplicación del derecho. Solamente así las normas jurídicas, como razones auxiliares de un razonamiento práctico completo, pueden justificar las decisiones judiciales. Nino lo llamó el teorema fundamental de la teoría general del derecho (Nino, 1994: 130). Y esta puede ser una de sus exposiciones (Nino, 1985d: 139):

> Podemos reconstruir la estructura del razonamiento judicial, bajo un derecho rudimentario, de acuerdo con los lineamientos siguientes: 1) Se debe obedecer a quien ha sido elegido democráticamente para legislar. 2) El legislador L ha sido elegido democráticamente. 3) L ha dictado una norma jurídica que estipula 'el que mata a otro debe ser penado'. 5) Debe penarse a quienes matan a otro. 6) Juan mató a alguien. 7) Se debe penar a Juan.

En un trabajo de hace ya algunas décadas, David Brink (1985) intentó una reconciliación de este tipo entre positivismo jurídico e iusnaturalismo. Sostuvo que el iusnaturalismo y el iuspositivismo defendían dos tesis, una referida a la validez jurídica y otra referida a la aplicación del derecho. La primera tesis del iusnaturalismo (IN1) sostiene que la adecuación a la moralidad es, al menos, una condición necesaria de la validez del derecho. La primera tesis del positivismo jurídico (IP1) niega la tesis anterior. La segunda tesis del iusnaturalismo (IN2) sostiene que una decisión judicial adecuada en un caso dado debe siempre fundarse en premisas morales correctas. La segunda tesis del positivismo jurídico (IP2) rechaza esta tesis.

Como puede verse, y esta es la sugerencia de Brink, uno puede aceptar la tesis de la validez jurídica del positivismo jurídico y aceptar la tesis de la aplicación del derecho del iusnaturalismo (Brink: 384-385):

> Aunque IP1 e IN1 representan teorías incompatibles acerca de la conexión entre el derecho y la moralidad e IP2 e IN2 representan teorías incompatibles acerca de la conexión entre la aplicación del derecho y la moralidad, podemos y debemos defender IP1 e IN2. Las condiciones de existencia del derecho válido no aseguran que las pautas jurídicas satisfacen la moralidad política sólida o verdadera, mientras las decisiones judiciales correctas deben satisfacer las pautas de moralidad política correctas o verdaderas [...] Por lo tanto, hay una construcción interesante de IP y IN en la cual ambas son mutuamente compatibles y verdaderas.

Creo que las ideas de Nino acerca de cómo superar la controversia entre iusnaturalismo y iuspositivismo pueden ser leídas a través de esta reconstrucción de David Brink. Hacerlo así permite modificar la primera tesis de Bellagio, en el sentido de que, aunque el contenido del derecho pueda identificarse mediante descripciones valorativamente neutras, comprender la naturaleza del derecho requiere adoptar un concepto normativo apto para operar en el razonamiento práctico de los actores de la aplicación del derecho.

Sorprendentemente estas ideas parecen, en cambio, apoyar la segunda tesis de Bellagio, de acuerdo con la cual el contenido del derecho puede identificarse sin recurrir a consideraciones morales. Y así parece argüir Nino (1985a: 172) en su respuesta a Dworkin:

> En realidad cuando Dworkin dice que uno de los tests para juzgar la validez de una teoría normativa de la adjudicación judicial es su adecuación con los estándares que son efectivamente reconocidos por las instituciones oficiales, él está asumiendo que esos estándares pueden ser identificados con independencia de la teoría normativa que debe ajustarse a ellos. Es cierto que el sostener este test para una teoría normativa de la adjudicación presupone una concepción normativa de segundo nivel que justifique esa exigencia, pero, si bien esta concepción requiere que se identifiquen los estándares efectivamente reconocidos, no está ella misma involucrada en tal identificación. De este modo Dworkin parece admitir la factibilidad de una descripción valorativamente neutra de las reglas y principios reconocidos efectivamente por el Estado.

Pues bien, esta es la tesis que parece objetar la apelación a los desacuerdos jurídicos de Dworkin. Para Dworkin, la razón por la que no hay acuerdo en la comunidad jurídica española acerca de si, por ejemplo, la Constitución española autoriza o no la prisión perpetua, es porque no hay acuerdo acerca de lo que la Constitución presupone acerca de los castigos penales.

O sea, aunque las estrategias de Carrió, rechazando la segunda tesis de Bellagio, y la de Nino, rechazando la primera tesis, tal vez son capaces de superar la primera crítica de Dworkin al positivismo jurídico, ambas parecen inaptas para oponerse a la segunda crítica.

4. El positivismo jurídico normativo. De *Bellagio* a *Pavía*

Carrió (1990c) no está de acuerdo con la crítica de Nino a Dworkin, y no lo está fundamentalmente porque piensa que la actitud positivista implica, de algún modo, que los jueces deben aplicar las pautas identificadas mediante los criterios usados en la identificación descriptiva del derecho. El punto fundamental de la crítica de Carrió a Nino puede ser expresado en los siguientes párrafos (Carrió, 1990c: 392-393):

> Que sólo un juez que ha adoptado la actitud positivista, esto es, un funcionario público que ha jurado cumplir sus funciones aplicando las reglas públicas del derecho positivo y no las pautas que pueda extraer de *sus* principios morales, sólo un juez positivista, repito, así caracterizado, puede actuar correctamente como juez de derecho. Porque el 'juego' de que aquí se trata es el del derecho positivo, sólo un juez que adopta la actitud positivista está en condiciones de 'jugarlo'.

Pero, entonces debemos preguntar a Carrió de dónde surge este deber "de actuar correctamente como juez de derecho". Solo puede surgir, me temo, de una teoría normativa. Y, entonces, el positivismo jurídico tiene una dimensión normativa. El positivismo jurídico exige a los jueces la aplicación de las pautas públicas, identificables sin recurrir a pautas morales, que una sociedad se ha dado a sí misma para autogobernarse.

Esta es la idea que Uberto Scarpelli (1965) defendió en un importante libro publicado el mismo año que el libro de Bobbio sobre el positivismo jurídico. Scarpelli la presentaba así (1965: 133)[13]:

> Inherente al positivismo jurídico hay una elección política, pero la elección política es una elección por el derecho positivo identificado a través de sus características formales, es una elección de una ciencia y una práctica del derecho que, una vez aceptado el derecho positivo, lo estudia y lo aplica fielmente prescindiendo de todo juicio de valor acerca de su contenido.

Esta es la idea que ha resurgido en los últimos años bajo la etiqueta de *positivismo jurídico normativo* o *ético*[14]. Stephen R. Perry (2001: 311-313) ha distinguido

---

13 Ha sido defendido que esta idea latía detrás del esfuerzo de uno de los fundadores del positivismo jurídico, Jeremy Bentham. Véase, por ejemplo, Schofield (2010).

14 Por Campbell (1996), Murphy (2001), Waldron (2001, 2005) o

entre dos sentidos de positivismo jurídico que es pertinente recordar aquí. El positivismo jurídico *sustantivo* que sostiene "que no hay conexión necesaria entre la moralidad y el contenido del derecho" y el denominado positivismo jurídico *metodológico* para el cual "no hay conexión, ni necesaria ni de ningún otro tipo entre la moralidad y la teoría del derecho". En un iluminador trabajo, José Luis Martí (2008-2009: 438) ha presentado de esta forma tan perspicua las dos tesis del positivismo normativo:

> (1) Tesis normativa: el positivismo jurídico está comprometido con los valores de autonomía y democracia que le llevan a suscribir una particular concepción del ideal de Estado de derecho, una teoría democrática de la autoridad y a prescribir que los jueces no deben recurrir a la moral, apartándose así de la letra de la ley, a la hora de resolver las disputas jurídicas [nota omitida].
>
> (2) Tesis metodológica: La filosofía del derecho parte siempre de presupuestos normativos, y en consecuencia debe abandonar la pretensión de desarrollar su análisis conceptual en la más estricta neutralidad valorativa.

La tesis metodológica es el rechazo precisamente de lo que Perry denomina positivismo jurídico metodológico.

Green (2008). En la literatura en español, con algunos matices, Hierro (2002), Martí (2008-9), Laporta (2007) y recientemente Atria (2016).

Constituye también el abandono de la primera tesis de Bellagio y de lo que Carrió denominó la *actitud positivista*. Es comprensible que los positivistas (Hart y Carrió entre ellos), anclados en la idea de la separación estricta entre los hechos y los valores, se resistieran abandonar dicha tesis. Sin embargo, muy tempranamente Bobbio (1966: 70-71) era consciente de que la actitud positivista presuponía una adhesión valorativa[15]: "No puedo ignorar que el *approach* científico característico del positivismo jurídico estaba vinculado a la primacía del valor de la certeza".

Si el positivismo jurídico abandona la idea de que la tarea de elucidar la naturaleza del derecho es una tarea descriptiva y conceptual, sin ninguna consecuencia para la práctica del derecho, entonces el positivismo jurídico entra en el debate normativo. Es obvio que Hart se resistió a dar este paso y su respuesta a Dworkin en el *Postscript* (Hart, 1994) se

---

15 Por cierto que Bobbio, (1967: 71) en la mesa redonda de Pavía dedicada al positivismo jurídico (cinco años después del encuentro de Bellagio, en 1966) también arrojaba dudas, dos años antes de que Dworkin publicara "The Model of Rules", Dworkin (1967), sobre la separación entre el derecho que es y el derecho que debe ser, precisamente al tratar de dar cuenta de los principios jurídicos: "En la medida de que el juez se vale, para decidir un caso nuevo, de los principios generales del derecho que pueden ser intrasistemáticos, pero también pueden ser extrasistemáticos, contribuye, incluso sin quererlo, a modificar el sistema del derecho dado. Los principios generales, ¿pertenecen al derecho que es o al derecho que debe ser?". Véase para la intervención de Bobbio en la mesa de Pavía, Moreso (2011).

funda en insistir en que su concepción del derecho no es incompatible con la de Dworkin, porque la suya es una tarea descriptiva y conceptual, mientras la de Dworkin es una tarea valorativa y comprometida. A pesar de ello, la respuesta de Dworkin (2006) al *Postscript* es considerar que el positivismo jurídico es una concepción interpretativa del derecho, con consecuencias para la práctica jurídica. El análisis conceptual de la naturaleza del derecho, como el análisis de otras de nuestras instituciones, como la naturaleza de la democracia o de la amistad, tiene una dimensión normativa. Solamente embarcados en ella podemos tener un concepto de derecho. Hart no está de acuerdo (Hart, 1994: 248-249):

> Mientras la teoría interpretativa del derecho de Dworkin descansa en el presupuesto de que el sentido o el propósito del derecho y de la práctica jurídica es justificar la coerción, ciertamente no mantengo ni nunca he mantenido el punto de vista con arreglo al cual el derecho tiene este sentido o propósito. Como otras formas de positivismo mi teoría no pretende identificar el sentido o el propósito del derecho y de las prácticas jurídicas como tales; de modo que no hay nada en mi teoría a favor del punto de vista de Dworkin, que ciertamente no comparto, de que el propósito del derecho es justificar el uso de la coerción. De hecho, considero bastante vano tratar de delimitar para el derecho un propósito específico más allá de señalar que suministra guías para el comportamiento humano y estándares de crítica de tal comportamiento.

Parece claro, sin embargo, que Hart no puede excluir una concepción del derecho como la de Dworkin sin apelar a algunos elementos evaluativos que privilegien su idea de que la naturaleza del derecho guarda una relación esencial con la dirección y evaluación del comportamiento humano y no con otras funciones que el derecho también realiza (véase, para esta idea, Perry, 1995).

Por dicha razón, merece la pena atender a cómo Dworkin considera que la concepción de Hart puede ser contemplada como una concepción interpretativa del derecho. Una concepción que privilegia el valor de la legalidad, del sometimiento de los aplicadores del derecho a pautas públicas, previamente conocidas e identificables. Una concepción que descansa, como nos recordaba Martí, en la noción de Estado de Derecho, en el respeto a la autonomía personal y en una concepción democrática de la autoridad, que hace de las decisiones de los jueces decisiones justificadas en la medida en que se fundan en la voluntad de todos de autogobernarnos. Es indiscutible que estas ideas se hallan en el origen de la Ilustración jurídica y que recorren la columna vertebral del movimiento conocido como positivismo jurídico. Esta forma de entender la legalidad es la que está en el núcleo del positivismo, 'la legalidad insiste en que el poder [de aplicar el derecho] es ejercido solo con arreglo a pautas establecidas de la manera correcta antes de su ejercicio' (Dworkin, 2006: 169). El valor que reside detrás de esta idea es, según Dworkin, el valor de la *perspicuidad* (*accuracy*), (Dworkin, 2006: 172-173):

> Por *perspicuidad* entiendo el poder de los funcionarios políticos para ejercer el poder coercitivo del Estado de una manera sustantivamente justa y eficaz. La legalidad promueve la perspicuidad si los actos oficiales son más probablemente sabios o justos en la medida en que son gobernados por pautas establecidas en lugar de por representar meramente el juicio de algún funcionario acerca de lo que es justo o sabio.

Si tenemos en cuenta lo que Rawls (1993: XVII-XIX) ha llamado el "hecho del pluralismo", es decir, la gran discrepancia que sobre muchas cuestiones prácticas hay en nuestras sociedades, una posición como esta resulta, según creo, atractiva.

Claro, como bien sabemos, Dworkin no está de acuerdo. Cree que alguna concepción más abarcadora, como la de la *integridad*, honra mejor los ideales que anidan detrás del Estado de Derecho. Ahora bien, mi propuesta consiste precisamente en entender el positivismo de Carrió de este modo, del modo en el que Dworkin arguye que Hart debe ser interpretado. Incorporar a la actitud positivista esta concepción normativa del derecho y otorgar así sentido a la idea de que solamente un juez positivista puede actuar correctamente como un juez de derecho.

Esto supone abandonar el compromiso de concebir la tarea de la teoría del derecho como una tarea descriptiva, abandonar el positivismo metodológico, la primera tesis de Bellagio. Supone, en este punto, darle la razón a Nino. Ahora bien, supone también y esta vez contra Nino, otorgar sentido a la polémica entre iusnaturalistas e iuspositivistas. Solo los segundos tienen una teoría que establece que los deberes de los jueces no deben nunca, en el contexto de una sociedad democrática bajo el imperio de la ley, aplicar los principios morales que consideran justos, sino las pautas identificadas como derecho positivo que les vinculan.

5. A modo de conclusión: el ideal de la certeza y la regla de Lesbos

Pocos, si alguno, entre los teóricos del derecho actuales pondrá en duda que tras el ideal del Estado de Derecho hay una adhesión normativa al valor de la certeza[16]. Y es así porque la certeza honra nuestra autonomía. Solo pautas jurídicas claras, previas, públicas, permiten que diseñemos y llevemos adelante nuestros planes de vida con libertad. Pocos, a su vez, pondrían en duda que dicho ideal alimenta el positivismo jurídico desde la dura crítica de Bentham a la incertidumbre del *Common Law* hasta la preocupación de Kelsen porque las cláusulas constitucionales no incorporaran términos abiertamente valorativos,

---

16 Aunque algunos consideran dicho ideal más bien una *ilusión*, al modo por ejemplo de algunos autores en la senda de *Critical Legal Studies*. Véase la posición, por ejemplo, de los editores (y de alguna de las contribuciones, como la de Duncan Kennedy) en Hutchinson & Monahan (1987).

porque entonces el poder de los jueces de controlar la constitucionalidad devendría insoportable[17].

Este es, de acuerdo con el positivismo jurídico normativo, el modo en el que la tesis de la separación entre el derecho y la moralidad ha de ser comprendida: se trata de una recomendación normativa para que el derecho sea generado de modo que la identificación de su contenido no requiera acudir a valoraciones morales. Esto es lo que permite a los jueces, precisamente, aplicar las normas jurídicas y no sus valoraciones particulares, como Carrió nos recordaba.

En este sentido, el núcleo del positivismo jurídico normativo es ampliamente compartido. Compartido, es claro, por Carrió y, también, por Nino que, en su teorema fundamental de la teoría general del derecho, coloca la premisa conforme a la cual se debe obedecer al legislador democrático y que considera que es posible identificar, sin recurrir a valoraciones, lo que este ha prescrito.

No obstante, ¿debe llevarse el ideal de la certeza al extremo? En otros lugares (Moreso, 2009a, ensayos 1 y 11; 2012), he tratado de mostrar que precisamente para honrar la autonomía de los destinatarios de las normas, es preciso dejar que las normas contengan *defeaters* valorativos, que dan mayor discreción a los jueces pero respetan en mayor medida nuestra

17 Véase, por ejemplo, Bentham (1838-1943, vii: 199-210) y Kelsen (1931).

autonomía. Tomemos el siguiente caso (un caso favorito del iusfilósofo Michael Moore, 2002: 625-626), el caso *Kirby vs. United States*[18]. En este caso Kirby, un sheriff, fue arrestado por el delito federal de obstruir o detener el paso del correo, y era cierto que él había realizado esta acción contemplada por la legislación penal, de hecho había retrasado la salida de un barco fluvial con la intención, que llevó a cabo, de arrestar a un cartero acusado de un delito de homicidio. La Corte Suprema absolvió a Kirby, no por actuar amparado por una causa de justificación –estado de necesidad, cumplimiento de un deber–, que sería lo que sucedería en la cultura jurídica continental, sino por considerar que, a los efectos legales, la acción de Kirby no era una obstrucción del correo. Dejemos aparte ahora este punto, lo que quiero poner de manifiesto es que, aun siendo más cierto un derecho que hace punible obstruir el correo sin excepciones, es más respetuoso con la autonomía de Kirby considerar que esta es una excepción y que él puede detener al homicida. Es más respetuoso con la autonomía de las personas un Derecho penal que contempla excepciones –causas de justificación y exculpación– a la descripción de los delitos mediante predicados empíricos, a pesar de que estas exigen una formulación en términos valorativos. Con esta exigencia, urgen a los jueces a desarrollar las mejores teorías normativas que dichas formulaciones presuponen.

---

18 74 U.S. (7 Wall.) 482 (1869).

Y, según creo, ello es lo que hace tan relevante la presencia de los desacuerdos en el Derecho, como quiere Dworkin, aunque acordamos sobre el texto de nuestra Constitución, no acordamos sobre todo lo que ella presupone: si autoriza (la Constitución española en estos casos) el matrimonio entre personas del mismo sexo, si autoriza un referéndum solo en Cataluña para conocer la voluntad de los catalanes en relación con un proceso de secesión, si autoriza la prisión perpetua, si autoriza el despido libre de los trabajadores sin indemnización y tantas otras cosas.

Y si la certeza no debe ser llevada al extremo, tampoco debe serlo, por lo tanto, la recomendación del positivismo jurídico normativo de elaborar el derecho de modo que su contenido pueda siempre identificarse sin recurrir a consideraciones morales. Uno de sus máximos defensores lo ha reconocido de un modo muy elegante recientemente. Jeremy Waldron (2011: 82) ha acudido al célebre pasaje de la *Ética a Nicómaco* aristotélica para recordarnos que hay dimensiones de las acciones humanas que no pueden ser capturadas por reglas universales y para tratarlas debemos usar instrumentos no rígidos, y las reglas generales son rígidas, "como la regla de plomo de los arquitectos lesbios, que se adapta a la forma de la piedra y no es rígida", explica Aristóteles (1984: 1137b, p. 83).

Es decir, el contenido del derecho debe poder identificarse como un conjunto de pautas previas, públicas y cognoscibles por todos, que incluyan *defeaters* evaluativos para moldear (al modo de Lesbos) su aplicación a los casos particulares. Creo que tanto

Carrió como Nino estarían de acuerdo con esta conclusión. Una combinación del positivismo jurídico incluyente y del positivismo jurídico normativo tal vez pueda ser una vía de alcanzar este objetivo[19]. De qué modo realizarlo y en qué medida esta concepción se acerca al derecho como integridad dworkiniano son cuestiones que deberán esperar a otra ocasión.

Referencias

Aristóteles (1984), *Ética a Nicómaco*, Araújo, M. & Marías, J. (Trad.), Madrid: Centro de Estudios Constitucionales.

Atria, F. (2016), *La forma del Derecho*, Madrid: Marcial Pons.

Bentham, J. (1838-1843), "Codification Proposal", en Bowring, J. (Ed.), *The Works of Jeremy Bentham*, vol. iv, Edinburgh: William Tait.

Bobbio, N. (1965), *Giusnaturalismo e positivismo giuridico*, Milano: Ed. di Comunità.

Bobbio, N. (1967), "Intervento", en *Tavola rotonda sul positivismo giuridico* (Pavía, a maggio 1966). *Quaderni de la Rivista Il Politico*, Milano: Giuffrè.

19 Un primer intento con esta idea en Celano (2016: 281): "Esta versión del positivismo normativo es 'incluyente' porque consiente –y requiere– que, bajo ciertas condiciones, las reglas jurídicas sean sujetas a revisión, que su aplicación sea ponderada y que los decisores acudan directamente a las razones morales".

Brink, D. (1985), 'Legal Positivism and Natural Law Reconsidered', *The Monist*, 68: 365-387.

Bulygin, E. (2006), *El positivismo jurídico*, México: Fontamara.

Carrió, G. R. (1967), *El recurso extraordinario por sentencia arbitraria*, Buenos Aires: Abeledo-Perrot.

Carrió, G. R. (1970), *Principios jurídicos y positivismo jurídico*, Buenos Aires: Abeledo-Perrot.

Carrió, G. R. (1971), *Legal Principles and Legal Positivism*. Buenos Aires: Abeledo-Perrot.

Carrió, G. R. (1979-1980), "Professor Dworkin's Views son Legal Positivism", *Indiana Law Journal*, 55: 209-246.

Carrió, G. R. (1980), "Le opinioni del Prof. Dworkin sul positivismo giuridico", *Materiali per una storia della cultura giuridica*, 10: 143-182.

Carrió, G. R. (1983), "Una reciente propuesta de conciliación entre el jusnaturalismo y el positivismo jurídico", en Scarpelli, U. (Ed.), *La teoria generale del diritto: Problemi e tendenze attuali: Studi dedicati a Norberto Bobbio* (pp. 361-385), Milano: Ed. di Comunità.

Carrió, G. R. (1990a), "Principios jurídicos y positivismo jurídico", en Carrió, G. R., *Notas sobre Derecho y Lenguaje* (pp. 195-234), Buenos Aires: Abeledo-Perrot.

Carrió, G. R. (1990b), "Dworkin y el positivismo jurídico",

en Carrió, G. R., *Notas sobre Derecho y Lenguaje* (pp. 319-371), Buenos Aires: Abeledo-Perrot.

Carrió, G. R. (1990c), "Un intento de superación de la controversia entre positivistas y jusnaturalistas (réplica a Carlos S. Nino)", en Carrió, G. R., *Notas sobre Derecho y Lenguaje* (pp. 375-404), Buenos Aires: Abeledo-Perrot.

Campbell, T. D. (1996), *The Legal Theory of Ethical Positivism*, Aldershot: Darmouth.

Celano, B. (2016), "*Rule of law* e particolarismo etico", en Pino, G. & Villa, V. (Eds.), *Rule of Law. L'ideale della legalità* (pp. 237-285), Bologna: Il Mulino.

Coleman, J. L. (2001), *The Practice of Principle: In Defence of a Pragmatism Approach to Legal Theory*, Oxford: Oxford University Press.

Dworkin, R. (1967), The Model of Rules, *University of Chicago Law Review*, 35: 14-46.

Dworkin, R. (1977), *Taking Rights Seriously*, Londres: Duckworth.

Dworkin, R. (1978), "A Reply to Critics", en Dworkin, R., *Taking Rights Seriously* (apéndice), Londres: Duckworth.

Dworkin, R. (1986), *Law's Empire*, Cambridge, Mass.: Harvard University Press.

Dworkin, R. (2006), "Hart's Postscript and the Point of

Political Philosophy", en Dworkin, R., *Justice in Robes* (cap. 6), Cambridge, Mass.: Harvard University Press.

Dworkin, R. (2011), *Justice for Hedgehogs*, Cambridge, Mass.: Harvard University Press.

Falk, R. A. & Shuman, S. I. (1961). "Un colloquio sul positivismo giuridico", *Rivista di diritto civile*, 7: 542-557.

Green, L. (2008), "Positivism and the Inseparability of Law and Morals", *New York University Law Review*, 83: 1035-1058.

Green, L. (2012), "Introduction", en Hart, H. L .A., *The Concept of Law*, 3ª ed., Leslie Green (Ed.), Oxford: Oxford University Press.

Greenawalt, K. (1975), "Discretion and Judicial Decision: The Elusive Quest for the Fetters that Bind Judges", *Columbia Law Review*, 75: 359-398.

Hart, H. L. A. (1958), "Positivism and the Separation of Law and Morals", *Harvard Law Review*, 71: 593 629. Ahora en Hart, H. L. A. (1983), *Essays in Jurisprudence and Philosophy* (pp. 21-48), Oxford: Oxford University Press.

Hart, H. L. A. (1961), *The Concept of Law*, Oxford: Oxford University Press.

Hart, H. L. A. (1994). "Postscript", en *The Concept of Law*, Bulloch, P. & Raz, J. (Eds.), 2ª ed., Oxford: Oxford University Press.

HIERRO, L. (2002). "¿Por qué ser positivista?", *Doxa*, 25: 263-302.

HUTCHINSON, A. C. & MONAHAN, P. (Eds.) (1987). *The Rule of Law. Ideal or Ideology?*, Toronto: Carswell.

KELSEN, H. (1931), "Wer soll Hüter der Verfassung sein?", *Die Justiz*, 6: 5-56, trad. de BRIE, R. J. (1985), "¿Quién debe ser el defensor de la Constitución?", Madrid: Tecnos.

LAPORTA, F. J. (2007), *El imperio de la ley. Una visión actual*, Madrid: Trotta.

LEITER, B. (2009), "Explaining Theoretical Disagreement", *University of Chicago Law Review*, 76: 1215-1250.

LYONS, D. (1977), "Principles, Positivism and Legal Theory", *Yale Law Journal*, 87: 415-436.

MARTÍ, J. L. (2008-2009), "Sobre la normatividad de la filosofía del derecho", *Anuario de Filosofía del Derecho*, 25: 427-454.

MOORE, M. (2002), "Legal Reality: A Naturalist Approach to Legal Ontology", *Law and Philosophy*, 21: 619-705.

MORESO, J. J. (2001), "In Defense of Inclusive Legal Positivism", en CHIASSONI, P. (Ed.), *The Legal Ought* (pp. 37-64), Torino: Giappichelli.

MORESO, J. J. (2008), "Teoría del Derecho y neutralidad valorativa", *Doxa*, 31: 178-200.

Moreso, J. J. (2009a), *La Constitución: modelo para armar*, Madrid: Marcial Pons.

Moreso, J. J. (2009b), "Legal Positivism and Legal Disagreements", *Ratio Juris*, 22: 62-73.

Moreso, J. J. (2011), "Bobbio en la tavola rotonda di Pavia", en Ansuátegui Roig, F. J. & Iglesias Garzón, A. (Eds.), *Norberto Bobbio. Aportaciones al análisis de su vida y su obra* (pp. 103-112), Madrid: Dikynson.

Moreso, J. J. (2012). "Legal Defeasibility and the Connection between Law and Morality", en Ferrer Beltrán, J. & Battista Rati, G., *The Logic of Legal Requirements. Essays on Defeasibility* (pp. 225-237), Oxford: Oxford University Press.

Moreso, J. J. (2015), "Nino y Dworkin sobre los conceptos de derecho", *Análisis filosófico*, 35: 111-131.

Murphy, L. (2011), "The Political Question of the Concept of Law", en Coleman, J. (Ed.), *Hart's Postscipt: Essays on the Postscript to the Concept of Law* (cap. 11), Oxford: Oxford University Press.

Nino, C. S. (1980), "Dworkin and Legal Positivism", *Mind*, 89: 519-543.

Nino, C. S. (1985a), "La superación de la controversia "positivismo *vs.* iusnaturalismo" a partir de la ofensiva antipositivista de Dworkin", en Nino, C. S., *La validez del derecho* (pp. 145-174), Buenos Aires: Astrea.

Nino, C. S. (1985b), "El enfoque esencialista del concepto

de derecho", en NINO, C. S., *La validez del derecho* (pp. 175-196), Buenos Aires: Astrea.

NINO, C. S. (1985c), "Hay deberes y 'deberes': respuesta a Carrió", en NINO, C. S., *La validez del derecho* (pp. 209-22), Buenos Aires: Astrea.

NINO, C. S. (1985d), "Normas jurídicas y razones para actuar", en NINO, C. S., *La validez del derecho* (pp. 125-143), Buenos Aires: Astrea.

NINO, C. S. (1994), *Derecho, moral y política: una revisión de la teoría general del derecho*, Barcelona: Ariel.

PERRY, S. R. (1995), "Interpretation and Methodology in Legal Theory", en MARMOR, A. (Ed.), *Law and Interpretation* (cap. 3), Oxford: Oxford University Press.

PERRY, S. R. (2001), "Hart's Methodological Positivism", en COLEMAN, J. (Ed.), *Hart's Postscipt: Essays on the Postscript to the Concept of Law* (cap. 9), Oxford: Oxford University Press.

RAZ, J. (1972), "Legal Principles and the Limits of Law", *The Yale Law Journal*, 81: 823-854.

RAZ, J. (1975), *Practical Reason and Norms* (reimpr. 1990), Princeton: Princeton University Press.

RAZ, J. (1979), *The Authority of Law*, Oxford: Oxford University Press.

RAZ, J. (1994), *Ethics in the Public Domain*, Oxford: Oxford University Press.

Raz, J. (2004), "Incorporation by Law", *Legal Theory*, 10: 1-17.

Rawls, J. (1993), *Political Liberalism*, Nueva York: Columbia University Press.

Roca, V. (2005), *Derecho y razonamiento práctico en Carlos S. Nino*, Madrid: Centro de Estudios Políticos y Constitucionales.

Ross, A. (1961), "Validity and the Conflict between Legal Positivism and Natural Law", *Revista Jurídica de Buenos Aires*: 46-93. Ahora en Stanley L. P. & Bonnie, L. P. (Eds.) (1998), *Normativity and Norms. Critical Prespectives on Kelsenian Themes* (pp. 148-163), Oxford: Oxford University Press.

Sandel, M. (2012), *What Money Can't Buy. The Moral Limits of Markets*, Nueva York: Farrar, Straus and Giorux.

Sartorius, R. (1971), "Social Policy and Judicial Legislation", *American Philosophical Quarterly*, 8: 151-60.

Scarpelli, U. (1965), *Cos'è il positivismo giuridico*, Milano: Edizione di Comunità.

Schofield, T. P. (2010), "Jeremy Bentham and H. L. A. Hart's Utilitarian Tradition in Jurisprudence", *Jurisprudence*, 1: 147-167.

Shapiro, S. J. (1998a), "On Hart's Way Out", *Legal Theory*, 4: 469-508.

Shapiro, S. J. (1998b), "The Difference That Rules Make",

en BIX, B. (Ed.), *Analyzing Law. New Essays in Legal Theory* (pp. 33-62), Oxford: Oxford University Press.

SHAPIRO, S. J. (2007), "The 'Hart-Dworkin' Debate: A Short Guide for the Perplexed", en RIPSTEIN, A. (Ed.), *Ronald Dworkin* (pp. 22-55), Cambridge: Cambridge University Press.

SOPER, P. S. (1977), "Legal Theory and Obligation of the Judge: The Hart/Dworkin Dispute", *Michigan Law Review*, 75: 511-542.

WALDRON, J. (2001), "Normative (or Ethical) Positivism", en Coleman, J. (Ed.), *Hart's Postscipt: Essays on the Postscript to the Concept of Law* (cap. 12), Oxford: Oxford University Press.

WALDRON, J. (2005), "Law", en JACKSON, F. & SMITH, M. (Eds.), *The Oxford Handbook of Contemporary Philosophy* (pp. 181-207), Oxford: Oxford University Press.

WALDRON, J. (2011), "Vagueness and the Guidance of Action", en MARMOR, A. & SOAMES, S. (Eds.), *Philosophical Foundations of Language in the Law* (pp. 58-82), Oxford: Oxford University Press.

WALUCHOW, W. J. (1994), *Inclusive Legal Positivism*, Oxford: Oxford University Press.

CAPÍTULO 22
LA POSICIÓN DE CARRIÓ EN LA DISCUSIÓN CON NINO RESPECTO DE LA DISPUTA ENTRE IUSNATURALISMO Y POSITIVISMO

Ricardo Víctor Guarinoni

Primeramente unas líneas para agradecer a quienes han realizado este merecido homenaje a Genaro Carrió y el texto de *Notas sobre Derecho y Lenguaje* que tanta influencia ha ejercido sobre muchas generaciones de iusfilósofos. Vaya mi homenaje a su autor, de quien guardo el mejor de los recuerdos, por su inteligencia, sentido del humor, humildad y hombría de bien. Siempre salí enriquecido después de escuchar a Carrió, fuera en una contribución académica o en una charla informal.

Me toca a mí exponer la respuesta de Carrió al intento de superación –que Carlos Nino había basado en una corrección de algunas ideas de Dworkin– de la discusión entre positivismo y jusnaturalismo. Nino expresa que, a partir de su reformulación de las ideas de Dworkin contra el positivismo, la discusión entre positivismo e iusnaturalismo se puede superar[1].

1 Nino, Carlos (1985), "La superación de la controversia

Conforme una cita de Nino, "la secular controversia resulta ser casi completamente trivial"[2]. Carrió apunta irónicamente: "Algo así como una discusión entre distraídos"[3].

Carrió comienza aclarando que centrará su crítica en el punto de vista de Nino respecto del ataque de Dworkin al positivismo, sin abrir juicio acerca de si Nino lo interpretó correctamente[4]. Para ello utiliza la distinción formulada por Bobbio en cuanto al positivismo, dividiendo a tal enfoque entre el positivismo como *approach*, como ideología, lo que Bobbio llamó "positivismo ideológico", y como teoría. Carrió aclara que considerará el ataque al positivismo en el sentido de criticarlo como *approach*. Sostiene que va a dejar de lado una visión valorativamente positiva de la palabra "derecho", y sus consecuencias, dado que buscará ligarla con una práctica social efectiva, aunque esto no implica aceptar la diferencia que realiza Nino entre la definición normativa y la descriptiva que Nino refiere[5].

Como inicio, centra las críticas en la concepción de Nino acerca de la "noción normativa" de Derecho,

---

'Positivismo *vs*. Iusnaturalismo' a partir de la ofensiva antipositivista de Dworkin", en *La validez del derecho* (cap. VIII, p. 145), Buenos Aires: Astrea.

2 NINO, *op. et loc. cit.*

3 CARRIÓ, GENARO (1990), *Notas sobre Derecho y Lenguaje*, Buenos Aires: Abeledo-Perrot, p. 377.

4 CARRIÓ, GENARO, *op. cit.*, p. 376.

5 CARRIÓ, *op. cit.* En lo que sigue, resumiré –espero que correctamente– la posición expuesta por Carrió en el capítulo IX de sus *Notas*. Ahorro al lector la proliferación de citas.

como opuesta a la "definición descriptiva" del mismo, que este autor adjudica al positivismo.

Aquí Carrió expone una de sus tesis fundamentales, que es la de sostener que los deberes jurídicos son deberes genuinos. En Nino hay una constante distinción entre deberes genuinos, que son los que fundan las razones para actuar, y de naturaleza moral, y los deberes jurídicos, que para él son incompletos, y solo pasan a ser deberes genuinos cuando existen deberes morales que poseen su mismo contenido. Nino liga esta idea con la del positivismo ideológico, ya que expresa que si no se sostiene lo anterior se cae en ese tipo de postura, que se pronuncia acerca de la existencia de un deber moral de obedecer al derecho, cualquiera sea su contenido[6].

Carrió expresa que la palabra "deber" puede tener diferentes sentidos en cuanto se habla de "deber moral" y "deber jurídico", pero esto debería ser establecido por una investigación empírica. Cito:

> [...] pero tales indagaciones no pueden ser declaradas prescindibles mediante el expediente simple de presuponer o postular que en realidad solo tenemos deberes morales y que quien afirma la existencia de deberes jurídicos, o bien hace una referencia indirecta a deberes genuinos (*i. e.*, deberes morales) o bien incurre en la perversión cuasipositivista[7].

---

6 Véase Nino, *op. cit.*, p. 133.

7 Carrió, *op. cit.*, p. 391. El calificativo de "cuasipositivismo" es

Carrió pasa luego a descalificar la idea de que, conforme la conocida distinción de Hart entre el punto de vista externo y el punto de vista interno en un sistema jurídico, solo el punto de vista externo puede corresponder al positivismo, y que solamente el concepto normativo de derecho puede dar cuenta del punto de vista interno. Expresa que sin identificar el derecho a la manera positivista, un juez, por ejemplo, no puede desempeñarse como tal, ya que sustituiría a las normas jurídicas por sus propias valoraciones. La identificación del derecho existente es previa a su aplicación.

Refuerza su idea al decir que al pretender sustituir los "*standards*" positivos, que son identificados mediante criterios positivistas, por otros cuya autoridad se deriva de su mero contenido, se genera una confusión por no discriminar entre lo que existe y lo que debería existir. Se confunde el derecho que es con el que debería ser. Ello también es aplicable a la ciencia del derecho, que, aunque se conceda que se dedica a reconfigurar el derecho a fin de hacerlo sistemático, requiere de un principio de identificación del mismo. Sostiene que solo un juez que ha adoptado la actitud positivista, es decir, quien se ha comprometido a aplicar las reglas públicas del derecho positivo y no sus propias valoraciones, puede jugar al juego del derecho, al contrario de la aseveración de Nino,

---

de Ross porque, como dije, Bobbio califica esta postura como "positivismo ideológico".

quien sostiene que la sola descripción del derecho desde el punto de vista externo no es suficiente, ya que quien la adoptara no podría manejarse con las reglas para aplicarlas.

Por otra parte, dice Carrió, se puede entender que haya quienes critiquen los *standards* que son reconocidos como obligatorios para los jueces, es decir, que generan obligaciones jurídicas para ellos, y proponga reemplazarlos por otros no derivados de una forma de reconocimiento sino de su contenido. Cito:

> Pero una crítica de este tipo importa admitir, y no cancelar, la diferencia que existe entre aquellos *standards* que efectivamente gozan de fuerza justificatoria, y estos otros, que, a juicio del crítico, debieran tenerla. Es precisamente tal distinción la que se esfuerza en remarcar la actitud positivista. En primer lugar, porque responde a una diferencia; en segundo, porque nada, sino confusión, puede derivarse de no discriminar entre lo que existe (por malo que sea) y lo que debería existir (por bueno que parezca)[8].

En definitiva, Carrió sostiene que no hay ninguna ventaja teórica o práctica en debilitar la distinción entre el derecho que es y el que debe ser, y que la crítica de Nino se halla mal orientada, porque representa equivocadamente la actitud positivista. También expresa que la actitud positivista es la única que puede

8 Carrió, *op. cit.*, p. 396.

establecer objetivamente el contenido del derecho, y por lo tanto es imprescindible hasta para criticarlo.

Carrió descarta asimismo que los enunciados entrecomillados de deber tengan el alcance que les otorga Nino. En realidad son admisibles solo como proposiciones normativas, enunciados descriptivos de normas, y no como enunciados que proponen solo deberes *prima facie* o no genuinos.

Como corolario, sostiene que la actitud positivista, tal como la caracteriza Nino, a través de una definición descriptiva del derecho por oposición a una definición normativa, no concuerda con la posición de los principales positivistas, como Kelsen y Hart. Estos autores sostienen un concepto normativo de derecho que no limita al positivismo a las investigaciones históricas o sociológicas, como pretende Nino. Ciertamente, uno de los postulados fundamentales del positivismo es el de la distinción entre el lenguaje descriptivo y el prescriptivo, y el corolario de también distinguir el derecho que es del que debe ser.

Señalo que estoy de acuerdo con la posición de Carrió, a lo que podría agregar algo sobre lo que ya he escrito hace tiempo, y sigo sosteniendo[9].

En primer lugar, creo que es errado el pretender que las únicas obligaciones genuinas son morales. No voy a entrar en detalles, pero la posición de Nino al respecto en más de un sentido es circular, ya que él

9 GUARINONI, RICARDO (2006), *Derecho, lenguaje y lógica*, Buenos Aires: Lexis-Nexis, capítulos VII y VIII.

no está dispuesto a aceptar que una acción pueda ser justificada en última instancia si no es por una norma moral y define a las normas morales como aquellas que justifican las acciones en última instancia.

Como segunda adenda, diría que para aceptar esta postura de Nino también hay que creer en la tesis de la unidad del razonamiento práctico, contra la cual me he manifestado largamente. No creo que exista una jerarquía rígida en cuanto a los distintos sistemas que permitan justificar una acción, por lo que puede ser que haya sistemas inconmensurables, y una acción justificada en un sistema no lo sea en otro.

Si esto es así, cabe pronunciarse por la existencia de deberes jurídicos genuinos, lo que contrasta con la postura de Nino.

En suma, creo que en la polémica entre Nino y Carrió, por más que se reconozca la brillantez argumentativa de Nino, hay que estar de acuerdo con Carrió.

En definitiva, según Nino, el concepto de "derecho" que presuponían Dworkin y los iusnaturalistas era normativo, mientras que el propuesto por los positivistas era descriptivo, característico de la adopción de un punto de vista externo de la práctica jurídica. Desde su perspectiva, estos conceptos tenían sus propios campos de acción legítima, por lo que la tarea de la filosofía analítica no era decretar la inutilidad de uno de ellos, sino la elucidación de ambos. El concepto normativo de "derecho" tenía su campo de acción propio en la fundamentación de las decisiones y pretensiones jurídicas, en la elaboración de propuestas de modificación de los sistemas jurídicos y en la tarea de reconstrucción del derecho positivo que realizaba la denominada "ciencia del derecho". El concepto descriptivo que atribuía al positivismo, en cambio, tenía su campo de acción legítimo en las investigaciones jurídicas de tipo histórico, sociológico y comparatista, en la enseñanza del derecho, en ciertas formas de asesoramiento legal y en las tareas estrictamente descriptivas que, como cuestión secundaria, también tenía a su cargo la ciencia del derecho.

Carrió cuestionó que fuera posible disolver la disputa entre el iusnaturalismo y el positivismo jurídico, si la definición normativa de "derecho" que presuponían los primeros se confrontaba con la actitud positivista, característica de las concepciones del derecho defendidas por autores como Hans Kelsen o Herbert Hart. En concreto, consideraba que la definición descriptiva de "derecho" que Nino atribuía a los positivistas y, sobre todo, las consecuencias que extraía de ella, distorsionaban los elementos centrales de la actitud positivista de un modo que los tornaba irreconocibles. Por lo tanto, concluía que el intento de disolver la polémica mediante una delimitación de campos entre positivistas y antipositivistas, o una asignación de roles diversos pero compatibles a unos y a otros, solamente se fundaba en una caracterización de la posición de los primeros que no reflejaba correctamente sus principales rasgos.

El punto de partida de su respuesta a Nino se encontraba en las distinciones formuladas por Norberto Bobbio entre tres sentidos de "positivismo jurídico": como *approach*, como ideología y como teoría o conjunto de teorías sobre el derecho. Carrió identificó la actitud positivista con el primer sentido, que consistía en adoptar una específica actitud frente a los problemas teóricos y prácticos suscitados por la presencia del derecho positivo, según la cual no existía una conexión necesaria entre el derecho y la moral. Destacó que ella proponía y usaba una definición de "derecho" que cancelaba la fuerza laudatoria que la palabra contenía en el uso habitual, lo que traía aparejado grandes ventajas tanto teóricas como prácticas. Las ventajas teóricas se vinculaban con la conveniencia de alcanzar un conocimiento preciso del derecho vigente y una buena base para criticarlo y mejorarlo. Las ventajas prácticas consistían en obtener un grado aceptable de claridad en el tratamiento y solución de los conflictos éticos que podía y solía plantear la existencia de normas jurídicas que ordenaban realizar actos considerados moralmente reprochables. Según la actitud positivista, que algo fuese considerado como un "orden jurídico" o como una "norma jurídica" dependía de su estructura y función; pero no de su contenido valorativo. La adopción de esa actitud tenía como corolario una doble distinción complementaria que Carrió consideraba la médula del positivismo como *approach* y, por ende, de la actitud positivista: el mero hecho de que algo se describa como "derecho" o "norma jurídica" no significaba que fuese moralmente bueno o que existiera el deber moral de acatarla; y, a la inversa, si una prescripción establecía deberes morales, no se seguía que lo que ella prescribía integrara el conjunto de deberes impuestos por el derecho. En virtud de esa distinción podía afirmarse que la actitud positivista era valorativamente neutral; lo que la distinguía de la actitud según la cual al llamar a algo "derecho" o "norma jurídica", en realidad, se estaba recomendando su acatamiento.

El segundo sentido, que siguiendo a Alf Ross denominó "cuasi-positivismo", hacía referencia a un juicio de valor que afirmaba el deber moral de cumplir con las exigencias del derecho positivo cualquiera que fuera su contenido[3]. Carrió calificó como una "perversión" y un "engendro" a esa actitud que utilizaba el criterio positivista para identificar deberes jurídicos y, a la par, sostenía que existía el deber moral de cumplir con tales exigencias sin importar en qué consistieran. En el tercer sentido, la expresión "positivismo jurídico"

---

3 Véase Ross (1961: 213).

se usaba para referir a un conjunto de teorías sobre el derecho positivo, sus normas, sus fuentes, los órdenes jurídicos y la función judicial. Carrió precisó que solo los dos primeros sentidos estaban en juego en su respuesta a Nino.

Le asiste razón a José Juan Moreso cuando señala que no se hallaba exenta de problemas la forma en la que Carrió reconstruyó la dimensión normativa del derecho en su polémica con Nino, así como también que la propuesta realizada por el último al respecto resulta más perspicua[4]. No obstante, lo anterior no quita que la estrategia general para desestimar por infructuoso el intento de disolución efectuado por Nino era básicamente correcta: una comprensión adecuada del positivismo jurídico permitía tanto identificar un desacuerdo genuino entre dicha tradición y sus críticos, como mostrar que resultaba falso que ella debía limitarse a adoptar un punto de vista externo a la práctica jurídica. El haber destacado y defendido esas ideas constituye un aporte valioso para la comprensión del debate tradicional entre el iusnaturalismo y el positivismo. Además, la defensa de esas ideas continúa siendo importante en el contexto actual de la discusión, lo que se demuestra con el hecho de que la estrategia diseñada por Carrió resulta igualmente eficaz para responder críticas al positivismo jurídico ofrecidas en el debate contemporáneo.

---

4 Véase MORESO (2015: 128).

2. ¿Abandonar el positivismo jurídico?

Con una finalidad similar a la que perseguía Nino, aunque más recientemente, Manuel Atienza y Juan Ruiz Manero han sugerido que el positivismo jurídico debe ser abandonado porque ha finalizado su ciclo histórico. Si bien reconocen que en el pasado ha brindado un valioso aporte para renovar las discusiones en el ámbito de la filosofía del derecho y de la dogmática jurídica, entienden que ninguna de las versiones contemporáneas del positivismo (excluyente, incluyente y axiológico) resulta útil para dar cuenta de la nueva realidad del Estado constitucional y operar en su interior. A fin de justificar esa sugerencia, identifican los rasgos definitorios del positivismo jurídico a partir de dos tesis que caracterizan del siguiente modo: la *tesis de las fuentes sociales*, según la cual el derecho es un fenómeno social, creado y modificado por actos humanos; y la *tesis de la separación entre el derecho y la moral*, según la cual el valor moral de una norma no es condición suficiente y puede no ser condición necesaria de la validez jurídica. Los autores españoles sostienen que esas tesis son compartidas por todas las variantes contemporáneas del positivismo jurídico; aclarando que la tesis de la separación hoy tiende a entenderse como lo hace el positivismo blando o incluyente[5].

---

5 Véase Atienza & Ruiz Manero (2007: 20, y 2009: 145).

Desde su perspectiva, el positivismo jurídico presentaría básicamente dos problemas: resulta irrelevante y representa un obstáculo para el desarrollo de una teoría y una dogmática del derecho adecuadas a la realidad actual del Estado constitucional. El carácter irrelevante les parece muy fácil de mostrar porque piensan que ninguna de las dos tesis indicadas sería controvertida por quienes se autodenominan iusnaturalistas. Si la tesis de las fuentes sociales se entiende en el sentido general según el cual los sistemas jurídicos constituyen realidades históricas cuyo contenido es establecido y modificado por actos humanos, entonces ella no sería discutida seriamente por nadie. Ni siquiera las posturas de Radbruch, Fuller o Finnis tendrían algo que objetar al respecto. Por tal razón, consideran que no puede verse en la actualidad como el rasgo definitorio de una concepción del derecho, dado que todas las posiciones que tienen algún grado de vigencia la comparten. Del mismo modo, en relación con la tesis de la separación, advierten que si ella se limita a lo que comparten todos los que se denominan positivistas, sería una tesis tan mínima que tampoco constituiría una posición distintiva en la teoría del derecho, dado que la mayor parte de los que se autodenominan iusnaturalistas la compartirían[6].

Sin perjuicio de lo anterior, Atienza y Ruiz Manero aseveran que el más grave de los problemas que presenta el positivismo es que constituye un obstáculo

---

6 Véase Atienza & Ruiz Manero (2007: 20-21 y 2009: 145-146).

para el desarrollo de una teoría ajustada a las necesidades actuales. Las teorías positivistas propuestas por autores como Hans Kelsen, Alf Ross, Genaro Carrió, Herbert Hart, Joseph Raz o Carlos Alchourrón y Eugenio Bulygin se postularían como orientadas a una descripción libre de valoraciones del sistema jurídico y harían énfasis casi exclusivamente en el carácter prescriptivo de las normas jurídicas, prescindiendo de su dimensión valorativa. En lo que se refiere al carácter no valorativo de la teoría del derecho, los profesores españoles consideran que implicaría fuertes restricciones respecto de los discursos en los que cabe participar desde la teoría. Por ejemplo, el positivismo no podría participar en los discursos de justificación o crítica de los diseños institucionales, pertenecientes a la filosofía política y moral, ni tampoco en los que median entre el material normativo bruto producido por el legislador y los órganos encargados de la adjudicación, propios de la dogmática jurídica[7].

En lo tocante a la concepción de las normas jurídicas, Atienza y Ruiz Manero alegan que las teorías del derecho positivistas las conciben como directivas de conducta que son el resultado de otros tantos actos de prescribir. El acentuar casi exclusivamente la dimensión directiva de las normas les resulta objetable porque tendría como consecuencia que su dimensión valorativa se presente como algo meramente subordinado. El considerar a las normas, sin excepciones,

---

7 Véase Atienza & Ruiz Manero (2007: 22-23 y 2009:146-147).

como el resultado de otros actos de prescribir, también les parece criticable porque implicaría que queden descuidadas aquellas normas jurídicas que resultan de la realización de un acto de reconocimiento por parte de las autoridades normativas. Todo lo anterior traería aparejado severas restricciones para dar cuenta de aspectos capitales del razonamiento jurídico y de lo que supone la aceptación de un orden jurídico constitucional. Ejemplifican lo expuesto apelando a las posiciones que habrían sido asumidas por Kelsen y Raz al respecto, con el fin de concluir en términos generales que el positivismo se encuentra inhabilitado para intervenir competentemente en ciertos debates que consideran fundamentales en la actualidad: el referido a los conflictos entre principios o, más específicamente, entre derechos constitucionales; y el concerniente a las excepciones implícitas que presentan las reglas[8].

Para finalizar, los profesores españoles indican que lo anterior no significa que todo el legado de la tradición positivista deba ser hoy desechado. Admiten que el positivismo jurídico tiene puntos fuertes vinculados a la orientación analítica de sus representantes principales. En particular, destacan ciertos resultados obtenidos a partir de "su gusto por la precisión, la claridad y las distinciones conceptuales". Para ejemplificar tal aserto mencionan la imagen hartiana del derecho como una unión de reglas primarias y secundarias, el análisis ofrecido por Ross de ciertos conceptos jurídicos

---

8 VéaseATIENZA & RUIZ MANERO (2007: 24-25 y 2009: 148-149).

básicos o la distinción entre tipos de laguna articulada por Alchourrón y Bulygin. Subrayan que aportes de este tipo no se pueden pasar por alto, que deben ser utilizados y continuados, incluso para expresar desacuerdo con las tesis centrales del positivismo. Sin embargo, concluyen:

> Continuada, sí, pero para ir más allá, para dejarlo atrás. El positivismo jurídico ha agotado ya, nos parece, su ciclo histórico. En contra de lo que han sostenido algunos autores como Ferrajoli, Comanducci o Prieto, el llamado paradigma neoconstitucionalista no puede verse como la culminación del positivismo jurídico, sino más bien como el final de esa forma de entender el Derecho. El positivismo no es la teoría adecuada para dar cuenta y operar dentro de la nueva realidad del Derecho del Estado constitucional[9].

La estrategia que Carrió diseñó para mostrar que no era posible disolver la polémica entre iusnaturalismo y positivismo como pretendía Nino, puede utilizarse con provecho para rebatir los argumentos de Atienza y Ruiz Manero: si el positivismo se entiende de forma adecuada, a partir de la actitud positivista, no es cierto que todo teórico partidario de dicha tradición deba limitarse a adoptar un punto de vista externo respecto del derecho y que, por tal razón, el positivismo deba ser abandonado.

---

9 Atienza & Ruiz Manero (2007: 25 y 2009:151-152).

La gran dificultad que se advierte en la crítica de los filósofos españoles hacia el positivismo jurídico es que, precisamente, presuponen una caracterización inconsistente de dicha tradición. Los problemas que se atribuyen al positivismo jurídico en su exposición crítica no pueden afirmarse conjuntamente, dado que cada uno de ellos supone concebirlo de modo diverso e incompatible. Por un lado, cuando afirman que es prácticamente irrelevante, admiten que sus tesis centrales son afirmaciones sumamente débiles, tan débiles que no constituyen una posición distintiva en filosofía del derecho, porque todas las teorías no excéntricas que tienen algún grado de vigencia las comparten. Por otro lado, al decir que el positivismo se ha vuelto un obstáculo para desarrollar una teoría adecuada, presuponen que sus tesis definitorias son suficientemente robustas como para impedir que pueda dar cuenta de aspectos capitales del razonamiento jurídico y de lo que supone la aceptación de un orden jurídico constitucional. También deben ser bastante fuertes como para sustentar la proscripción del positivismo en los discursos de justificación o crítica de los diseños institucionales, así como en aquellos en los que median entre el material normativo bruto producido por el legislador y los órganos encargados de la adjudicación. Parece claro que ambas cosas no pueden admitirse conjuntamente: o bien el positivismo es irrelevante, pero entonces no se puede justificar que sus tesis centrales tengan por consecuencia impedir el desarrollo de una teoría adecuada para el Estado constitucional; o bien el positivismo es un obstáculo para el desarrollo de dicha teoría, pero entonces sus tesis básicas no son para nada débiles y, por ende, triviales. En síntesis, resulta absurdo pensar que una teoría pueda ser irrelevante o trivial y, al mismo tiempo, que necesariamente implique consecuencias nocivas que justifiquen su abandono.

La deficiente caracterización del positivismo jurídico que Atienza y Ruiz Manero utilizan al elaborar su crítica también les conduce a identificar erróneamente cuáles son las consecuencias que necesariamente se siguen de su adopción. El cargo más grave con el que se lo acusa es el de impedir el desarrollo de una teoría del derecho acorde con las necesidades contemporáneas del Estado constitucional, al asumir una concepción descriptivista de la teoría del derecho y una concepción de las normas jurídicas como directivas de conducta que resultan de actos de prescribir. Sin embargo, no se ofrecen argumentos que muestren que esas concepciones constituyen consecuencias necesarias de las tesis básicas del positivismo jurídico. Por el contrario, los propios autores reconocen que si bien ellas acompañan a las grandes teorías positivistas del siglo XX, no forman parte de sus tesis definitorias[10]. Esa restricción acota significativamente el alcance de la crítica: lo que se debería dejar de lado son esas concepciones problemáticas, pero no las tesis básicas del positivismo. Aunque por el bien de la argumentación se les conceda que han tenido éxito en mostrar

10 Véase Atienza & Ruiz Manero (2007: 21 y 2009: 145).

que ellas se encuentran presentes en las teorías del derecho ofrecidas por Kelsen y por Raz, mientras no se demuestre su vinculación conceptual con las tesis básicas del positivismo la conclusión de que esa tradición debe ser abandonada solo encuentra apoyo en una generalización inadecuada.

En definitiva, lo que se debe abandonar no es el positivismo jurídico como tal sino, en todo caso, la caracterización que del mismo presuponen Atienza y Ruiz Manero al efectuar su crítica.

3. ¿El positivismo jurídico impide la adopción del punto de vista interno?

Con el fin de precisar el alcance de la tesis de la separación que constituye el núcleo de la actitud positivista, resulta esclarecedor partir de las distinciones propuestas por Juan Carlos Bayón. El filósofo español indica que la idea genérica de la separación conceptual entre el derecho y la moral suele expresarse a través de tesis independientes. Una de ellas es la que denomina *tesis de la no conexión identificatoria entre el derecho y la moral*, según la cual nada es derecho simplemente porque sea justo o que nada deja de ser derecho simplemente porque sea injusto; es decir, la identificación del derecho no depende de ninguna clase de evaluación ni argumentación moral[11].

11 Véase Bayón (2002: 39-40). Para efectuar una caracterización precisa del positivismo jurídico resulta necesario determinar

Con el fin de advertir las consecuencias que se derivan al adoptar esa tesis, resulta útil la presentación brindada por Claudina Orunesu. Luego de un minucioso análisis, Orunesu identifica del siguiente modo las posiciones sostenidas en torno a la tesis de la separación por el iusnaturalismo, el positivismo excluyente y el incluyente. Un iusnaturalista afirmaría la existencia de una *necesaria* conexión entre derecho y moral; un positivista excluyente sostendría que necesariamente no hay conexión entre derecho y moral, lo que equivaldría a afirmar que es *imposible* que exista una conexión conceptual entre derecho y moral; mientras que el positivismo incluyente mantendría que la existencia de esa conexión es *contingente,* admitiendo la posibilidad tanto de que existan situaciones en las cuales lo que es derecho no depende de lo que determine la moral, como casos en los que ello sí depende de lo que determine la moral. Por lo tanto, el positivismo incluyente estaría comprometido con una versión de la tesis de la separación que admitiría que en un cierto sistema jurídico el valor moral de una norma puede constituir un criterio de validez jurídica, lo que dependerá de lo establecido de manera contingente por su regla de reconocimiento. En cambio, el positivismo excluyente afirmaría que la

las relaciones que median entre las tesis que se proponen como definitorias del mismo. Un esclarecedor análisis de dicha cuestión puede verse en SUCAR (2008: 156-185).

validez jurídica de una norma nunca puede depender de consideraciones morales[12].

La virtud de ese modo de entender la polémica entre iusnaturalismo y positivismo en torno a la conexión entre derecho y moral es que permite justificar que las tres posiciones discriminadas resultan conjuntamente exhaustivas y mutuamente excluyentes. De ello se infiere que lo que tienen en común las tesis de la separación defendidas por ambas versiones del positivismo es su rechazo de la tesis de la conexión necesaria afirmada por el iusnaturalismo. Esto, que puede parecer una obviedad, no ha sido siempre advertido con suficiente claridad. Por ejemplo, cuando Atienza y Ruiz Manero identifican a la tesis de la separación como un rasgo común del positivismo jurídico, precisan que todos los positivistas comparten lo que, en realidad, es específicamente sostenido al respecto por los positivistas incluyentes[13].

Existe una importante coincidencia entre la idea de Atienza y Ruiz Manero de que el positivismo jurídico constituye un obstáculo para el desarrollo de una teoría del derecho adecuada a las necesidades actuales y la posición que Carrió criticó a Nino: en ambos casos se presenta al positivismo jurídico como si solamente pudiese realizar un abordaje teórico del derecho, adoptando un punto de vista externo, lo que le impediría enfrentar los problemas prácticos

---

12 Véase ORUNESU (2012: 223).

13 Véase ATIENZA & RUIZ MANERO (2007: 20-21 y 2009: 145-146).

característicos de la adopción de un punto de vista interno. Uno de los méritos de la posición de Carrió en su polémica con Nino consistió en rechazar esa idea, negando que sea cierto que el positivismo jurídico haya propuesto un concepto descriptivo de "derecho" cuya aplicación no tenía implicación alguna acerca de qué era lo que los funcionarios y los súbditos debían hacer, y que el punto de vista desde el cual proponían su definición de "derecho" quienes adoptaban la actitud positivista no difería del de un mero observador externo.

Si se entiende que la actitud positivista se circunscribe a la adopción de la tesis de la no conexión identificatoria, no puede justificarse que el positivismo deba limitarse a la adopción de un punto de vista externo y, por tal razón, constituya un obstáculo para el desarrollo de una teoría del derecho adecuada a las necesidades actuales. En diferentes oportunidades, Jorge Rodríguez ha señalado, respecto de la noción de "validez", que el problema para el positivismo no consiste en asignarle un sentido prescriptivo sino en confundir ese sentido con uno descriptivo[14]. Según su visión, dicha tradición del pensamiento jurídico se encontraría suficientemente a salvo señalando la independencia conceptual que existe entre ambos, resultando absolutamente innecesario abjurar de

---

14 Una de tales oportunidades lo hizo en colaboración con Daniel Vicente (Rodríguez & Vicente, 2009: 187-189) y la otra junto a Jordi Ferrer Beltrán (Ferrer Beltrán & Rodríguez, 2011: 54-58).

la validez como fuerza obligatoria. Lo único que el positivismo necesita es discriminar el problema de la validez como pertenencia y el problema de la validez como fuerza obligatoria:

> En la medida en que el problema de la identificación de las normas jurídicas y el problema de su fuerza moral se consideren independientes, no parece existir ninguna posible contradicción entre la tesis de la separación conceptual entre el Derecho y la moral y la aceptación de la noción de validez como fuerza obligatoria[15].

Lo mismo puede decirse respecto de la adopción del punto de vista interno. El compromiso del positivismo con la tesis de la no conexión identificatoria se limita a negar que exista una conexión necesaria entre el derecho y la moral al identificar el derecho, ya sea afirmando que dicha conexión es imposible o que es contingente. La aceptación de un conjunto de normas como pautas para guiar la conducta propia y para juzgar el comportamiento ajeno no supone por sí solo el abandono de la tesis de la no conexión identificatoria. Lo único que se requiere desde la perspectiva positivista es que se mantengan claramente diferenciadas la adopción de esa actitud y la descripción del sistema jurídico efectuado desde un punto de vista externo, es decir, sin aceptar las reglas

---

15 FERRER BELTRÁN & RODRÍGUEZ (2011: 55).

que lo componen. En otras palabras, la tesis de la no conexión identificatoria no impide a un positivista su participación en los discursos de justificación o crítica de los diseños institucionales, o de ciertas decisiones o actos que tienen lugar en el marco de tales diseños. Lo que sí requiere es que se discrimine con claridad meridiana tales actividades de la identificación de las normas que componen un determinado sistema jurídico.

Como es bien sabido, la dogmática jurídica desempeña una labor normativa sumamente relevante en la práctica que consiste en proponer modificaciones del derecho vigente para adecuarlo a ciertos ideales racionales (por ejemplo, precisión, completitud y coherencia) y de justicia[16]. De acuerdo con lo expuesto, el desarrollo de esa labor no se encuentra reñida con la actitud positivista. Un jurista puede justificar de qué modo resulta conveniente precisar el significado de una formulación normativa, cómo resolver un caso que no ha sido regulado por el sistema jurídico, cuáles de las normas en conflicto deben preferirse para resolver un caso individual y de qué manera evitar las consecuencias palmariamente injustas derivadas de la aplicación de una norma jurídica, sin por ello abandonar la tesis de la no conexión identificatoria. El positivismo no pretende que el jurista se limite a describir el derecho señalando las deficiencias que

---

16 Véase Nino (1979: 9-18 y 105-107), Bulygin (1986: 477-480) y Rodríguez (2002: 265-268).

presenta; lo que sí exige es que no se confunda la identificación del derecho vigente y de las deficiencias que pudiese presentar, con la propuesta de su modificación para superarlas.

4. ¿EL POSITIVISMO JURÍDICO ES IRRELEVANTE O TRIVIAL?

Si el positivismo jurídico se entiende a partir de la actitud positivista defendida por Carrió, tampoco puede decirse que sea irrelevante o trivial, dado que resulta notoriamente incompatible con otras concepciones del derecho. La concepción interpretativa propuesta por Dworkin constituye un ejemplo evidente de tal incompatibilidad. Para ser precisos, conviene destacar que en el capítulo VIII de *Notas sobre Derecho y Lenguaje* Carrió señaló que algunos pasajes de la obra de Dworkin permitían concluir que lejos de rechazar el positivismo jurídico como *approach*, adhería a su tesis central[17]. Si bien es entendible que ello se sostenga en un contexto donde la crítica antipositivista de Dworkin no se encontraba completamente desarrollada, no es posible extraer esa conclusión en la actualidad sin distorsionar los rasgos centrales de la concepción del derecho adoptada por el filósofo norteamericano.

Las ideas expuestas por Dworkin en el libro *Justicia para erizos* permiten ver con suficiente claridad cómo se contrapone su concepción del derecho con la actitud

---

17 Véase CARRIÓ (1990: 339).

positivista. El objetivo primordial del libro consiste en defender la *tesis de la unidad del valor*, esto es, que las verdades objetivas sobre lo bueno, lo correcto y lo bello forman una red en la que cada una ellas sirve de fundamento a las demás. De esa tesis central se deriva como consecuencia una visión integrada, no solo del derecho y la moral, sino de lo que a criterio de Dworkin frecuentemente se han tomado como áreas separadas de evaluación. En tal sentido, considera que de la ética se podría derivar la moral personal, que de la moral personal emanaría la moral política, y que el derecho no sería más que una subdivisión, una "rama", de la última[18].

El autor estadounidense aclara que su posición deja de lado la imagen presupuesta en el debate tradicional entre el iusnaturalismo y el positivismo jurídico, que concibe al derecho y a la moral como dos sistemas de normas separados, para posteriormente discutir qué interconexiones pueden o deben admitirse entre ellos. Indica que el defecto fatal de ese modo ortodoxo de plantear el problema de las relaciones entre el derecho y la moral consiste en que solamente admitiría respuestas circulares. Si se le atribuye un carácter jurídico a la cuestión, no se la puede responder sin contar con una teoría que diga cómo entender el material jurídico; pero para contar con tal teoría se debe decidir qué papel cumple la moral en la determinación del contenido del derecho. En cambio, si

18 Véase Dworkin (2011: 242).

se le atribuye carácter moral se presupone desde el inicio que el positivismo está equivocado, porque se caería en una petición de principio al suponer que la mejor teoría sobre lo que es el derecho depende de la cuestión de qué relaciones sería justo (*i. e.*, moralmente correcto) establecer con la moral. Dworkin también descarta que sea posible concebir la cuestión como un problema conceptual, que pueda resolverse a través de un análisis del concepto de "derecho". Como desde su perspectiva dicho concepto es interpretativo, y no un concepto criterial o de clase natural, la cuestión no podría saldarse de ese modo. En su visión, el análisis conceptual se revelaría como insuficiente para superar el problema de la circularidad en el que irremediablemente se caería por adoptar la imagen ortodoxa de los dos sistemas, porque la correcta aplicación de un concepto interpretativo como "derecho" sería establecida por la mejor interpretación de las prácticas en las que ese concepto figura, lo que supone adoptar ciertos juicios de valor[19].

No debe soslayarse que, a la par de lo anterior, Dworkin afirma que su propuesta no niega la distinción "obviamente esencial" entre el derecho que es y el que debe ser; dado que ella permitiría distinguir, dentro de las exigencias que componen la moral política, cuáles serían específicamente jurídicas. Precisa que la distinción puede surgir como una complejidad dentro de la propia moral, discriminando

19 Véase DWORKIN (2011: 199-201 y 488-490).

dos preguntas: ¿qué condiciones rigen para el uso de la autoridad coactiva dentro de la comunidad dada su historia social? y ¿qué condiciones hubieran producido una mejor historia social dentro de la comunidad, que otorgue mejores soluciones a los casos individuales?[20]. Más allá de lo que a primera vista pudiera parecer, lo expuesto resulta insuficiente para justificar que Dworkin adhiera de algún modo a la idea de la separación entre el derecho y la moral que defiende el positivismo jurídico. Él mismo se encarga de subrayar que si bien esas preguntas son diferentes, ambas siguen siendo preguntas morales, porque cualquier interpretación de la historia social es en sí misma un ejercicio moral[21]. Es decir, la distinción propuesta no pretende discriminar entre una pregunta teórica como "¿cuál es el derecho vigente en una comunidad?", y otra normativa "¿cuál es el derecho que debería regir en una comunidad?". Por el contrario, pretendería diferenciar dos cuestiones normativas distintas: ¿qué derecho debería regir en una comunidad dada su historia social? y ¿qué derecho debería regir en una comunidad social todas las cosas consideradas?

Entiendo que lo anterior resulta una muestra suficiente del rechazo por parte de Dworkin de la tesis de la no conexión identificatoria. Sin perjuicio de ello, es bueno advertir que el desacuerdo entre el positivismo

20 Véase Dworkin (2011: 493-495).
21 Véase Dworkin (2011: 495).

jurídico y la concepción interpretativa del derecho tiene raíces más profundas. La forma en la que Dworkin intenta distinguir entre el derecho que es y el que debe ser se apoya en el rechazo de otra tesis asociada a la idea genérica de separación entre el derecho y la moral, que Bayón denomina *tesis epistémica de la neutralidad*. Ella constituye un reconocimiento de la posibilidad de describir el derecho de un modo valorativamente neutral, que el filósofo español ilustra del siguiente modo: si bien es cierto que los hechos que determinan la existencia y contenido del derecho solamente pueden comprenderse adecuadamente si se capta su naturaleza de prácticas gobernadas por reglas, lo que implica la existencia de individuos que adoptan una actitud de aceptación de ellas, de eso no se sigue en modo alguno que al teórico le estén vedados el genuino conocimiento y la posibilidad de descripción correcta de esas prácticas a menos que él mismo adopte también dicha actitud. Sucintamente: el conocimiento y descripción del derecho presupone una *referencia a* la actitud de quienes aceptan las normas jurídicas, pero no la *adopción de* esa actitud[22].

En *Justicia para erizos*, Dworkin también considera que la tesis de la unidad del valor tendría como una importante faceta la independencia del valor respecto de la ciencia, tanto a nivel metafísico –negando que existan partículas valorativas o morales ("*morons*")– como a nivel epistémico –afirmando que la ciencia y

22 Véase BAYÓN (2002: 41-42).

la interpretación son los dos grandes dominios de la actividad intelectual que se encuentran en un pie de igualdad–[23]. Las diferencias entre los juicios morales –o, más en general, los juicios interpretativos o de valor– y los postulados científicos se encontrarían en el contenido, más que en su aptitud para la verdad. Si bien ambos podrían ser objetivamente verdaderos, los juicios interpretativos no podrían ser *meramente* verdaderos como las afirmaciones científicas: mientras la sola existencia de un hecho físico haría verdaderas a las últimas, no existirían partículas valorativas que permitan hacer lo mismo respecto de los primeros[24]. La justificación de las proposiciones interpretativas se basaría en un complejo de valores, ninguno de los cuales puede tampoco ser meramente verdadero. Según Dworkin, una afirmación interpretativa sería verdadera porque las razones para aceptarla son mejores que las razones para aceptar cualquier afirmación interpretativa rival. Desde su punto de vista todos los valores verdaderos formarían una red interconectada en la que cada una de las convicciones sobre lo que es bueno, correcto o bello tendría algún papel a la hora de respaldar las demás convicciones en cada uno de los diferentes dominios de valor[25].

---

23 Véase Dworkin (2011: 15, 24, 158 y 491).
24 Véase Dworkin (2011: 192).
25 Véase Dworkin (2011: 146-147, 154-155 y 194-195). Sobre la noción de verdad y las ideas asociadas (realidad, objetividad y responsabilidad), Dworkin se manifiesta partidario de tratar de formular algún concepto muy abstracto que permita construir

Para justificar el rechazo del escepticismo, que caracteriza en general como cualquier posición que niegue que los juicios morales pueden ser objetivamente verdaderos, Dworkin distingue entre escepticismo interno y escepticismo externo o "arquimedeano". El primero es presentado como un juicio moral sustan-

---

teorías diferentes y menos abstractas, como candidatas a explicarlas en los distintos dominios donde las afirmaciones sobre la verdad cumplen algún papel. Si bien confiesa que no sabe cómo llevar a cabo esa magna tarea, realiza la siguiente sugerencia tentativa e incompleta: "[...] Podríamos construir una teoría adecuada y de máxima abstracción si tomáramos la indagación y la verdad como conceptos apareados y entrelazados de manera que la segunda pudiera caracterizarse provechosamente, tal cual hice en el capítulo anterior, como la meta intrínseca de la primera. Como caracterización más abstracta, podríamos sostener que la verdad es lo que cuenta como la solución excluyentemente exitosa a un desafío de la indagación. Podríamos luego construir especificaciones más concretas de la verdad para diferentes dominios, buscando descripciones más concretas del éxito hechas a la medida de cada uno de ellos. Estas diferentes descripciones encajarían unas en otras. La teoría del valor podría aspirar a ser la descripción del éxito en todo el dominio de la interpretación, mientras que la teoría de la responsabilidad que describí en el capítulo VI podría aspirar a ser una aplicación de la teoría del valor al dominio interpretativo más específico de la moral. En el caso de la ciencia se propondría una descripción diferente del éxito y, por lo tanto, de la verdad. La distinción trazada en el capítulo VII –que el éxito investigativo debe definirse por el propósito en la interpretación, pero estar divorciado del propósito en la ciencia– diferencia concepciones de la verdad en un nivel muy abstracto, pero estas dos serían concepciones de la verdad vistas desde el nivel de mayor abstracción" (DWORKIN, 2011: 222).

tivo de primer orden que niega la verdad de juicios morales concretos o aplicados, apoyándose en ciertos juicios más abstractos sobre la moral. Puntualiza que los escépticos internos no pueden ser escépticos hasta el final, porque deben suponer la verdad de alguna afirmación moral muy general para dejar sentado su escepticismo en relación con otras aserciones más específicas del mismo carácter. El segundo, en cambio, es caracterizado como la posición que pretende basarse íntegramente en enunciados de segundo orden o externos respecto de la moral. Indica que algunos se apoyarían en hechos sociales, afirmando que la diversidad histórica de las opiniones morales mostraría que ninguna de ellas puede ser objetivamente verdadera; mientras que otros, a los que considera como más sofisticados, se apoyarían en tesis metafísicas acerca de las entidades que pueblan el universo. Desde su perspectiva, los escépticos externos sí podrían mantener un completo escepticismo acerca de la moral. Dworkin resalta el contraste entre ambas posiciones diciendo que los partidarios de la primera "se apoyan en la moral para denigrarla"; mientras que los representantes de la segunda "pueden denigrar la verdad moral, dicen, sin apoyarse en ella"[26]. La estrategia general para rechazar el escepticismo descansa en la afirmación de que no existen cuestiones filosóficas de segundo orden acerca de la moral. En particular, la cuestión de si los juicios morales pueden

26 Véase Dworkin (2011: 49-51).

ser verdaderos o falsos sería un problema moral sustantivo y no un problema metaético. Por esa razón, Dworkin entiende que el escepticismo externo debería desaparecer del paisaje filosófico, al no existir espacio conceptual donde pueda situarse. En consecuencia, señala que la única forma genuina e interesante de escepticismo es el escepticismo interno, subrayando que tanto su justificación como su rechazo dependen de argumentos morales sustantivos[27].

Con lo dicho hasta aquí puede entenderse mejor en qué medida las ideas de Dworkin suponen el rechazo del positivismo jurídico. Su defensa de la tesis de la unidad del valor no solo supone negar la tesis de la no conexión identificatoria, al propiciar una concepción integrada del derecho y la moral, sino que también implica negar la tesis epistémica de la neutralidad. El argumento esgrimido para descalificar el escepticismo externo, a fin de justificar la independencia del valor respecto de la ciencia y dejar en pie la posibilidad de justificar la verdad de los juicios interpretativos o de valor, en realidad, puede ser utilizado respecto de cualquier discurso normativo, incluido el jurídico. Como bien lo ha señalado Germán Sucar, las críticas antipositivistas de Dworkin descansan, en última instancia, en la negación de que sea posible mantener un punto de vista neutral o no comprometido respecto de un discurso normativo de primer orden. Es decir, desde la perspectiva dworkiniana no sería posible

---

27 Véase DWORKIN (2011: 42, 49-51, 92-93 y 117-119).

discriminar entre un nivel de discurso de primer orden, construido por los juicios de valor sustantivos formulados por los intervinientes en una práctica social, y un nivel de discurso de segundo orden, teóricamente neutral, que tiene por objeto analizar o describir el discurso de primer orden. En lo que concierne específicamente al derecho, no sería posible dar cuenta de los juicios de valor involucrados en la práctica jurídica sin formular otros juicios de valor[28].

En definitiva, si se caracteriza la idea de la separación conceptual entre el derecho y la moral, que constituye la médula de la actitud positivista defendida por Carrió, a partir de la tesis de la no conexión identificatoria y de la tesis epistémica de la neutralidad, no puede justificarse que el positivismo jurídico sea irrelevante porque sus tesis hayan sido compartidas por todas las teorías del derecho no excéntricas. Como era de esperarse después de casi cincuenta años de elaborar ingeniosas y audaces críticas contra esa concepción del derecho, Dworkin rechaza ambas tesis y solo a partir de una comprensión profundamente equivocada de su posición o del positivismo jurídico se podría sostener lo contrario.

---

28 Véase Sucar (2008: 266-268). Además, Germán Sucar muestra que Dworkin no brinda argumentos convincentes para negar que sea posible mantener un punto de vista neutral o no comprometido respecto de un discurso normativo de primer orden (*cf*. Sucar, 2008: 268-275).

5. OBSERVACIONES FINALES

El debate en torno al positivismo jurídico y sus críticos se ha modificado sustancialmente desde que Carrió y Nino entablaron su polémica, por lo que no sería sensato seguir discutiendo en los mismos términos que ellos utilizaron. En tal sentido, debe destacarse que los argumentos críticos que Dworkin ha dirigido al positivismo fueron variando significativamente, aunque él haya sido más bien reacio a reconocerlo[29].

---

29 Scott Shapiro sostuvo que Dworkin articuló dos críticas diferentes contra el positivismo jurídico y que él ha formulado una respuesta satisfactoria respecto de la primera pero no de la segunda (SHAPIRO, 2007: 4 y 26-27). Dworkin aceptó con agrado el reconocimiento de que el positivismo no respondió satisfactoriamente a su crítica. Sin embargo, explícitamente objetó que ella pueda dividirse en dos partes, dado que no creía que sus últimos argumentos tengan alguna diferencia significativa con los primeros: "My target, in other words, was doctrinal, not taxonomic, positivism. I made the doctrinal argument that we cannot understand legal argument and controversy except on the assumption that the truth conditions of propositions of law include moral considerations. I did not mean to make, I said, the fallacious taxonomic argument that everything that figures among the truth conditions should be counted as belonging to a distinct set of rules or principles called legal. I have, I think, been clear about my target in my writings about positivism since that time. I therefore do not believe that the replies that took me to make a taxonomic claim actually provided any answer at all to the arguments I actually made. Perhaps a great deal of time has been wasted" (DWORKIN, 2006: 231). Con posterioridad, sin embargo, Dworkin parece haber aceptado la existencia de alguna diferencia: "Perdónenme un párrafo

También conviene resaltar que como reacción a esas críticas tuvo lugar un profundo debate en el interior del positivismo jurídico, el que originó diferentes corrientes que especifican y articulan de un modo diverso sus tesis centrales.

Sin embargo, lo anterior no significa que el debate tradicional entre el iusntauralismo y el positivismo jurídico no tenga nada que aportar en las discusiones contemporáneas. En el prólogo a una nueva edición del libro *Iusnaturalismo y positivismo jurídico* de Bobbio, Luigi Ferrajoli destaca la extraordinaria actualidad de los trabajos que forman parte de la publicación y el valor inestimable que poseen tanto las distinciones conceptuales como las indicaciones metodológicas propuestas. La pregunta que se plantea Ferrajoli es si la defensa del positivismo jurídico que había efectuado Bobbio entró en crisis a raíz de la

autobiográfico. Cuando hace más de cuarenta años procuré por primera vez defender el interpretativismo, lo hice en el marco de esta imagen ortodoxa de dos sistemas. Supuse entonces que el derecho y la moral son sistemas diferentes de normas y que la cuestión crucial es cómo interactúan. Dije, así, lo que acabo de decir: que el derecho incluye no solo reglas promulgadas, o reglas con linaje, sino también principios justificativos. No tardé en pensar, sin embargo, que la imagen misma del problema basada en los dos sistemas era defectuosa y comencé a abordar la cuestión a través de una imagen muy diferente. No obstante, solo más adelante, al comenzar a examinar los problemas más amplios de los que se ocupa este libro, aprecié plenamente la naturaleza de esa imagen y su gran diferencia respecto al modelo ortodoxo" (Dworkin, 2011: 487-488).

constitucionalización rígida de los principios morales de justicia y los derechos fundamentales o si, por el contrario, dicha aproximación conserva todavía intacto su valor teórico y pragmático. Su respuesta es que el análisis conceptual al que Bobbio había sometido al positivismo jurídico y al iusnaturalismo puede ser todavía de gran ayuda para plantear correctamente los términos de la cuestión[30].

Coincido en términos generales con Ferrajoli en que las distinciones propuestas en el debate tradicional entre el positivismo y sus críticos aún pueden seguir aportando una dosis no despreciable de claridad. No obstante, me parece importante agregar a ello la sugerencia realizada por Bayón de que el esfuerzo clarificador realizado por quienes han contribuido al debate tradicional debe prolongarse más allá del punto hasta donde ellos llegaron[31]. Me gustaría que el presente trabajo haya ilustrado ambas cosas, ya que para descartar propuestas que se presentan como superadoras del positivismo jurídico, gracias a una visión distorsionada de sus presupuestos básicos, resultaron de utilidad tanto la lúcida defensa de la actitud positivista efectuada por Carrió, como las contribuciones de quienes se han encargado de indicar con claridad el alcance que corresponde otorgar al positivismo jurídico en el debate contemporáneo.

---

30 FERRAJOLI, LUIGI, prólogo a BOBBIO (1965: 14).
31 Véase BAYÓN (2002: 33-34).

Referencias

Atienza, Manuel & Ruiz Manero, Juan (2007), "Dejemos atrás el positivismo jurídico", *Isonomía*, México D. F: Instituto Tecnológico Autónomo de México, núm. 27: 7-28.

Atienza, Manuel & Ruiz Manero, Juan (2009), *Para una teoría postpositivista del derecho*, Lima-Bogotá: Palestra-Temis.

Bayón, Juan Carlos (2002), "El contenido mínimo del positivismo jurídico", en Zapatero Gómez (Ed.) (2002), pp. 33-54.

Bobbio, Norberto (1965), *Giusnaturalismo e positivismo giuridico*, Milán: Edizioni di Comunità; citado de la traducción castellana de Elías Díaz, Ernesto; Garzón Valés, Andrea Greppi y Alfonso Ruiz, Miguel (2015), *Iusnaturalismo y positivismo jurídico*, Madrid: Trotta.

Carrió, Genaro R. (1990), *Notas sobre Derecho y Lenguaje*, 4ª ed., Buenos Aires: Abeledo-Perrot.

Dworkin, Ronald (2006), *Justice in Robes*, Cambridge: Harvard University Press.

Dworkin, Ronald (2011), *Justice for Hedgehogs*, Cambridge: The Belknap Press of Harvard University Press; citado de la traducción castellana de Pons, Horacio, revisada por Maurino, Gustavo (2014): *Justicia para erizos*, México D. F.: Fondo de Cultura Económica.

Ferrer Beltrán, Jordi & Rodríguez, Jorge Luis (2011),

Jerarquías normativas y dinámica de los sistemas jurídicos, Madrid: Marcial Pons.

MORESO, JOSÉ JUAN (2015, mayo), "Nino y Dworkin sobre los conceptos de derecho", *Análisis Filosófico,* Buenos Aires: SADAF, XXXV(1): 111-131.

NINO, CARLOS SANTIAGO (1979), *Algunos modelos metodológicos de "ciencia" jurídica,* México D. F.: Distribuciones Fontamara S. A.

NINO, CARLOS SANTIAGO (1985), *La validez de derecho,* Buenos Aires: Astrea.

ORUNESU, CLAUDINA ISABEL (2012), *Positivismo jurídico y sistemas constitucionales,* Madrid: Marcial Pons.

RODRÍGUEZ, JORGE LUIS & VICENTE, DANIEL E. (2009), "Aplicabilidad y validez de las normas del Derecho internacional", *Doxa: Cuadernos de Filosofía del Derecho,* núm. 32: 177-204.

ROSS, ALF (1961), "Validity and the Conflict between Legal Positivism and Natural Law", *Revista Jurídica de Buenos Aires,* núm. IV, Buenos Aires: Departamento de Publicaciones de la Facultad de Derecho y Ciencias Sociales de la Universidad de Buenos Aires; citado de la traducción castellana de CARRIÓ, Genaro y PASCHERO, Osvaldo (2008): "El concepto de la validez y el conflicto entre el positivismo jurídico y el derecho natural", *Academia. Revista sobre la enseñanza del Derecho,* 6(12): 199-220.

SHAPIRO, SCOTT (2007) "The "Hart-Dworkin" debate: a

short guide for the perplexed", *Public Law and Legal Theory Working Paper Series*, Working Paper No. 77, marzo de 2007 (The Social Science Research Network Electronic Paper Collection. Recuperado de http://ssrn.com/abstract=968657).

SUCAR, GERMÁN (2008), *Concepciones del derecho y de la verdad jurídica*, Madrid: Marcial Pons.

ZAPATERO GÓMEZ, VIRGILIO (Ed.) (2002), *Horizontes de la filosofía del derecho. Homenaje a Luis García San Miguel, 2*, Madrid: Universidad de Alcalá, Servicio de Publicaciones.

SOBRE LOS AUTORES

BULYGIN, EUGENIO: Profesor Emérito de la Universidad de Buenos Aires.

CARACCIOLO, RICARDO ALBERTO: Doctor en Derecho y Ciencias Sociales por la Universidad Nacional de Córdoba. Se desempeñó como docente en las Universidades de Buenos Aires, Córdoba y Santiago del Estero y como Profesor e Investigador en Filosofía del Derecho de la Universidad Pompeu Fabra.

CHIRICO, JOSÉ ROLANDO: Profesor consulto de la Universidad de Buenos Aires.

ECHEVERRY, JUAN BAUTISTA: Abogado por la Universidad Austral y Doctor en Derecho por la Universidad de La Coruña. Es Investigador del CONICET y Profesor de Filosofía del Derecho en la Universidad Austral.

GUARINONI, RICARDO VÍCTOR: Doctor en Derecho por la Universidad de Buenos Aires. Profesor de la Universidad de Buenos Aires.

Guibourg, R. A.: Doctor en Derecho y Ciencias Sociales por la Universidad de Buenos Aires. Profesor de Filosofía del Derecho en la Universidad de Buenos Aires.

Iosa, Juan F.: Doctor en Derecho y Ciencias Sociales por la Universidad de Córdoba. Profesor de la Universidad de Córdoba y de la Universidad Siglo 21, e investigador del cijs-conicet.

Malamud Goti, Jaime: Doctor en Derecho y Ciencias Sociales por la Universidad de Buenos Aires. Profesor de la Universidad de Palermo.

Mendonca, Daniel: Doctor en Ciencias Jurídicas por la Universidad Nacional de Asunción. Profesor de la Universidad Católica (Asunción), de la Universidad de Medellín y Miembro de la Cátedra de Cultura Jurídica de la Universidad de Girona.

Monti, Ezequiel: PhD Candidate King´s College London.

Moreno Cruz, Diego: Doctor en Filosofía del Derecho de la Università degli Studi di Genova; profesor de Filosofía del Derecho de la Universidad Externado de Colombia y del master Global *Rule of Law and Constitutional Democracy* de la universidad de Génova (Italia) y de Girona (Cataluña).

Moreso, José Juan: Doctor en Derecho, Catedrático de Filosofía del Derecho y Rector en la Universitat Pompeu Fabra.

ORUNESU, CLAUDINA: Doctora en Derecho por la Universidad de Buenos Aires. Profesora de la Universidad Nacional de Mar del Plata.

PITLEVNIK, LEONARDO GABRIEL: Profesor de la Universidad de Buenos Aires.

PEROT, PABLO MARTÍN: Abogado. Profesor de Teoría General del Derecho en la Facultad de Derecho de la Universidad Nacional de Mar del Plata.

RAMÍREZ LUDEÑA, LORENA: Doctora en Derecho y Profesora de Filosofía del Derecho de la Universidad Pompeu Fabra.

RODRÍGUEZ, MARCELA: Máster en Derecho (Yale Law School). Profesora de la Universidad de Palermo, de la Universidad de Buenos Aires y de la Magistratura del Poder Judicial de la Ciudad Autónoma de Buenos Aires.

RODRÍGUEZ, JORGE L.: Doctor en Derecho por la Universidad de Buenos Aires. Profesor de la Universidad Nacional de Mar del Plata.

ROLDÁN, SANTIAGO: Doctorando de la Facultad de Derecho de la Universidad de Buenos Aires.

SABA, ROBERTO PABLO: Doctor en Derecho (Yale Law School) y Profesor de las Universidades de Buenos Aires y de Palermo.

SCATAGLINI, MARÍA GABRIELA: Doctoranda UBACyT en el área de Filosofía del Derecho por la Facultad de Derecho de la Universidad de Buenos Aires. Profesora de la Universidad de Buenos Aires.

SELEME, HUGO O.: Doctor en Derecho y Ciencias Sociales por la Universidad Nacional de Córdoba. Profesor de la Universidad Nacional de Córdoba.

SGRAZUTTI, CECILIA MARIANA: Maestría en Magistratura por la Universidad de Derecho de Buenos Aires. Profesora de la Universidad de Buenos Aires y de la Universidad Nacional de José C. Paz.

ZULETA, MARTÍN: Abogado, docente de la Universidad de Buenos Aires y de la Universidad Nacional de Avellaneda.

www.ingramcontent.com/pod-product-compliance
Lightning Source LLC
LaVergne TN
LVHW021001300926
849160LV00007B/216
9789587728538